Bibliothek Wissenschaft und Politik
Band 18

Avraham Barkai
Das Wirtschaftssystem des Nationalsozialismus

Der historische und ideologische Hintergrund
1933–1936

© 1977 bei Verlag Wissenschaft und Politik
Berend von Nottbeck, Köln
Umschlaggestaltung Rolf Bünermann
Gesamtherstellung Mohndruck
Reinhard Mohn OHG, Gütersloh
Printed in Germany · ISBN 3-8046-8535-8

Inhaltsverzeichnis

Vorwort 7
Einleitung 9
1. Wirtschaftsauffassung und Wirtschaftsprogramme der NSDAP vor der Machtergreifung 25
   1920–1930: Hitler, Feder und die »Brechung der Zinsknechtschaft« 25
   1931–1932: Die Vorarbeiten der Wirtschaftspolitischen Abteilung der NSDAP in München 31
   Das »Sofortprogramm« von 1932: nationalsozialistische Wirtschaftsauffassung und die Wirtschaftstheorie der deutschen »Reformer« 37
2. Rückblick: Die nationalistisch-etatistische Tradition im deutschen Wirtschaftsdenken 59
   Die »Gründer«: Adam Müller und Friedrich List 62
   Die historische Schule und der Verein für Sozialpolitik 67
   Der »Kriegssozialismus«: Walther Rathenau und Wichard von Moellendorff 74
   Die Nachkriegszeit: Othmar Spann, Werner Sombart und die »konservative Revolution« 77
   Der Stellenwert: Traditionelle und neuzeitliche Komponenten der nationalsozialistischen Wirtschaftspolitik 82
3. Die nationalsozialistische Ideologie und die Wirtschaft 1933–1936 87
   A. Der institutionelle Rahmen 87
   Wirtschaftliche Funktionen und Organe der NSDAP nach der Machtergreifung 87
   Der »Ständische Aufbau«: Selbstverwaltung oder Kommando-Transmission? 92
   Die Landwirtschaft als ständewirtschaftliches Modell 109
   B. Die wirtschaftspolitischen Maßnahmen 125
   Die Arbeitsbeschaffung und ihre Finanzierung 125
   Die Außenhandelspolitik 135
   Die Steuer-, Lohn- und Preispolitik 143
   Einkommen- und Kapitalbildung 153
   Die Banken: Geschäftsrückgang im Wirtschaftsboom 161
   »Kriegswirtschaft im Frieden?« 168
Schluß 175
Statistischer Anhang 179
Anmerkungen 189
Literaturverzeichnis 204
Sach- und Personenregister 211

Vorwort

Diese Studie handelt vom »Wirtschaftssystem des Nationalsozialismus« – ein Titel, der im wesentlichen bereits ihr Forschungsergebnis vorwegnimmt. Sie kommt nämlich zu dem Schluß, daß die Gesamtheit der wirtschaftspolitischen Maßnahmen in der ersten Phase des Dritten Reichs das Bild eines in sich konsistenten Systems vermittelt, das jedoch nicht ohne Einschränkung als »nationalsozialistisches Wirtschaftssystem« charakterisiert werden kann. Die Wirtschaftspolitik der hier untersuchten Jahre 1933–1936 war vielmehr ein einzigartiges Konglomerat von durch die wirtschaftliche Krisensituation vorgeschriebenen Sofortmaßnahmen, kurzfristigen politischen Zielsetzungen und den ideologisch vorkonzipierten Vorstellungen von einer auf lange Sicht einzuleitenden neuen Wirtschafts- und Gesellschaftsordnung. Dabei war der spezifische und originäre Beitrag der NSDAP, ihrer Führer und Ideologen bei jeder dieser Komponenten sehr verschieden. Vieles war notwendigerweise durch die wirtschaftlichen und politischen Realitäten diktiert, anderes bei früheren oder zeitgenössischen Theoretikern und Ideologen »entliehen« oder »angeeignet«. Trotzdem weist das Gesamtbild genügend neue Elemente der Zielsetzungen, Methoden und institutionellen Durchführung auf, um den Begriff eines neuen und eigengearteten Wirtschaftssystems zu rechtfertigen.
Jede Geschichtsschreibung trägt nach Wahl und Darstellung ihres Themas die subjektive Note ihres Verfassers und schildert das Geschehen aus dem persönlichen Gesichtswinkel seiner Anschauungen. Es wird also auch hier kein Anspruch auf objektive Unvoreingenommenheit erhoben, der seitens eines Juden, dessen Familie in Auschwitz umgebracht wurde, wohl auch kaum erwartet werden kann. Mehr braucht über meine persönliche Einstellung zum Nationalsozialismus nicht gesagt werden. Vom historischen Standpunkt ist es meine Auffassung, daß er als geschichtliches und gesellschaftliches Phänomen nur aus dem Zusammenwirken der historischen Situation, der realen politischen Gegebenheiten und der nationalsozialistischen Ideologie, in der sich universelle oder alleuropäische Strömungen mit geistesgeschichtlichen Entwicklungen deutscher Tradition trafen, voll erfaßt werden kann. Ähnliches trifft m. E. auch auf die Wirtschaft zu: Auch hier wirkten wirtschaftliche Interessen und machtpolitische Zielsetzungen an hervorragender Stelle. Daneben haben jedoch ideologische Postulate und Normen, die teilweise an bestimmte, historisch bedingte Tendenzen im deutschen Wirtschaftsdenken des 19. und 20. Jahrhunderts anknüpfen konnten, eine nicht unbedeutende Rolle gespielt, deren Einfluß bisher noch unterschätzt ist.
Von diesem Gesichtspunkt aus versucht die vorliegende Studie, die Wirtschaftspolitik während der ersten vier Jahre der nationalsozialistischen Herrschaft aufzuhellen. Inwieweit dabei im Rahmen der vorausgesetzten Grundstellungen den

Maßstäben wissenschaftlicher Sachlichkeit und quellenstrenger Beweisführung gerecht geworden ist, muß dem kritischen Urteil des vorgewarnten Lesers überlassen bleiben.

Diese Arbeit ist die überarbeitete und gestraffte Fassung einer Dissertation, die ich in den Jahren 1972–1975 am Institut für Deutsche Geschichte der Universität Tel Aviv fertigstellte. Die geduldige und kritische Anleitung meiner Doktorväter, Prof. Dr. Charles Yehuda Bloch und Prof. Dr. Chaim Barkai, war mir dabei eine unentbehrliche Hilfe. Außerdem bin ich, neben den zahlreichen Wissenschaftlern in Israel und im Ausland, deren Zeit ich in oft langen Unterredungen in Anspruch nahm, ganz besonders Herrn Prof. Dr. Werner Jochmann für viele wertvolle Hinweise und die Durchsicht großer Teile des Manuskripts verpflichtet. Frau Dr. Susanne Miller, Mitglied des wissenschaftlichen Beirats des Instituts, hat die Arbeit sowohl durch die Zustellung hier unauffindbaren Materials als auch durch ihren verständnisvollen wissenschaftlichen Rat sehr gefördert. Eine Studienreise in Deutschland und London im April/Juli 1974 wurde durch die finanzielle Unterstützung der Volkswagenstiftung ermöglicht. Dabei genoß ich die zuvorkommende Hilfe der Mitarbeiter der Forschungsstelle für die Geschichte des Nationalsozialismus in Hamburg, des Bundesarchivs Koblenz, des Berlin-Document-Centers, des Instituts für Zeitgeschichte in München und der Wiener Library in London. Besonders aufschlußreich waren meine langen Unterredungen und der schriftliche Gedankenaustausch mit Herrn Dr. Heinrich Dräger in Lübeck, der meine Arbeit durch auch finanziell nicht beträchtliche Hilfe, wie die Anfertigung und Übersendung Hunderter Seiten fotokopierter Materialien, Broschüren und Bücher, sehr erleichtert hat.

Meine Freunde im Kibbuz haben mir auch in Zeiten stärksten Arbeitsdrucks die wissenschaftliche Arbeit ermöglicht und viele mir obliegenden Pflichten verständnisvoll auf sich genommen. Auch meine Frau und Töchter haben die Allüren und die Zerstreutheit des in seiner Arbeit verlorenen Gatten und Vaters mit Nachsicht und Geduld ertragen. Ihnen allen, und – last, not least – auch meinem Verleger sei hier für ihre Hilfe und Unterstützung gedankt. Ohne sie wäre diese Arbeit nie geschrieben oder veröffentlicht worden. Ihre Fehler und Unzulänglichkeiten sind einzig meinem eigenen Eigensinn zuzuschreiben, der mich viele gute Ratschläge übergehen ließ.

Lehavoth-Habashan, Israel A. B.
März 1977

Einleitung

Die Wirtschaftskrise der Jahre 1929–1933 war der wohl entscheidendste Faktor für den Mitglieder- und Stimmenzuwachs der NSDAP in der Endphase der Weimarer Republik. Zur Zeit der nationalsozialistischen Machtergreifung umfaßte die Arbeitslosigkeit ein Drittel der wirtschaftlich verfügbaren Arbeitskräfte, und die industrielle Produktionskapazität lag fast zur Hälfte brach. Die Tatsache, daß schon während des ersten Jahres der nationalsozialistischen Herrschaft die Arbeitslosenziffern zurückgingen und die deutsche Wirtschaft in knapp vier Jahren bis Ende 1936 zur Vollbeschäftigung gelangte[1], sicherte dem Regime und seiner Politik den weitgehenden Konsens des deutschen Volkes: In den Augen der Bevölkerung war die NSDAP die Partei, die »Arbeit und Brot« versprochen und Wort gehalten hatte, während andere betroffene Länder sich nur langsam von den Folgen der Weltwirtschaftskrise erholten.
Diese überraschend schnelle Wiederbelebung der Wirtschaft war das Ergebnis einer aktiven staatlichen Konjunkturpolitik, die Kreditausweitung und »deficit-spending« in einem Ausmaße einsetzte, das bislang in den Friedenswirtschaften kapitalistischer Industriestaaten präzedenzlos war. Verständlicherweise wurde diese Politik schon ab Mitte der dreißiger Jahre zum Thema einer umfangreichen wirtschaftstheoretischen Literatur, die sich deskriptiv und analytisch mit dem »deutschen Wirtschafts- und Finanzwunder« beschäftigte. Nach 1945 konnte sich die in- und ausländische Forschung hierbei auf ein umfangreiches statistisches und dokumentares Quellenmaterial stützen. Um so erstaunlicher scheint es, daß bisher immer noch keine befriedigende Erklärung der theoretischen Grundlagen und des wirtschaftspolitischen Instrumentariums vorliegt, mit deren Hilfe das nationalsozialistische Regime eine antizyklische Wirtschaftspolitik durchführte, die heute in den meisten Ländern zwar allgemein akzeptiert ist, damals aber durchaus »revolutionär« war. Auf die Frage, warum gerade das nationalsozialistische Deutschland den Weg dieser Politik früher und erfolgreicher als andere Länder – z. B. die Vereinigten Staaten mit dem »New Deal« – beschreiten konnte, gibt es immer noch keine völlig befriedigende Antwort.
Zum Teil läßt sich diese Forschungslücke vielleicht durch die weitverbreitete Annahme erklären, nach der es überhaupt kein »nationalsozialistisches Wirtschaftskonzept« gab und der Erfolg als das Ergebnis rein pragmatischer Improvisation anzusehen ist. Auch heute noch wird vieles oft dem Geschick und der finanztechnischen Wendigkeit eines einzelnen, des damaligen Reichsbankpräsidenten und Wirtschaftsministers Hjalmar Schacht, zugeschrieben[2]. Aber auch weniger extreme Interpretationen sehen in den wirtschaftspolitischen Maßnahmen der Hitlerregierung nur eine direkte, höchstens quantitativ bemerkenswerte Fortsetzung der Wege früherer Regierungen[3]. Was die NSDAP an ideologischen

Konzepten und praktischen Vorschlägen in bezug auf die Wirtschaft vor der Machtergreifung vertrat, entbehrt, nach dieser Auffassung, jeglicher Relevanz für die späteren Maßnahmen und war schnell vergessen. Als Bestätigung hierfür gilt auch, daß nationalsozialistische »Wirtschaftsexperten«, wie Gottfried Feder, Otto Wagener u. a., bald nach der Machtergreifung in der Versenkung verschwanden und die praktische Durchführung der Wirtschaftspolitik Männern wie Schacht und der alterprobten Ministerialbürokratie überlassen blieb. Der Umstand, daß im Bereich der Industrie nach 1933 vielfach die alten Organisationen und Wirtschaftsführer ihre Stellungen behaupten konnten, wird oft als Beweis dafür angesehen, daß die damalige Wirtschaftspolitik nicht durch ideologisch konzipierte Zielsetzungen der NSDAP, sondern durch kurzfristige wirtschaftliche und vor allem politische Notwendigkeiten bestimmt wurde. Aufrüstung und Kriegsvorbereitung standen hierbei an der Spitze und konnten leicht mit den wirtschaftlichen Interessen traditioneller Kräftegruppen auf einen gemeinsamen Nenner gebracht werden[4].

Nachdem sich die Forschung vielfach von vornherein darüber einig war, daß die Wirtschaftspolitik keine »originell-nationalsozialistische« war, konnte sie sich auch von der Notwendigkeit, deren praktische und theoretische Entstehungsgeschichte zu klären, befreit sehen. Statt dessen bemühte sie sich, vom jeweiligen Gesichtspunkt aus, die klassen- oder interessenbestimmten Kräfteverhältnisse zu untersuchen, die die Wirtschaftspolitik des nationalsozialistischen Regimes bestimmten oder zumindest maßgeblich beeinflußten. Naturgemäß bewegt sich eine derartige Forschung weitgehend auf der Ebene theoretischer Abstraktionen: Erst nachdem das »Modell« gesellschaftlicher und politischer Kräfteverbindungen und -gegensätze konzipiert ist, wird versucht – oft in ermüdend erscheinender Klein- und Detailarbeit –, dieses durch das historische Tatsachenmaterial zu untermauern. Vielleicht ist dies einer der Gründe dafür, daß gegenüber einer Vielzahl von Arbeiten, die das Wesen der nationalsozialistischen Herrschaft oder deren Klassencharakter als Ganzes untersuchen, die empirische Erforschung wichtiger wirtschaftlicher Sektoren immer noch vernachlässigt ist. Bis heute gibt es keine Arbeit über die Banken oder die Preis- und Lohnkontrollen im Dritten Reich wie auch über die Entwicklung wichtiger Wirtschaftszweige auf Reichs- und Regionalebenen*.

Immerhin können die grundlegenden Veränderungen im Aufbau und Ablauf der deutschen Wirtschaft während unserer Forschungsperiode nicht übersehen werden: der unmittelbare Regierungseingriff auf allen Gebieten und das Gewicht der öffentlichen Aufträge; die institutionelle Lenkung des Außenhandels, der Preise und der Löhne; die Steuerung der Investitions- und Kartellpolitik u. a. m. Im allgemeinen ist sich die Forschung darüber einig, daß die deutsche Wirtschaft damals keine freie Marktwirtschaft war, auch wenn man einschränkt, daß »pure competition« auch anderswo damals nur noch als rein theoretisches Modell existierte. Der staatliche Eingriff in die Wirtschaft war in Deutschland schon in den ersten Jahren der nationalsozialistischen Herrschaft nach Ausmaß und Tiefe mit

---

* »Schon ein flüchtiger Blick auf den Stand der Forschung macht deutlich, daß die Faschismus-Diskussion nicht an einem theoretischen, sondern an einem empirischen Defizit krankt, und zwar eindeutig zum Nachteil der Theorie, die sich ... zunehmend gegenüber ihrem eigentlichen Korrektiv, der Empirie, verselbständigt« (R. Saage: »Zum Verhältnis von Nationalsozialismus und Industrie«, in: aus politik und zeitgeschichte, Beilage zu »Das Parlament«, B 9/75, März 1975, S. 17 Anm.).

keinem anderen kapitalistischen Land einschließlich des faschistischen Italiens vergleichbar*.

Nichts lag, zumindest während der dreißiger und vierziger Jahre, näher, als diesen Zustand durch die Kriegsvorbereitung zu erklären. Westlichen Beobachtern erschien die deutsche Wirtschaft als eine bis ins einzelne vorgeplante und disziplinierte Kriegswirtschaft, die von den Nazis sofort nach deren Machtergreifung zielbewußt und konsequent errichtet wurde. So schrieb z. B. der amerikanische Wirtschaftswissenschaftler Otto Nathan im Jahre 1943:

»Nachdem die Nazis an der Macht waren, unterstellten sie die Wirtschaft einem einheitlichem Prinzip. Ihre vorgefaßte Absicht war die Errichtung einer Kriegsmaschine. Das Wirtschaftssystem diesem Ziele unterordnend, ersetzten sie den autonomen Marktmechanismus durch allumfassende Direktiven . . ., durch ein totalitäres System von Regierungskontrollen innerhalb des Rahmens privaten Eigentums und privater Profite . . . Ein riesiges Organisationennetz umfaßte im ganzen Lande jeden Faktor der Produktion, der Verteilung und des Verbrauchs. Durch die Beherrschung dieser Organisationsstruktur, über die jedem kleinen oder großen Unternehmer im Lande Befehle übermittelt werden konnten, und durch die Forderung unbedingten Gehorsams erreichte die Regierung eine vollkommene Kontrolle der Wirtschaft, ohne selbst die Produktionsmittel in Besitz zu nehmen . . . Dabei muß vorläufig ungeklärt bleiben, in welcher spezifischen Institution die verschiedenen Wirtschaftszweige und -sektoren koordiniert wurden. Eine solche Institution war sicherlich vorhanden, doch wird sie in der bisherigen Literatur nicht ausdrücklich erwähnt[5].«

Aufgrund seiner sehr ausführlichen Untersuchung des institutionellen Aufbaus der deutschen Wirtschaft war Nathan überzeugt, daß diese nur nach den Richtlinien einer zentralen, alles umfassenden Planungsinstanz funktionieren könne, obwohl die Existenz einer solchen Instanz nicht erwiesen werden konnte. Die militärischen Erfolge Deutschlands während der ersten Kriegsjahre verstärkten ihrerseits den Eindruck einer exakt vorgeplanten, straff organisierten Kriegswirtschaftsmaschine – eine Vorstellung, die erst durch viel spätere Forschungsanalysen revidiert werden mußte. So ist es verständlich, daß Otto Nathan, der zudem seine Ergebnisse hauptsächlich auf die Zustände der Jahre 1936–1939 stützte, die Kriegsvorbereitungen als die fast einzige Erklärung für die wirtschaftspolitischen und institutionellen Veränderungen in der deutschen Wirtschaft und für die Überwindung der Beschäftigungskrise ansah**.

Ganz ähnlich schilderte die Dinge Charles Bettelheim in einer 1946 erschienenen Arbeit[6]. Merkwürdigerweise findet sich hier eine orthodox-marxistische Rechtfertigung des nationalsozialistischen »Lebensraum«-Anspruchs: Nach Bettelheim

---

* Der Wirtschaftsredakteur der »Deutschen Allgemeinen Zeitung« verglich 1940 den »Spielraum des Unternehmerhandelns« 1939 gegenüber 1913. Er kam zu dem Schluß, daß 1939 die deutschen Unternehmer nur in der Besetzung der Betriebsleitung und der Organisation ihres Betriebes frei entscheiden konnten. In allen anderen Entscheidungen, wie Lohn- und Preissetzung, Kartellverbindungen, Profitausschüttung, Kreditaufnahme, Markt- und Wettbewerbspolitik, Investition und Produktentwicklung, waren die Unternehmer in ihren Entscheidungen »gebunden« oder zumindest »gelenkt«. Dies wurde zwar schon im Krieg geschrieben, jedoch waren fast alle der geschilderten Verordnungen und Lenkungsmaßnahmen spätestens 1936 schon in Kraft (Josef Winschuh: »Gerüstete Wirtschaft«, Berlin 1940, S. 6).
** Weniger verständlich ist, daß die gleiche Anschauung Nathans uneingeschränkt in der Neuauflage seines Buches von 1971 wiedererscheint.

blieb dem deutschen Monopolkapital angesichts des natürlich beschränkten inneren Marktes und versperrter Exportmöglichkeiten als einziger Ausweg nur die Erweiterung des europäischen Marktes durch den imperialistischen Eroberungskrieg offen. Eine erweiterte Produktion ziviler Bedarfsartikel wäre ohne Preissenkungen und verminderte Profite in Deutschland nicht möglich gewesen. So konnte die kapitalistische Überproduktionskrise eben nur durch die Rüstungsproduktion, die von der privaten Verbrauchsnachfrage unabhängig ist, gelöst werden. Was daher die deutsche Wirtschaft, aber auch die deutsche Innen- und Außenpolitik »lenkte«, waren nach Bettelheim die Interessen des Großkapitals. Dieses konnte und wollte nicht in den Industrien ziviler Bedarfsdeckung investieren und startete statt dessen Aufrüstung und Kriegsvorbereitung zur Überwindung der Krise. Da der Staat im marxistischen Gesamtbild nur das ausführende Machtorgan der herrschenden Klasse ist, mißt Bettelheim den staatlichen Eingriffen in die Wirtschaft kaum grundsätzliche Bedeutung zu: »Was die Wirtschaft ›dirigiert‹, ist immer noch der Markt, und zwar der kapitalistische Markt, den der Profit beherrscht[7].«

Bettelheims Argumentation blieb streng im Rahmen der Dimitroffschen Faschismus-Definition aus dem Jahre 1935, nach der der Faschismus »die offene terroristische Diktatur der reaktionärsten, am meisten chauvinistischen, am meisten imperialistischen Elemente des Finanzkapitals« ist[8]. Nach dieser Definition, die auch heute noch die sowjetische und ostdeutsche Faschismus-Forschung beherrscht, waren Hitler und der nationalsozialistische Staat Agenten und Vollstreckungsorgane des Monopolkapitals in der Periode der »allgemeinen Krise des Kapitalismus«. Die Wirtschaft des Dritten Reichs als »staatsmonopolkapitalistische« Wirtschaft blieb nach wie vor durch die Grundprinzipien des Privateigentums und der Profitmaximierung bestimmt, und staatliche Eingriffe und Planung waren demnach lediglich zum Zweck der vom Monopolkapital selbst vorangetriebenen Kriegsvorbereitung zulässig. Über diese Auffassung wird später im Zusammenhang mit der Diskussion über »Primat der Politik« gegenüber »Primat der Wirtschaft« noch zu reden sein. Hier sei nur festgehalten, daß sie als Leitmotiv der Bettelheimschen Darstellung folgerichtig zu dem Schluß führen mußte, daß die Aufrüstung das eigentliche Charakteristikum der nationalsozialistischen Wirtschaftspolitik und das einzige Mittel zur Überwindung der Arbeitslosigkeit war.

Otto Nathan und Bettelheim stehen in dieser Auffassung nicht allein. Auch spätere Forschungsarbeiten, die sich auf ein weit ausgiebigeres Quellenmaterial stützen konnten, kommen zum Ergebnis, daß die Überwindung der Arbeitslosigkeit nur als ein – allerdings willkommenes und propagandistisch ausgewertetes – »Nebenprodukt« der Aufrüstung anzusehen ist[9]. Nathans These einer bis ins einzelne für den Krieg vorgeplanten Wirtschaft kann allerdings heute kaum noch aufrechterhalten werden: Eine zentrale Planungsinstanz gab es im Dritten Reich nicht. Auch der 1936 in Gang gesetzte »Vierjahresplan« betraf nur einen Teil der Wirtschaftszweige, auch hier nicht mit vollem Erfolg[10]. Trotzdem, oder vielleicht gerade deshalb, können neuere Verfasser weiterhin die Aufrüstung als das ausschlaggebende Merkmal der nationalsozialistischen Wirtschaftspolitik darstellen und ihr selbst den Versuch der Errichtung einer neuen Wirtschaftsordnung absprechen. So z. B. konstatiert Wolfram Fischer: » . . . Es gehört zu den Paradoxien der nationalsozialistischen Zeit, daß die Staatsführung für diese von ihr aufs höchste strapazierte Wirtschaft kein Ordnungskonzept besaß, sondern daß sie zwölf Jahre lang system- und sinnlos experimentierte, bald dieses, bald jenes versuchend, so daß die Betroffenen niemals zur Ruhe kamen[11].«

Die meisten dieser späteren Verfasser stützen sich dabei vornehmlich auf die sehr bemerkenswerte Arbeit von René Erbe aus dem Jahre 1958[12]. Erbes Studie ist der erste Versuch einer umfassenden statistischen und analytischen Darstellung der nationalsozialistischen Wirtschaftspolitik mit Hilfe des von Keynes geschaffenen Modells. Sie kulminiert in dem Schluß, daß die Erfolge der nationalsozialistischen Wirtschaftspolitik ausschließlich damit zu erklären sind, daß die deutsche Wirtschaft, zumindest ab 1934, »eine Kriegswirtschaft im Frieden« war. Hinsichtlich der Sammlung und Bearbeitung des statistischen Materials bleibt Erbes Arbeit für die Forschung von Bedeutung. Ihr Mangel besteht jedoch in einer nur sehr flüchtigen Behandlung des staatlichen Kontrollapparates und der institutionellen Veränderungen der Wirtschaft*.

Burton H. Klein hat in seiner 1959 erschienenen Arbeit die »Kriegswirtschaftsthese« ernstlich in Frage gestellt, verfiel dabei aber ins andere Extrem[13]. Kleins Untersuchung basiert fast ausschließlich auf Angaben und Berechnungen des amerikanischen Strategic Bombing Survey während des Krieges. Die bereits ein Jahr früher erschienene Studie Erbes scheint Klein unbekannt gewesen zu sein, wird jedenfalls nicht von ihm erwähnt. Als Ergebnis seiner Berechnungen folgert Klein, daß die deutschen Aufrüstungsausgaben bis 1939, sowohl absolut als auch im Verhältnis zum Sozialprodukt, diejenigen Englands nicht wesentlich überschritten und daß die Ausgaben des öffentlichen Verbrauchs Deutschlands während dieser Jahre in ihrer Größenordnung kaum über diejenigen des privaten Verbrauchs und deren Investitionen hinausgingen. Der Grund hierfür war nach Klein, daß Hitler zwar einen Krieg vorbereitete, aber keinen langjährigen »totalen Krieg«, sondern eine Reihe von »piecemeal Blitzkriegen«. Aus diesem Grund und auch weil er die Auswirkungen einer privaten Verbrauchseinschränkung auf die Stimmung der Bevölkerung fürchtete, sah Hitler von einer totalen Mobilmachung der Wirtschaft ab[14]. Außerdem seien deutsche Wirtschaftler, mit Schacht an der Spitze, theoretisch in konservativen Auffassungen befangen geblieben: » . . . Die deutschen Führer verstanden einfach damals den grundlegenden ökonomischen Lehrsatz noch nicht, daß eine Nation alles, was sie produziert, auch finanzieren kann[15].« Sie befürchteten daher die inflationären Auswirkungen einer verstärkten Aufrüstung. Die Annahme einer planmäßig mobilisierten, totalen Kriegswirtschaft sei daher nur ein im Ausland weitverbreiteter Mythos.

Es steht nach dem heutigen Forschungsstand fest, daß Klein die Aufrüstungsausgaben zu niedrig berechnete. Für eine 1959 erschienene Arbeit ist auch verwunderlich, daß diese fast nur statistisches Material der Kriegsjahre auswertet. So werden z. B. die »Mefo-Wechsel« von Klein nicht erwähnt und auch nicht in die Berechnungen einbezogen, obwohl diese seit den Nürnberger Prozessen und den Memoiren Schachts und Schwerin von Krosigks schon allgemein bekannt waren.

---

* Die Darstellung Erbes ist auch in dem sichtlichen Versuch befangen, Keynes von dem »Verdacht« einer Übereinstimmung seiner erst 1935 voll entwickelten Theorien mit den nationalsozialistischen Maßnahmen zu »rehabilitieren«. Nach Erbe läßt sich eine Ähnlichkeit lediglich in bezug auf das »deficit-spending« erkennen. Dagegen liefen Einkommens-, Investitions- und Sparpolitik diametral den Rezepten von Keynes und bewirkten einen bewußt verringerten Multiplikatoreffekt. Jeder Vergleich ist daher nach Erbe ». . . eine grobe Ungerechtigkeit gegenüber Keynes und eine unzulässige Interpretation seiner Gedankengänge . . .« (Erbe, a. a. O., S. 12). Wie wir sehen werden, war Keynes selbst über einen derartigen Vergleich durchaus nicht aufgebracht.

Vor allem ist der erste Teil der Arbeit Kleins, der die ersten Jahre des nationalsozialistischen Herrschaft behandelt, statistisch und deskriptiv unzulänglich. Kleins These, daß eigentlich alles beim alten blieb und in den Bahnen überkommener Wirtschafts- und Finanzpolitik konservativ weiterlief, läßt sich nur dadurch erklären, daß die wirtschaftlichen und institutionellen Strukturänderungen der deutschen Wirtschaft von ihm völlig übersehen wurden[16].

Trotz dieser Schwächen bleibt es das Verdienst Kleins, als einer der ersten die bislang weitverbreitete Ansicht einer auf lange Sicht vorbereiteten »Kriegswirtschaft im Frieden« in Frage gestellt zu haben. Spätere Arbeiten bestätigen, ohne in die extreme Interpretation Kleins zu verfallen, daß diese Ansicht stark übertrieben war. Hier muß vor allem die Arbeit von Alan S. Milward erwähnt werden[17]. Milward beleuchtet allerdings vornehmlich die Kriegsjahre, und auch er stützt sich stark auf die Angaben des U. S. Strategic Bombing Surveys, untersucht aber, im Gegensatz zu Klein, auch andere Aspekte der Wirtschaftspolitik, wie z. B. den Arbeitseinsatz und den Außenhandel. Auch Milwards Folgerungen können allerdings nicht kritiklos hingenommen werden, so zum Beispiel seine Feststellung, nach der »... die direkte Kontrolle der Investitionen und des Außenhandels (bei der Überwindung der Arbeitslosigkeit) viel wichtiger waren als die Errichtung einer Rüstungsindustrie mit relativ hoher Produktionskapazität«[18]. Wie im Verlauf der vorliegenden Arbeit noch ausführlich dargestellt wird, verbrauchten die Aufrüstungsausgaben tatsächlich den überwiegenden Teil der zusätzlichen öffentlichen Mittel, während dagegen gerade der Außenhandel bei der Überwindung der Arbeitslosigkeit nur geringfügig ins Gewicht fiel. Auch Milward berechnete die Aufrüstungsausgaben besonders in den Jahren 1934–1936 zu gering, aber seine Arbeiten haben viel dazu beigetragen, das Bild einer bis zum äußersten mobilisierten deutschen Kriegswirtschaft vor und bei Kriegsbeginn erheblich zu korrigieren*.

Ein Fortschritt in der gleichen Richtung ist die umfassende und ausgewogene Studie von Berenice A. Carroll vom Jahre 1968[19]. Aufgrund der Materialien aus dem Büro General Georg Thomas, des Wirtschaftskoordinators des Reichskriegsministeriums und später des OKW, schließt Carroll, daß die deutsche Wirtschaft frühestens ab 1938 als Kriegswirtschaft betrachtet werden kann, sich aber schon ab 1934 darauf zu entwickelte. Dennoch lehnt auch sie die Auffassung von Otto Nathan, Erbe u. a. ab, nach der die deutsche Wirtschaft schon ab Beginn der nationalsozialistischen Herrschaft in totalitärer Einzügigkeit durch das Leitziel einer vorzubereitenden »Kriegsmaschine« beherrscht war[20]. Die Frage, inwieweit die Überwindung der Arbeitslosigkeit durch die Aufrüstung zu erklären ist, wird bei Carroll, ähnlich wie bei Milward, nur am Rande behandelt. Doch ergibt sich eindeutig auch aus dieser Arbeit, daß ein wirksamer Einfluß der Aufrüstung auf Beschäftigung und Produktion erst Ende 1934 bemerkbar ist, als die Zeichen der Wiederbelebung schon in allen Wirtschaftssektoren deutlich erkennbar waren.

Die Erklärung hierfür ist nicht etwa eine Umorientierung der politischen Zielsetzungen des Regimes, sondern die Planungs- und Anlaufzeit, die Militär und Industrie brauchten, um große Mengen neuer Waffen herzustellen und aufzunehmen[21]. Die stark apologetische periodische Zweiteilung zeitgenössischer und auch

---

* Nachträglich findet sich dieser Sachverhalt auch durch die Erinnerungen Speers bestätigt. Siehe A. Speer, Inside the Third Reich (Sphere Books, 1971), S. 299 ff.

späterer deutscher Verfasser in »Arbeitsbeschaffung« und »Wehrhaftmachung«[22] soll jedoch durch diese Feststellung keineswegs bestätigt werden. Die politischen Prioritäten Hitlers wiesen sofort nach der Machtergreifung eindeutig in Richtung der Kriegsvorbereitungen. Er versuchte auch die Arbeitsbeschaffungsprogramme der vorherigen Regierungen in diese Richtung zu lenken[23]. Arbeitsbeschaffung und Aufrüstung liefen von Anfang an nebeneinander und ergänzten sich gegenseitig in ihrem Einfluß auf die Beschäftigung. Wenn während der ersten ein bis zwei Jahre die zivilen Aufträge überwogen und daher die Überwindung der Arbeitslosigkeit nicht ausschließlich der Aufrüstung zugeschrieben werden kann, so lag das allein an rein technischen Gegebenheiten.

Die Kriegswirtschaftsthese bleibt auch darum unbefriedigend, weil sie die wirtschaftstheoretische Frage nach dem Ursprung der wirtschaftlichen Maßnahmen nur mit rein politischen Motiven zu beantworten sucht. In der Gesamtrechnung der von uns untersuchten vier Jahre wurde der Großteil der zusätzlichen öffentlichen Mittel zweifellos der Aufrüstung zugewiesen, weil die Kriegsvorbereitung auf der nationalsozialistischen Prioritätenliste von Anfang an an der Spitze rangierte. Aber der Gesamtkomplex dieser Wirtschaftspolitik ist hierdurch nicht erschöpfend erklärt. Er war nicht bloß immanent notwendige Folge der Kriegsvorbereitungen. Das »deficit-spending« war wohl hinsichtlich der Beschäftigung die wichtigste, aber durchaus nicht die einzige Komponente im Komplex wirtschaftspolitischer und institutioneller Maßnahmen. Zusammen mit der Neuordnung der Landwirtschaft, der staatlichen Kontrolle des Außenhandels, der Löhne, Preise und der Investitionen ergab sich im Gesamtbild zumindest der Versuch einer neuen und integrativen nationalistisch-etatistischen Wirtschaftsordnung*. Die ausgesprochen ideologisch bestimmten Grundsätze dieser Wirtschaftsordnung waren die prinzipielle Ablehnung des »Liberalismus«, d. h. freier Konkurrenz- und Marktwirtschaft, und der »Primat der Politik«, aus dem sich Eingriffsrecht und -pflicht des Staates in alle Lebensgebiete, einschließlich der Wirtschaft, ergaben. »Finanzhoheit des Staates« bedeutete in diesem Zusammenhang die unbegrenzte Geldbeschaffungsmöglichkeit zur Finanzierung der von der politischen Führung gesetzten Aufgaben. Beim Zustand brachliegender Produktionsfaktoren bewirkte diese Geldschöpfung sofort und noch ehe die Aufrüstung anlaufen konnte einen sichtlichen Nachfrage- und Beschäftigungszuwachs. Sie hätte in gleicher Richtung fortwirken können, auch wenn die zusätzlichen Mittel ausschließlich zivilem Verbrauch und zivilen Investitionen zugewiesen worden wären, anstatt, wie es tatsächlich geschah, vornehmlich der Aufrüstung. Die Arbeitslosigkeit wurde in Deutschland durch die Finanzierungsmethode staatlicher Arbeiten und Aufträge überwunden unabhängig von der spezifischen Zuweisung der zusätzlichen Geldmittel. Mit anderen Worten: Aufrüstung und Kriegsvorbereitung entsprangen der politischen Zielsetzung der nationalsozialistischen Herrschaft, nicht aber dem Wirtschaftssystem an sich.

Wir stehen somit wieder am Ausgangspunkt unserer Fragestellung: Gab es ein »nationalsozialistisches Wirtschaftssystem« und wenn ja: Welches waren dessen ideologische und theoretische Grundlagen und historische Wurzeln? Jeder Versuch, diese Frage zu beantworten, kann wiederum das Problem der gesellschaftlichen und politischen Kräfteverhältnisse innerhalb des nationalsozialistischen

---

* Zur terminologischen Erörterung dieses Begriffs s. S. 82 f.

Herrschaftssystems nicht umgehen. Etwas zugespitzt formuliert: Durch wen und auf welche Weise wurde die nationalsozialistische Wirtschaftspolitik bestimmt und ausgeführt, und wer »profitierte« von ihr?

Die orthodox-marxistische Geschichtsschreibung, vor allem in der DDR, hat hier eindeutige Antworten parat: Als ausführendes Organ des monopolistischen Finanzkapitals spannt der faschistische Staat auch die Wirtschaftspolitik ein, um gemäß dessen Interessen den imperialistischen Eroberungskrieg vorzubereiten, der ihm die Rohstoffquellen und Absatzmärkte Europas sichern soll. »Es war somit nicht ›Hitlers Weg‹, der zur Kriegsauslösung von 1939 führte, sondern es blieb der Weg der deutschen Industrie[24].« In der Phase des »Staatsmonopolkapitalismus« unterwirft der faschistische Staat sämtliche wirtschaftlichen und gesellschaftlichen Interessen in offener terroristischer Diktatur den Interessen des Finanzkapitals. Der faschistischen Massenbewegung und ihrer Ideologie fällt hierbei höchstens eine Art Handlangerrolle zu, und ihre Existenz ist keine unerläßliche Bedingung, um ein Herrschaftssystem als »faschistisch« zu definieren[25].

Die DDR-Forschung versucht, diese These durch eine Reihe zum Teil sehr detaillierter Arbeiten über die Beziehungen verschiedener Industrie- und Wirtschaftskreise zur NSDAP vor und nach der Machtergreifung zu untermauern. Diesem an sich durchaus interessanten Thema sind auch einige westliche Untersuchungen gewidmet[26]. Es ist auch heute noch nicht lückenlos geklärt. Alle diese Arbeiten, einschließlich der hier besprochenen, beweisen keineswegs die extreme orthodox-marxistische Interpretation, nach der die Großindustrie »Hitler an die Macht brachte«, um der akuten Gefahr einer sozialistischen Revolution zu entgehen. Es kann im Gegenteil als bewiesen gelten, daß die Industrie, mit wenigen Ausnahmen, wie z. B. Emil Kirdorff oder Fritz Thyssen, der NSDAP bis zu deren Wahlerfolg 1930 ablehnend gegenüberstand. Die finanzielle und politische Unterstützung der Großindustrie blieb auch in den Jahren 1930–1932 ziemlich begrenzt. Erst als die NSDAP 1932 als stärkste Partei aus den Wahlkämpfen hervorging, nahm diese Unterstützung erhebliche Ausmaße an. Der Anteil der deutschen Industrie an der nationalsozialistischen Machtergreifung kann keineswegs bagatellisiert werden, und bei den politischen Manipulationen und Intrigen, die schließlich zum 30. Januar 1933 führten, operierte sie durchaus an entscheidender Stelle. Aber dies geschah erst, nachdem die NSDAP bereits zum stärksten und aggressivsten politischen Machtfaktor geworden war.

Gleicherweise einseitig und extrem wird die Zeit der nationalsozialistischen Herrschaft nach der Machtergreifung von der DDR-Forschung geschildert: Nachdem Hitler im Auftrag der Großindustrie die politischen und gewerkschaftlichen Organisationen der Arbeiterschaft zerschlagen hatte, konnte diese durch ihre Interessenvertretungen Wirtschaft und Staat ungehindert ihren imperialistischen Zielsetzungen dienstbar machen[27]. Dabei werden die Gegensätze und verschiedenen Richtungskämpfe um die durchzuführende Wirtschaftspolitik und die Besetzung einflußreicher Positionen ausschließlich als Interessenkämpfe miteinander konkurrierender Wirtschaftsgruppen dargestellt. Jürgen Kuczynski teilt diese in zwei wesentliche Lager: Kohle, Eisen und Stahl, die konservativste und reaktionärste Gruppe innerhalb der deutschen Industrie, hätte Hitler lange vor der Machtergreifung unterstützt, während die elektrochemische Industrie erst in der Endphase der Weimarer Republik zu ihm gestoßen sei. Nach der Machtergreifung kämpften diese beiden Gruppen weiterhin mit wechselnden Erfolgen um den Vorrang, der schließlich im Zuge der Aufrüstung und der für den Krieg notwendigen Ersatzmittelproduktion der Elektrochemie zufiel[28].

Kurt Gossweiler versucht, Kuczinskys Schema durch die Einschaltung des Finanzkapitals zu vervollständigen. Auch dieses wird in zwei dominierende Gruppen, eine »all-deutsche« und eine »amerikanische«, eingeteilt, die jeweils die schwerindustriellen bzw. die elektrochemischen Interessen unterstützten. Bezüglich der Unterstützung der NSDAP konstatiert Gossweiler allerdings keinen wesentlichen Unterschied zwischen diesen beiden Finanzgruppen, die beide ihre Vertreter in die Partei »delegierten«, um diese für ihre Interessen einzuspannen. Die Quellenbasis für diese Argumentation ist oft von erstaunlicher Dürftigkeit[29], aber auch Eberhard Czichon, der in anerkennenswerter Kleinarbeit die Archive der Deutschen Bank auswerten konnte, bleibt in der gleichen schematischen Zweiteilung befangen. Vor 1933 stand nach Czichon eine Gruppe »Nazi-Industrieller«, die bewußt schon damals auf Autarkie und Aufrüstung orientiert war, einer »keynesianischen« Industriegruppe gegenüber, die eine staatlich finanzierte Nachfrage- und Beschäftigungserweiterung anstrebte. Hitlers Machtergreifung wäre erst durch die Spaltung des »keynesianischen« Lagers ermöglicht worden, als der rechte Flügel der Gruppe von der Unterstützung Schleichers zu Hitler überlief. Auch Czichon identifiziert allgemein die »Keynesianer« mit der elektrochemischen und Ausfuhrindustrie, erwähnt jedoch auch wichtige Schwerindustrielle, wie Krupp, Flick u. a., als Vertreter dieser Richtung. Damit wird die rein interessenmäßige Zweiteilung durch ein persönliches Element durchbrochen und den weltanschaulich-politischen Anschauungen der Industrievertreter eine maßgebliche Rolle eingeräumt[30].

Eine spezifisch-empirische Untersuchung des Verhältnisses verschiedener Interessengruppen zum Nationalsozialismus ist an sich für die Wissenschaft durchaus von Bedeutung, und die Leistungen der DDR-Forschung auf diesem Gebiet sollen dabei nicht verkannt werden. Zweifellos haben gewisse Wirtschaftszweige im Verlauf der nationalsozialistischen Herrschaft und der fortschreitenden Aufrüstung an Gewicht und Einfluß gewonnen und wurden bei der Zuteilung von Aufträgen, Rohstoffen und Arbeitskräften bevorzugt. Es bleibt jedoch die Schwäche dieser orthodox-marxistischen Forschung, daß sie der Nationalsozialistischen Partei, ihrer Führung und ihrer Ideologie jeglichen eigenständigen Einfluß auf die Entwicklungen abspricht. Eine solche Mißachtung politischer und ideologischer Zusammenhänge wäre dabei selbst im Rahmen einer an marxistischen Grundkonzepten orientierten Historiographie durchaus nicht a priori vorbestimmt: Eine tiefergreifende und subtilere Beachtung des dialektischen Zusammenwirkens Marxscher »Basis-und-Überbau«-Begriffe könnte ideologischen und politischen Faktoren durchaus gerecht werden. Aber den hier besprochenen Autoren ist es anscheinend ein vorgefaßtes, keinen Beweis benötigendes Axiom, daß die Nationalsozialisten Deutschland im Auftrag des Monopolkapitals und einzig gemäß dessen Interessen regierten und daß dieses ihnen sämtliche politische Entscheidungen vorschrieb. Vergeblich beteuert Gossweiler in seiner Diskussion mit Reinhard Kühnl, die Kommunisten hätten niemals »die schwachsinnige Auffassung (vertreten), diese Staatsführung habe jeweils nur auf direkten Befehl oder Auftrag aktiv werden können«[31]. Dies klingt wenig überzeugend, nachdem Gossweiler selbst nur wenige Seiten weiter im gleichen Aufsatz erklärt:

17

»... Der faschistischen Führung war nicht nur die Aufgabe anvertraut, dem Monopolkapital für sein Profitstreben freie Bahn zu schaffen, sondern auch, für die Raubkriege des deutschen Imperialismus ein ruhiges Hinterland zu schaffen[32].«

Das schwächste Glied in dieser Argumentation bleibt das völlige Fehlen überzeugender Beweise für den tatsächlichen Einfluß von Industrie- und Finanzmanagern auf die politischen und selbst wirtschaftspolitischen Entscheidungen Hitlers und der politischen Staatsführung. Mündliche und schriftliche Äußerungen führender Wirtschaftler, die eine aggressive Expansionspolitik zur Eroberung neuer Märkte und Rohstoffquellen forderten, lassen sich natürlich leicht zitieren, genau, wie man ohne große Schwierigkeiten auch gegensätzliche Zitate aufführen kann. Ein Beweis dafür, daß diese Äußerungen Hitler oder der politischen Führung überhaupt zur Kenntnis gebracht wurden und daß sie deren Entscheidungen wesentlich beeinflußten, wird nicht erbracht. Entweder scheint den Verfassern diese Tatsache im Gesamtkonzept der »Diktatur des Monopolkapitals« derart »self-evident« zu sein, daß jede Beweisführung überflüssig ist, oder solche Beweise sind in dem vorhandenen Quellenmaterial einfach unauffindbar.

Auch marxistisch orientierte Historiker im Westen haben diesen Mangel bereits beanstandet[33]. Diese Richtung entwickelt ihre Thesen vielfach im Anschluß an August Thalheimer, der bereits in den zwanziger Jahren die These der »Verselbständigung« des faschistischen Staatsapparates gegenüber den Teilinteressen der Bourgeoisie aufstellte und von der Loslösung der politischen Herrschaft von ihrer Klassenbasis sprach[34]. Die orthodox-marxistische Richtung hat diese dissidente Ansicht nie akzeptiert und stempelt sie auch heute noch als »eine raffinierte Entlastung des Monopolkapitals« ab[35]. Dagegen argumentiert z. B. Timothy W. Mason, daß der »Primat der Politik« als ein in der Geschichte der bürgerlichen Gesellschaft seit der Industriellen Revolution einmalig dastehendes Phänomen tatsächlich die Wirtschaft im Dritten Reich beherrschte. Nach Mason wurde durch die Krisen der dreißiger Jahre und die spezifischen Eigenschaften Hitlers und der NSDAP eine Situation geschaffen, in der der Wirtschaft zumindest ab 1936 keinerlei Einfluß auf die politischen und auch wirtschaftspolitischen Entscheidungen des nationalsozialistischen Regimes zukam. Der »Primat der Politik« war eines der grundsätzlich deklarierten Ziele der NSDAP und meinte in erster Linie »Primat« der Außenpolitik und der Kriegsvorbereitungen. Die Unternehmer schalteten sich zwar willig in diese Zielsetzungen ein und kassierten erhebliche Profite, ohne jedoch wesentlichen Einfluß auf ihre Durchführung nehmen zu können. Einen der Gründe hierfür sieht auch Mason in der Zersplitterung der Interessengruppen, die keine geeinigte Front der Industrie der nationalsozialistischen Herrschaft entgegenstellen konnten und daher »getrennt marschierten und zusammen fielen«[36].

Masons Argumentation betont vor allem Hitlers selbstherrliche Entscheidungen und vernachlässigt die ideologischen Gesichtspunkte, die bei diesen Entscheidungen ins Gewicht fielen. Hierdurch erscheint das »Primat der Politik« als das Ergebnis rein willkürlicher Alleinherrschaft Hitlers, völlig getrennt von den ideologischen Einflüssen einer politischen Massenbewegung, die Hitler vor der Machtergreifung aufgebaut hatte und auch nachher als Stütze seiner Herrschaft nicht entbehren konnte. Kritisch muß auch Masons Periodisierung betrachtet werden, die in starker Anlehnung an die Arbeiten Arthur Schweitzers die

Vorherrschaft des Primats der Politik erst ab 1936 ansetzt. Bis zu diesem Zeitpunkt glaubt Mason eine weitgehende Unabhängigkeit der Wirtschaft und deren maßgeblichen Einfluß auf die Bestimmung der Wirtschaftspolitik konstatieren zu können. Erst als Vollbeschäftigung und Devisenknappheit die geschlossene Front der Wirtschaft durch interessenbestimmte Konkurrenzkämpfe zersetzten, wurde das Primat der Politik – das ist Hitlers uneingeschränkte Alleinherrschaft – zum bestimmenden Charakteristikum dieser Periode.

Arthur Schweitzer hat diese Zwei-Phasen-Entwicklung des nationalsozialistischen Herrschaftssystems in einer Reihe bemerkenswerter Aufsätze und in seinem Hauptwerk von 1964 ausführlich dargestellt[37]. Diese auf einem tiefgreifenden Quellenstudium basierenden Arbeiten haben viele wichtige Aspekte der wirtschaftspolitischen Entwicklungen und der inneren Kräfteverhältnisse des nationalsozialistischen Regimes eingehend beleuchtet. Sie können von der späteren Forschung keineswegs übersehen werden, auch wenn man, wie der Verfasser, Schweitzers Interpretationen nicht in allem folgen kann. Nach Schweitzer verbanden sich die gegensätzlichen wirtschaftlichen Interessen während der ersten vier Jahre nationalsozialistischer Herrschaft im Laufe einer systemtypischen Entwicklung des »organisierten Kapitalismus« – oder, einem Konzept Max Webers folgend, »politischen Kapitalismus« – zu einem geschlossenen Kräfteblock, und »diese Wandlung ermöglichte es dem Großkapital, die Wirtschaftspolitik der nationalsozialistischen Regierung zu bestimmen«[38]. Schweitzer geht damit zwar nicht so weit, den wirtschaftlichen Interessen die Bestimmung der gesamten nationalsozialistischen Politik beizumessen, mißt ihnen jedoch den entscheidenden Einfluß auf die wirtschaftspolitischen Maßnahmen bis 1936, in gewissen Grenzen sogar bis 1938 zu. Dementsprechend wird diese Periode als die eines »partiellen Faschismus« definiert, in der eine Koalition der NSDAP, des Großkapitals und des Militärs gemeinsam die Herrschaft ausübte*.

Die Rolle der nationalsozialistischen Ideologie und ihr Einfluß wird im Gegensatz zu den oben besprochenen Verfassern von Schweitzer durchaus nicht übersehen. Jedoch erscheint uns seine Definition der nationalsozialistischen Wirtschaftsauffassungen als »middle-class socialism« als einschränkend. Sie scheint auch deshalb unglücklich gewählt, weil die NSDAP und selbst deren »linke Opposition« um die Brüder Strasser zu keiner Zeit die Aufhebung des Privateigentums an den Produktionsmitteln oder des privaten Profitanreizes verlangten[39]. Vor allem aber erscheint uns die Definition eines »partiellen Faschismus« bis 1936 fragwürdig, besonders wenn Schweitzer den Übergang zur Phase des »vollen Faschismus« hauptsächlich als Ergebnis der politischen Kurzsichtigkeit der industriellen und militärischen »Koalitionspartner« beschreibt:

»Wegen ihrer ideologischen Blindheit und politischen Unfähigkeit fällt den Generälen und den Führern des ›big business‹ unentrinnbar ein Teil der Verantwortung für den Übergang vom partiellen zum vollen Faschismus zu.

---

* »... eine bilaterale Kräftestruktur, in der der organisierte Kapitalismus und die Parteidiktatur gleichberechtigt wirkten und jeder das ihm unterstellte Gebiet fast exklusiv beherrschen konnte« (Übers. d. Verf.). – (A. Schweitzer, Big Business etc., a. a. O., S. 288 f.)
Eine ähnliche Darstellung findet sich bereits bei Franz Neumann (Behemoth: »The Structure and Praxis of National-Socialism«, London 1943) und auch bei Ernst Fränkel (The Dual State, A Contribution to the Theory of Dictatorship, New York 1940). Allerdings schilderten diese Verfasser keine Teilung der Herrschaftssphären wie bei Schweitzer, sondern die Herausbildung einer neuen herrschenden Klasse in Deutschland durch die Integration der nationalsozialistischen Elitenschicht in das bestehende Klassenherrschaftssystem.

Hätten sie die Gefahr erkannt und sich auf sie vorbereitet, wäre der hinterlistige Naziangriff ausgeblieben oder erfolgreich abgewiesen worden[40].«*

Zweifellos genossen die Großindustriellen im Dritten Reich im Vergleich zu anderen Gesellschaftsschichten eine bevorzugte Sonderstellung und waren weniger als andere den Gleichschaltungs- und Terrormaßnahmen des Regimes ausgesetzt. Sie konnten auch, solange sie gefügig den vom Staat gesetzten wirtschaftspolitischen Zielvorstellungen entsprachen, ein beträchtliches Maß an Selbstverwaltung beibehalten und die früheren Unternehmerverbände zum Teil weiterführen. In dieser Beziehung änderten sich tatsächlich ab 1936 die Verhältnisse zuungunsten des »big business«, aber es war lange vorher an der Bestimmung der wirtschaftspolitischen Zielsetzungen nur in geringem Maße, an den gesamtpolitischen Entscheidungen – wie auch Schweitzer zugibt[41] – überhaupt nicht beteiligt. Diesen Zustand kann nur eine großzügige Interpretation der Tatsachen als eine »Koalition gleicher Partner« bezeichnen. Die Großunternehmer erkauften sich eine gewisse Handlungsfreiheit – auch dies nach unseren Ergebnissen in weitaus begrenzterem Maße, als Schweitzer konstatiert – um den Preis willigen oder notgedrungenen Verzichts auf jegliche Beeinflussung der nationalsozialistischen Innen- und Außenpolitik. Treffender erscheint uns daher das Verhältnis des Großunternehmertums im Dritten Reich bei David Schoenbaum definiert:

»Bestenfalls war die Situation der Wirtschaft im Dritten Reich das Ergebnis eines sozialen Kontrakts ungleicher Partner, nach dem Unterordnung die Bedingung für Erfolg war ... Die Wirtschaft belebte sich unter der Gnade des Dritten Reiches und als dessen Bundesgenosse. Die Initiative lag jedoch beim Staat, dem die Wirtschaftsbelebung ein Mittel und nicht Endzweck war[42].«

Wenn also überhaupt von einer »Partnerschaft« die Rede sein kann, so übernahm in ihr das Großunternehmertum die Rolle des »sleeping partners«, der zwar von der Gewinnausschüttung profitierte, aber bei der Politikbestimmung der »Leitung der Firma« kein Mitspracherecht hatte. Profite konnten die Großunternehmer allerdings in erheblichem Ausmaß kassieren: Neben den Gewinnen, die der verbesserten Geschäftslage entsprangen, haben sie auch ohne viele Gewissensbisse einen Großteil der Beute – zuerst der »arisierten« jüdischen Vermögen[43] und dann der im Krieg besetzten Gebiete – eingezogen. Aber sie besaßen keinen maßgeblichen Einfluß auf die Bestimmung der wirtschaftspolitischen Ziele und einen nur sehr begrenzten auf die Mittel, sie zu erreichen. Dies, nach unseren Ermittlungen, nicht erst ab 1936, sondern schon früh nach der nationalsozialistischen Machtergreifung.

Die vorliegende Arbeit kommt zu dem Ergebnis, daß die nationalsozialistische Wirtschaftspolitik in nicht geringem Maße, wenn auch nicht ausschließlich, von ideologischen und politischen Normen diktiert wurde, die auch Aufrüstung und Krieg integral einschlossen. Interessanterweise kamen zu ähnlichem Ergebnis

---

* Davon, daß dies eine zentrale These Schweitzers ist, zeugt die Schlußfolgerung, durch die er sein Forschungsergebnis verallgemeinert:
»Es besteht wenig Zweifel daran, daß partieller Faschismus und organisierter Kapitalismus in Deutschland noch beträchtliche Zeit weiter operieren konnten ... Partieller Faschismus und organisierter Kapitalismus müssen nicht unbedingt die Übergangsphase zum vollen Faschismus sein, der seinerseits nicht notwendigerweise einem durch ihn selbst hervorgebrachten Krieg zum Opfer fallen muß« (Big Business, a. a. O., S. 255 f., Übers. d. Verf.)

gerade solche früheren Verfasser, die in empirischen Spezialforschungen einzelne Wirtschaftssektoren untersuchten, ohne dabei an ein vorgefaßtes Gesamtmodell gebunden zu sein. Bereits 1947 kam Samuel Lurie in einer unberechtigterweise etwas in Vergessenheit geratenen Studie über die Privatinvestitionen im Dritten Reich zu dem Schluß, daß die Investitionspolitik nur im Zusammenhang mit dem Versuch, ein neues »krisenfestes« Wirtschaftssystem zu errichten, voll verstanden werden kann. Die Aufrüstung war nach Lurie nur eines der Nahziele dieses Systems, durch das die deutsche Wirtschaft einer Kriegswirtschaft zwar ähnlich wurde,

» . . . aber die Bedeutung dieser Ähnlichkeit sollte nicht überschätzt werden. Die deutsche Wirtschaft zwischen 1933 und 1939 war offensichtlich mehr als eine Kriegswirtschaft im Frieden. Die eingesetzten Kontrollen waren nicht bloß vorübergehende Hilfsmittel zur Bewältigung kriegsbedingter Notlagen, sondern Teile eines integrierten Systems, dessen Endziele über die militärische Phase hinausgingen[44].«

Ähnlich sieht auch Alan S. Milward in einer neueren Arbeit über die »neue Ordnung« im besetzten Frankreich diese als konsequente Verwirklichung nicht allein der politischen, sondern auch der wirtschaftlichen Zielsetzungen der NSDAP an:

»Der Faschismus kann auf nur politischer Ebene nicht vollständig erfaßt werden. Seine politischen und ökonomischen Ausdrucksformen, deren beider Endziel die Neuordnung war, können nicht voneinander getrennt werden[45].«

Nach Milwards Ansicht hat die Forschung bisher die wirtschaftlichen Aspekte des Hitlerischen »Lebensraum«-Konzepts zuwenig beachtet[46]. Neben der in diesem vorgezeichneten Gebietsausweitung sollte in dieser »Großraumwirtschaft« eine wirtschaftliche »neue Ordnung« errichtet werden, deren Hauptmerkmal der Antiliberalismus war:

»Die nationalsozialistische ›Neuordnung‹ im In- und Ausland kann richtig nur als der Versuch verstanden werden, eine antiliberalistische Lösung der Wirtschaftsprobleme der Zwischenkriegszeit zu finden . . . Der Nationalsozialismus war . . . ein deutliches Ergebnis der ökonomischen und politischen Entwicklung Deutschlands. Weder kapitalistisch noch sozialistisch fand Deutschland im Faschismus eine andere Lösung, die seiner Geschichte entsprach[47].«

Milwards Ansicht, nach der das von den Nationalsozialisten angestrebte Wirtschaftssystem kein kapitalistisches war, soll noch kritisch untersucht werden. Aber auch die vorliegende Arbeit kommt zu dem Schluß, daß die Nationalsozialisten auf dem Gebiet der Wirtschaftsauffassung und -theorie durchaus nicht unvorbereitet an die Macht gelangten. Die Herausbildung ihrer Wirtschaftsauffassung und die Integration neuer Gedanken und Vorschläge aus der damaligen wirtschaftstheoretischen Diskussion, mit deren Hilfe die Nationalsozialisten ihren ideologisch bestimmten Normen die Form eines operativ zu verwirklichenden Wirtschaftprogramms geben konnten, wird im ersten Teil dieser Arbeit geschildert.

Das Problem der »Originalität« dieser Ideen erscheint dabei in unserem Zusammenhang von durchaus sekundärer Bedeutung. Im Gegenteil, es scheint, daß die von Milward im obigen Zitat nur angedeuteten Anknüpfungspunkte an traditionelle Entwicklungen der deutschen Wirtschaftsrealität und, wie der zweite Teil der

Arbeit darzustellen versucht, des deutschen Wirtschaftsdenkens die wirtschaftlichen Ideen und Maßnahmen der NSDAP für weite Kreise akzeptabel machten und »legitimierten«. Dabei möchte der Verfasser in diesen historischen und geistes- oder ideengeschichtlichen Traditionen keineswegs den einzigen, nicht einmal den wesentlichen Schlüssel zum Verständnis der nationalsozialistischen Wirtschaftspolitik liefern. Aber sie trugen erheblich dazu bei, daß diese in überraschend kurzer Zeit die Unterstützung und willige Mitarbeit weiter Kreise der deutschen Unternehmer, der Ministerialbürokratie und Bevölkerung fand.
Die NSDAP war mehr als bloß ein Haufe entwurzelter und machtgieriger Condottieri, die ein verzweifelter Mittelstand und das unglückliche politische Ränkespiel der Großindustrie, der Agrarier und der Reichswehr auf den Wogen der Wirtschaftskrise zur Macht brachte. Neben alldem war sie auch eine ideologische »Bewegung«, in deren »Weltanschauung« auch der Wirtschaft ein deutlich definierter Platz zugewiesen war. Die Zukunftsvision des »Tausendjährigen Reichs« enthielt ideologisch vorbestimmte Normen für dessen Gesellschafts- und Wirtschaftsaufbau, die die NSDAP zumindest teilweise bald nach der Machtergreifung zu verwirklichen suchte. Für einen Wirtschaftssektor, die Landwirtschaft, hat die Forschung diesen Tatbestand ziemlich einmütig konstatiert, doch glaubt der Verfasser, daß dies nicht nur für diesen Sektor zutrifft. Damit soll nicht gesagt sein, daß ideologische Motivationen der einzige oder ausschlaggebende Faktor für die Bestimmung der nationalsozialistischen Wirtschaftspolitik waren. Ihr Einfluß war in verschiedenen Sektoren nicht einheitlich und wechselte im Laufe der Zeit. Trotzdem bestand er unverkennbar und kann, wie der dritte Teil dieser Arbeit zu beweisen versucht, bei der Beurteilung der wirtschaftlichen Gesamtentwicklung nicht übergangen werden.
Ein Großteil dieser ideologisch bestimmten Ziele gelangte, wie es bereits David Schoenbaum aufzeigte[48], nur teilweise oder überhaupt nicht zur Verwirklichung, weil sie nicht nur den Aufrüstungsanforderungen, sondern überhaupt der gesellschaftlichen und wirtschaftlichen Struktur eines Industriestaates widersprachen. Dies erwies sich besonders ab 1936, als die erreichte Vollbeschäftigung das Problem der Prioritätenbestimmung verschärft auf die Tagesordnung setzte. In dieser Hinsicht stellt die Zeit etwa gegen Ende des Jahres 1936 tatsächlich eine Zäsur in der wirtschaftspolitischen Entwicklung des Dritten Reichs dar, und es schien schon darum berechtigt, die Forschungsperiode dieser Arbeit hier zu begrenzen. Solange brachliegende Produktionsfaktoren noch vorhanden waren, konnten die nationalsozialistischen Herrscher im Zuge des Wirtschaftsaufschwungs versuchen, weitgreifende wirtschaftliche Strukturänderungen zu verwirklichen, zu denen sie ideologisch engagiert waren. Erst die Vollbeschäftigung zwang sie, zwischen Alternativen zu wählen, und sie haben dann ohne viel Zaudern die Kriegsvorbereitungspläne vorangestellt. Ideologisch vorbestimmte Fernziele, wie z. B. die »Reagrarisierung« Deutschlands, gerieten dabei notwendigerweise ins Hintertreffen.
Eine Frage, die noch nicht genügend geklärt ist und auch im Rahmen dieser Arbeit offenbleiben muß, soll hier wenigstens erwähnt werden: Sahen die Nationalsozialisten diesen Verzicht auf die Verwirklichung ideologischer Wirtschaftsziele als deren endgültige Aufgabe oder nur als einen vorläufig notgedrungenen Aufschub an? Vieles läßt darauf schließen, daß Hitler und die NSDAP – im besonderen die SS Himmlers – ihre wirtschaftlich-gesellschaftliche Zukunftsvision für die Zeit

nach dem siegreich beendeten Krieg weiter mit sich herumtrugen. Endgültig wurde die wirtschaftliche und gesellschaftliche »Neuordnung Europas« erst unter den rauchenden Trümmern des Zweiten Weltkrieges begraben, glücklicherweise noch, bevor sie – über eine längere Periode eines »Pax Germanica« – die wirtschaftstheoretische Probe bestehen konnte.

Dies mag aber auch ein Grund dafür sein, daß das hier behandelte Thema den Interessenbereich des Nur-Historikers oder Wirtschaftstheoretikers überschreitet. Einzig unter der Voraussetzung, daß wirtschaftliche und gesellschaftliche Krisensituationen endgültig der Vergangenheit angehören, läßt es sich in die Seminarstuben und Lehrpläne der Akademien verdrängen. Wer weniger optimistisch ist, wird angesichts der wirtschaftlichen Ereignisse den nationalsozialistischen Versuch einer »anderen Lösung« mit einiger Beunruhigung verfolgen.

1. Wirtschaftsauffassung und Wirtschaftsprogramme der NSDAP vor der Machtergreifung

1920–1930:
Hitler, Feder und die »Brechung der Zinsknechtschaft«

Hitlers Einstellung zur Wirtschaft ist aus seinen veröffentlichten Äußerungen nur schwer definierbar. In »Mein Kampf« sind wirtschaftliche Probleme kaum erwähnt, und auch später blieb Hitler auf diesem Gebiet auffallend zurückhaltend und unklar. Dies mag, mehr noch als auf anderen Gebieten, an seiner bekannten Einschläferungs- und Verschleierungstaktik gelegen haben: Seine immer noch umstrittenen Beziehungen zu Industrie- und Wirtschaftskreisen dürften ihn veranlaßt haben, seine wirtschaftspolitischen Gedanken und Pläne zurückhaltend und mit Vorsicht zu formulieren. Daneben betrachtete Hitler die Wirtschaft als »ein Sekundäres«, das dem »Primat der Politik« bedingungslos zu unterstellen sei[49]. Einwände über die Eigengesetzlichkeit des Wirtschaftsablaufs, die dem politischen Kommando des Staates Grenzen setzen könnte, überging er kurzerhand mit verächtlichen Bemerkungen über die »Fachmänner« und »Sachverständigen«, denen man nur zu kommandieren brauche, damit »sie uns mit dem Material bedienen, das wir benötigen«[50]. Der untergeordneten Stellung der Wirtschaft in Hitlers Staats- und Gesellschaftsauffassung entsprach dann auch seine zugegebene Ignoranz und Indifferenz auf diesem Gebiet und die Delegation wirtschaftspolitischer Belange an untergeordnete Partei- und später Regierungsinstanzen.

Dennoch unterschätzte Hitler keineswegs die politische und propagandistische Bedeutung der Wirtschaft und wies ihr im Gesamtkontext seiner ideologisch fixierten Weltanschauung einen klar umrissenen Platz an. »Lebensraumimperialismus« und Antisemitismus – die zwei grundlegenden Konstanten in Hitlers Weltanschauung[51] – entsprangen einem vulgär-sozialdarwinistischen Monismus, der im Gegensatz zu früheren sozialdarwinistischen Auffassungen den Schwerpunkt vom Individuum auf das Kollektiv verlegte. Ähnlich wie umlaufende sozialdarwinistische Theorien vornehmlich österreichischer Konvenienz[52] bildete sich das Geschichtsbild Hitlers als eines Daseinskampfes der Rassen und Völker mit dem Recht des Stärkeren als einzig gültigem Existenzanspruch. »Volk« und »Rasse« sind der elementare Ausgangspunkt, »Außenpolitik und Wirtschaftspolitik (sind) nur Funktionen zur Selbstbehauptung und Erhaltung unseres Volkskörpers und werden mithin bestimmt von Faktoren, die in inneren Werten dieses Volkskörpers ihre Wurzeln haben und ihre bestimmende Anweisung erhalten«[53]. Der Staat ist das ausführende Organ dieser »Funktionen des Volkskörpers«, wobei die Politik den unbedingten Vorrang vor der Wirtschaft hat. Hitler sah in der Wirtschaft »nur eine notwendige Dienerin im Leben eines Volkskörpers und

Volkstums. (Die Bewegung) empfindet eine unabhängige nationale Wirtschaft als eine Notwendigkeit, jedoch sie sieht in ihr nicht das Primäre, nicht die Bildnerin eines starken Staates, sondern umgekehrt: Der starke nationale Staat allein kann einer solchen Wirtschaft Schutz und die Freiheit des Bestehens und der Entwicklung geben[54].«

Seinen deutlichsten Ausdruck fand Hitlers sozialdarwinistische Grundeinstellung in seinem Lebensraum-Konzept, das neben seinen außen- und machtpolitischen Zielsetzungen auch seine agrarwirtschaftlich betonte Einstellung zur Bevölkerungs- und Wirtschaftspolitik bestimmte: »Die Erwerbung von neuem Grund und Boden zur Ansiedlung der überlaufenden Volkszahl besitzt unendlich viel Vorzüge ... Viele unserer heutigen Leiden sind nur die Folge des ungesunden Verhältnisses zwischen Land- und Stadtvolk. Ein fester Stock kleiner und mittlerer Bauern war noch zu allen Zeiten der beste Schutz gegen soziale Erkrankungen, wie wir sie heute besitzen. Dies ist aber auch die einzige Lösung, die eine Nation das tägliche Brot im inneren Kreislauf einer Wirtschaft finden läßt. Industrie und Handel treten von ihrer ungesunden führenden Stellung zurück und gliedern sich in den allgemeinen Rahmen einer nationalen Bedarfs- und Ausgleichswirtschaft ein ... (Damit) machen sie die gesamte Volksernährung mehr oder weniger unabhängig vom Auslande, helfen also mit, die Freiheit des Staates und die Unabhängigkeit der Nation, besonders in schweren Tagen, sicherzustellen[55].«

Diese in »Mein Kampf« nur seltene Äußerung Hitlers zu Wirtschaftsfragen bringt nicht nur die Bevorzugung der Landwirtschaft und sein zumindest ambivalentes Verhältnis zu Industrie und Handel zum Ausdruck. Darüber hinaus ist hier das Idealbild einer kommenden deutschen Wirtschaft vorgezeichnet, in der sich das deutsche Volk »von eigener Scholle ernährt« und die durch ihre autarke Unabhängigkeit vom Weltmarkt von der »ebenso schrankenlosen wie schädlichen Industrialisierung«[56] geheilt und krisenfest werden sollte. Diese Zukunftsvision einer kommenden wirtschaftlichen »Neuordnung«, die bis in die letzte Zeit von der Forschung nur ungenügend beachtet wurde[57], war ein grundsätzlicher und konstanter Bestandteil im Lebensraumkonzept Hitlers und seiner Partei, dessen richtungweisende Bedeutung für die späteren Entwicklungen kaum in Frage gestellt werden kann. Sie fand ähnlichen Ausdruck im unveröffentlichten »Zweiten Buch« Hitlers von 1928: »Deutschland wendet sich von allen weltindustriellen und welthandelspolitischen Versuchen ab und konzentriert statt dessen alle seine Kräfte, um seinem Volk durch die Zuweisung eines genügenden Lebensraums für die nächsten hundert Jahre auch einen Lebensweg vorzuzeichnen[58].«

Die Betonung der dienenden Stellung der Wirtschaft im Staat unter dem »Primat der Politik« und die im Lebensraumkonzept implizierte wirtschaftliche und gesellschaftliche Zukunftsvision erschöpft ziemlich alles, was Hitler selbst zu dieser Zeit zu Wirtschaftsfragen zu sagen hatte. In nur wenigen, auf den jeweiligen Zuhörerkreis abgetönten Variationen kehrt es konsequent in allen überlieferten Äußerungen Hitlers wieder. Während der Gründungs- und Aufbauzeit der NSDAP galt vor allem Gottfried Feder als der maßgebliche Exponent der Partei in Wirtschaftsfragen. Dies war wahrscheinlich in nicht geringem Maße den lobenden Worten zuzuschreiben, die Hitler ihm in »Mein Kampf« zukommen ließ. Jedoch galt Hitlers begeisterte Anerkennung Feders und seiner Theorien nicht deren wissenschaftlichem Erkenntniswert oder operativer Brauchbarkeit, sondern in erster Linie ihrer politischen und propagandistischen Zweckmäßigkeit: »Nachdem ich den ersten Vortrag Feders angehört hatte, zuckte mir auch sofort der Gedanke durch den Kopf, nun den Weg zu einer der wesentlichsten Voraussetzungen zur Gründung einer neuen Partei gefunden zu haben[59].«

Feders Differenzierung zwischen dem »schaffenden« Industriekapital und dem »raffenden« Finanzkapital – unter den Verhältnissen einer modernen kapitalistischen Wirtschaft und auch des damaligen Deutschlands eine völlig willkürliche und leicht widerlegbare Konstruktion – war in der Tat die ideale Formel, nach der sich die NSDAP »antikapitalistisch« gebärden konnte, ohne dabei diejenigen Wirtschaftskreise abzuschrecken, um deren finanzielle und politische Unterstützung sie warb: »Die Scheidung des Börsenkapitals von der nationalen Wirtschaft bot die Möglichkeit, der Verinternationalisierung der deutschen Wirtschaft entgegenzutreten, ohne zugleich mit dem Kampf gegen das Kapital überhaupt die Grundlage einer unabhängigen völkischen Selbsterhaltung zu bedrohen[60].« Man brauchte nur noch das »raffende Finanzkapital« mit der »jüdisch-internationalen Hochfinanz« zu identifizieren und hatte damit ein vorzügliches Mittel geschaffen, mit dem die soziale Unruhe breiter Gesellschaftsschichten auf den Antisemitismus abzuleiten war.

Das Kernstück der Federschen Auffassungen war die Forderung der »Brechung der Zinsknechtschaft«, die in ihrer ursprünglichen Form mit dem ersten öffentlichen Auftreten Feders 1918 in München die sofortige und allgemeine Abschaffung des Zinses verlangte[61]. Allem Anschein nach verfaßte Feder sein »Manifest zur Brechung der Zinsknechtschaft« unter dem Einfluß der »Freigeldlehre« Silvio Gesells, und tatsächlich unterbreitete er sein »Manifest« im November 1918 der Münchner Räteregierung Kurt Eisners, in der Gesell den Posten des Finanzministers einnahm[62]. Im September 1919 gründete Feder einen »Deutschen Kampfbund zur Brechung der Zinsknechtschaft« zur Propagierung seiner Ideen. In der NSDAP, der Feder mit seinem »Kampfbund« etwa gleichzeitig beitrat, konnte er als Herausgeber der »Nationalsozialistischen Bibliothek« seinen Theorien einen bevorzugten Platz in der Parteiliteratur sichern, und er galt lange – und nicht nur in eigenen Augen – als der »Programmatiker der Partei«*. In den ersten Jahren ihres Bestehens hat Feder zweifellos die Wirtschaftsauffassung der NSDAP maßgeblich beeinflußt und zumindest die wirtschaftlichen Forderungen des Parteiprogramms von 1920 formuliert.

Nicht weniger als zehn von den »25 Punkten« dieses Programms behandeln wirtschaftliche Probleme aus der Sicht der damaligen Nachkriegszustände. Hierzu gehört die Forderung der »Einziehung der Kriegsgewinne« (Punkt 12) und der Todesstrafe für »Wucherer und Schieber« (18). Andere Forderungen, wie die nach Verstaatlichung der Trusts (13) und der Gewinnbeteiligung in Großbetrieben (14), waren ebenso wie die »unentgeltliche Enteignung von Boden für gemeinnützige Zwecke« (17) Konzessionen an den »Zeitgeist« der Revolutionsjahre und wurden später trotz der 1926 verkündeten »Unabänderlichkeit« des Parteiprogramms entsprechend »interpretiert«. Ausgeprägt mittelständische Forderungen, wie die Kommunalisierung der Warenhäuser und die Berücksichtigung aller kleinen Gewerbetreibenden bei öffentlichen Aufträgen (16), entsprachen

---

* In einem überlieferten Gespräch vom Dezember 1932 zitiert Feder seinen Brief an Hitler, in dem er seine Treue zu dem »von Ihnen sanktionierten und von mir formulierten Programm« beteuert (NAUSA, T-81, Roll 1, fr. no. 11322).

der sozialen Herkunft der Gründer und zu dieser Zeit auch des Großteils der Anhänger der NSDAP.

Für die später durchgeführte Wirtschaftspolitik waren die wirtschaftlichen Punkte im Parteiprogramm kaum relevant. Dies wird oft als Beweis dafür angeführt, daß die Wirtschaftspolitik im Dritten Reich von vorgefaßten ideologischen Zielsetzungen nicht oder nur wenig beeinflußt wurde. Diese Argumentation übersieht dabei, daß es sich hier um ein politisches Programm handelte, das aus der aktuellen Situation heraus zu verstehen ist und zu einer Zeit abgefaßt wurde, in der sich in der NSDAP nur erste Ansätze einer eigenen Wirtschaftsauffassung herausbildeten. »Was wir als die Quintessenz der Naziwirtschaft ansehen, die Durchstaatlichung der Wirtschaft, kündigte sich in diesem Programm gar nicht an. Aber sein Geist blieb lebendig und bildete ein entscheidendes Element in der Gestaltung der deutschen Zukunft[63].« Diese Einschätzung Gustav Stolpers trifft vor allem auf Punkt 3 des Parteiprogramms zu, der die Forderung nach »Land und Boden (Kolonien) zur Ernährung unseres Volkes und Ansiedlung unseres Bevölkerungsüberschusses« erhob. Aber auch hier ist bezeichnend, daß 1920 – also vor der Abfassung von »Mein Kampf« – von Kolonien und nicht von »Ostraumpolitik« die Rede ist. Ebenso ist die im Punkt 7 angekündigte Ausweisung aller »Nichtstaatsbürger« – nachdem Punkt 4 den Juden das Staatsbürgerrecht absprach – später zu grausamer Wirklichkeit geworden.

Die in Punkt 11 des Programms proklamierte »Brechung der Zinsknechtschaft« blieb als propagandistisches Schlagwort bis lange nach der Machtergreifung im Wortschatz der nationalsozialistischen »Sprachregelung« erhalten, wurde jedoch inhaltlich erheblich abgeändert. Von der ursprünglichen Forderung der Aufhebung jeglichen Zinses ging man bald zu Zinssenkung und »gerechtem Zins« über, was von der gegnerischen zeitgenössischen Kritik spöttisch zur Kenntnis genommen wurde*. Feder selbst verlegte den Akzent seiner Argumentation zunehmend auf die »Währungs- und Finanzhoheit des Staates«, das ist die Forderung, die Menge der umlaufenden Zahlungsmittel unabhängig von der Golddeckung staatlich zu bestimmen und den Anforderungen des Wirtschaftskreislaufs anzupassen. Anfang der dreißiger Jahre wies er zwar immer noch auf die »Brechung der Zinsknechtschaft« und der »Despotie des Leihkapitals« als die »größte und bedeutungsvollste wirtschaftspolitische Aufgabe, die der nationalsozialistische Staat zu lösen hat«, hin – aber diese Aufgabe erschien nur noch als entfernte Zukunftsvision, ohne inhaltlich näher definiert zu werden. »In der Übergangszeit wird der nationalsozialistische Staat in maßvoller Weise von seinem Geldschöpfungsrecht Gebrauch machen für die Finanzierung großer öffentlicher Aufgaben und des Wohnungsbaus im Sinne meiner bekannten Vorschläge (Bau- und Wirtschaftsbank usw.)[64].«

Im Lichte der späteren Entwicklungen sind die hier erwähnten Vorschläge durchaus interessant. 1924 hatte Feder durch Anträge im Mecklenburgischen und Thüringischen Landtag und auch im Reichstag vorgeschlagen, durch Wechselausgabe einer eigens zu schaffenden »Bau- und Wirtschaftsbank« brachliegende Produktionsfaktoren zur Behebung der Wohnungsnot zu aktivieren[65]. Er regte auch anderweitig an, öffentliche Investitionen durch Ausgabe »staatlicher

---

* So z. B. Gustav Stolper: »Die Nationalsozialisten sind natürlich für zwangsweise Zinssenkung ... Sie haben ja die ›Brechung der Zinsknechtschaft‹ sozusagen erfunden, und es ist geradezu weise Mäßigung, wenn sie jetzt nur für eine Herabsetzung der Zinsen plädieren« (Der deutsche Volkswirt, Bd. 6, Nr. 8, S. 239, 20. 11. 1931).

Gutscheine ... aus eigener Machtvollkommenheit« zu finanzieren mit der Begründung, daß kein Grund vorhanden sei, »warum der Staat nicht das Geld machen soll ..., hinter dem ... in letzter Linie ausschließlich die Arbeitskraft des ganzen Volkes als Deckung steht«[66]. Die finanztechnischen Durchführungsvorschläge Feders trugen zwar den Stempel des autodidaktischen Dilettanten, aber die Grundidee war aus der Sicht moderner ökonomischer Erkenntnisse stichhaltiger als die ihr damals aus Kreisen der Fachakademiker entgegengehaltene Kritik. Stolpers spätere, bis heute noch ziemlich vereinzelt dastehende Feststellung, daß Feder nach der Machtergreifung zwar verschwand, jedoch »Schacht kaum etwas anderes (tat), als Feders Ideen den orthodoxen des bestehenden Geldsystems anzupassen«[67], erscheint durchaus berechtigt, wenn sie auch nicht als direkte »Anleihe« Schachts bei Feder verstanden werden sollte.
Allgemein wurde Feders Einfluß, nicht zuletzt dank seiner Erwähnung im zur Parteibibel gewordenen »Mein Kampf«, sowohl von den Zeitgenossen als auch von der späteren Geschichtsforschung sichtlich überschätzt. Viele seiner ursprünglichen Vorschläge hatte er 1930 selbst aufgegeben, da er in der Partei wenig Anklang fand. Er war damals hauptsächlich noch als Parteiredner tätig[68]. Seine Frustration fand beredten Ausdruck in einem Brief an Hitler vom Juli 1930, in dem er diesen anflehte, ihm einen Gauleiterposten zuzuweisen, und sich beschwerte, »daß einzelne Gauleiter nun glauben, mir in der unverschämtesten Weise entgegenzutreten (sic.)«[69]. Die »Brechung der Zinsknechtschaft« und die Bezugnahme auf Feders Ideen erschien zwar immer noch in der von ihm selbst herausgegebenen Parteiliteratur, aber kaum noch in den überlieferten öffentlichen Äußerungen Hitlers und anderer Parteiführer. Dies berechtigt zu der Annahme, daß Feders Ideen und »Wirtschaftsrezepte« um diese Zeit am Rande der sich herausbildenden Wirtschaftsauffassung der NSDAP mehr geduldet als vertreten wurden. Da aber an deren Stelle bis gegen Ende 1930 außer politischer Polemik in der Reparationsfrage keine anderen, konkret definierten wirtschaftlichen Vorschläge zu finden sind, ergibt sich der Schluß, daß die NSDAP bis zu diesem Zeitpunkt nur ein sehr allgemein gehaltenes Wirtschaftskonzept besaß.
Dieses Konzept stand spätestens nach Abschluß der Strasser-Kontroverse und der endgültigen Etablierung der Führerschaft Hitlers auf der Bamberger Tagung 1926 fest auf dem Boden kapitalistischer Besitzverhältnisse. Es war – trotz aller propagandistischen Auswertung dieser Adjektive in der Parteiliteratur und -presse und aller diesbezüglichen Anfechtung aus bürgerlichen Wirtschaftskreisen – weder »antikapitalistisch« noch »sozialistisch«. Um dies über jeden Zweifel klarzustellen, wurde 1928 dem »unabänderlichen« Parteiprogramm die Erklärung Hitlers angefügt, nach der »gegenüber den verlogenen Auslegungen von seiten unserer Gegner ... die NSDAP auf dem Boden des Privateigentums steht«[70]. Gleichzeitig war jedoch die nationalsozialistische Wirtschaftsauffassung grundsätzlich und aggressiv antiliberalistisch. Für »Laissez-faire«, freie Unternehmerinitiative und Wettbewerb oder marktwirtschaftlich freie Preis- und Lohngestaltung war hier kein Platz[71].
Aus taktisch verständlichen Gründen kam zwar dieser Aspekt vor der Machtergreifung öffentlich nur selten und versteckt zum Ausdruck, ist jedoch aus den internen »working papers« der Parteistellen und überlieferten vertraulichen Gesprächen Hitlers, die noch ausführlicher behandelt sind, unverkennbar belegt. So erklärte Hitler z. B. im Gespräch mit Rauschning, er wolle keineswegs den

»wirtschaftlichen Privatnutzen« beseitigen: »Der Erwerbstrieb und der Besitztrieb können nicht beseitigt werden ... Aber wie wir diese natürlichen Triebe einordnen und befriedigen, das ist erst die eigentliche Frage. Es handelt sich um die durch den Staat und die Allgemeinheit zu ziehenden Grenzen des Privatprofits und der Privatinitiative ... Einzig und allein die nach Zeit und Umständen wechselnden Bedürfnisse des Staates schränken beides ein ...[72].« Noch deutlicher wurde Hitler im Gespräch mit dem Redakteur der Leipziger Neuesten Nachrichten: »Es kommt einzig und allein darauf an, daß der Grundgedanke im Wirtschaftsprogramm meiner Partei klar herausgestellt wird, und das ist der Autoritätsgedanke. Ich will die Autorität, ich will die Persönlichkeit, ich will, daß jeder den Besitz, den er sich erworben hat, behalten soll, nach dem Grundsatz: Gemeinnutz geht vor Eigennutz. Nur soll der Staat die Kontrolle behalten, und jeder Besitzende soll sich als vom Staat Beauftragter fühlen. Er hat die Pflicht, seinen Besitz nicht zum Mißbrauch gegen die Interessen seiner Volksgenossen zu verwenden ... Das Dritte Reich wird sich immer das Kontrollrecht über die Besitzenden vorbehalten ...[73].«

Bis Ende 1930 war die Wirtschaftsauffassung der NSDAP noch im Entstehungsprozeß begriffen und wirtschaftstheoretisch kaum aufgebaut. Von konkret konzipierten Wirtschaftsprogrammen kann zu dieser Zeit keine Rede sein. Dennoch zeichneten sich bereits ihre ideologisch bestimmten Grundelemente unverkennbar ab. Diese waren neben den im Lebensraumkonzept vorgezeichneten Zielsetzungen vor allem ein militanter Antiliberalismus und die Forderung der Unterordnung der Wirtschaft unter das »Primat« des Staates und seiner gesellschaftlichen und politischen Zielanweisungen. Hinzu kam später das besonders von Bernhard Köhler hervorgehobene »Recht auf Arbeit« als dritte Konstante der nationalsozialistischen Wirtschaftsauffassung. Im Grunde war dies nichts anderes als die grundsätzliche Festlegung der Vollbeschäftigung als vornehmliche wirtschaftspolitische Zielsetzung.

Mit Recht wird verschiedenerseits darauf hingewiesen, daß diese Auffassung wenig originell »der zeitgenössischen Vielfalt konservativer Staatsideologien« entsprach und daß sich auch »später, in ihrer nationalsozialistischen Fortbildung, die fremden Anleihen erkennen ließen«[74]. Dies beweist jedoch nicht mehr und nicht weniger als die Konvergenz nationalsozialistischer mit jungkonservativen Wirtschaftsauffassungen – eine besonders in den letzten Jahren vor der Machtergreifung unverkennbare Erscheinung, deren Bedeutung noch näher untersucht werden soll[75]. Für die hier vertretenen Thesen ist es jedoch ziemlich gleichgültig, ob diese Anschauungen von den Nationalsozialisten »ausgeliehen« oder »angeeignet« oder ob sie gleichzeitige Eigenprodukte verwandter Geister waren. Allein wesentlich ist, daß – bei aller Verschiedenheit – sämtliche wirtschaftspolitischen Vorarbeiten innerhalb der NSDAP wie auch ihre praktischen wirtschaftspolitischen Maßnahmen nach der Machtergreifung auf diesem ideologisch bestimmten Grundgerüst aufbauten.

1931–1932:
Die Vorarbeiten der Wirtschaftspolitischen Abteilung der NSDAP in München

Nachdem bei den Reichstagswahlen im September 1930 der Stimmenanteil der NSDAP überraschend von 2,6 auf 18,3 v. H. zunahm und 107 Nationalsozialisten als zweitgrößte Fraktion in den Reichstag einzogen, ging Hitler daran, die Partei praktisch auf die Regierungsübernahme vorzubereiten. Zu diesem Zweck wurde bei der Münchner Reichsleitung eigens die »Organisationsabteilung II« unter Konstantin Hierl gebildet. Innerhalb dieser erhielt die »Wirtschaftspolitische Abteilung« – (WPA)*, zu deren Leiter Otto Wagener ernannt wurde, im Januar 1931 den Auftrag, die wirtschaftspolitischen Ziele der Partei neu zu definieren und praktische Pläne für deren Verwirklichung auszuarbeiten.

Dr. h. c. Otto Wilhelm Wagener (geb. 1888) war ein ehemaliger Generalstabsoffizier und Baltikumkämpfer, Mitbesitzer einer Nähmaschinenfabrik, der in den Jahren 1923/24 wirtschaftliche Vorlesungen an der Handelshochschule in Karlsruhe und der Würzburger Universität gehalten hatte. Zur NSDAP kam er erst gegen Ende 1929 durch die Verbindung mit seinem ehemaligen Kriegskameraden von Pfeffer, dem damaligen obersten SA-Führer, der ihn zu seinem Stabschef machte. Im Januar 1931 wurde ihm auf Betreiben des Reichsorganisationsleiters Gregor Strasser von Hitler aufgetragen, die WPA zu gründen und zu leiten**.

Wagener war demnach einer der »neuen Männer«, die, ebenso wie Wilhelm Keppler und Walter Darré, um etwa die gleiche Zeit von Hitler zur Behandlung wirtschaftlicher Fragen herangezogen wurden. Nach Wageners eigenem Bericht und anderen Quellen[76] fand Hitler die Qualifikationen Feders zur Ausarbeitung operativer wirtschaftspolitischer Pläne unzureichend. Hinzu kam wahrscheinlich auch seine bekannte und bewußt durchgeführte Methode, durch Kompetenzwirrwarr und Überschneidungen seine eigene Stellung als letzte Entscheidungsinstanz zu sichern. Jedenfalls bestanden in den Jahren 1931/33 außer der WPA noch mindestens drei »oberste« Parteistellen, die für die wirtschaftlichen Stellungnahmen und Propaganda der NSDAP zuständig waren. Feder war Vorsitzender des »Wirtschaftsrats der Reichsleitung«, der allem Anschein nach hauptsächlich als Briefkopf existierte und nur selten zusammentrat. Neben Feder gehörtem diesem noch Werner Daitz, Dietrich Klagges, Fritz Reinhardt, Walter Funk u. a. an. Für die landwirtschaftlichen Belange war ab Anfang 1930 Walter Darré als Leiter des »Agrarpolitischen Apparats« in München zuständig, der von Anfang an nicht

---

* Diese Abkürzung ist hier aus den Aufzeichnungen Wageners übernommen, obwohl sie in den offiziellen Dokumenten der Reichsleitung nicht erscheint. Bei der Reorganisation der Reichsleitung Mitte 1932 wurde die Wirtschaftspolitische Abteilung in »Hauptabteilung IV« umbenannt, der weiterhin Wagener als Leiter vorstand. Im September des gleichen Jahres wurde er jedoch auf Anweisung Hitlers von diesem Posten abgesetzt. Das wirtschaftliche Ressort der Reichsleitung übernahmen gleichzeitig Gottfried Feder als Leiter der »Hauptabteilung IV A – (Staatswirtschaft)« und Walter Funk als Leiter der »Hauptabteilung IV B – (Privatwirtschaft)« (BDC, 0.212, S. 184/85).
Die WPA ist nicht zu verwechseln mit dem »Wirtschaftspolitischen Amt« beim Verbindungsstab der NSDAP in Berlin, das dort vom Februar bis Juli 1933 unter der Leitung Otto Wageners bestand.
** Die folgenden Ausführungen beruhen im wesentlichen auf den im Institut für Zeitgeschichte, München, aufbewahrten umfangreichen Aufzeichnungen, die Wagener 1945/46 im Gefangenenlager anfertigte. Dabei soll er frühere Notizen zur Hand gehabt haben, was vielleicht die sehr detaillierte, oft in direkter Rede aufgezeichnete Darstellung erklärt. Dennoch sind diese Aufzeichnungen nur mit Vorsicht verwertbar. Es ist undenkbar, daß die Schilderung von Ereignissen und Aussprachen, die 15 Jahre zurücklagen, nicht bewußt oder unbewußt durch spätere Entwicklungen beeinflußt ist. Hier werden deshalb hauptsächlich diejenigen Sachverhalte angeführt, die durch andre Quellen und Unterlagen als bestätigt gelten können.

Wagener oder Feder, sondern Hierl und ab Dezember 1932 direkt Hitler unterstellt war. Als weitere unabhängige Instanz für Wirtschaftsfragen wirkte ab Frühjahr 1932 Wilhelm Keppler unter dem Titel des »persönlichen Wirtschaftsberaters« Hitlers.
Die Berufung Kepplers nach München erfolgte nach eigenem, durch andere Quellen unterstütztem Bericht[77], nachdem er vorher den Vorschlag Hitlers, der WPA beizutreten, abgelehnt hatte. Seine Aufgabe bestand hauptsächlich darin, die Beziehungen zu Industrie- und Wirtschaftskreisen zu pflegen, und gipfelte in der Bildung des »Keppler-Kreises«. Kepplers Beziehungen zu Himmler begannen schon früh: Bereits 1930 teilte Himmler Darré vertraulich mit, daß Keppler »der kommende Außenpolitiker und Wirtschaftsführer« Hitlers sei, und später kommentierte er dessen Berufung nach München, daß Hitler nun den »Quatsch mit den Wirtschaftspolitikern der Partei satt habe. Diese könnten nun quasseln, soviel sie wollten, tatsächlich wollte Hitler aber mit Keppler arbeiten«[78].
Trotz dieser Vielfalt und widersprüchlichen Aussagen war die WPA während der besprochenen zwei Jahre zweifellos die aktivste Stelle. Ihre hauptsächliche Bedeutung lag darin, daß dort in fast täglichem Kontakt mit Hitler und Gregor Strasser wirtschaftliche Besprechungen stattfanden, in denen versucht wurde, praktikable »blueprints« für die Zeit vorzubereiten, in der die NSDAP nicht nur Propaganda treiben, sondern regieren sollte. Hierfür stand der WPA ein ständiger Mitarbeiterstab von zehn Referenten zur Verfügung, unter denen sich Namen finden, die später eine Rolle spielten. Einige dieser Mitarbeiter waren akademisch vorgebildete Wirtschaftler, wie z. B. Wagener selbst, Adrian v. Renteln oder Ottokar Lorenz. In der Auswahl seiner Mitarbeiter machte Wagener die Parteizugehörigkeit nicht zur Bedingung und bemühte sich, seine Leute »aus der Wirtschaft selbst« zu holen. Referent für Industrie war Dr. v. Lucke, der früher beim Flick-Konzern tätig war, für den Handel Cordemann, ein ehemaliger Offizier, der mit einer Enkelin Werner v. Siemens verheiratet war und in Auslandsfilialen der Siemens-Schuckert A.G. gearbeitet hatte, ehe er ab 1931 voll in der WPA beschäftigt wurde.
Neben den ständigen Referaten bildete Wagener verschiedene »Kreise für Prüfung und Studium« der diversen Gebiete, zu denen er auch namhafte Wirtschaftler und Akademiker heranziehen konnte. Prof. Jens Jessen von der Kieler Universität beteiligte sich laut Wagener an der Arbeit eines »Studienkreises für sozialwirtschaftliche Probleme« und am »Kreis für Weltwirtschaft«, dem auch Dir. v. Stauss (Deutsche Bank) und Dr. Fischer (I. G. Farben) angehörten[79]. Im Laufe der Zeit erweiterte sich der Mitarbeiterkreis der WPA: 1932 wurde eine »Wirtschaftswissenschaftliche Abteilung« unter Dietrich Klagges und eine »Abteilung für Schiffahrt« unter Werner Daitz gegründet, der gleichzeitig zum Bevollmächtigten der WPA für Norddeutschland ernannt wurde[80].
Organisatorisch verfügte die WPA über ein Netz von elf »Beauftragten« für die einzelnen Wirtschaftsgebiete und 44 »Gauwirtschaftsreferenten«, an die sie wie auch an alle Gauleiter ihre parteiamtlichen »Anordnungen« übermittelte. Daneben hatte sich Wagener schon 1930 einen »Wirtschaftspolitischen Pressedienst« geschaffen, der auf ausdrückliche Anweisung Hitlers als einzige parteioffizielle Quelle für wirtschaftliche Veröffentlichung und Stellungnahmen zweimal wöchentlich an die gesamte Parteipresse und die Gauleiter versandt wurde. Redakteur des »Pressedienstes« war der ehemalige Chefredakteur des »Völkischen

Beobachters«, Bernhard Köhler, gleichzeitig Referent für »Arbeitsbeschaffung und -vermittlung« in der WPA und späterer Nachfolger Wageners als deren Leiter. Im September 1930 erwarb Wagener im Auftrag der Partei auch die »Essener National Zeitung«, die er unter der Chefredaktion des späteren Reichspressechefs Otto Dietrich zur »führenden nationalsozialistischen Wirtschaftszeitung« machen wollte[81]. Dieser nach Umfang und Organisation durchaus beachtenswerte Apparat leistete neben der Ausarbeitung wirtschaftspolitischer Zukunftspläne auch eine umfangreiche Gegenwartsarbeit. Hierzu gehörte die Fühlungnahme mit Wirtschaftskreisen, die sich für die Auffassungen der NSDAP empfänglich zeigten, eine Aufgabe, die hauptsächlich Adrian v. Renteln, ab Sommer 1932 stellvertretender Leiter der WPA, übernahm[82]. Die Kontakte mit führenden Persönlichkeiten der wirtschaftlichen Spitzenverbände verhinderten dabei nicht, wie ein Rundschreiben Wageners vom September 1931 beweist, daß man versuchte, die »Stellung der augenblicklichen Führerpersönlichkeiten zu untergraben«, um sie »bei Neuwahlen durch Leute unserer Gesinnung zu ersetzen«[83].

Wageners eigene Aufzeichnungen sind bisher die hauptsächliche Informationsquelle über die Tätigkeit der WPA, doch bestätigt das nur spärlich vorhandene Dokumentenmaterial, daß dort, oft mit Hitlers aktiver Beteiligung, eine Reihe eingehender Besprechungen stattgefunden hat. Das Protokoll einer mehrtägigen Unterredung von Ende November 1931[84] zeugt von einer systematischen Durcharbeitung der wirtschaftlichen Punkte des Parteiprogramms, um sie zeitgemäß zu interpretieren, wie es ähnlich auch Wagener selbst in seinem 1932 erschienenen »Wirtschaftsprogramm« versuchte[85]. Einige der später durchgeführten wirtschaftspolitischen Maßnahmen zeichnen sich in diesem Protokoll bereits ab: so z. B. das »Gesetz zur nationalen Arbeit«, die Lohn- und Preiskontrolle und die Institution der Treuhänder der Arbeit. Es darf daher als einer der wenigen dokumentarischen Belege für die wirtschaftlichen Vorarbeiten der NSDAP vor der Machtergreifung gelten. Wageners eigene »Produkte« waren dabei allerdings kaum von Bedeutung, aber er hat in der WPA den organisatorischen Rahmen für eine grundsätzliche und praktische Erörterung wirtschaftlicher Probleme in weitesten Parteikreisen geschaffen, die für die späteren Entwicklungen bedeutungsvoll war.

Über die aktuellen Probleme und Stellungnahmen hinaus sahen Wagener und seine Mitarbeiter ihre Aufgabe in der Vorbereitung einer neuen »nationalsozialistischen Wirtschaftsordnung«. Dietrich Klagges erhielt mit seiner Ernennung zum Leiter der »Wirtschaftswissenschaftlichen Abteilung« den Auftrag, die »wissenschaftlichen Grundlagen der nationalsozialistischen Wirtschaftsauffassung zu erforschen und festzulegen«, eine Wirtschaftstheorie »gegenüber der überkommenen liberalistisch-marxistischen Theorie« auszuarbeiten, mit einer nationalsozialistischen Wirtschaftsphilosophie »die wissenschaftliche Grundlage für die organische Wirtschaftsauffassung des Nationalsozialismus und den ständischen Aufbau der Wirtschaft« und für ein »Wirtschaftsrecht, das sich aus der philosophischen Grundlage und den Erkenntnissen der Wirtschaftslehre ergeben muß«[86], zu schaffen*. Wagener selbst berichtet in seinen Aufzeichnungen über eine mehrtägi-

---

* Zur Bewältigung dieser »bescheidenen« Aufgabe sollten alle Parteistellen geeignete Mitarbeiter empfehlen und Beziehungen zu wirtschaftswissenschaftlichen Instituten angeknüpft werden. Die »Qualifikation« Klagges'

ge Diskussion mit Hitler, Gregor Strasser und dem Münchner Gauleiter Adolf Wagner über sein eigenes Konzept der kommenden »Sozialwirtschaft«, das für die späteren Entwicklungen nur wenig relevant ist. Außerdem bezeugt eine Reihe von vervielfältigten umfangreichen Denkschriften aus dem Nachlaß von Albert Krebs[87], daß zur gleichen Zeit auch eine schriftliche Grundsatzerörterung stattfand, an der weitere Parteikreise über die Grenzen der Münchner Reichsleitung und der WPA hinaus teilnahmen.

In den überlieferten Veröffentlichungen der WPA tritt dieses anspruchsvolle Unterfangen allerdings nur verhüllt hervor. So etwa, wenn Wagener in seinem im März 1932 veröffentlichten »Wirtschaftsprogramm« erklärte, daß heute »auch die großen Führer in der Wirtschaft erkennen, daß das heutige Wirtschaftssystem falsch ist und ›etwas Neues‹ kommen muß«. Allerdings könne man »kein Dogma für die Wirtschaft aufstellen«, sondern nur »die Fehler des alten Systems erkennen und eine neue Wirtschaftsanschauung aufgrund einer neuen Weltanschauung bilden«[88]. In seinen Aufzeichnungen erklärt Wagener diese Einschränkung damit, daß sein »Wirtschaftsprogramm« nur »Stückwerk« sein konnte, da er alle Themen vermeiden mußte, »für die uns Hitler Stillschweigen auferlegt hatte«[89]. Dieses Schweigegebot betraf nach Wagener alle Besprechungen, die im Rahmen der WPA mit Hitlers Teilnahme stattfanden, um das kommende Wirtschaftssystem festzulegen. Es wurde von Hitler damit begründet, daß die neue »Sozialwirtschaft« erst 10 bis 15 Jahre nach der Machtergreifung voll verwirklicht werden könne, nachdem eine »nationalsozialistische junge Generation herangewachsen sei«. Inzwischen gelte es, die Wirtschaft nicht zu erschrecken und »die Fackel hinter verschlossenen Türen glimmen zu lassen«. Erst nachdem die politischen Ziele voll erreicht sein würden, könne an den Aufbau des neuen Wirtschaftssystems gegangen werden[90].

Hitlers Schweigegebot, das auch anderwärts bestätigt ist[91], scheint immerhin erst das Ergebnis späterer taktischer Bedenken gewesen zu sein. Anfangs 1931 zirkulierte jedenfalls in Wirtschaftskreisen die Ankündigung einer demnächst zu erwartenden Grundsatzerklärung der NSDAP zu Wirtschaftsfragen, die mit einiger Ungeduld erwartet wurde. Die »Deutschen Führerbriefe« berichteten im Februar 1931 über »eine kleine Kommission unter dem Vorsitz von Adolf Hitler, der auch der zwar sachte in den Hintergrund geschobene, keineswegs aber mit Schimpf und Schande davongejagte Feder angehört«, die dabei sei, »zur Klärung und Präzisierung der Grundanschauungen ... die wirtschaftlichen Grundsätze der Partei durchzuarbeiten«. Wahrscheinlich würden »diese Arbeiten in einem Manifest von Hitler ihren Niederschlag finden, das wahrscheinlich wohl auf dem Parteitag in diesem Frühjahr publiziert werden wird«[92]. Ende März zitierten die »Führerbriefe« den »Völkischen Beobachter«, der eine »parteiamtliche Kundgebung über die wirtschaftlichen Programmpunkte« angekündigt hatte, auf »die man gespannt sein darf«[93].

---

erklärt sich aus seinen früheren Arbeiten, in denen er versuchte, eine »nationalsozialistische Volkswirtschaftslehre« zu entwerfen. So erklärte er als Ziel seiner 1927 erschienenen Schrift »Reichtum und soziale
Gerechtigkeit« (2. Aufl. Leipzig 1933) die Schaffung einer »sozialen Wirtschaftsregelung ... unter Aufrecht-
erhaltung der Eigentumsordnung«. Unter unverkennbarem Einfluß marxistischer Arbeitswert- und Mehr-
wertkonzepte versuchte er, dort »gerechten Preis, Lohn und Zins« zu errechnen, die als Richtlinien staatlicher
Preis- und Lohnüberwachung eine gerechte Verteilung des Volkseinkommens sichern sollten.

Hinweise auf ein »nationalsozialistisches Wirtschaftsmanifest . . ., das im Umkreis Wageners und Strassers entstanden ist«, finden sich auch im Korrespondenznachlaß des damaligen Generaldirektors der Gutehoffnungshütte, Paul Reusch, vom April und Juni 1931[94]. Tatsächlich wurde jedoch dieses Manifest nie veröffentlicht, und sein Inhalt war bisher unbekannt. Erst im Jahre 1974 fand ich in den Beständen des Berliner Document Center den Schreibmaschinendurchschlag eines Dokumentes, das nach Inhalt und Datierung (5. März 1931) zweifellos der Entwurf des angekündigten »Wirtschaftsmanifests« ist[95]. Dies geht auch unzweideutig aus dem Schlußabsatz hervor, in dem die Empfänger gebeten werden, »vorstehenden Entwurf einer beabsichtigten Kundgebung der Reichsparteileitung mitzuprüfen« und formulierte Anregungen bis spätestens 17. März mitzuteilen. Der Titel des neun Seiten langen Manuskripts lautet: »Entwurf: Wirtschaftspolitische Grundanschauungen und Ziele der NSDAP«. Es erscheint unter dem Briefkopf der Organisationsabteilung II und ist von Konstantin Hierl unterzeichnet. Dies erklärt sich aus dessen Funktion als Leiter der Abteilung, weist jedoch kaum darauf hin, daß Hierl der eigentliche Verfasser war. Im Gegenteil trägt das Dokument alle Anzeichen einer nach eingehenden Erörterungen präzise formulierten Gemeinschaftsarbeit. Eine direkte Beteiligung Hitlers an der Abfassung läßt sich aus dem Text allerdings nicht eindeutig beweisen, obwohl einzelne Formulierungen stark an Hitlers Äußerungen in »Mein Kampf« und anderen Dokumenten anklingen. Jedenfalls ist es völlig undenkbar, daß eine derart gewichtige Grundsatzerklärung ohne seine ausdrückliche Genehmigung verschickt werden konnte.

Der »Entwurf« darf somit als einer der wenigen dokumentarischen Belege der wirtschaftspolitischen Vorarbeiten im Rahmen der WPA gelten und beweist die Existenz einer vorkonzipierten Wirtschaftsauffassung der NSDAP schon verhältnismäßig früh vor der Machtergreifung. Aber darüber hinaus liegt seine Bedeutung in der oft überraschenden Relevanz dieser Konzepte für die späteren institutionellen Strukturänderungen und wirtschaftspolitischen Maßnahmen des nationalsozialistischen Regimes. Kaum anderswo findet sich so früh und eindeutig der spätere Staatsdirigismus der Wirtschaft angekündigt wie in der Erklärung, »die Volkswirtschaft ist der Staatskunst untertan« und daß »nationalsozialistische Wirtschaftsführung . . . die durch staatliche Überwachung und Leitung gewährleistete Herrschaft des völkischen Gemeinschaftsgedankens in der Volkswirtschaft« bedeutet. Die Vorrangstellung der Landwirtschaft in einer autarkieorientierten, vom Weltmarkt unabhängigen Wirtschaft erhält einen stark betonten Ausdruck. Folgerichtig schließt sich daran die präzise Definition der »Ausdehnung des staatlichen Lebensraums« in ihrer zweidimensionalen Bedeutung als akute »volkswirtschaftliche Notwendigkeit«, die zur »außenpolitischen Forderung« wird, und als unerläßliche Vorbedingung für die spätere neue Wirtschaftsordnung. Die positive Einstellung der Partei zum kapitalistischen Privateigentum und Profitanreiz durch »gesunden Wettbewerb« wird erneut beteuert, gleichzeitig jedoch die Beschränkung freier Unternehmerinitiative »in bezug auf die Art des Erwerbs und Gebrauchs des Eigentums« durch »gesetzliche Schranken« angekündet. Die spezifischen Kontrollen der Investition, der Preise und der Löhne sind, ebenso wie das autoritative »Führer-Gefolgschafts«-Verhältnis in den Betrieben, bereits angedeutet. Daneben sind auch die »Selbstverwaltung der Wirtschaft« und ihr »ständischer Aufbau« in einer Weise vorskizziert, die bereits von den

umlaufenden universalistischen oder mittelständischen Ständeideologien entschieden abweicht. Man dürfte daher nach eingehendem Studium dieses Dokuments zu der Feststellung berechtigt sein, daß sich die These von der völligen Irrelevanz ideologisch vorgefaßter Vorstellungen der NSDAP für die Wirtschaftspolitik im Dritten Reich kaum noch aufrechterhalten läßt.
Es ist kaum verwunderlich, daß Hitler schließlich die Veröffentlichung dieser bereits angekündigten Kundgebung verhinderte, wenn auch die Frage, ob dabei direkte Interventionen aus Wirtschaftskreisen im Spiel waren, immer noch umstritten ist[96]. Dies ist in unserem Zusammenhang auch nicht wesentlich. Jedenfalls handelte Hitler hier ganz im Sinne des von Wagener mitgeteilten »Schweigegebots«, wenn er zu einer Zeit, in der er die verstärkte politische Fühlungnahme zu Wirtschafts- und Industriekreisen suchte, die Veröffentlichung eines Dokumentes unterband, das fraglos in diesen Kreisen Befremden hervorrufen mußte. Andererseits beweist dies jedoch keineswegs eine Distanzierung Hitlers von dieser Grundsatzerklärung, die er wenig vorher zumindest sanktioniert hatte, sondern lediglich, daß er zu diesem Zeitpunkt die Bekanntgabe dieser »Zukunftspläne« nicht für opportun hielt.
Wie die anderen überlieferten internen »working papers« und Veröffentlichungen der WPA ist der Entwurf dadurch bemerkenswert, daß in ihm jegliches aktuelles Arbeitsbeschaffungsprogramm fehlt. Bis zum Frühjahr 1932, also zu einer Zeit, in der es in Deutschland bereits viele Millionen von Arbeitslosen gab, hatten die NSDAP und ihre Wirtschaftspolitische Abteilung zu diesem Problem tatsächlich nur wenig und für die späteren Maßnahmen Belangloses zu sagen. Zur »Beseitigung der Arbeitslosigkeit« bot ihr Referent für Sozialpolitik, Ottokar Lorenz, außer Arbeitsdienst und Importeinschränkungen nur durch produktiv gestufte »Opfer« der Bevölkerung finanzierte Siedlungspläne an[97]. Das erwähnte Protokoll der Besprechungen der WPA von Ende 1931 erwähnte die Arbeitsbeschaffung nur am Rande und sah die Heilmittel in der Einschränkung der Frauenarbeit und Einführung der Arbeitsdienstpflicht, verließ sich im übrigen auf »die Wiederbelebung der Wirtschaft, insbesondere der Landwirtschaft und des Handels, die wir durch unsere wirtschaftspolitischen Maßnahmen herbeiführen werden«[98]. Das »Wirtschaftsprogramm« Otto Wageners war noch optimistischer in der Überzeugung, durch »Kaufkrafterhöhung« mittels Preissenkungen »in wenigen Monaten ... die Zahl der Arbeitslosen auf die Hälfte, auf ein Drittel zu verringern«[99].
In der nationalsozialistischen Presse und Propagandaliteratur fungierte dabei selbstverständlich die zunehmende Arbeitslosigkeit an erster Stelle und wurde ergiebig zur Kritik am »System« ausgeschlachtet, ohne jedoch bis zum Mai 1932 irgendwelche bemerkenswerten praktischen Vorschläge zu deren Abbau anzuführen. Die einzige Erklärung dafür ist, daß die NSDAP solche Pläne bis zu diesem Zeitpunkt nicht besaß und ihre »Wirtschaftsexperten« der Beschäftigungskrise genauso ratlos gegenüberstanden wie die meisten akademischen Berater der Regierungsparteien. Aber dies war vielleicht nicht nur der wirtschaftstheoretischen Unzulänglichkeit zuzuschreiben: Ähnlich wie die Kommunisten sahen die Ideologen und Theoretiker der NSDAP in der Krise einen Auswuchs des bestehenden Wirtschaftssystems, der erst mit der Aufhebung desselben von selbst verschwinden würde: »Wenn die Fehler des alten Systems beseitigt werden, wenn nationalsozialistisches Denken an ihre Stelle tritt, dann schwindet die Arbeits-

losigkeit, und die Deckung des vorhandenen Bedarfs setzt die Wirtschaft in Gang[100].«

Je mehr sich jedoch die Beschäftigungskrise verschärfte und je näher sich andererseits die NSDAP einer baldigen Regierungsübernahme gegenübersah, desto mehr mußte ihr die propagandistische und praktische Unzulänglichkeit einer solchen Einstellung Sorge bereiten. Man suchte daher angestrengt nach überzeugenden und praktikablen Arbeitsbeschaffungsprogrammen, wobei selbst in den offiziellen Parteipublikationen, wie z. B. dem durch Fritz Reinhardt herausgegebenen »Wirtschaftlichen Beobachter«, widersprüchliche Vorschläge nebeneinander erschienen, die nur die allgemeine Ratlosigkeit verrieten. Dies änderte sich jedoch plötzlich und überraschend mit der Reichstagsrede Gregor Strassers vom 10. Mai 1932 und der darauffolgenden Veröffentlichung des ihm zugeschriebenen »Sofortprogramms«.

Das »Sofortprogramm« von 1932: nationalsozialistische Wirtschaftsauffassung und die Wirtschaftstheorie der deutschen »Reformer«

Die Rede Gregor Strassers im Reichstag am 10. Mai 1932[101] unterschied sich von allen früheren Äußerungen der NSDAP durch ein detailliertes Arbeitsbeschaffungsprogramm mittels öffentlicher Aufträge, die teilweise durch »produktive Kreditschöpfung« zu finanzieren seien. Kurz darauf erschienen diese Vorschläge noch ausführlicher als »Wirtschaftliches Sofortprogramm der NSDAP«[102]. Dem Programm war die Anweisung Gregor Strassers als Reichsorganisationsleiter der NSDAP vorangestellt, die es zur »verbindlichen Richtschnur für die Redner der NSDAP sowie für die Veröffentlichungen in der Presse« erklärten und es den Rednern insbesondere für den Wahlkampf zur Reichstagswahl am 31. Juli 1932 anempfahlen. Die Entstehungsgeschichte des Programms ist bisher noch nicht völlig geklärt, jedoch ist es ziemlich wahrscheinlich, daß die endgültige Abfassung durch den damaligen stellvertretenden Leiter der WPA, Adrian von Renteln, vorgenommen wurde. Gleichzeitig war von Renteln der persönliche Berater, eine Art »ghostwriter« Gregor Strassers und dessen Mittelsmann für Kontakte zu maßgeblichen Wirtschaftskreisen[103].

Für die Forschung ist das Sofortprogramm nicht nur wegen dieses ausführlichen Arbeitsbeschaffungsprogramms von Bedeutung, das schon damals allgemeines Aufsehen erregte. Nicht weniger interessant erscheinen aus der heutigen Sicht die im zweiten Teil des Programms unter dem Titel »Allgemeine Wirtschaftsmaßnahmen« ausgeführten wirtschaftspolitischen Vorschläge, die für eine Reihe der später durchgeführten wirtschaftspolitischen Maßnahmen als überraschend richtungsweisend angesehen werden müssen. Dies in deutlichem Gegensatz zu der immer noch weitverbreiteten Ansicht, die diese Maßnahmen hauptsächlich dem improvisatorischen Genie Hjalmar Schachts zuschreibt und den nationalsozialistischen Vorplanungen und ihren ideologischen Auffassungen keinen oder nur einen geringfügigen Einfluß zuspricht. Diese Einstellung stützt sich stark auf die Zeugenaussagen der Nürnberger Prozesse, die Schacht selbst in seiner Verteidigung keineswegs zu widerlegen suchte. Im Gegenteil unterstrich er die wirtschaftspolitische Unzulänglichkeit der nationalsozialistischen Wirtschaftsinstanzen und damit das eigene Urheberrecht für die wirtschaftspolitischen Maßnahmen des Dritten Reichs und die Beseitigung der Arbeitslosigkeit[104]*.

In deutlichem Gegensatz zur verbreiteten Auffassung, die Schacht damals mit den anerkannten Vertretern orthodoxer Finanzpolitik teilte, widersprach das Sofortprogramm dem Kapitalmangel-Argument: »Unsere Wirtschaft krankt nicht daran, daß die Produktionsmittel fehlen, sondern daran, daß die vorhandenen Produktionsmittel nicht ausgenutzt werden[105].« Das dringendste Problem zur Erleichterung der Arbeitslosigkeit sei demnach die Aktivierung der brachliegenden Produktionsmittel und die Belebung des Binnenmarktes mittels eines großzügigen Programms öffentlicher Arbeiten. Als praktische Objekte werden Meliorationen und Bodenverbesserungsarbeiten, der Bau von Landstraßen und Kanälen und umfangreiche Bauprojekte von Arbeitersiedlungen vorgeschlagen. Für die Finanzierung dieser Vorhaben erscheint hier, erstmalig in einer parteiamtlichen Publikation, der Begriff »produktive Kreditschöpfung«, durch die zirka 20–30 v. H. der aufzubringenden Ausgaben zu decken seien, während die Hauptsumme durch Einsparungen der Arbeitslosenunterstützung und die durch den voraussichtlichen Wirtschaftsaufschwung bedingten, ansteigenden Steuereinnahmen gedeckt werden könnte. Von der Vorsicht, zu der sich die Verfasser des Sofortprogramms angesichts der verbreiteten Inflationsangst verpflichtet fühlten, zeugt die Beteuerung, daß »eine so geringe Ausweitung des Kreditvolumens ... ohne jede Gefahr für den Bestand der Währung« sei[106]. Desgleichen vermeidet das Programm genauere Zahlenangaben über die Gesamtkosten der vorgeschlagenen Projekte, jedoch finden sich Voranschläge für einzelne vorgeschlagene Projekte, deren Größenordnungen erstaunlich und oft übertrieben sind. Allein für Meliorationen und Bodenverbesserungsarbeiten werden 10 Milliarden RM veranschlagt, ohne allerdings die Zeitspanne dieser Arbeiten anzugeben. Weiterhin spricht das Programm von 400 000 Eigenheimsiedlungen jährlich, deren Errichtung zirka eine Million Erwerbslose beschäftigen würde. Diese Zahlen mögen auf ihren Propagandaeffekt hin zugeschnitten sein. Das spätere »deficit-spending« ging bekanntlich ganz andere Wege als die hier vorgezeichneten. Trotzdem ist bedeutungsvoll, daß diese Finanzierungsmethode in diesem Programm erstmalig von der NSDAP als Mittel einer großangelegten Arbeitsbeschaffung öffentlich proklamiert wurde.

Nicht weniger überraschend ist, daß die im Teil II des Sofortprogramms detaillierten »Allgemeinen Wirtschaftsmaßnahmen« viele der späteren Bestimmungen und Entwicklungen vorzeichnen, so daß sie aus der Rückschau fast wie »blueprints« derselben erscheinen. Als »Richtlinien für die Handelspolitik« wird die Tendenz postuliert, »den Bedarf des deutschen Volkes weitestgehend durch Eigenerzeugung zu decken, bei allem zusätzlich erforderlichen Rohstoffbezug aber befreundete europäische Staaten zu bevorzugen, insbesondere soweit sie bereit sind, für

---

* Ohne an dieser Stelle näher auf die spätere Tätigkeit Schachts einzugehen, sei hier bemerkt, daß Schachts eigene öffentliche Äußerungen nach 1932 diese Darstellung ernstlich in Frage stellten. Diese beweisen nämlich eindeutig, daß er um diese Zeit zum Problem der Arbeitsbeschaffung keine anderen Vorschläge anzubieten hatte als Lohnsenkungen, Sparsamkeit und Arbeitslosensiedlung. Hingegen widersetzte er sich sehr entschieden allen umlaufenden Projekten öffentlicher Arbeitsbeschaffung durch »deficit-spending« und Kreditausweitung: »Alle Projekte, die in irgendeiner Form zusätzliches Geld drucken wollen, sind von der Hand zu weisen. Es fehlt uns nicht an Geldumlaufmitteln in Deutschland, sondern es fehlt uns an Kapital. Kapital aber kann man nicht mit der Papierpresse drucken, Kapital muß erarbeitet und erspart werden« (H. Schacht: »Grundsätze deutscher Wirtschaftspolitik«, Oldenburg 1932, S. 47. Vgl. auch S. 21 u. 56 f.).

die Abnahme ihrer Rohstoffe durch Deutschland industrielle Fertigwaren aus Deutschland zu beziehen« (S. 20). Dies ist nicht nur die Wiederholung des Autarkiegedankens, sondern auch die Grundidee der bilateralen Außenhandelspolitik, die Schacht mit dem »Neuen Plan« vom September 1934 inaugurierte. Ähnlich verhält es sich in bezug auf die Forderung einer uneingeschränkten staatlichen Devisenbewirtschaftung (S. 18) und dem Erlaß eines »Kapitalfluchtsgesetzes« (S. 20) oder dem Vorschlag einer selektiven Markabwertung durch ein System von Exportprämien und Importaufschlägen (S. 21 f.). All dies zeichnete in der einen oder anderen Form außenhandelspolitische Maßnahmen vor, die – wie weiter ausführlicher beschrieben wird – von Schacht verwirklicht wurden. Zum Thema »Bank- und Kreditpolitik« kündigt das Sofortprogramm »als Vorbereitungsmaßnahme zur Verstaatlichung des Bankwesens ... ein Aufsichts- und Eingriffsrecht des Staates und eine Berichterstatterpflicht der Banken an den Staat« an (S. 23), das im wesentlichen die Anordnungen der Reichsgesetze über das Kreditwesen vom Dezember 1933 vorwegnimmt. Weiterhin wird (S. 24) die staatliche Preiskontrolle verlangt und eine »Genehmigungspflicht für Neuerstellung industrieller Produktionsanlagen« (S. 28), die tatsächlich in den Verordnungen zum Zwangskartellgesetz vom Juli 1933 verhängt wurde. Die Vorschläge zur Gesundung der Landwirtschaft tragen den deutlichen Stempel des »agrarpolitischen Apparats« Walter Darrés und fanden zum großen Teil ihre Verwirklichung in der späteren Marktordnung des Reichsnährstandes. Selbst wenn die Feststellung Gerhard Krolls, Schacht hätte das Sofortprogramm später »Wort für Wort« verwirklicht[107], die Dinge unnötigerweise übertreibt und zuspitzt, steht fest, daß dieses Programm für die Wirtschaftspolitik nach der Machtergreifung richtungweisend ist. In keiner anderen Veröffentlichung der NSDAP, und noch weniger in Schachts eigenen Verlautbarungen vor 1933, finden sich nicht nur die allgemeinen Richtlinien, sondern auch viele spezifische Maßnahmen der späteren Wirtschaftspolitik so deutlich vorgezeichnet wie im Sofortprogramm.

Dies ist um so erstaunlicher angesichts der Tatsache, daß das Sofortprogramm als offizielle wirtschaftspolitische »Richtschnur« der NSDAP eine äußerst kurzlebige Existenz hatte. Nachdem es für den Juli-Wahlkampf 1932 in Hunderttausenden von Exemplaren verbreitet worden war und allem Anschein nach nicht wenig zum nationalsozialistischen Wahlerfolg beitrug, wurde es bereits wenige Wochen später auf Hitlers Anweisung offiziell zurückgezogen. Bereits am 12. September teilte Hjalmar Schacht in einem Brief an Paul Reusch mit, Hitler habe »das berüchtigte Heft einstampfen lassen. Es wird also gar nicht mehr verbreitet*[108].« Der unmittelbare Anlaß für diese Verfügung Hitlers ist bis heute noch nicht restlos geklärt[109], aber das vorhandene Dokumentenmaterial beweist ziemlich eindeutig, daß hierbei die entschieden beunruhigte und ablehnende Aufnahme des Sofort-

---

* Dies wird bestätigt durch die von Feder, Funk und Gregor Strasser selbst unterzeichnete Erklärung zum »Wirtschaftlichen Aufbauprogramm der NSDAP«, von dem noch ausführlicher die Rede sein wird. Unter dem Datum vom 22. Oktober 1932 wird dort ausdrücklich erklärt: »Das bisher ausgegebene Rednermaterial, speziell das für die letzte Wahl ausgegebene sogenannte ›Wirtschaftliche Sofortprogramm‹, wird hiermit zurückgezogen« (Reichspropagandaleitung der NSDAP, U. Abt. M. V., No. 11 Rednerinformation 1932. Der Auszug dieses Dokuments wurde mir freundlicherweise von Dr. Heinrich Dräger überlassen). In einer persönlichen Mitteilung berichtet Dr. Dräger gleichfalls über ein Telefongespräch mit dem Herausgeber der nationalsozialistischen Zeitschrift »Die Deutsche Volkswirtschaft«, Heinrich Hunke, nach dem Hitler die weitere Verbreitung des 1. Sonderhefts 1932, das Auszüge aus dem »Sofortprogramm« und aus Drägers Schrift »Arbeitsbeschaffung durch produktive Kreditschöpfung« enthielt, verboten hatte.

programms in maßgeblichen Wirtschaftskreisen eine ausschlaggebende Rolle spielte.
Die feindselige Reaktion dieser Kreise kam noch vor der Veröffentlichung des Sofortprogramms, sofort nach der Rede Strassers im Reichstag, zum Ausdruck. Die »Deutschen Führerbriefe« reagierten bereits am 20. Mai 1932 mit einem besorgten Kommentar: Man dürfe in dieser Rede keineswegs nur »einen persönlichen Erguß Strassers« sehen. Trotz einiger wertvoller Gedanken auf dem Gebiete der Sozialpolitik müsse diese Rede wegen ihres kritischen Tons gegen die Unternehmer und die sichtlichen Annäherungsversuche an die Gewerkschaften, besonders jedoch durch Strassers Appell an »das antikapitalistische Denken in den politischen Gruppen« Besorgnis erregen. »Nach dieser Rede, hinter der, wie gesagt, das Braune Haus steht, wird es nur noch notwendiger, die Führung der NSDAP zu einer deutlichen, unmißverständlichen Klarheit über ihr wirkliches Wirtschafts- und Sozialprogramm zu drängen. Wenn die Rede von Strasser in der Tat den Grundriß in der nationalsozialistischen Wirtschaftspolitik bedeutet, mit der die Wirtschaft unter einer Regierung der NSDAP rechnen muß, so kann man starke Befürchtungen nicht unterdrücken... Alles in allem eine Rede, die angesichts der kommenden Dinge die Bedeutung einer Etappe, eines Marksteins in der Entwicklung der deutschen Rechten hat[110].«
Die Veröffentlichung des Sofortprogramms und seine massenhafte Verwendung im Wahlkampf dürfte den »Führerbriefen« die gewünschte »unmißverständliche Klarheit« und verstärkte Besorgnis vermittelt haben. Dies um so mehr angesichts des Wahlerfolgs der NSDAP, die 37,3 v. H. aller Stimmen erhielt und mit 230 Abgeordneten als stärkste Partei in den Reichstag zog. Die »Führerbriefe« brauchten daher nicht gerade von prophetischem Geiste beseelt zu sein, um zu konstatieren, daß »der Nationalsozialismus ... bald Gelegenheit haben kann, dies Programm wenigstens teilweise zur Anwendung zu bringen ... Die Nationalsozialisten haben in den letzten Jahren wirtschaftspolitisch dazugelernt. Dennoch steckt ihr Wirtschaftsprogramm noch sehr in den Anfängen einer Wirklichkeitspolitik, dennoch ist es in vielen Teilen noch so romantisch und dilettantisch, daß man nur wünschen kann, daß dieses Programm nicht zur Durchführung gebracht wird. Wird es zur konsequenten Anwendung gebracht, so ist zu befürchten, daß der deutsche Nationalsozialismus mit seinen großen Werten für die deutsche Erneuerung an seiner Wirtschaftspolitik scheitern wird.« Ganz besonders kritisierte der Verfasser dieses beunruhigten Kommentars die Arbeitsbeschaffungsvorschläge des Sofortprogramms sowie die vorgesehene defizitäre Kreditausweitung und das Abgehen vom Goldstandard mit den üblichen Argumenten der »Währungsgefährdung«. Aber er erfaßte darüber hinaus auch den grundsätzlichen Gegensatz zwischen einer agrar- und autarkieorientierten Wirtschaftsauffassung und der von der Industrie vertretenen Weltmarkt- und Exportorientierung: »Das ist der romantische Grundzwiespalt, an dem die nationalsozialistische Wirtschaftstheorie krankt[111].«
Die »Deutschen Führerbriefe« waren eine von der Großindustrie subventionierte und in Unternehmerkreisen einflußreiche Privatkorrespondenz, die enge Beziehungen zur NSDAP pflegte und zumindest ab September 1932 offen für die Kanzlerschaft Hitlers eintrat[112]. Es kann kaum Zweifel darüber bestehen, daß deren besorgte Kritik des Sofortprogramms von Hitler und seinen wirtschaftlichen und politischen Beratern zur Kenntnis genommen und nicht ignoriert wurde. Die

Ablehnung des Sofortprogramms wurde der NSDAP überdies auch auf direktem Wege mitgeteilt. Der Geschäftsführer des Reichsverbands der Deutschen Industrie (RDI), Jacob Herle, übermittelte ihr am 8. September 1932 eine ausführliche Denkschrift, adressiert an Adrian von Rentein, der für das Sofortprogramm als verantwortlich zeichnete. Hier wurden fast alle im Sofortprogramm erschienenen Vorschläge in bezug auf Arbeitsbeschaffung und deren Finanzierung, aber auch die angekündigten langfristigen Maßnahmen, besonders der Außenhandelspolitik, der Devisenbewirtschaftung, der Steuerpolitik und der Währungsreform, aufs schärfste abgelehnt. Darüber hinaus wandte sich Herle auch gegen Grundsatzerklärungen, von denen er besonders das im Sofortprogramm proklamierte »Recht auf Arbeit« als »gefährlich« hervorhob[113]. Gleicherweise erteilte auch Hjalmar Schacht, der zu dieser Zeit einer von der Großindustrie finanzierten »Arbeitsstelle« zur wirtschaftspolitischen Fühlungnahme mit der NSDAP vorstand[114], Hitler in einem Brief vom 29. August 1932 den Rat, »möglichst kein detailliertes Wirtschaftsprogramm« zu bringen[115].

Diese eindeutig dokumentierte Ablehnung des Sofortprogramms durch die einflußreichen Wirtschaftskreise kann Hitler keinesfalls verborgen geblieben sein. Um diese Zeit war das politische Intrigenspiel um Hitlers Reichskanzlerschaft bereits angelaufen, und er konnte sich kaum erlauben, die wirtschaftspolitischen Bedenken und Kritiken von Persönlichkeiten und Kräftegruppen zu ignorieren, denen hierbei eine maßgebliche Rolle zufiel. Die immer noch umfangreiche und erneuerte Diskussion um den detaillierten Ablauf gegenseitiger Fühlungnahmen und direkter Interventionen ist an sich zwar nicht ohne Interesse und wird möglicherweise noch weitere Zusammenhänge erleuchten, jedoch das Gesamtbild der Entwicklungen kaum noch entscheidend ändern können. Dieses bezeugt ziemlich eindeutig, daß das Sofortprogramm und andere Verlautbarungen der WPA, nachdem sie ihren Wahlpropagandaeffekt erreicht hatten, von Hitler als politische Belastung empfunden wurden und er sich veranlaßt sah, die unruhig gewordenen Wirtschaftskreise zu beschwichtigen. Diese Aufgabe unternahm u. a. auch der der NSDAP und ihrer WPA nahestehende Direktor der Reichskreditgesellschaft Otto Chr. Fischer. In einem wiederum von den »Führerbriefen« mitgeteilten, internen Vortrag erklärte Fischer, das nationalsozialistische Wirtschaftsprogramm erscheine »weder als ein unentbehrlicher noch als ein wesentlicher Bestandteil«, und man könne sich »unter der Flagge des Nationalsozialismus auch ein ganz anderes Wirtschaftsprogramm vorstellen«. Im Gegenteil sei ein »kapitalistisches Programm nicht nur möglich, sondern geradezu notwendig, und man darf sich den Blick hierfür durch wahlagitatorische Momente nicht verschleiern lassen«[116].

Bald erwies sich, daß Fischer gut informiert war und keine leeren Versprechungen von sich gab. Kurz nach diesem Vortrag erschien das obenerwähnte »Wirtschaftliche Aufbauprogramm der NSDAP« anstelle des damit offiziell kassierten Sofortprogramms, das, wie wir sehen werden, der Ankündigung Fischers und der Kritik der Großunternehmerkreise weitestgehend gerecht wurde. Dieses »Aufbauprogramm«, mit dem die NSDAP in den Novemberwahlkampf zog, war das Produkt der neuorganisierten und in zwei Sektoren aufgeteilten Hauptabteilung IV und wurde von deren Leitern, Gottfried Feder und Walter Funk, gemeinsam ausgearbeitet[117]. Der Zeitpunkt dieser Umorganisation, die Hitler gleichzeitig mit der Entlassung Otto Wageners am 17. September 1932 anordnete, fügt sich konse-

quent in den hier beschriebenen Verlauf ein und wird wohl kaum reiner Zufall gewesen sein.
Schon ein flüchtiger Vergleich der beiden Wirtschaftsprogramme enthüllt wesentliche Unterschiede. Im Gegensatz zu den detailliert angekündigten Maßnahmen des Sofortprogramms ist das Aufbauprogramm zumeist eine Sammlung nur sehr allgemein formulierter Erklärungen, die sehr unterschiedlich auslegbar sind und den strittigen Problemen auszuweichen suchen. Feders »Brechung der Zinsknechtschaft«, die im Sofortprogramm überhaupt nicht erwähnt ist, kommt wieder zu Ehren, jedoch nur als Forderung einer »allgemeinen Zinssenkung... unter weitgehender Berücksichtigung der individuellen Verhältnisse der Wirtschaft«. Übereinstimmung herrscht in der Forderung der »Verstaatlichung des gesamten Geld- und Kreditwesens« und der Staatsaufsicht über die Banken und den Devisenverkehr. Hingegen finden sich im Aufbauprogramm manche dem Sofortprogramm direkt entgegengesetzte Maßnahmen angekündigt, die sichtlich den Unternehmerinteressen entgegenkommen. So wird z. B. anstelle der im Sofortprogramm geforderten Höherbesteuerung der großen Einkommen eine »Steuerentlastung durch Milderung oder völlige Beseitigung der produktionshemmenden Steuern« versprochen. Von den im Sofortprogramm angekündigten Investitions- und Preiskontrollen findet sich im Aufbauprogramm keine Spur. Im Gegenteil, es wird eine »Auflockerung der Preise« zugesagt, die die Unternehmer seit langem forderten. Die Landwirtschaft wird zwar weiterhin als »Rückgrat des Binnenmarktes und der deutschen Wirtschaft« bezeichnet, gleichzeitig jedoch wird betont, daß »es keine Gesundung der deutschen Landwirtschaft geben kann, wenn nicht die gesamte deutsche Wirtschaft gesundet«. Ebenso wird erklärt, daß die »Voranstellung der Binnenwirtschaft... nur unter Berücksichtigung des für Deutschland unentbehrlichen Exports« möglich sei. Die jeweils angesprochenen Unternehmer der verschiedenen Wirtschaftskreise konnten sich demnach den zutreffenden Passus zur eigenen Beruhigung aussuchen. Am auffallendsten ist, daß entgegen den häufigen »antikapitalistischen« Anspielungen im Sofortprogramm, wie »kapitalistische Riesenunternehmungen und Konzerne«, »kapitalistische Presse« oder »neunmalkluge kapitalistische Wirtschaftspolitiker«, das Wort »Kapitalismus« oder »kapitalistisch« nicht ein einziges Mal im Aufbauprogramm erscheint. Auch das von Dr. Herle beanstandete »Recht auf Arbeit« wird dort nicht mehr erwähnt.
Beide Wirtschaftsprogramme waren wahlagitatorische Verlautbarungen und wendeten sich sichtlich an verschiedene Wählerschichten. Dennoch drängt sich bei eingehenderem Studium unvermeidlich der Eindruck auf, daß das Sofortprogramm in deutlichem Gegensatz zum »Aufbauprogramm« das Ergebnis langwieriger wirtschaftspolitischer Vorarbeiten und Beratungen war, deren Bedeutung über den aktuell propagandistischen Augenblicksbedarf hinausging. Seine detailliert ausgeführten Vorschläge und Forderungen lassen sich zu den späteren wirtschaftspolitischen Maßnahmen weit eher in Beziehung bringen als die bewußt platten und doppeldeutigen Allgemeinheiten des Aufbauprogramms. In den späteren Veröffentlichungen der NSDAP wurde nach der Kaltstellung Strassers und dessen Ermordung in der Röhm-Affäre das ihm zugeschriebene Sofortprogramm selbstverständlich totgeschwiegen. Nichtsdestoweniger hat es im Schatten ein merkwürdiges Eigendasein behaupten können, das die physische oder parteihierarchische Existenz seiner »Väter« lange überlebte.

Es ist dabei bezeichnend, daß in bezug auf die Finanzierung der Arbeitsbeschaffung die beiden Programme weitgehend übereinstimmen. Die Unternehmerkritik findet zwar im Aufbauprogramm ihren Abschlag: Entgegen den ausführlich aufgezählten Projekten öffentlicher Arbeiten im Sofortprogramm ist hier nur allgemein von »direkter Arbeitsbeschaffung ... aufgrund von Auftragserteilung für *staatliche und private* Neuinvestitionen«* die Rede mit der Hinzufügung, ein »besonderes Arbeitsbeschaffungsprogramm« liege vor. Hingegen wird im Aufbauprogramm die »produktive Kreditschöpfung« des Sofortprogramms an prominenter Stelle beibehalten und, spezifischer als dort, mit 3 Milliarden RM, die durch die Reichsbank zu beschaffen seien, veranschlagt**. Damit erweist sich eindeutig, daß sich die NSDAP seit dem Frühjahr 1932 diese unorthodoxen Vorschläge zu eigen gemacht hatte und daran trotz der Kritik von seiten der Unternehmerverbände und maßgeblicher Ökonomen an ihnen festhielt.

In den wirtschaftspolitischen Verlautbarungen der Partei war dies ein Novum, das den zeitgenössischen Beobachtern nicht entgehen konnte und beträchtliches Aufsehen erregte. Aus der Sicht eines eingehenden nachträglichen Quellenstudiums erscheint es jedoch keineswegs als ein plötzlicher, 180gradiger Umschwung der nationalsozialistischen wirtschaftspolitischen Anschauungen. Vielmehr ergibt sich hieraus, daß die NSDAP nach langem Suchen außerhalb der eigenen Reihen schließlich diejenigen wirtschaftstheoretischen Erkenntnisse und praktikablen Vorschläge entdeckte, die sich in das Konzept ihrer bisher nur allgemein erfaßten Wirtschaftsanschauung konsequent einfügen ließen. Der aktive Staatseingriff in die Wirtschaft durch direkte Kontrollen und eigene Staatsinitiative entsprachen durchaus ihren antiliberalistischen Grundvorstellungen über das Verhältnis von Wirtschaft und Staat. Selbst die Idee staatlicher »Kreditschöpfung« war von dem eigenen Konzept der »Währungs- und Finanzhoheit des Staates« nicht weit entfernt. Wenn Gottfried Feder sich den Begriff der »produktiven Kreditschöpfung« aneignete und ihn als den »geistigen Durchbruch ... meiner seit 13 Jahren vertretenen produktiven Kreditschöpfungstheorie« bezeichnete[118], so schmückte er sich zwar hinsichtlich der finanztechnischen Ausführungsvorschläge mit fremden Federn, war jedoch grundsätzlich nicht weit von der Wahrheit.

Damit ist erneut die Frage nach dem Ursprung der Ideen und praktischen Vorschläge, die erstmalig in der Strasser-Rede vom 10. Mai und dem nachfolgenden Sofortprogramm erschienen, aufgeworfen. Gerhard Kroll, der in Strasser den eigentlichen Verfasser des Sofortprogramms sieht, hat in seinem Buch im Jahre 1958 bereits nach einer Antwort auf diese Frage gesucht. Ihm fiel auf, daß die Reden und schriftlichen Veröffentlichungen Strassers bis Mai 1932 keinerlei wirtschaftspolitische Bezugnahmen enthalten. Es erschien ihm daher verwunderlich, daß es Strasser dennoch möglich war, »ein schlagkräftiges Thesenprogramm zu erstellen, wenn nicht eine jahrelange Beschäftigung mit dem betreffenden Sachgebiet vorausgegangen ist.« Krolls verblüffende Antwort hierauf ist die dramatische Entdeckung, daß das Sofortprogramm fast wörtlich aus den Schriften des halbjüdischen Publizisten Robert Friedländer-Prechtl abgeschrieben wurde. Strassers einziges Verdienst wäre dabei, »diesen Diebstahl mit Geschick begangen

---

* Hervorhebung d. Verf.
** Dies deckte sich genau mit den Vorschlägen des »Wagemann-Plans«, der um die gleiche Zeit in der Öffentlichkeit rege diskutiert wurde. Anscheinend wollte die NSDAP durch diese Anlehnung an eine anerkannte wirtschaftstheoretische Autorität die eigenen Vorschläge akzeptabel und »salonfähiger« machen.

und die Thesen von Friedländer-Prechtl in die Sprache eines politischen Sofortprogramms übersetzt zu haben«[119].

So vereinfachend und übertrieben diese Darstellung Krolls nach dem heutigen Forschungsstand erscheinen mag, ist der Hinweis auf Friedländer-Prechtl durchaus berechtigt. Robert Friedländer-Prechtl (1881–1954), Sohn eines jüdischen Kaufmanns und Finanziers aus dessen Ehe mit einer österreichischen Adelstochter (Prechtl), war zweifellos ein bedeutender und origineller Denker und Publizist und einer der ersten deutschen Theoretiker und Verfechter neuzeitlicher Beschäftigungs- und Finanzierungsmethoden. Er hat die wirtschaftstheoretische Diskussion in Deutschland Ende der zwanziger Jahre wie kein anderer befruchtet und besonders die deutschen »Reformer« maßgeblich beeinflußt. Damit war er fraglos einer von jenen, die den Nationalsozialisten direkt oder indirekt das wirtschaftstheoretische Werkzeug und die praktischen Vorschläge für das Sofortprogramm und die spätere Wirtschaftspolitik lieferten, aber keineswegs der einzige*.

Krolls Hinweis auf die frühere wirtschaftspolitische Ignoranz Strassers wird hinfällig durch die sehr wahrscheinliche Abfassung des Sofortprogramms durch von Renteln und die früheren Diskussionen und Vorarbeiten der WPA, in deren Rahmen es entstand. Völlig unfundiert ist auch das Argument Krolls, nachdem »im Bereich der Wissenschaft keine Veröffentlichung aus dieser Zeit bekannt (ist), die etwa als Hintergrund der Strasserschen Thesen gelten könnte«[120]. Im Gegenteil war in Deutschland Anfang 1932 eine umfassende wirtschaftstheoretische Diskussion im Gange, die auch in Krolls eigenem Buch eingehend geschildert ist, an der sich neben Wirtschaftswissenschaftlern auch Politiker und theoretisierende Publizisten vehement beteiligten. Sämtliche im Sofortprogramm angeführten Vorschläge, wie öffentliche Großarbeiten, defizitäre Kreditausweitung, das Abgehen vom Goldstandard und selbst spezifische Anregungen wie der Plan der Autobahnen oder des Arbeitsdienstes, waren bereits früher öffentlich erörtert worden. Auffallend neu war lediglich, daß sie im Sofortprogramm der NSDAP zum erstenmal in das politische Programm einer massenstarken Partei aufgenommen wurden.

Wilhelm Grotkopp hat die damalige wirtschaftstheoretische Diskussion und insbesondere das Wirken der deutschen »Reformer« eingehend geschildert[121]. Es erübrigt sich, dies im einzelnen zu wiederholen. Für die hier untersuchten Zusammenhänge ist einzig interessant, diejenigen Vertreter dieser unorthodoxen Theorien herauszufinden, bei denen inhaltliche oder persönliche Berührungspunkte zur NSDAP und deren Wirtschaftsprogramm bestanden und die somit als direkte Vermittler gelten können. Vorher soll jedoch festgehalten werden, daß mit einer wichtigen Ausnahme die reformistischen Vorschläge defizitär zu finanzierender Arbeitsbeschaffung fast ausschließlich nur bei Politikern und politischen Formationen Anklang fanden, die, wie die NSDAP, in der politischen Arena die rechte Position einnahmen. Dieser, wie noch zu sehen sein wird, keineswegs zufällige Sachverhalt ist für das Verständnis der wirtschaftspolitischen Entwicklungen kurz vor und auch nach der nationalsozialistischen Machtergreifung von grundlegender Bedeutung.

---

* Otto Strasser hat dem Verfasser in einem seiner letzten Gespräche vor seinem Tode 1974 bestätigt, daß er und sein Bruder Gregor Friedländer-Prechtl zwar nicht persönlich gekannt, jedoch sein Hauptwerk »Wirtschaftswende« gelesen hätten und hoch einschätzten. Er meinte, daß Gregor Strasser »bestimmt« von den Ideen Friedländer-Prechtls stark beeinflußt gewesen sei (Tonband i. Bes. d. Verf.).

Die obenerwähnte bemerkenswerte Ausnahme war der Arbeitsbeschaffungsplan des Allgemeinen Deutschen Gewerkschaftsbundes (ADGB) – nach den Initialen seiner Verfasser, Wladimir Woytinsky, Fritz Tarnow und Fritz Baade, als WTB-Plan bekannt. Der erstmalig am 26. Januar 1932 veröffentlichte Plan wurde in etwas veränderter und abgeschwächter Form am 13. April als das offizielle Arbeitsbeschaffungsprogramm des ADGB angenommen[122]. Der Kern des Plans war in der Erstabfassung die sofortige Einstellung etwa einer Million Arbeitsloser für öffentliche Großarbeiten und deren Finanzierung durch bei der Reichsbank rediskontierbare Schuldverschreibungen und teilweise »zusätzliche Notenschöpfung«. Beruhigend wurde hinzugefügt, daß über ein Drittel des erforderlichen Betrages durch Einsparungen der Arbeitslosenversicherung und erweiterte Steuereinkommen gedeckt werden könnte.

Der WTB-Plan stieß innerhalb der sozialdemokratischen Parteiführung auf entschiedenen Widerstand und konnte erst nach langwierigen Auseinandersetzungen und in verwässerter Form am 13. April vom Kongreß des ADGB angenommen werden. Besonders widersetzte sich Rudolf Hilferding, der die Brüningsche Deflationspolitik voll unterstützte und von diesem des öfteren zu Beratungen hinzugezogen wurde[123], den Vorschlägen des WTB-Plans. Hilferding entwickelte in den zwanziger Jahren seine Theorie des »Organisierten Kapitalismus« als notwendige, antidemokratische Phase in der Entwicklung des Kapitalismus, die unter gewissen Bedingungen als Übergangsphase zum Sozialismus auftreten könne. Einer solchen Auffassung mußten die Ansätze Woytinskys und seiner Mitarbeiter als vergeblicher und entwicklungshemmender Versuch erscheinen, die Gebrechen des kapitalistischen Systems im Rahmen der bestehenden Gesellschaftsordnung zu heilen. In den Augen der marxistischen Orthodoxie waren zyklische Überproduktionskrisen unvermeidliche Erscheinungen des Kapitalismus und beschleunigten dessen Untergang. Versuche aktiver Konjunkturregelung konnten diesen Prozeß auf die Dauer nicht verhindern und würden kurzfristig nur die Währung gefährden und durch die Inflation die Lage der Arbeiter verschlimmern. Aus dieser Grundstellung verketzerte Hilferding, mit Unterstützung von Fritz Naphtali und Paul Hertz, vor dem Parteivorstand der SPD den Arbeitsbeschaffungsplan der Gewerkschaften als »unmarxistisch« und mobilisierte die sozialdemokratische Reichstagsfraktion im stillen gegen den Plan[124].

Neben der Autorität Hilferdings trug auch die Argumentation von Fritz Naphtali – damals Leiter der Wirtschaftspolitischen Forschungsstelle von SPD, ADGB und Genossenschaften und späterer Landwirtschaftsminister in Israel – entscheidend zu dem stillen Begräbnis des WTB-Plans bei. Naphtali betonte besonders die Inflationsgefahr, da nach seinen Berechnungen 2 Milliarden RM nicht ausreichen könnten und nur der Beginn einer weit größeren defizitären Kreditausweitung seien[125]. Die Wirtschaftskrise konnte nach Naphtali nur auf weltwirtschaftlicher Ebene mit Erfolg bekämpft werden, und inzwischen dürfte eine autonome Arbeitsbeschaffung in Deutschland nur über den Weg einer inneren Anleihe finanziert werden. Eine vorteilhafte Prämienanleihe wäre geeignet, mindestens eine Milliarde liquider Reserven aus der Bevölkerung zu mobilisieren, um öffentliche Großarbeiten ohne inflationäre Gefährdung zu finanzieren[126]. Es war in nicht geringem Maße dem Widerstand Naphtalis, der nachträglich sein Gewissen nicht wenig belastete[127], zuzuschreiben, daß die SPD den WTB-Plan nicht dem Reichstag vorlegte und an seiner Stelle am 24. Februar 1932 den Gesetzesvorschlag einer Prämienanleihe einreichte[128]. Auch nachdem der Gewerkschaftskongreß im April einmütig das Arbeitsbeschaffungsprogramm angenommen hatte, enthielt das Wahlprogramm der SPD für die Juliwahlen, in denen die NSDAP mit dem Sofortprogramm auftrat, kein schlagkräftiges Programm der Arbeitsbeschaffung durch öffentliche Arbeiten[129].

Demgegenüber war es tragische Ironie, daß der Arbeitsbeschaffungsplan des ADGB in der erwähnten Reichstagsrede Gregor Strassers als ein Programm begrüßt wurde, »über das man absolut reden kann und bei dem wir unter entsprechenden Bedingungen zur Mitarbeit bereit sind«. Strasser äußerte sich auch lobend über die Artikel Woytinskys im Gewerkschaftsorgan »Die Arbeit«: »Woytinsky . . . den ich persönlich nicht kenne und von dem ich nicht weiß, ob er jung oder alt ist*«, der im Gegensatz zu der »jüdisch intellektuell zusammengesetzten sozialdemokratischen Parteiführung . . . zur Kreditschöpfung kommt, d. h. zu Finanzierungswegen, die letzten Endes von uns zum ersten Male in die Debatte des deutschen Volkes geworfen worden sind«[130]. Auch der damals zur »nationalen Opposition« gehörende spätere Arbeitsbeschaffungskommissar Schleichers, Günter Gereke, betonte die Übereinstimmung seiner eigenen Vorschläge mit den Grundzügen des gewerkschaftlichen Plans[131]. Ebenso wurde in einem mit F. F. (Ferdinand Fried) gezeichneten Kommentar in der »Tat« vom März 1932 das »Arbeitsprogramm des ADGB« als Beweis der Nähe »nationalsozialistischer und gewerkschaftlicher Denkungsart« begrüßt[132]. Diese Akklamation von rechts kann keinesfalls als zufällig angesehen werden: Direkte Staatsaufträge zur Arbeitsbeschaffung und deren »souveräne« Finanzierung ließen sich viel leichter in die Grundstellungen einer nationalistisch-konservativen Staatsideologie einbauen als in die demokratisch liberalistischen und auch sozialdemokratischen Vorstellungen des Verhältnisses von Wirtschaft und Staat.

Das gleiche gilt für die Staats- und Wirtschaftsauffassung der NSDAP, die mit den staatsautoritativen Tendenzen traditionell-deutschnationaler oder jungkonservativer Prägung stark konvergierten. Die wirtschaftstheoretisch unorthodoxen Vorschläge der deutschen Reformer ließen sich daher folgerichtig in das bis dahin nur allgemein formulierte nationalsozialistische Wirtschaftskonzept integrieren. Der NSDAP war damit endlich die Möglichkeit geboten, ein theoretisch unterbautes und praktisch überzeugendes Wirtschaftsprogramm zu erstellen, das sich mit den wirtschaftspolitischen Vorschlägen ihrer Gegner erfolgreich messen konnte.

Der spezifische Verlauf dieser Integration ist dabei von höchstens sekundärer Bedeutung. Nachdem einmal die ideologisch bestimmten Grundkonzepte geklärt waren und die praktischen Vorschläge der Reformer in der öffentlichen wirtschaftspolitischen Debatte an Resonanz gewannen, war es im Grunde nur eine Frage der Zeit und günstiger Vermittlung, wann und wie die beiden zueinander kamen. Diese Vermittlerrolle hat mit großer Wahrscheinlichkeit die »Studiengesellschaft für Geld- und Kreditwirtschaft« erfüllt. Es lohnt sich daher, diese und ihre Verbindungen zur NSDAP etwas näher zu betrachten. Die Gesellschaft wurde Ende 1931 durch den Lübecker Industriellen Heinrich Dräger gegründet, der zur Klärung der eigenen Gedanken über eine mögliche Lösung der Beschäftigungskrise schon früher Verbindungen mit bekannten Wissenschaftlern, u. a. mit

---

* Diese Versicherung kann nur bedeuten, daß Strasser die jüdische Abstammung Woytinskys nicht entgangen war.

Professor Jens Jessen, der auch, laut Wagener, an den Arbeiten der WPA beteiligt war, gesucht hatte. Dräger trat in engen, vornehmlich schriftlichen Kontakt mit Robert Friedländer-Prechtl, dem er auch heute noch den maßgeblichsten Einfluß auf die Ausbildung der eigenen Ideen zumißt. Durch einen Aufsatz in Friedländer-Prechtls Zeitschrift »Wirtschaftswende« war Dräger auf Rudolf Dalberg aufmerksam geworden, und nach einer Reihe von Unterredungen gründeten beide gemeinsam mit Wilhelm Grotkopp, der als Schriftführer engagiert wurde, im November 1931 die Gesellschaft, die größtenteils von Dräger aus eigenen Mitteln finanziert wurde*.

Der Aufgabenkreis der Studiengesellschaft bestand in der Verbreitung reformerischer Vorschläge zur Beseitigung der Arbeitslosigkeit durch öffentliche Arbeiten und deren defizitäre Finanzierung. Zu diesem Zweck wurde eine Reihe von öffentlichen Vorträgen und Diskussionsabenden veranstaltet, und ein Teil der verlesenen »papers« und Diskussionsbeiträge wurde danach an interessierte Empfänger versandt, u. a. auch an J. M. Keynes. Ein Versuch, Keynes für einen Vortrag in Berlin zu verpflichten, scheiterte allerdings aus bisher nicht völlig geklärten Gründen, möglicherweise nach einer stillen Intervention aus Regierungs- oder Reichsbankkreisen[133]. Von den veranstalteten Vorträgen wurden besonders diejenigen Werner Sombarts und Ernst Wagemanns im Februar 1932 eingehend von der Presse und auch im Rundfunk besprochen**.

Neben dieser öffentlichen Tätigkeit bemühte sich die Studiengesellschaft, oft in Zusammenarbeit mit anderen Reformerkreisen, ihre Vorschläge maßgeblichen Wirtschaftlern und Politikern in persönlichen Kontakten näherzubringen. Diese Bemühungen gipfelten in einer Eingabe an Reichskanzler von Papen im August 1932, die neben den Unterschriften Drägers, Dalbergs und Grotkopps auch von Friedrich Reinhart und Werner Sombart unterzeichnet war[134], der auch ein umfangreiches wissenschaftliches Gutachten beifügte. Die Antwort der Regierung in einem höflichen Schreiben von Staatssekretär Planck war, daß »bei aller Würdigung« der vorgebrachten Ansichten und deren Verfasser von der durch die Regierung beschlossenen Wirtschaftspolitik nicht abgegangen werden könne[135].

Nach dem Regierungswechsel verstärkte die Studiengesellschaft ihre Bemühungen, die Wirtschaftspolitik der Regierung Schleicher im Sinne ihrer Auffassungen zu beeinflussen, in enger Zusammenarbeit mit dem Kreis um Gereke und anderen Reformern. Eine Gemeinschaftsarbeit unter dem Titel »Arbeitsbeschaffung«, die im Januar 1933 erschien, enthielt Beiträge verschiedener Autoren mit detaillierten Vorschlägen von Arbeitsvorhaben und deren Finanzierung[136]. Dr. Dräger

---

* Die Darstellung stützt sich im wesentlichen auf eine Reihe ausführlicher mündlicher und schriftlicher Mitteilungen Dr. Drägers an den Verf. in den Jahren 1974–1976, die durch das vorhandene und zitierte Quellenmaterial glaubwürdig belegt sind (vgl. z. B. Grotkopp, a. a. O., S. 39 f.).
Rudolf Dalberg (geb. 1885) war seit 1919 Regierungsbeamter im Wirtschafts- und Finanzministerium und hatte sich bereits mit seinem 1916 veröffentlichten Buch »Entthronung des Goldes« einen Namen als Geldtheoretiker gemacht. Der erwähnte Artikel erschien unter dem Titel »Wirtschaftslähmung« im Septemberheft 1931 der »Wirtschaftswende«. Wilhelm Grotkopp war ein damals ziemlich bekannter Wirtschaftsjournalist und Herausgeber der Zeitschrift »Europa-Wirtschaft«.
** Wahrscheinlich wurde die Öffentlichkeit erst durch diese Veranstaltungen auf die Studiengesellschaft aufmerksam. Davon zeugt eine Reihe von Anfragen an den Deutschen Industrie- und Handelstag (DIHT) nach Information über die Studiengesellschaft und etwaige Unterstützung derselben. Der DIHT riet davon ab und versandte im Gegenteil eine Reihe von Rundschreiben, in denen gegen die Vorschläge Wagemanns und der Studiengesellschaft Stellung genommen wurde (BA, R 11, Nr. 1371).

finanzierte auch das letzte Sonderheft der »Wirtschaftswende« Friedländer-Prechtels zur Unterstützung des Gereke-Plans, das schon nach der Machtergreifung erschien.

Die propagandistische Tätigkeit der Studiengesellschaft und anderer ihr nahestehender Reformerkreise ist von Grotkopp eingehend geschildert worden. Ihre aktive Betätigung beschränkte sich im wesentlichen auf die Zeit vom November 1931 bis Februar 1933, in der sie als eine unverbindliche Vereinigung von Männern verschiedener politischer Überzeugungen versuchte, ihren Plänen zur Überwindung der Arbeitslosigkeit sachlich zum Durchbruch zu verhelfen, wer immer auch bereit war, sich politisch dafür einzusetzen. Diese Bemühungen fanden, ebenso wie die der mit ihr in mehr oder weniger engem Kontakt wirkenden anderen Reformern zweifellos ihren Niederschlag in den Arbeitsbeschaffungsplänen der Regierungen von Papens und vor allem von Schleichers, die die Hitler-Regierung als Ausgangspunkt der eigenen Arbeitsbeschaffungsmaßnahmen nach der Machtergreifung weiter verwirklichen konnte. Die fast unveränderte Übernahme der besonders im »Gereke-Plan« vorgesehenen Großarbeiten und Finanzierungsmethoden durch die neuen Machthaber erklärt sich u. a. aus dem Umstand, daß die NSDAP zumindest seit dem Frühjahr 1932 sich die gleichen Grundsätze und Methoden zu eigen gemacht und in ihr Programm aufgenommen hatte. Hierbei fiel der Studiengesellschaft und besonders Heinrich Dräger die Rolle zu, als das eigentliche Vermittlungsorgan zu wirken, durch das die Ideen der wirtschaftstheoretischen Reformer der NSDAP nahegebracht wurden.

Anfang 1932 verfaßte Dräger seine Schrift: »Arbeitsbeschaffung durch produktive Kreditschöpfung«, in der er nach seiner Aussage die eigenen Vorschläge und die in den Diskussionen der Studiengesellschaft ausgearbeiteten Theorien zusammenfaßte. Nachdem er vergeblich versucht hatte, in Unterhaltungen mit »maßgebenden Leuten aus den Arbeitgeberverbänden und mit Politikern der bürgerlichen Mittelparteien« diese für seine Ideen zu interessieren[137], gelangte Dräger schließlich an Werner Daitz, den damaligen Beauftragten der WPA für das Wirtschaftsgebiet Nord, und durch diesen an Gottfried Feder, der das Manuskript im April 1932 zur Veröffentlichung in seiner NS-Bibliothek annahm. Es erschien im Juni, etwa gleichzeitig mit der Veröffentlichung des Sofortprogramms als Heft 41 der NS-Bibliothek mit Vorworten Feders und des Verfassers, in denen beide betonten, daß der Verfasser kein Nationalsozialist sei. Laut Feder war dies sogar ein Vorteil: »Gerade durch die Nichtzugehörigkeit des Verfassers ... erhält die Arbeit einen besonderen Wert für uns selbst und auch für diejenigen, die uns noch fernstehen und die auf diesem Gebiet gewisse Unklarheiten in unseren Reihen unterstellen zu dürfen glauben.« Dadurch würde die Arbeit dazu beitragen, »die Besorgnis vor vermeintlichen ›Währungsexperimenten‹ zu zerstreuen«[138]. Dräger selbst hob in seinem Vorwort u. a. den Einfluß seines Gedankenaustausches mit »dem Herausgeber der Wirtschaftswende« hervor, ohne allerdings Friedländer-Prechtl namentlich zu nennen*.

Beim Textvergleich der Drägerschen Schrift und des Sofortprogramms fällt die Übereinstimmung der vorgesehenen Großarbeiten, wie Arbeitersiedlung, Meliorationen und Straßenbau, ins Auge. Im Gegensatz zum Sofortprogramm versuchte

---

* Merkwürdigerweise ließ Feder die Erwähnung der Namen Dalbergs und Woytinskys – beide gleichfalls jüdischer Abstammung – durchgehen.

hingegen Dräger, den Umfang der notwendigen »produktiven Kreditschöpfung«*
zahlenmäßig zu errechnen. Er lehnte grundsätzlich jede Finanzierung auf dem
Anleiheweg ab, die nur eine »Umlagerung potenzieller Kaufkraft« sei, und
betonte, daß »für eine wirksame Arbeitsbeschaffung nur eine Kreditausweitung in
genügend großem Maßstabe der einzige Weg« sei[139]. Diese sollte anfangs und
versuchsweise bis Ende 1932 1,5 Milliarden RM betragen, jedoch schon 1933,
nachdem sich, wie Dräger überzeugt war, die Inflationsbefürchtungen als unbegründet erweisen würden, auf 5 Milliarden erhöht werden. Für die Vollendung der
vorgeschlagenen Projekte und die endgültige Beseitigung der Arbeitslosigkeit sah
Dräger eine Gesamtkreditausweitung von 30 Milliarden RM in sechs Jahren vor[140].
Damit war er aus nachträglicher Sicht realistischer als alle anderen Arbeitsbeschaffungspläne jener Zeit. Tatsächlich wurde die annähernd gleiche Summe des
durch die Reichsbank finanzierten »deficit-spending« schon Ende 1936 erreicht.
Allerdings zum größten Teil für andere »Projekte« als die von Dräger vorgesehenen zivilen Großarbeiten.

Der Veröffentlichung der Drägerschen Schrift ging, wie Dräger berichtet, eine
Reihe längerer Unterredungen mit Gregor Strasser und von Renteln, Daitz und
auch Gottfried Feder voraus, deren Einfluß auf die endgültige Formulierung des
Sofortprogramms sich hinterher schwer abschätzen läßt. Fest steht immerhin, daß
die Arbeit Drägers im Manuskript den wirtschaftspolitischen Instanzen der
NSDAP noch vor der Reichstagsrede Strassers und der Abfassung des Sofortprogramms vorlag. Feder erwähnte sie ausdrücklich als eine demnächst erscheinende,
»sehr interessante Studie über die Methoden produktiver Kreditschöpfung..., zu
der mir Prof. Wagemann... seine fast hundertprozentige Übereinstimmung
(ausgedrückt hat)«[141]. Neben den hervortretenden Ähnlichkeiten der Texte und
auch des statistischen Materials war auch der Begriff »produktive Kreditschöpfung« augenscheinlich bei Dräger oder Prion entlehnt, da er in der Rede Strassers
und im Sofortprogramm erstmalig in der nationalsozialistischen Terminologie
auftauchte. Weiterhin zeugt auch die nochmalige Veröffentlichung der Drägerschen Arbeit in zusammengefaßter Form, gemeinsam mit dem Sofortprogramm
als Sonderheft der von Heinrich Hunke herausgegebenen NS-Zeitschrift »Die
deutsche Volkswirtschaft« im September 1932, von deren Bedeutung für die
Formulierung des Sofortprogramms. Darüber hinaus wurde die Drägersche
Schrift auch nach der offiziellen Aufgabe des Sofortprogramms als Literaturhinweis in dem an dessen Stelle proklamierten »Aufbauprogramm« angegeben. Es
dürfte nach alldem als erwiesen gelten, daß die Studiengesellschaft für Geld- und
Kreditwirtschaft und insbesondere die mündlichen und schriftlichen Bemühungen
Heinrich Drägers das eigentliche Vermittlungsglied zwischen den Theorien der
deutschen Reformer und den wirtschaftspolitischen Vorprogrammierungen der
NSDAP waren.

Die indirekte Rolle Friedländer-Prechtls bei diesem Vorgang soll damit keineswegs unterschätzt werden. Er war einer der führenden Köpfe der Studiengesellschaft und der prominenteste Publizist unter den deutschen Reformern überhaupt.
Bereits 1926 veröffentlichte er eine Schrift unter dem damals sicherlich überra-

---

* Dräger entlehnte diesen Terminus, den sich anschließend die NSDAP in allen folgenden Verlautbarungen zu
eigen machte, einem Aufsatz von Willy Prion im »Bank-Archiv« Nr. 9 v. 1. 2. 1932. Gemeint war damit eine
Kreditausweitung, die unmittelbar an die Erstellung neuer und produktiver »wirtschaftlicher Werte« gebunden
ist. Damit sollte die inflationäre Auswirkung der Zahlungsmittelerweiterung neutralisiert werden.

schenden Titel »Chronische Arbeitskrise«, in der sich die Thesen seines Buches »Wirtschaftswende« von 1931 bereits deutlich abzeichneten. Friedländer-Prechtl entwickelte hier die Theorie einer strukturell bedingten, sich unvermeidlich ausweitenden Diskrepanz zwischen Arbeitsangebot und -nachfrage. Dem zunehmenden Angebot von Arbeitskräften infolge der zahlenmäßigen Verringerung des selbständigen Mittelstandes und des Militärs stehe eine fortschreitende Verringerung der Nachfrage gegenüber, verursacht durch die Überrationalisierung der Industrie, verringerte private Einkommen und die proportionelle Zunahme der Ersparnisse. Diese »chronische Arbeitskrise« könne Deutschland angesichts der allgemeinen Krise des Welthandels und der zunehmenden Konkurrenz der amerikanischen Industrie nicht durch Exportausweitung überwinden. »Europa hat den Krieg verloren«, und überall mache sich eine verstärkte Tendenz zur Autarkie bemerkbar. Unter diesen Gegebenheiten bleibe Deutschland kein anderer Weg als »Meliorationen und Rationalisierung«. Die Reagrarisierung Deutschlands durch Ansiedlung einer Million städtischer Arbeiter auf dem Lande müsse von großangelegten Infrastruktur-Investitionen begleitet sein, um die Eigenversorgung mit Rohstoffen und Energie zu gewährleisten. Spezifischer sprach Friedländer-Prechtl damals schon von modernen Verfahren der Kohleverflüssigung zur Herstellung synthetischen Treibstoffs als Importersatz. Diese Projekte könnten durch die private Unternehmerinitiative nicht durchgeführt werden, da sie kurzfristig wenig rentabel seien und das Risiko zu groß sei. Der einzige Weg sei daher die direkte Betätigung der öffentlichen Hand, finanziert durch langfristige Anleihen des Reiches. Die Methode dieser Finanzierung sah Friedländer-Prechtl als »eine finanztechnische Frage, die gelöst werden wird – weil sie gelöst werden muß!«[142].

Für das Jahr 1926 zeugten diese Erkenntnisse von einem erstaunlichen Weitblick, auch wenn die wirtschaftstheoretische Analyse der »chronischen Arbeitslosigkeit« aus heutiger Sicht nicht akzeptabel erscheint. In seinem späteren Buch »Wirtschafts-Wende« entwickelte Friedländer-Prechtl 1931 die gleichen Thesen überzeugend aktualisiert und mit bemerkenswerter Eloquenz*. Hier ist zwar weiterhin vom Überschuß des Arbeitsangebotes die Rede, doch wird dieser nunmehr wirklichkeitsnäher als »funktionelle Arbeitslosigkeit« definiert, dessen eigentlicher Grund nicht mehr in strukturellen Unabwendbarkeiten gesehen wird, sondern in dem, was Friedländer-Prechtl als den »geistigen Faktor« bezeichnet: »Es fehlt an keinem der beiden nötigen materiellen Produktions-Faktoren: Arbeitskraft und Arbeitsapparat. Es fehlt also am dritten Faktor, dem geistigen, es fehlt an Einsicht, Tatkraft, Wille, es fehlt an Führerschaft. Dieser geistige Faktor, das ist die notwendige dritte Seite, durch welche ... aus Produktionspotenz Produktion, aus Arbeitslosigkeit Wohlstand (wird)[143].« Friedländer-Prechtl lehnte das damals allgemein verbreitete Argument des Kapitalmangels als Grund der Wirtschaftskrise entschieden ab, da »Kapital« nichts anderes bedeute als materielle Produktionsmittel. Um die brachliegenden Produktionsmittel wieder in Gang zu bringen, müsse einzig und allein die Summe der umlaufenden Zahlungsmittel den Bedürfnissen des Wirtschaftskreislaufes angepaßt werden. Dies sei allerdings nur möglich, wenn die veralteten Grundsätze orthodoxer Währungspolitik aufge-

---

* Die Darstellung Gerhard Krolls beruht gänzlich auf dieser Schrift Friedländer-Prechtls. Die Arbeit von 1926 bleibt bei ihm unerwähnt.

geben und der Zahlungsmittelumlauf vom Goldstandard befreit werde. Ohnehin sei die Währung nur zu einem Drittel durch Gold und Devisen gedeckt, während zwei Drittel einzig auf »dem Vertrauen« basierten. »Und das ist allerdings eine sehr gute Deckung. Weshalb Geld dann nicht auch zu 100 Prozent Vertrauensgeld sein kann, das ist eine naheliegende Frage, auf die es zwar einige Dutzend gelehrter, aber nicht eine einzige überzeugende Antwort gibt[144].« Um die Arbeitslosigkeit zu überwinden, müsse der Staat die verhängnisvolle Deflationspolitik und die völlig unrealistischen Pläne einer inneren oder internationalen Anleihe aufgeben und statt dessen »eine Anleihe bei der Gesamtheit« nehmen, »indem er sich durch zusätzliche Geld- beziehungsweise Kredit-Schöpfung Verfügungsgewalt über Produktions- und Warenlager verschafft«[145].

Die praktischen Arbeitsbeschaffungsprojekte Friedländer-Prechtls waren, neben den bereits erwähnten Meliorationen und Bodenverbesserungen, auch ein Autobahnnetz von 20 000 Kilometern und die Errichtung von Ersatzstoffindustrien. Darüber hinaus basierte er jedoch seine Vorschläge – in deutlichem Unterschied zu Dräger, der auch in der von der NSDAP veröffentlichten Arbeit im Rahmen kurzfristiger Notstandsmaßnahmen und finanztechnischer Praxis blieb – auf der stark ideologisch getönten Tendenz eines dauernden Strukturumbaus der deutschen Volkswirtschaft. Die landwirtschaftlichen Großarbeiten sollten nicht allein Arbeit schaffen, sondern die Grundlage für die Reagrarisierung Deutschlands legen, daß – wie er auch nach dem Kriege noch betonte[146] – wieder zum »Bauernland« werden sollte. Dabei hob er bezeichnenderweise die militärischen und erzieherischen Vorzüge des zu diesem Zwecke einzusetzenden Arbeitsdienstes der Jugendlichen besonders hervor[147]. Ebenso vertrat Friedländer-Prechtl eindeutig die Autarkie: »Der Zeiger der wirtschaftlichen Welt-Uhr weist nach der Richtung zunehmender Autarkie, nach dem Bestreben, innerhalb geschlossener Wirtschaftsräume zu möglichster Selbstversorgung zu gelangen.« Auf kurze Sicht ergebe sich hieraus für Deutschland die Notwendigkeit weitestmöglicher Importeinschränkungen und autarkischer Selbstversorgung mit Rohstoffen und Lebensmitteln. Später jedoch könnte »ein europäischer Wirtschaftsraum ... gleichrangig, wenn nicht überlegen, neben den anderen Groß-Wirtschaftsräumen der Erde bestehen«[148].

Vorrang der Landwirtschaft und autarke Selbstversorgung waren gleich »Großraumwirtschaft« und monetäre »Finanzhoheit des Staates« auch die hervortretenden Bestandteile der nationalsozialistischen Wirtschaftauffassung. Daneben lassen auch die Hefte der Zeitschrift »Wirtschaftswende« kaum Zweifel über die weltanschauliche Standortbestimmung ihres Herausgebers. Im Dezemberheft 1931 widmete Friedländer-Prechtl der erneuerten »Die Tat« einen warmen Empfangsartikel. Ihr Gründer und langjähriger Herausgeber Eugen Diedrichs erhielt höchstes Lob dafür, daß er »aus seiner tiefen Verbundenheit mit deutschem Geist und deutschem Wesen« die Redaktion seiner Zeitschrift diesen jungen Kräften übergab, die »mit gründlichster Sachkenntnis, tiefer Zusammenschau, geistiger Bewältigung und sittlichem Verantwortungsgefühl« das Zeitgeschehen zu beleuchten verständen. Im besonderen äußere sich dies in der Behandlung wirtschaftspolitischer Probleme, deren weltanschauliche Implikationen von der »Tat« klar erkannt worden seien: »Es geht um eine alte und eine neue Weltanschauung, wenn es um Goldwährung oder Nicht-Goldwährung geht; es geht um Weltanschauungen, wenn heute Freihändler und Autarkisten zum entscheidenden

Kampf antreten; es geht um Weltanschauungen und nicht um materielle und politische Fragen[149].«

Im Juni 1932 äußerte sich Friedländer-Prechtl in einem persönlichen Brief an Heinrich Dräger zum Erscheinen seiner Schrift im Parteiverlag der NSDAP: »Ich verstehe das ganz gut, denn diese Partei ist heute leider Gottes die einzige, die auf wirtschaftspolitischem Gebiet Aktivität entfaltet ... Dann ist es schon richtig, daß diejenigen bürgerlichen Menschen, die eine Wirtschaftsreform für notwendig halten, versuchen, das bisher noch sehr wirre Programm der N. S. A. (sic.) im Sinne einer Klärung zu beeinflussen. Mir selbst ist dieser Weg ja versagt, und ich kann es daher nur begrüßen, wenn auf anderen Wegen die von mir vertretenen Ideen in diese Kreise Eingang finden[150].« Einen Tag später kam Friedländer-Prechtl nochmals auf Drägers Schrift zurück und äußerte sich insbesondere zu den Theorien Gottfried Feders, dessen Schriften er bisher noch nicht gelesen hätte. Er selbst habe die ähnlichen Gedanken bereits 1926 veröffentlicht, »Feder hat aber das Glück gehabt, daß seine Gedanken von einer politischen Partei aufgenommen wurden, während diejenige Menschengruppe, der ich zwar nicht irgendwie parteimäßig, in der ich aber nach Vergangenheit, Erziehung und Entwicklung verwurzelt bin, nämlich die bürgerliche Welt, die von mir propagierten Ideen abgelehnt hat. So habe ich auch sowohl mit meiner Zeitschrift die Erfahrung gemacht, daß ich auf starkes Verständnis und Billigung zumeist bei Menschen auf der rechten Parteiseite gestoßen bin, während mich die liberale Welt ignoriert oder verhöhnt hat[151].« In späteren Jahren betrachtete Friedländer-Prechtl die nationalsozialistische Wirtschaftspolitik als gelungene Verwirklichung der von ihm und der Studiengesellschaft verfochtenen Theorien: »Die von uns damals vertretenen Ideen sind ja zu hundert Prozent durchgeführt, und man kann wohl sagen, daß sie sich auch zu hundert Prozent bewährt haben.« Um so mehr bedauerte er, daß sein Name im Dritten Reich totgeschwiegen wurde und er nach seinem Ausschluß aus der »Schrifttumskammer« weder im In- noch im Ausland etwas veröffentlichen konnte, »trotzdem ich mir sagen darf, in beachtlichem Maße an der Schaffung und Ausgestaltung der neuen Wirtschaftsgedanken mitgewirkt zu haben«[152].

In der zeitgenössischen wirtschaftstheoretischen Debatte taucht allerdings der Name Friedländer-Prechtls nur selten auf. Diese beschäftigte sich in den Jahren 1931–1932 vornehmlich mit den Vorschlägen Ernst Wagemanns. Ab 1923 war Wagemann Leiter des Statistischen Reichsamtes, und 1925 gründete er das bekannte Institut für Konjunkturforschung, dem er bis 1933 vorstand*. Diese offizielle Stellung Wagemanns verlieh verständlicherweise seinen Vorschlägen zur Krisenbekämpfung besonderes Gewicht. Hieraus erklärt sich die besorgte und oft aggressive Reaktion, die der »Wagemann-Plan« in Wirtschafts- und Regierungskreisen hervorrief, obwohl er vorsichtiger und weit weniger extrem war als die Vorschläge anderer Reformer. Der Kern dieses Planes, wie ihn Wagemann im Februar 1932 in seinem vor der Studiengesellschaft veranstalteten Vortrag und in der Schrift »Geld- und Kreditreform« entwickelte, war die begrenzte und kontrollierte Ausweitung der Zahlungsmittel durch eine Reorganisation des Bankenwesens, Revision der Liquiditätsraten und teilweises Abgehen vom Goldstandard: Noten bis zur Höhe von 50 RM, die Wagemann als »Konsumentengeld«

---

* 1933 trat Wagemann aus ungeklärten Gründen von der Leitung des Statistischen Reichsamtes zurück, war jedoch weiterhin publizistisch tätig. 1936 gehörte er dem von Göring eingesetzten Expertenausschuß für den Vierjahresplan an (HF, Tagebücher V. Krogmann, 11/K6).

definierte, sollten von der durch die Reichsbank vorgeschriebenen Gold- oder Devisendeckung in Höhe von 40 v. H. befreit und durch langfristige Reichsschuldscheine bis zur Höhe von 3 Milliarden RM »gedeckt« werden. Die hierdurch frei werdenden Mittel könnten zur Finanzierung öffentlicher Arbeiten durch das Reich, die Länder oder kommunale Körperschaften dienen[153].

Im Grunde war der Wagemann-Plan nichts anderes als die defizitäre Finanzierung erhöhter Ausgaben der öffentlichen Hand durch eine, wenn auch nur teilweise Revision der bestehenden Reichsbankstatuten. Dies rief sofort die Kritik der mit der Reichsbank verbundenen offiziellen Stellen hervor, die Wagemann vorwarfen, seine Vorschläge würden die Stabilität der Währung ernstlich gefährden und widersprächen den internationalen Verpflichtungen der Regierung und der Reichsbank. Der »Deutsche Volkswirt« eröffnete einen wahren Kreuzzug gegen den Wagemann-Plan unter dem Motto »Hände weg von der Währung«[154]. Seitens der Reformer wurde der Wagemann-Plan hingegen aufs wärmste begrüßt, und auch Gottfried Feder lobte Wagemann, »der bekanntlich als erster moderner Forscher und Gelehrter neue Wege gegangen ist, die sich im Grunde mit den von den Nationalsozialisten schon seit zwölf Jahren aufgestellten Forderungen in bezug auf das Geldwesen... decken«. Der »Deutsche Volkswirt«, der diese Äußerung Feders zitierte, begleitete sie mit der sarkastischen Frage, ob wohl »der Präsident des Statistischen Reichsamts über diese Anerkennung sehr glücklich sein wird«[155]. Jedenfalls zitierten nationalsozialistische Veröffentlichungen Wagemann oft und gern als prominente Bestätigung eigener Vorschläge, wie »glücklich« Wagemann auch immer über diese Schützenhilfe gewesen sein mag*.

Im methodologischen Spektrum der analytischen Geldtheorie gehörten die meisten deutschen Reformer zur nominalistischen Schule, die besonders seit Georg Friedrich Knapp in Deutschland viele Anhänger hatte[156]**. Wagemann vertrat diese Richtung bereits in seiner »Allgemeinen Geldlehre« (Jena 1923) und späteren Veröffentlichungen. Auch Rudolf Dalberg, der Mitbegründer der Studiengesellschaft, vertrat ähnliche Auffassungen[157]. Es wäre jedoch übertrieben, diese theoretische Richtung als eine »spezifisch deutsche« zu bezeichnen und das Auftreten der deutschen Reformer lediglich auf diese theoretischen Entwicklungen zurückzuführen. »Spezifisch deutsch« war weniger der originäre Ursprung der theoretischen Prämissen der deutschen Reformer, den diese mit Vorliebe hervorhoben, sondern die Tatsache, daß diese Theorien in Deutschland allgemein weniger Widerstand fanden und früher praktiziert wurden als anderswo. In der damaligen Diskussion beriefen sich jedenfalls die Reformer nicht nur auf Knapp oder Bendixen, sondern auch auf den Amerikaner Irving Fisher, die Schweden Cassel und Wicksel, die Engländer John Law und McLeod und vor allem auch auf J. M. Keynes. Eine analytisch-komperative Untersuchung des Verhältnisses der

---

* Immerhin finden sich einige Belege direkter Fühlungnahmen zwischen Wagemann und den Wirtschaftsexperten der NSDAP. So z. B. die erwähnte Äußerung Feders über das Gutachten Wagemanns zu Drägers Schrift oder bei A. R. Herrmann, Verstaatlichung des Giralgeldes, München (NS-Bibliothek) 1932, der Wagemann für »mannigfaltige Anregungen« dankt.

** Mit »nominalistisch« ist hier diejenige Richtung der monetären Theorie gemeint, die im Gegensatz zur »metallistischen« oder warenmäßigen Auffassung insbesondere die Funktion des Geldes als Zirkulationsmittel und nicht als Mittel der Wertehortung hervorhebt. Demgemäß besitzt das Geld an sich keinen materiellen Wert, sondern funktioniert lediglich aufgrund des gesellschaftlichen Konsens und/oder staatlicher Gesetzgebung. Der von Knapp begründete »Chartalismus« betont insbesondere die »Deckung« des Geldes durch das Gesetz des Staates. Für die Nominalisten war eigentliches, »reines Geld« nur das Papiergeld, da dieses fast keinen materiellen Eigenwert besitzt.

Theorien der deutschen Reformer zu Keynes würde über den Rahmen der vorliegenden Arbeit hinausgehen. Da jedoch in der späteren Literatur nach 1933 Keynes oft zur Rechtfertigung der durchgeführten Politik zitiert wurde[158] und andererseits nachträglich die deutschen Reformer oft als »Keynesianer vor Keynes« bezeichnet werden, sind hier zumindest am Rande einige Hinweise über diese gegenseitigen Beziehungen am Platze.

Unter den Reformern war Wilhelm Lautenbach – oft als »der deutsche Keynes« bezeichnet – der wohl hervorragendste theoretische Analytiker. In seinen posthum veröffentlichten Schriften[159] findet sich bereits 1931 ein Konzept des »Gesamtkaufkraftvolumens« und die mathematische Formel des Multiplikatoreffekts, die den später von Keynes entwickelten Theoremen verblüffend ähnlich sind. In den Gutachten Lautenbachs* dienten diese theoretischen Erörterungen dem wissenschaftlichen Unterbau seiner praktischen Vorschläge zur Krisenbekämpfung durch öffentliche Arbeiten und deren »Vorfinanzierung«, die, ähnlich den Vorschlägen anderer Reformer, »keynesianische« Züge trugen. Keynes gab seinen Theorien zwar erst 1936, in seiner »General Theory«, die vollkommen ausgebildete theoretische und mathematische Fassung, jedoch waren die Grundlinien seines Systems bereits seit Ende der zwanziger Jahre in der Diskussion und auch in Deutschland bekannt. Der McMillan-Bericht wurde sofort nach seinem Erscheinen, im Juni 1931, eifrig in der wirtschaftlichen Presse diskutiert und war nach Grotkopp »für fast alle Reformer das Buch der neuen Erkenntnisse über die wirtschaftlichen Zusammenhänge«[160]. Kurz nach Erscheinen wurde auch Keynes' »Treatise on Money«[161] ins Deutsche übersetzt**, und es ist für die damalige wirtschaftstheoretische Diskussion und die Rolle, die die Schriften Keynes' in dieser einnahmen, illustrativ, daß das Buch von den Vertretern der orthodoxen Richtung als »das wissenschaftliche Standardwerk der inflationistischen Bewegung«[162] verketzert wurde.

Der unmittelbare Einfluß der Arbeiten von J. M. Keynes auf die deutschen Reformer und durch sie auf die endgültige Ausbildung des nationalsozialistischen Wirtschaftsprogramms läßt sich nachträglich kaum präzise abwägen. Doch ist die Bezeichnung »Keynesianer vor Keynes« wenig zutreffend. Wilhelm Lautenbach sah sich 1931 immerhin veranlaßt, seinen Zuhörern eines Vortrages in der Technischen Hochschule Berlin »zu Ihrer Beruhigung« zu versichern, »daß diese Auffassung sich weitgehend deckt mit der von den Vertretern der Cambridger Nationalökonomischen Schule, insbesondere von Robertson und Keynes«. Im folgenden entwickelte er unter ausdrücklicher Bezugnahme auf Keynes seine zentrale These, nach der »das Verhältnis von Sparrate und Investitionsrate ... den Konjunkturverlauf (bestimmt)«[163]. Demgegenüber betonte er allerdings Jahre später, er habe »völlig selbständig und unabhängig von Keynes, dabei hier in Deutschland alleinstehend auf weiter Flur, methodisch und systematisch alle Hauptsätze, die jetzt Keynes in der allgemeinen Theorie hat, entwickelt«[164].

---

* Lautenbach war Oberregierungsrat im Reichswirtschaftsministerium und verfaßte seine Arbeiten hauptsächlich in der Form interner Gutachten.
** Der Übersetzer war Dr. Carl Krämer, den Schacht im März 1932 für seine von einigen Großindustriellen finanzierte »Arbeitsstelle« engagierte. Aufgabe der »Arbeitsstelle Schacht« sollte es sein, »die Verbindung mit den wirtschaftspolitischen Organisationen Hitlers aufzunehmen, um die Probleme mit den Herren so durchzuarbeiten und zu formen, daß sich daraus ein wirtschaftspolitisches Programm für die N.S.-Partei ergeben kann, welches Industrie und Handel mitmachen können« (Schacht an Paul Reusch, vom 18. 3. 1932, abgedruckt bei: Stegmann, a. a. O., S. 450 f.).

Keynes genoß in Deutschland seit seiner Stellungnahme zur Reparationsfrage bedeutendes Ansehen und veröffentlichte außer den bereits erwähnten deutschen Übersetzungen seiner Schriften auch Aufsätze in der deutschsprachigen Zeitschriftenliteratur[165]. Anfang 1932 hielt er in Hamburg einen öffentlichen Vortrag, der allgemeines Aufsehen erregte und die erwähnte Fühlungnahme der Studiengesellschaft veranlaßte[166]. Nicht nur die Reformer, sondern auch die Nationalsozialisten und die ihnen nahestehenden Kreise beriefen sich in ihren Publikationen oft auf Keynes zur Unterstützung der eigenen Ideen und Vorschläge[167]. Auch Otto Wagener berichtet in seinen Aufzeichnungen, er habe Hitler 1932 nahegelegt, Keynes' »Vom Gelde« zu lesen – als eine »sehr interessante Abhandlung«, die das Gefühl vermittele, »daß er sich stark auf dem Wege zu uns befindet, ohne uns und unsere Einstellung zu kennen«[168].

Wie dem immer auch sei, waren die wirtschaftstheoretischen Neuerungen der Reformer keine spezifisch deutsche Erscheinung, sondern ein Teil der durch die weltwirtschaftlichen Entwicklungen und Krisen verursachten Umwälzung orthodoxer Wirtschafts- und Geldtheorien, deren Ansätze damals in vielen Ländern gleichzeitig auftauchten. Ausschlaggebend für die Entwicklung in Deutschland war jedoch, daß die unorthodoxen Theorien der Reformer von einer massenstarken politischen Partei aufgegriffen und in deren Wirtschaftsprogramm integriert wurden. Nachdem die NSDAP ihre diktatorische Machtherrschaft konsolidiert hatte, konnten daher die reformerischen Währungs- und Finanzierungsmethoden früher und effektiver als in anderen demokratisch regierten Ländern zur Anwendung gelangen. Diese Entwicklung war jedoch keineswegs zufällig: Die NSDAP und die ihr ideologisch nahestehenden politischen Formationen griffen die Ideen der Reformer bereitwillig auf, weil sie hier die theoretische Rechtfertigung und auch die praktischen Pläne und Durchführungsmethoden fanden, die ihrer eigenen Auffassung von Staat und Wirtschaft entsprachen. Nationalsozialistische Wirtschaftsauffassung und die Ideen der Reformer waren komplementäre Bestandteile eines sich ab Anfang 1932 deutlich herausbildenden Wirtschaftsprogramms der NSDAP, dessen Relevanz für die spätere Wirtschaftspolitik noch eingehender untersucht wird.

Für die politischen Auswirkungen und historischen Folgen dieser Verbindung von »Theorie« und »Auffassung« war die ideologische Komponente nicht weniger, sondern eher noch mehr ausschlaggebend als die theoretische. Immer und überall ist das Verhältnis zwischen wirtschaftstheoretischer Forschung, realer Entwicklung und wirtschaftspolitischen Maßnahmen ein im historischen Rückblick schwer zu entscheidendes Problem. Theoretische Abstraktionen und Analysen sind das Gebiet vorgebildeter Wissenschaftler, das zudem durch die oft übertriebene Exklusivität terminologischer Gelehrsamkeit und mathematischer Modelle nur einem beschränkten Kreis zugänglich ist. Ihr Einfluß auf die beschlußfassenden Instanzen in Wirtschaft und Staat hängt von deren Bereitwilligkeit ab, die von den Wissenschaftlern vorgeschlagenen Maßnahmen zu akzeptieren und praktisch zu verwirklichen. Entscheidend ist in diesem Prozeß weniger die theoretische Überzeugungskraft als das Zusammenwirken wirtschaftlicher Interessen und ideologisch-politischer Grundeinstellungen. Friedländer-Prechtl hatte weitgehend recht mit seiner Behauptung, es gehe bei der Diskussion um den Goldstandard und die Auseinandersetzung zwischen »Freihändlern und Autarkisten« um »Weltanschauungen«.

Man geht daher fehl, wenn man die Bedeutung der nationalsozialistischen Wirtschaftsauffassung wegen ihrer phrasenhaften und banalen Formulierung bagatellisiert. Im Gegenteil bestimmte gerade diese allgemeingehaltene und absichtlich verschwommene Fassung ihren propagandistischen Effekt: Ausgedrückt in ideologisch verbrämten Schlagworten wie: »Gemeinnutz geht vor Eigennutz«, »Jedem das Seine« oder »Recht auf Arbeit«, war die nationalsozialistische Wirtschaftsauffassung eine gemeinverständliche Plattform, mit der sich die unterschiedlichsten Bevölkerungsschichten identifizieren konnten. Darüber hinaus ermöglichte die allgemeingehaltene Formulierung dieser Auffassung die Integration expliziter Pläne und Vorschläge der wirtschaftstheoretischen Reformer, selbst wenn diese von grundsätzlich verschiedenen ideologischen Prämissen ausgingen. Die meisten deutschen Reformer waren keine Nationalsozialisten. Viele von ihnen sahen in ihren Vorschlägen zeitlich begrenzte Notstandsmaßnahmen einer »Initialzündung«, nach der die Wirtschaft, einmal angelaufen, wieder zu marktwirtschaftlich freien Verhältnissen zurückkehren könnte. Erst in den Händen der Nationalsozialisten wurde das wirtschaftstheoretische Instrumentarium der Reformer zur dauernden wirtschafts- und finanztechnischen Anleitung einer im Dienste des »Primats der Politik« dirigierten Wirtschaft. Im Wirtschaftskonzept der NSDAP waren staatliche Kontrolle, Initiative und staatlicher Dirigismus der Wirtschaft grundsätzliche und immanente Komponenten, die sich, wie wir sahen, schon verhältnismäßig früh abzeichneten.

Auf dieser Ebene muß auch die Antwort auf die Frage gesucht werden, warum die Vorschläge der Reformer in der Endphase der Weimarer Republik vornehmlich auf der rechten Seite der politischen Arena Anklang fanden. Hierfür gab es in erster Linie einen deutlich hervortretenden politisch aktuellen Grund: Vorschläge wie das Abgehen vom Goldstandard und die Änderung der bestehenden Reichsbankstatuten widersprachen dem Text und Geist der für Deutschland verbindlichen internationalen Abkommen in der Reparationsfrage. Politiker und Parteien, die erst die »Erfüllungspolitik« Stresemanns und dann die internationalen Bemühungen Brünings, die schließlich zum Abkommen von Lausanne führten, unterstützten, konnten derartige Vorschläge schwerlich akzeptieren. Die NSDAP und ihre Mitläufer der »Nationalen Opposition« waren von derartigen Hemmungen völlig frei*.

Der zweite und nicht weniger gewichtige Grund war die Kompatibilität der reformerischen Vorschläge mit den Staats- und Wirtschaftsauffassungen der verschiedenen Richtungen der deutschen Rechten. Staatseingriff und Wirtschaftsdirigismus waren mit traditionell-konservativen Obrigkeitsstaatskonzepten ebenso vereinbar wie mit den faschistoiden antidemokratischen und totalitären Staatsauffassungen der »Revolution von rechts«. Die Ideen der Reformer wurden nicht zufällig, außer von der NSDAP, auch von Vertretern der Deutschnationalen, des Stahlhelms und insbesondere vom »Tat-Kreis« aufgegriffen[169]. In der »Tat« trat

---

* Brüning behauptete später, er hätte bereits 1930 und 1931 den zuständigen Ministerien Anweisungen zur Vorbereitung großangelegter öffentlicher Arbeiten erteilt, die jedoch bis zur erfolgreichen Beendigung seiner internationalen Bemühungen zur Aufhebung der Reparationen in der Schublade verbleiben mußten. Tatsächlich lassen sich zwar derartige Pläne nachweisen, doch basierten sie sämtlich auf Finanzierung durch innere oder ausländische Anleihen, da sie, wie Brüning auch nach dem Kriege noch betonte, keinesfalls die Währung gefährden durften. Damit verliert das Argument der Reparationen als Rechtfertigung der Deflationspolitik viel von seiner Überzeugungskraft (vgl. die Korrespondenz zwischen Brüning und Dr. Dräger in dessen Neuauflage seiner Schrift »Arbeitsbeschaffung durch produktive Kreditschöpfung«, Düsseldorf 1956, S. 136–146).

besonders Friedrich Zimmermann – unter dem Pseudonym Ferdinand Fried – durch seine wirtschaftspolitischen Aufsätze hervor, deren Ähnlichkeit mit den nationalsozialistischen Auffassungen unverkennbar ist[170]*. Wie im folgenden Kapitel noch ausführlicher dargestellt wird, bezogen sich die rechtsorientierten Wirtschaftspublizisten, ähnlich wie manche Reformer, zur Unterstützung der eigenen Thesen mit Vorliebe auf traditionelle, antiliberalistische Richtungen im deutschen Wirtschaftsdenken. Besonders wurde hierbei die »historische Schule« hervorgehoben, die nicht nur die Applizibilität allgemeingültiger wirtschaftstheoretischer Modelle in Frage stellte, sondern auch den Vorrang nationaler Eigentümlichkeit und Zielsetzungen in der Wirtschaftspolitik betonte.
Merkwürdigerweise hat kein Geringerer als J. M. Keynes auf diese dogmengeschichtlichen Zusammenhänge hingewiesen, und zwar in seiner Einleitung zur deutschen Übersetzung seiner »General Theory«. Nachdem er dort sein Buch als »einen Übergang und eine Loslösung von der englischen klassischen (oder orthodoxen) Überlieferung« vorstellte, die in England auf beträchtlichen Widerstand gestoßen sei, fügte er hinzu: »Ich kann mir aber vorstellen, daß all dies die deutschen Leser etwas verschieden berühren mag. Die orthodoxe Überlieferung, die im England des 19. Jahrhunderts herrschte, hat nie eine so starke Macht auf das deutsche Denken ausgeübt. In Deutschland hat es immer wichtige Wirtschaftsschulen gegeben, die die Zulänglichkeit der klassischen Theorie für die Analyse zeitgenössischer Ereignisse stark in Frage gestellt haben ... Ich darf daher vielleicht erwarten, daß ich bei den deutschen Lesern auf weniger Widerstand stoßen werde als bei den englischen, wenn ich ihnen eine Theorie der Beschäftigung und Produktion als Ganzes vorlege, die in wichtigen Beziehungen von der orthodoxen Theorie abweicht ... Die Theorie der Produktion als Ganzes kann viel leichter den Verhältnissen eines totalen Staates angepaßt werden als die Theorie der Erzeugung und Verteilung einer gegebenen, unter Bedingungen des freien Wettbewerbs und eines großen Maßes von Laissez-faire erstellten Produktion[171].«
Aus der Feder Keynes' waren dies bedeutungsträchtige Worte, über die die eingeschworenen Keynesianer auch heute noch nicht besonders glücklich sein mögen. Aber davon abgesehen, lohnt sich ein skizzenhafter Rückblick auf die hier angedeutete spezifische Entwicklung des deutschen Wirtschaftsdenkens, bevor in den nachfolgenden Kapiteln die Relevanz der nationalsozialistischen Wirtschaftsauffassung für die Wirtschaftspolitik des Dritten Reichs untersucht wird.

---

* Zimmermanns persönliche Kontakte zur NSDAP gingen nachweislich bereits auf das Jahr 1930 zurück. Nach der Machtergreifung entpuppte er sich als Vertrauensmann Himmlers und dessen Wirtschaftsreferenten Kranefuß, die ihn in den Stab des »Reichsbauernführers« Walter Darré delegierten. Daneben war er weiterhin wissenschaftlich und publizistisch tätig (BDC, Personalakte Friedrich Zimmermann). Auch Otto Strasser berichtete dem Verf., er und sein Bruder Gregor seien mit Zimmermann eng befreundet gewesen. Laut Strasser haben die Aufsätze Zimmermanns in der »Tat« und besonders sein Buch »Das Ende des Kapitalismus« die Wirtschaftsauffassung der NSDAP mehr als irgendein anderes Buch beeinflußt. Das Buch sei von allen Gauleitern und auch von Hitler selbst gelesen und erörtert worden (Tonband i. Bes. d. Verf.). Von den Kontakten Gregor Strassers zum »Tat-Kreis« zeugt auch die anonyme Veröffentlichung seines Aufsatzes in der »Tat« im April 1932 (A. Krebs, Tendenzen und Gestalten des Nationalsozialismus, Stuttgart 1956, S. 191).

2. Rückblick:
Die nationalistisch-etatistische Tradition im deutschen Wirtschaftsdenken

»Die dogmatische Einführung des Wertfaktors in die Nationalökonomie, in den Ablauf des Erzeugungs-, Umschlags- und Verbrauchsprozesses teilt der Nationalsozialismus mit der sogenannten romantischen Schule der alten deutschen Nationalökonomie ... Er macht weiterhin Anspruch, die Fäden wieder dort anzuknüpfen, wo sie der Marxismus in den vierziger Jahren des vorigen Jahrhunderts zum Reißen brachte; macht Anspruch, den verschütteten Grund der alten deutschen Volkswirtschaftslehre neu auszuheben: Wirtschaft ist nicht Selbstzweck. Sie hat sich leistungsfähig einzugliedern in den Organismus des Staatslebens ... Immer wieder zerstört, durch kürzere und längere Zeitspannen völliger Verödung hindurchgerettet, gewinnt der deutsche Staatswirtschaftsgedanke am Nationalsozialismus nicht nur einen romantisch aufgemachten Nachfahren, sondern seinen ersten bis zur letzten Folgerichtigkeit durchgreifenden Tätiger*.«

»Die neue deutsche Theorie war als eine empirische Wissenschaft analog den Methoden der historischen Schule bemüht, die wirtschaftliche Entwicklung zu deuten ... Von Thünen und List führt über Roscher, Schmoller und Wagner eine gerade Linie zu dieser neohistorischen Richtung mit Sombart und Wagemann als den wichtigsten Repräsentanten der damaligen Zeit ... (Die Vertreter der neuen Richtung waren) der Überzeugung, daß eine neue Lehre als eine empirische Wissenschaft auf der historischen Schule und aus den deutschen Beiträgen zur Geldtheorie aus der Zeit um den ersten Weltkrieg ... aufbauen kann und muß**.«

Die oben angeführten Zitate dürfen als wichtiges Eigenzeugnis zweier an den wirtschaftstheoretischen Entwicklungen der Jahre 1930–1933 maßgeblich beteiligten Personen gelten: Hans Buchner, als langjähriger Wirtschaftsredakteur des »Völkischen Beobachters« Alfred Rosenberg nahestehend, veröffentlichte seine Schrift, nachdem sie 1929 von Hitler autorisiert wurde, bis 1933 in fünf Auflagen der »NS-Bibliothek« Gottfried Feders im Eher-Verlag. Wilhelm Grotkopp war der Schriftführer der Studiengesellschaft für Geld- und Kreditwirtschaft und Herausgeber der Zeitschrift »Europa-Wirtschaft« und arbeitete in engem Kontakt mit wirtschaftstheoretischen Reformerkreisen an der Ausarbeitung und Propagierung unorthodoxer Arbeitsbeschaffungs- und Finanzierungspläne. Die Bestimmtheit, mit der sich sowohl die Nationalsozialisten als auch die wirtschafts-

---
* Hans Buchner, Grundriß einer Nationalsozialistischen Volkswirtschaftstheorie, München 1930, S. 6.
** Wilhelm Grotkopp, Die große Krise, Düsseldorf 1954, S. 243/244.

theoretischen »Reformer« auf eine ausgesprochen deutsche Tradition berufen, verdient zumindest eine flüchtige Untersuchung dieser Zusammenhänge. Schon diese ergibt, daß es sich bei diesem beiderseitigen Anspruch nicht nur um den nachträglichen Versuch handelte, für die eigenen Auffassungen und Theorien eine eindrucksvolle »Ahnentafel« zu präsentieren. Tatsächlich läßt sich innerhalb der deutschen Volkswirtschaftstheorie des 19. und 20. Jahrhunderts die Kontinuität einer Reihe von Richtungen verfolgen, deren Hauptmerkmal, bei aller Verschiedenheit, eine autoritäre und meist organische Staatsauffassung war, die mit mehr oder weniger Nachdruck auf das Gebiet der Wirtschaft übertragen wurde.

Der erstmalige Ursprung, d. h. die Frage nach der »Originalität« dieser Ideen, ist hier wiederum von nur sekundärem Interesse. Schon der Merkantilismus des 17. und 18. Jahrhunderts hat aus dem Vorrang nationaler Interessen das Eingriffsrecht des Staates in den Wirtschaftsablauf abgeleitet, und der Kameralismus der deutschen Fürstentümer kann daher kaum als spezifisch deutsche Erscheinung betrachtet werden. Hingegen entwickelte sich in Deutschland seit Beginn des 19. Jahrhunderts als Reaktion auf die Französische Revolution ein aggressiver Antiliberalismus, der seine nationale Eigenständigkeit in betontem Gegensatz zur »englischen« oder »westlichen« klassischen Nationalökonomie bewußt hervorhob. Der geistesgeschichtliche Kontext, in den sich diese ökonomischen Auffassungen in das Gesamtbild der deutschen Philosophie und Staatswissenschaft einfügen, kann bei aller Relevanz im Rahmen dieser Arbeit nicht untersucht werden. Bevor jedoch die fortlaufende Entwicklung dieser Auffassungen skizziert wird, muß ein Wort über die politischen und wirtschaftlichen Gegebenheiten gesagt werden, die als ihr eigentlicher Nährboden angesehen werden müssen.

Der deutsche Liberalismus war seit 1848 ein blutarmes und kurzlebiges Gewächs, nicht nur, weil er in der Verwirklichung seines vornehmlich politischen Zieles, der nationalen Einigung Deutschlands, versagt hatte: Auch auf dem Gebiet der wirtschaftlichen Entwicklung konnte er kaum namhafte Erfolge aufweisen. Im Gegenteil eröffneten gerade die »konservativen« und »reaktionären« fünfziger Jahre eine Periode des Wirtschaftsaufschwungs und der steigenden Investition, des ansteigenden Verbrauchsstandards und selbst der teilweisen Lösung der ostelbischen Agrarfrage[172]. Als während dieses Jahrzehnts westdeutsches Industrie- und Handelskapital gemeinsam mit dem Agrarkapital preußischer Junker den Aufbau der Ruhrindustrie begann[173], kündigte sich bereits jenes berüchtigte Bündnis von »Roggen und Stahl« an, das 1876 Bismarcks Schutzzollpolitik gebar und der Gesellschaft und dem Staatswesen des Bismarckschen Reiches seinen schicksalhaften Stempel auftrug[174].

Noch vor der Reichsgründung war, besonders in Preußen, das Gewicht des öffentlichen und verstaatlichten Wirtschaftssektors und der direkte Einfluß des Staates auf die Wirtschaft bedeutender als in anderen Ländern[175]. Später entsprangen die Staatsinitiative bei der Entwicklung der wirtschaftlichen Infrastruktur und die Zolleinschränkungen des Außenhandels den Notwendigkeiten einer verspäteten Industrialisierung, die kaum das geeignete Klima für freihändlerische Wirtschaftsauffassungen bildete. Darüber hinaus begnügte sich der deutsche Staat nicht mit dem Zollschutz ostelbischer Großgrundbesitzer und der Ruhrbarone, zum sichtlichen Nachteil anderer Wirtschaftssektoren: Er verstaatlichte die Eisenbahnen und bevorzugte die wirtschaftliche Eigenbetätigung des öffentlichen – staatlichen und kommunalen – Sektors, nicht nur auf den Gebieten des Transports, der Wasser-, Gas- und Stromversorgung, sondern auch in Bergbau und Industrie[176]. Eine autoritär-paternalistische Staatsauffassung bestimmte auch die Sozialpolitik, die der »Peitsche« des Sozialistengesetzes das »Zuckerbrot« der in Europa fortschrittlichsten und umfassendsten Sozialversicherung zur Seite stellte. Die Regierung begünstigte offen die Industriekartelle, indem sie ihnen juridischen Personalstatus zuerkannte und sich als Schlichter in ihre inneren Konflikte einschaltete, weil sie sie als Pioniere einer staatlich beaufsichtigten Wirtschaft betrachtete[177]. Gustav Stolper hat diese spezifischen Charakterzüge des deutschen Wirtschaftsaufbaus zusammenfassend definiert als »ein von dem sogenannten klassisch-liberalen System sehr verschiedenes Wirtschaftssystem ... Auch in seiner besten Zeit war dem deutschen Kapitalismus ein beträchtliches Maß von Staats- und Verbandskontrolle beigemengt[178]*.«

Staatliche Initiative und Wirtschaftsführung waren in der deutschen Wirtschaft des 19. und 20. Jahrhunderts unverkennbare Realitäten, noch ehe theoretisierende Gelehrte und Wirtschafter sie in ideologischen Systemen und normativen Wirtschaftsmethoden postulierten. Trotzdem darf der Einfluß des akademischen und publizistischen Aufwandes nationalistisch-etatistischer Theoretiker auf die soziökonomische Gesamtentwicklung nicht unterschätzt werden. Diese sahen ihre Aufgabe durchaus nicht nur in der Rechtfertigung bereits bestehender Institutionen und Gegebenheiten, sondern wollten bewußt die zukünftigen Entwicklungen im Sinne ihrer Auffassungen bestimmen, und dies ist ihnen in beträchtlichem Maße auch gelungen.

Ein erster Ansatz war bereits um die Jahrhundertwende durch Johann Gottlieb Fichte in seinem »Geschlossenen Handelsstaat«[179] gegeben. Diese kleine, aber bemerkenswerte Schrift zeichnete die utopische Zukunftsvision einer autarken Gesellschaft vor, in der der Staat den naturrechtlich begründeten allgemeinen Anspruch auf Arbeit und angemessenes Existenzminimum aller zu gewähren hat. Fichte glaubte, daß dieses gesellschaftlich revolutionäre Ziel nur in einer isolierten Wirtschaft zu verwirklichen sei, und schlug daher vor, die autarke Selbstgenügsamkeit durch die Einführung eines besonderen »Landesgelds« zu sichern. Diese »Binnenwährung« sollte einzig auf dem Vertrauen der Bevölkerung und die Finanzsouveränität eines starken Staates gegründet sein, der die Umlaufmasse der inneren Zahlungsmittel den Anforderungen des inneren Marktes anzupassen hat. Das weiterhin auf der Metallbasis fundierte »Weltgeld« sollte daneben nur noch dem unerläßlichsten Außenhandel dienen.

Hier fand sich andeutungsweise schon einiges, was später von den Theoretikern der nationalistisch-etatistischen Schulen systematisch und detailliert verfochten wurde. Die grundlegenden ideologischen und wirtschaftspolitischen Hauptthesen, die in variierenden, den jeweiligen Zeitumständen entsprechenden Akzentuierungen bei allen Vertretern dieser Richtung wiederkehren, lassen sich in folgenden Punkten zusammenfassen: 1. wurde als erstes Ziel aller wirtschaftlichen Betätigung nicht die individuelle Bedarfsdeckung, sondern die Machtstärkung des Staates oder des Volkes und die Förderung ihrer gesellschaftlichen und politischen Aufgaben postuliert; 2. ergaben sich hieraus Recht und Pflicht des Staates, den

---

* Noch pointierter im folgenden Zitat:
»... ein gemischtes Wirtschaftssystem privaten und öffentlichen Eigentums. In dieser Periode wurden bereits die Grundlagen gelegt, auf denen später die Kriegswirtschaft, die Experimente der Republik und schließlich das nationalsozialistische System aufbauen konnten.« Stolper, a. a. O., S. 77.

Wirtschaftsablauf zu dirigieren und die freie Wirtschaftsinitiative zugunsten eines vom Staat allein zu definierenden »Gemeinnutzes« einzuschränken; 3. die Souveränität des Staates umfaßte das uneingeschränkte Recht, Zahlungsmittel, unabhängig von der Menge gehorteten Metalls oder außenhandelspolitischen Erwägungen, zu schaffen; 4. eine deutliche Neigung zu autarker Selbstversorgung innerhalb eines kontinentalen »Großwirtschaftsraums«, dessen Expansion durch die – zumindest wirtschaftliche – Durchdringung des europäischen Ostens und Südostens zu sichern sei; 5. eine romantisch verklärte Vorrangstellung der Landwirtschaft und Idyllisierung des Dorflebens neben einer deutlichen Ambivalenz gegenüber der Industrialisierung und der damit verbundenen »Verstädterung«.

Die »Gründer«: Adam Müller und Friedrich List

Die wichtigsten philosophischen und wirtschaftstheoretischen Schriften von Adam Heinrich Müller (1779–1829), den Wilhelm Roscher vielleicht etwas großzügig als den Vater der »romantischen Volkswirtschaftsschule« bezeichnete[180], erschienen in den Jahren 1808–1815, gerieten dann aber bald in Vergessenheit. Erst die universalistische Schule Othmar Spanns und seiner Anhänger hat ihnen in den zwanziger Jahren unseres Jahrhunderts neue Anerkennung verschafft. Mehr als 30 Jahre später erschien 1841 das Hauptwerk Friedrich Lists (1789–1846): »Das nationale System der politischen Ökonomie«. Seither wogt der akademische Streit um das »Erstlingsrecht« dieser beiden Denker bei der Gründung einer stammeigenen deutschen Volkswirtschaftslehre.

Der Platz Müllers als Wirtschaftstheoretiker ist auch heute noch umstritten. Die Geschichtsschreibung ökonomischer Ideen und Theorien neigt zumeist dazu, ihn als romantischen Philosophen und Staatsrechtler, der auf wirtschaftstheoretischem Gebiet nur verworrene Gemeinplätze zu bieten hatte, abzutun. Dies ist, wie sich aus dem weiteren ergeben wird, ein ungerechtfertigtes Urteil, jedoch lassen sich tatsächlich die philosophischen, politischen und wirtschaftlichen Anschauungen Müllers nur schwer separieren. 1801 veröffentlichte er eine verheerende Kritik des »geschlossenen Handelsstaats« Fichtes aus der Position eines begeisterten Anhängers der klassisch-liberalen Nationalökonomie[181]. Wenige Jahre später war jedoch aus dem preußischen Protestanten nicht nur ein österreichischer Katholik, sondern auch ein militanter Antiliberalist geworden. Die klassische Nationalökonomie Adam Smiths wurde von Müller aufs schärfste abgelehnt, »weil die Nationalkraft außer acht gelassen« und weil »eine Lehre von dem ›interêt des tous‹ anstatt einer Lehre vom ›interêt générale‹ geboten« wird[182].

Müllers Konzept des »interêt générale« entsprang einer romantisch-irrationalen Staatsvergötterung, die den Staat als ein ewiges und eigenständiges oberstes Wesen über alle Äußerungen des privaten und öffentlichen Lebens stellt. Müllers Staat ist im wahrsten Sinne »totalitär«, denn er fordert von seinen Untertanen nicht nur Befolgung seiner Gesetze, sondern unbedingte Anerkennung seiner Autorität in allen Lebenssphären: in Sitte und Gebrauch des alltäglichen häuslichen Lebens nicht weniger als auf den Gebieten der Religion und der Wissenschaft[183]. Das private Eigentum ist in diesem Staate zwar neben dem des Staates und der Stände geduldet, stellt aber, in typisch romantischer Entlehnung medivialer Begriffe, als »Lehen« eines unvergänglichen Gemeinbesitzes »nur Nießbrauch und Vergänglichkeit, obwohl einen für das Ganze sehr wesentlichen Nießbrauch und eine unentbehrliche Vergänglichkeit« dar[184].

Dementsprechend stellt Müller die Staatswirtschaft über jede eigeninteressierte Privatwirtschaft. Aufgabe des »Staatswirts« ist es, das Gemeininteresse gegenüber den zersetzenden Übergriffen der Privatinteressen zu bewahren und aus seiner Tätigkeit die Erfahrung und inneren Kräfte zu sammeln, »um zu fühlen, was unnational sei, um indirekt zu lernen, wie man der Nichtwürdigkeit und Herzlosigkeit dieser geistlichen, adligen und bürgerlichen Privatleute trotzen und begegnen müsse, um zu lernen, wie wenig Schonung und Achtung ein Bündel Egoisten verdient, wenn es darauf ankommt, ein Volk zu bilden; um den Mut in sich zu befestigen, den der braucht, der die ewige Natur des Staates ergründen, wiederherstellen und ihr das Unwürdige, das sich widersetzen möchte, ohne Skrupel aufopfern soll«[185]. Es ist dabei bezeichnend, daß Müller die Gewähr des Gesamtinteresses nicht in einer »materialistischen« Maximalisierung des Sozialprodukts, sondern vorerst in der »Harmonie« und dem »Gleichgewicht«, in modernerer Terminologie also in der »krisenfesten« Stabilität des Wirtschaftsablaufs, gesichert sieht[186].

Die wirtschaftspolitischen und institutionellen Richtlinien Müllers bleiben verständlicherweise noch sehr allgemein formulierte, ideologisch bestimmte Postulate. Hingegen erweist er sich in seinen monetären Auffassungen von einer überraschenden »Modernität«. Ähnlich wie Fichte, den er 1801 aufs schärfste kritisierte, unterscheidet Müller zwischen dem papierenen »Landesgeld«, das nur kraft des allgemeinen Konsens und des Vertrauens auf die staatliche Unterschrift fungiert, und dem metallbasierten »Weltgeld«. Da er jedoch keine autarkische Wirtschaft vorsieht*, muß er dem metallenen Weltgeld eine weitere Bedeutung in seiner Außenhandelsfunktion und auch die Notwendigkeit eines preisvergleichenden Verhältnisses zum Papiergeld zugestehen. Trotzdem ist das Papiergeld grundsätzlich dem Metallgeld übergeordnet, weil es allein das Vertrauen in den Staat verkörpert, dessen »Wort« die Wertbeständigkeit des Geldes garantiert. Nur das Papiergeld ist »wirkliches und ewiges Geld«, und der wahre Ausdruck der »Nationalkraft« und daher des »interêt générale«. Es bedarf daher keinerlei weiterer Deckung[187]. Nur das Papiergeld ist – nach Adam Müller – »lebendiges Geld«, das den Bedürfnissen des Wirtschaftskreislaufs angepaßt werden kann, während das »tote« Metallgeld von den Zufällen der Edelmetall-Entdeckungen abhängig ist. In einer frappierend modern anmutenden Abhandlung aus dem Jahre 1811 entwickelte Müller aufgrund dieser Auffassungen den Gedanken einer zu schaffenden »Nationalbank«: Diese würde alles Edelmetall in ihren Kellern aufbewahren und wäre mit allen unbeschränkten Vollmachten der Papiergeldausgabe und der Kreditgewährung ausgerüstet. Das von dieser Bank ausgegebene Papiergeld wäre jedem Metallgeld überlegen und besäße als vorzüglichste Eigenschaft » . . . die Elastizität . . ., die Füglichkeit in das Bedürfnis des Marktes und der Zirkulation. Wir brauchen ein Geld, welches entsteht, wenn sich das Bedürfnis danach zeigt, und verschwindet in dem Maße, als das Bedürfnis danach nachläßt[188].«

---

* Müller war österreichischer Staatsbeamter, und Österreich bezog einen erheblichen Teil seines Sozialprodukts aus den Erträgen des Außen- und Zwischenhandels.

Neben dieser, in ihrer Zeit durchaus revolutionären Geldtheorie entnahm Adam Müller die Normen seiner wirtschaftlichen Konzepte durchweg der medivialen Vergangenheit. Er idealisierte die mittelalterliche Zünfteordnung und bekämpfte jegliche Gewerbefreiheit. Obwohl er keine extreme Autarkie vertrat, forderte er »... die isolierte nationale Landwirtschaft, (die) ihrem ganzen Umfange nach von den lokalen und vaterländischen Bedürfnissen ... bestimmt wird«. Eine für den Weltmarkt produzierende Landwirtschaft, die ganz auf der Maximalisierung des Ertrages und des Einkommens ausgerichtet ist, käme vielleicht für das englische Inselreich in Frage, nicht aber für eine kontinentale Großmacht: » ... für die Erhaltung eines Staates in jeder denkbaren Krise ist seine ruhende Kraft ... die innere Bindung seines Volkes mit dem Boden, auf dem es lebt, ebenso wesentlich als seine Stoßkraft[189].« Hierzu gehört auch die selbstgenügsame Importeinschränkung fremder, vor allem englischer, Industriewaren, weil mit der Mode auch die englische Lebensart eingeführt würde: »Ein Staat, der den Einfluß auswärtiger Industrie zerstören will ..., erreicht nichts, außer, insofern er sich zur Liebe der eigenen Sitten zurückführt, indem er ... wahren Nationalstolz erweckt[190].«

Friedrich List hat zwar Adam Müller persönlich gekannt, verteidigte sich jedoch entrüstet gegen jeden Verdacht, von dem »gelehrten Obskuranten« etwas gelernt oder übernommen zu haben[191]. Im Gegensatz zu Adam Müller entbehrt Lists Staatsauffassung jeder romantischen Mystifikation und bleibt stets rationalistisch. Der Staat wird bei ihm als eine kontraktuelle Verbindung zum Zweck der Erreichung höchstmöglicher individueller Wohlfahrt seiner Mitglieder aufgefaßt[192]. Vielfach wird hieraus der irreführende Schluß gezogen, List sei eigentlich nur notgedrungen zum außenhändlerischen Protektionismus gekommen, im Grunde aber stets Wirtschaftsliberalist geblieben*. Diese Ansicht kann einem gründlichen Quellenstudium kaum standhalten, denn auch List zog, ähnlich wie Adam Müller, gegen die klassisch-liberale Nationalökonomie ins Feld, weil sie die Entwicklung der nationalen Produktivkräfte einzig dem konkurrierenden Fleiß individueller Unternehmer überließe. Diesem Grundprinzip der klassischen »Schule« stellt List seine eigene Auffassung entgegen, »daß die Individuen den größten Teil ihrer produktiven Kraft aus den gesellschaftlichen Institutionen und Zuständen schöpfen«[193].

List leitete aus dieser Grundposition die Notwendigkeit des staatlichen Eingriffs auf allen Gebieten wirtschaftlicher Betätigung ab. Die Aufgabe des Staates in der Wirtschaft definierte er in einer in englischer Sprache erschienenen Arbeit ... »die Interessen der einzelnen zu regulieren ..., um das größte Maß gemeinsamen Wohlstands im Inneren und das größte Maß an Sicherheit anderen Nationen gegenüber zu schaffen«. Keineswegs könne die nationale Sicherheit durch Anhäufung materiellen Reichtums allein gewährt sein: Erst in der Verbindung von »power and wealth«, von wirtschaftlichem Reichtum und politischer und militärischer Macht, seien Sicherheit und Wohlfahrt einer Nation garantiert[194]. Hier erweist sich List durchaus als mehr als nur der »deutsche Patriot und glänzende Journalist«, als den Schumpeter ihn sieht: als Wirtschaftstheoretiker mit dem Anspruch, ein universal gültiges »nationales System der politischen Ökonomie« zu erstellen. Der staatliche Dirigismus der Wirtschaft ist diesem System inhärent

---

* So z. B. Schumpeter: »Lists Zollschutzforderung ist mit dem Freihandel durchaus vereinbar... J. S. Mill übernahm die infant-industry-Theorie, offensichtlich aus der Erkenntnis, daß diese innerhalb des Rahmens der Freihandelslehre blieb« (Schumpeter, a. a. O., S. 505).

und keineswegs auf den Zollprotektionismus beschränkt; er umfaßt nicht nur die staatlichen Infrastrukturinvestitionen zur Förderung einer zeitgebotenen Industrialisierung, sondern grundsätzlich den gesamten Wirtschaftsablauf: »... Ich behaupte dreist: Jede Industrie im Staate, die der Staat nicht lenkt, ist der Beginn des Untergangs dieses Staates selbst[195].«

Im Gegensatz zu Adam Müller entwickelte Friedrich List aus dieser Grundeinstellung keine umfassende Geldtheorie, doch zeigt auch er eine deutliche Neigung zum »Papiergeld« für die Finanzierung wirtschaftlich gerechtfertigter Investitionen. Eisenbahnen und Kanäle entstehen nicht aus Geld, sondern aus Produktionsfaktoren, meint List, wobei das Geld lediglich als Hilfsmittel dient, um Rohstoffe und Arbeitskraft in Eisenbahnen und Kanäle zu verwandeln. Sollte es an Geld fehlen, »... stände dem Staat ein sehr leichtes und wohlfeiles Hilfsmittel zu Gebot: Er dürfte nur ein solides Papiergeldsystem einführen oder die Summe der vorhandenen Papierzirkulationsmittel vermehren[196].« (Im Hinblick auf die späteren Entwicklungen und Vorschläge – z. B. die Gottfried Feders – ist auch interessant, daß List einer möglichen Inflationsgefahr durch die »Deckung« der zusätzlichen Zahlungsmittel durch reale wirtschaftliche Werte glaubte entgehen zu können. Investitionsgesellschaften, wie z. B. die Eisenbahnen, sollten ihre Bestellung mit einem eigenen Papiergeld bezahlen, das durch staatliche Garantie zum gesetzlich anerkannten Umlaufmittel werden würde[197].)

Die publizistische Tätigkeit Lists war in einer Epoche vorwärtsstrebender Industrialisierung hauptsächlich den dringlichsten Tagesfragen der deutschen Zollvereinigung, des Zollschutzes und der Infrastrukturinvestitionen gewidmet. Dennoch läßt sich der romantische Einschlag auch bei List nicht übersehen[198]. Er äußert sich in einem nostalgischen Rückblick auf die wirtschaftliche Harmonie und Beständigkeit des deutschen Mittelalters, das »für die Ewigkeit baute«[199], und einer merkwürdigen Ambivalenz gegenüber der gewerblichen Freizügigkeit und der Landwirtschaft. Industrialisierung und die dafür unerläßliche Gewerbefreiheit sind ihm ein Gebot der Zeit, das Deutschland durch die politische Situation und den internationalen Konkurrenzkampf mehr aufgezwungen als erwünscht ist. Seiner persönlichen Neigung und mehr langfristigen Erwägungen einer »höheren Politik« folgend, sähe er lieber ein ausgeglicheneres, hauptsächlich auf der Landwirtschaft und dem Kleingewerbe basierendes Wirtschaftswachstum verwirklicht. Er schließt darum nicht aus, daß die deutsche Wirtschaft, nachdem erst einmal die Übergangsperiode stürmischer Industrialisierung überwunden ist, durch die Rückkehr zur Gewerbeverfassung wieder in gesündere und ausgeglichenere Bahnen gelenkt werden könne[200].

Daneben war List zweifellos einer der ersten, der Zollprotektionismus und Staatsinitiative mit einem durchaus imperialistisch konzipierten Begriff kontinentaler Großraumwirtschaft verband. Obwohl abstrakt theoretische Betrachtungen über das Wesen der Nation und der Nationalität bei ihm nur selten zu finden sind, ist seine Grundeinstellung unverkennbar: Der Zollschutz ist ihm nicht ein natürliches unabdingbares Recht einer jeden Nation, sondern bleibt allein nur den Nationen vorbehalten, die dank eines »abgerundeten« großen Territoriums, entsprechender Bevölkerungsmasse und Rohstoffquellen, einer entwickelten Landwirtschaft und ihrer »zivilisatorischen« Gesamtentwicklung befähigt sind, sich der ersten Reihe der maritimen und kontinentalen Großmächte anzuschließen[201]. Es ist nicht übertrieben zu sagen, daß Friedrich List einzig und allein den

Großmächten das Recht nicht nur auf Zollschutz, sondern allgemein auf eine unabhängige nationale Existenz zubilligte! Dies ist schon dadurch bewiesen, daß er nicht nur die Größe des Territoriums und der Bevölkerung, sondern auch die militärische Macht zu Bedingungen nationaler Eigenexistenz macht. Erst ein starkes Heer und eine starke Flotte ermöglichen den Großmächten, »... auf die Kultur minder vorgerückter Nationen zu wirken und mit dem Überschuß ihrer Bevölkerung und ihrer geistigen und materiellen Kapitale Kolonien zu gründen und Nationen zu zeugen«. Ohnehin hat ein Volk, dem diese Attribute fehlen, keine Hoffnung, seine nationale Unabhängigkeit zu bewahren: »... Nur durch teilweise Aufopferung der Vorteile der Nationalität und durch übermäßige Kraftanstrengung vermag es seine Selbständigkeit notdürftig zu behaupten[202].«
Dies ist das Grundprinzip oder – wenn man will – die theoretische Rechtfertigung der von List verfochtenen deutschen Expansionspolitik. Deutschland als kommende Großmacht muß seine »Territorialgebrechen« durch die friedliche oder erzwungene Annexion kleinerer Nachbarländer zu heilen suchen und einen territorial geschlossenen Großwirtschaftsraum vom Rhein bis an die polnische Grenze bilden »... mit Einschluß von Holland und Dänemark ... Eine natürliche Folge ist die Aufnahme beider Länder in den Deutschen Bund, folglich in die deutsche Nationalität ... Ohnehin gehören beide Völkchen ihrer Abstammung und ihrem Wesen nach der deutschen Nationalität an[203].« Diese in seinem Hauptwerk von 1841 für den deutschen Großwirtschaftsraum gezogenen Grenzen erweiterte List wenige Jahre später noch sehr beträchtlich. Gemäß einer besonderen Hochschätzung Ungarns fügte er ihm nun auch Österreich-Ungarn und die europäischen Gebiete des Ottomanenreiches ein, und wie er früher die nationale Eigenexistenz Hollands und Dänemarks als überflüssig ansah, ließen ihn jetzt die nationalen Ansprüche der slawischen Völker im Habsburgerreich unberührt. Die Zukunft gehört den Großwirtschaftsräumen, unter denen ein deutsch-ungarisches Großreich sich erfolgreich der Konkurrenz Amerikas, Frankreichs und Rußlands stellen kann, mit England in freundlichem Einvernehmen und Zusammenarbeit. Was List als Zukunftsvision vorschwebte, war »... Geringeres wahrhaftig nicht als die Begründung eines mächtigen germanisch-magyarischen östlichen Reiches, einerseits vom Adriatischen Meer bespült und von deutschem und ungarischem Geiste beseelt«[204].
List hat den Gedanken der Autarkie in seinen Schriften kaum ausdrücklich vertreten. Er ist jedoch in dem von ihm entwickelten Konzept eines »Metropol-Kolonial-Schutzsystems« immanent enthalten. Die in diesem System vorgesehene Unabhängigkeit der Wirtschaftseinheiten von Nahrungsmittel- und Rohstoffimporten sollte, nachdem einmal sämtliche konkurrierenden Expansionsbestrebungen gesättigt waren, den Frieden und das politische Gleichgewicht der Welt auf lange Zeit sicherstellen. Die Ähnlichkeit dieser wie anderer Auffassungen Friedrich Lists mit denen der deutschen Romantik ist verschiedentlich bereits hervorgehoben worden[205].

Die historische Schule und der Verein für Socialpolitik

Die historische Schule, deren ältere Generation erstmalig mit Wilhelm Roschers (1817–1894) »Grundriß zu Vorlesungen über die Staatswirtschaft nach geschichtlicher Methode« im Jahre 1843 auftrat, zollte sowohl Müller als auch List eine wohlwollende – wenn auch manchmal kritische – Anerkennung. Zusammen mit ihrer jüngeren Nachfolgerin beherrschte diese Richtung über 40 Jahre lang die akademische Wirtschaftswissenschaft Deutschlands und hat einen bedeutenden Einfluß auch auf die maßgebliche öffentliche Meinung ausgeübt. Rein wissenschaftlich lag ihre Besonderheit in der Betonung nationaler Eigentümlichkeit und historisch-konkreter Entwicklungen als bevorzugte Forschungsmethode und der Ablehnung universell anwendbarer wirtschaftstheoretischer Modelle. Darüber hinaus zeichneten sich besonders ihre jüngeren Vertreter durch einen unterschiedlich akzentuierten Antiliberalismus und die Neigung zu wirtschaftspolitischen Eingriffen des Staates aus. Es waren besonders diese Eigenschaften, die den Einfluß der historischen Schule auf die wirtschaftliche und politische Meinungsbildung bestimmten.

Die »ältere« historische Schule, zu der neben Roscher vor allem Karl Knies (1821–1891) und Bruno Hildebrand (1812–1894) gehörten, war in bezug auf Wirtschaftseingriff und Eigenbetätigung des Staates weitaus zurückhaltender als ihre »jüngere« Nachfolgerin. Dies mag sowohl in den Zeitumständen als auch in dem gelehrsamen Détachement begründet sein, das vornehmlich Wilhelm Roscher auszeichnete. Hingegen führte sie die historizistische Grundeinstellung zur Bildung eines organisch erfaßten »Volkswirtschafts«-Begriffes, der dem Adam Müllers in vielem nahestand. Roscher ist sich dessen durchaus bewußt: » . . . Ganz besonders hat sich Adam Müller um die Auffassung von Staat und Volkswirtschaft als Ganzes verdient gemacht, welches über den einzelnen und selbst Generationen stehe[206].«

»Volkswirtschaft« wird hier, ähnlich wie später in der völkischen und nationalsozialistischen Literatur, in einem besonderen, vom üblichen Sprachgebrauch unterschiedenen Sinne gebraucht. Sie umschreibt nicht nur den makroökonomischen Rahmen gegenwärtig im nationalen Raum vereinigter Wirtschaftsinteressen, sondern wird ganz im Sinne der Romantik als lebendiger Organismus aufgefaßt: »Die Volkswirtschaft ist, wie der Staat, das Recht, die Sprache, eine wesentliche Seite der Volksentwicklung: daher sich der Charakter, die Kulturstufe usw. des Volkes in ihr ausspricht und beide zusammen entstehen, wachsen, blühen und wieder abnehmen[207].« Der Antiliberalismus Roschers oder Knies ist im Vergleich mit dem ihrer Vorgänger und Nachfolger vorsichtiger und weniger vehement, aber unverkennbar. Er äußert sich schon in der Annahme Karl Knies, daß deutschem Volkscharakter und deutscher Volkswirtschaft auch eine deutsche Volkswirtschaftslehre entspringen muß: » . . . Es wird doch auch in Deutschland der Einfluß unseres Volkscharakters, unserer nationalen Eigentümlichkeit auf die Auffassung und die Ausbildung unserer Nationalökonomie unschwer erkannt werden . . . Die im Schatten und im Licht des deutschen Lebens hervorgewachsenen Schriften Adam Müllers und Friedrich Lists (haben) eine unverkennbare Nachwirkung auch bei denen hervorgebracht, welche einen klaren und festen Blick in die wirtschaftlichen Irrtümer jener Schriftsteller besitzen.« Dabei sieht Knies das Hauptverdienst der deutschen Volkswirtschaftslehre darin, nicht in den liberalistischen Irrtum einer grundsätzlichen Ablehnung jedes Staatseingriffes in die Wirtschaft verfallen zu sein: »... durch die tiefere Erkenntnis des innigen Verbandes zwischen allen Seiten und Äußerungen des Volkslebens, also auch der wirtschaftlichen mit den anderen, ... (wurde) die entgegengesetzte Einseitigkeit in der Beantwortung der Frage über das Verhältnis der allgemeinen Staatsgewalt zu der wirtschaftlichen Tätigkeit der Einzelpersonen in Deutschland vermieden[208].« Bei den Gründern der historischen Schule fehlt zwar die extreme Staatsverherrlichung ihrer jüngeren Nachfolger, doch auch Roscher betrachtet den Staat als »das bedeutendste unkörperliche Kapital« des Volkes, dessen wenigstens mittelbare Unentbehrlichkeit zu jeder bedeutenderen wirtschaftlichen Produktion klar genug einleuchtet[209], und sieht »...eine nationale Eigentümlichkeit der Deutschen..., die aus England oder Frankreich eingeführte Verkehrsfreiheit durch zahlreiche Ausnahmen zugunsten der Staatseinmischung zu durchbrechen«[210].

Der Gegensatz zur klassischen oder »westlichen« Nationalökonomie kommt bei der älteren historischen Schule deutlich auch in der Ablehnung des Postulats der Produktions- und Einkommensmaximalisierung zum Ausdruck, wobei sie sich wiederum auf Adam Müller beruft: »... Zu Müllers besten Seiten gehört der Eifer, womit er jede materialistische Überschätzung des wirtschaftlichen Ertrages und Genusses bekämpft[211].« Desgleichen bei Knies: »... Das Ziel des staatlich organisierten Volkslebens (ist) ein umfassenderes und deshalb auch höheres, als wie es in der Verheißung der möglichst großen Produktion und Konsumtion wirtschaftlicher Güter gegeben ist[212].« Harmonie und Sicherheit des Wirtschaftsablaufs anstelle des »materialistischen« Meistprodukts und Kapitalanhäufung sah schon die ältere historische Schule als das erste Ziel wirtschaftspolitischer Betätigung an. Die jüngere Generation hat dem wieder die Stärkung der machtpolitischen Position des Staates vorangestellt.

Diese jüngere historische Schule, mit Gustav Schmoller (1838–1917) und Georg Friedrich Knapp (1882–1926) als repräsentative Vertreter, konnte besonders ihren Einfluß auf Regierungskreise und die Öffentlichkeit zur Geltung bringen, nachdem sie sich neben ihrer akademischen Tätigkeit im 1873 gegründeten »Verein für Socialpolitik« ein wirkungsvolles Propagandaorgan geschaffen hatte. Durch eine eindrucksvolle rhetorische und literarische Tätigkeit bemühte sich der Verein, dem seine Gegner wegen der starken akademischen Besetzung bald den Beinamen »Katheder-Sozialisten« anhängten, das Bewußtsein der Dringlichkeit der »sozialen Frage« zu wecken und detaillierte Vorschläge für deren Erleichterung auszuarbeiten.

Die historische Schule war im Verein wie auch in der akademischen Wirtschaftswissenschaft am stärksten vertreten, jedoch gehörten ihm auch Vertreter anderer methodologischer Richtungen an. In unserem Zusammenhang ist hier vor allem Adolph Wagner (1835–1917) von Bedeutung, dessen »Staatssozialismus« die Forderung nach etatistischem Wirtschaftseingriff am extremsten formulierte. Weitergehend als die Mehrheit des Vereins, die vornehmlich eine durch gesetzliche Sozialversicherung und staatliche Ordnung der Arbeitsverhältnisse betätigte, aktive »Sozialpolitik« vertrat, forderte Wagner den allumfassenden Eingriff des Staates in das Wirtschaftsleben. Direkte Staatsinitiative und ein umfassendes System institutioneller Kontrolle sollten in erster Linie der wirtschaftlichen und machtpolitischen Entwicklung des Staates dienen und wirtschaftliche und gesellschaftliche Krisen verhindern. Damit kam bei Wagner mehr als bei manchen anderen Kathedersozialisten der enge Zusammenhang von Sozial- und Wirtschaftspolitik klar zum Ausdruck. Die gleichgeschaltete Wirtschaftstheorie im Dritten Reich hat verständlicherweise besonders hervorgehoben, daß diese »für die deutsche Volkswirtschaftslehre bzw. führende Richtungen in ihr (repräsentativen)« Ökonomen[213] sich bei aller methodologischen Verschiedenheit in der grundsätzlichen Ablehnung des »wirtschaftlichen Liberalismus, die wirtschaftstheoretisch begründete Harmonielehre und dem daraus gefolgerten Laissez-faire-Prinzip« einig waren[214].

Der Einfluß der im Verein für Socialpolitik verbundenen Wirtschaftswissenschaftler ist besonders während der Regierungszeit Bismarcks und vor allem in bezug auf die Sozialversicherungsgesetzgebung der achtziger Jahre unverkennbar. Adolph Wagner bestritt zwar ausdrücklich, der »Theoretiker Bismarcks« gewesen zu sein, und beteuerte, eher von diesem gelernt zu haben[215], doch war bei der beträchtlichen Publizität des Vereins der Einfluß zumindest gegenseitig*. Nach Friedrich Meinecke war es geradezu bezeichnend für diese deutschen Reformer, daß sie – in deutlichem Unterschied zur Tätigkeit der englischen »Fabian-Society«, die auf eine breite öffentliche Meinung einzuwirken suchte – die verantwortlichen Regierungskreise für ihre Ideen gewinnen wollten: » . . . In erster Linie . . . haben die Nationalökonomen im Verein für Socialpolitik als Berater der Regierenden und Erzieher des Beamtentums gewirkt, und ihr Einfluß auf die Parteien und die weiteren Kreise der Gebildeten hat sich erst allmählich, und dann allerdings in nicht geringem Maße, durchgesetzt[216].«

Die deutsche Kritik griff den klassischen Liberalismus von zwei Seiten her an: Erstens wurde ihm die Vernachlässigung nationaler Belange oder »der Nationalkraft« vorgeworfen und zweitens, daß er den Staat seiner sozialen Pflichten enthebe[217]. Beide Argumentationen laufen stets nebeneinander, jedoch verschieben sich die Schwerpunkte jeweils den Zeitumständen und den aktuellen wirtschaftlichen und gesellschaftlichen Problemen entsprechend. Die Periode schneller Industrialisierung und der damit verbundenen gesellschaftlichen Strukturwandlungen und politischen Organisation der Arbeiterklasse gebar das Bewußtsein der »sozialen Frage« und den Ruf nach »Sozialpolitik«. Der nationalistische Taumel nach 1871, aber auch die Wirtschaftskrise von 1873 und die verschärfte internationale Konkurrenz rückten die Forderung nach einem aktiven und krisenverhindernden Staatseingriff in die Wirtschaft in den Vordergrund.

Daß beides nur verschiedene und sich ergänzende Seiten einer autoritären Staatsauffassung sind und wie wenig sich »Sozialpolitik« und »Wirtschaftspolitik« voneinander trennen lassen, beweist am besten das Beispiel Adolph Wagners. Als junger Mann und Schüler Karl Heinrich Raus vertrat Wagner liberale und freihändlerischere Theorien, wechselte aber, wie die meisten National-Liberalen, in den siebziger Jahren ins konservative Lager über. Im Verein für Socialpolitik, dessen Mitbegründer er war, stand Wagner extrem rechts. Nachdem er die

---

* Bismarck hatte seinen Vertreter zur Gründerversammlung des Vereins nach Eisenach geschickt und bezeichnete sich selbst oft und gern als »Kathedersozialist« (S. Georg Brodnitz, Bismarcks nationalökonomische Anschauungen, Jena 1902, S. 126).
Außerdem hat er auch den Terminus »Staatssozialismus« übernommen und in seinen Reichstagsreden, besonders in den Debatten über die Sozialversicherungsgesetze, oft gebraucht (z. B. in seiner Rede vom 2. 4. 1881, in der vollständigen Sammlung seiner parlamentarischen Reden, Berlin o. D., Bd. XI, S. 166).

Mehrheit nicht für seine »staatssozialistischen« Vorschläge gewinnen konnte, wirkte er ab 1877 hauptsächlich im Bunde mit Adolf Stoecker, erst im Rahmen des »Zentralvereins für Sozialreform« als Herausgeber von dessen Zeitschrift »Der Staatssozialist« und ab 1881 als zweiter Vorsitzender der antisemitischen Christlich-Sozialen Partei Stoeckers*[218]. Gemeinsam mit Albert Schäffle (1831–1903) gilt Wagner als der Gründer der »gemeinwirtschaftlichen Schule«, die im Grunde mit dem »Staatssozialismus« fast synonym ist, und versuchte, ein »Gesetz der wachsenden Staatstätigkeit« zu entwickeln, demzufolge die ständige Zunahme staatlichen Wirtschaftseingriffes ein notwendiger Prozeß der Kulturentwicklung sei. Auf dem Grundsatz aufbauend, daß »... die Gesellschaft, die Volkswirtschaft, der Staat und ihr Recht das Höhere..., der einzelne, sein Recht das Niedrigere, das Spätere« ist, faßte Wagner das Programm des Staatssozialismus in folgenden Punkten zusammen: »1. Verstaatlichung und Kommunalisierung von Produktionsbetrieben zum Nutzen der Gesamtheit; 2. Ersetzung der freien Preise durch Taxpreise; 3. Durchführung einer sozialen und gerechten Finanz- und Steuerpolitik«[219].

Auch Gustav Schmoller vertrat einen verstärkten Eingriff und die Aufsicht des Staates über die Wirtschaft, allerdings weniger extrem als Adolph Wagner. Dabei betonte er besonders die positive Erfahrung, die Preußen mit der Verwaltung seiner öffentlichen Wirtschaftsbetriebe durch ein vorzüglich ausgebildetes und ergebenes Beamtentum gemacht hat. Dies – unter anderem – in einem der Tätigkeit Walter Rathenaus gewidmeten Artikel, dessen »salon-antisemitische« Untertöne kaum versteckt sind: Rathenau gebührt zwar höchstes Lob, denn »... sein Staatssozialismus steht dem Alt-Preußens nahe. Seine Pläne sind große und edle Konzeptionen«, doch hat er seine »schönen Pläne« nicht einmal in seinen eigenen Betrieben zu verwirklichen versucht! Seine Grundanschauungen sind wohl die richtigen, die vorgeschlagenen Ausführungsmethoden jedoch zu voluntaristisch, woraus Schmoller schließt, »... daß Rathenau das Beste, was Deutschland hat, sein Beamtentum, nicht genug kennt und daher nicht genug würdigt... Er kennt unser deutsches Staatswesen doch nicht vollständig und von innen heraus...[220].«

Seine deutlichste und bemerkenswerteste Anwendung hat der Grundsatz der unbeschränkten Souveränität des Staates auf wirtschaftlichem Gebiet wohl in der Geldtheorie gefunden, die vor allem von Georg Friedrich Knapp und Adolph Wagner entwickelt wurde. Knapp bestritt in seiner »Staatlichen Theorie des Geldes« (1905) die Notwendigkeit jeder Metalldeckung, da diese ja auch nur kraft des staatlichen Gesetzes bestehe. Folglich ist das Gesetz, nicht das Gold, die wahre »Deckung« der Währung. Ganz ähnlich wie Adam Müller wies Knapp auf die fehlende »Elastizität« der metallgedeckten Währung hin und sah nur im Papiergeld, das einzig durch das staatliche Gesetz und das Vertrauen der Bürger zu ihrem Staat als Zahlungsmittel zirkuliert, ohne Eigenwert zu besitzen, »wahres Geld«[221]. Die theoretischen und analytischen Qualitäten Knapps, die z. B. von Schumpeter bezweifelt werden, mögen dahingestellt bleiben, doch sein Buch hat in Deutschland auch während und nach dem Ersten Weltkrieg viele Anhänger gefunden. Oswald Spengler, dessen »Preußentum und Sozialismus« Knapp nach eigener

---

* 1892 oder 1893 hat sich Wagner allerdings vom Antisemitismus der Stoecker-Partei distanziert und verließ sie. Ich verdanke diesen Hinweis Herrn Prof. Dr. Werner Jochmann.

Aussage mit Bewunderung erfüllte, hat seinerseits Knapp hochgeschätzt, und auch Gottfried Feder* zitierte ihn gern[222].

Ähnlich sah auch Adolph Wagner das »Vertrauen« als die eigentliche Deckung jeder Währung an und betonte das Verhältnis der Geldmenge zum Wirtschaftskreislauf. Die Lösung dieses Problems sah Wagner in der Verstaatlichung des Kreditwesens oder zumindest in einer scharfen Kontrolle und Einschränkung der Privatinitiative der Banken. Das »stoffwertlose Geld« staatlich kontrollierter Banken muß die Menge der Zahlungsmittel den jeweiligen Bedürfnissen der Wirtschaft anpassen und damit die Stabilität der Preise und Zinssätze sichern. Kein Wunder, daß Wagner mit diesen Vorschlägen in den Augen eines nationalsozialistischen Ökonomen der »Altmeister der Geldtheorie« war[223].

Auf die technischen und oft komplizierten Seiten dieser Theorien kann im Rahmen einer kurzen Übersicht nicht eingegangen werden. Das Wesentliche und Gemeinsame war erstens der Schwerpunkt auf die Zirkulationsfunktion anstelle der Wertehortungsfunktion des Geldes und die Prioritätenordnung: Die Stabilität der inneren Kaufkraft und die Anforderungen der nationalen Wirtschaftsentwicklung wurden denen eines internationalen Austausches vorangestellt. Von diesen Zielsetzungen ausgehend, wurde die Notwendigkeit der Goldbasis oder jeder anderen Metalldeckung der Währung bestritten und die Forderung nach unbegrenzter Souveränität und Autonomie des Staates auf monetärem Gebiet erhoben, die entweder durch eine besondere »Binnenwährung« oder die zusätzliche Geldschöpfung verstaatlichter oder staatlich kontrollierter Banken zu sichern sei. Allen diesen Theorien lag das Bestreben nach einer autonomen, dem Wirtschaftskreislauf angemessenen Geld- oder Kreditschöpfung zugrunde, und es ist durchaus verständlich, daß sie besonders in den Krisenjahren von 1929 bis 1933 erneut aufgegriffen wurden.

Theoretisch lassen sich aus der hier geschilderten etatistischen Wirtschaftsauffassung verschiedentliche nach innen oder außen orientierte wirtschaftspolitische Richtungen ableiten. In Deutschland verfochten die Kathedersozialisten den Gedanken sozial ordnender Staatsinitiative, um soziale Gegensätze und die daraus erwachsenden politischen Spannungen zu überbrücken und der sich ausbreitenden sozialistischen Arbeiterbewegung zuvorzukommen. Früher hatte Friedrich List dem Staat insbesondere die Förderung einer raschen Industrialisierung und den Zollschutz der jungen Industrie empfohlen. Daneben strebten konservativere Richtungen aus ideologischen und exogenen, d. h. außerwirtschaftlichen Erwägungen die Erhaltung landwirtschaftlich traditioneller Wirtschafts- und Lebensformen an, weil ihnen die Folgen der industriellen Urbanisierung aus religiösen, gesellschaftlichen, politischen oder kulturellen Gründen unheilvoll erschienen. Alle diese Tendenzen liefen nebeneinanderher, wenn sie sich auch oft in ihren den jeweiligen Zeitumständen entsprechenden Schwerpunkten trafen.

Gleicherweise entsprangen auch die außenpolitischen Orientierungen in ihrem Verhältnis zur bestehenden oder angestrebten inneren Wirtschaftsverfassung nicht eindeutig bestimmt der etatistischen Wirtschaftsauffassung. Vorrangstellung der Landwirtschaft, Autarkiebestrebungen und großwirtschaftlicher »Lebens-

---

* Der »Deutsche Volkswirt« vom 9. 12. 1932 brachte folgendes Zitat aus einer Rundfunkdebatte Gottfried Feders: ». . . An sich habe ich . . . im Sinne der Knappschen Staatstheorie des Geldes die Ansicht vertreten, das beste Geld ist das völlig ungedeckte Papiergeld, das von einem sauberen Staat ausgegeben wird und in den Verkehr kommt.«

raum« sind nicht unbedingt immanente Bestandteile dieser Auffassung. Während der fünfziger und sechziger Jahre des vorigen Jahrhunderts gerieten diese Tendenzen eher ins Hintertreffen, und auch die »kleindeutsche« Reichsgründung und die Gründerjahre waren für sie kein geeignetes Klima. Deutschland, das nach einem »Platz an der Sonne« strebte, dachte vor allem an Außenhandel und überseeische Kolonien. Diese Bestrebungen blieben – in wechselnden Akzentuierungen – bis zum Beginn des Ersten Weltkriegs einflußreich, jedoch rückte ab Ende des Jahrhunderts zunehmend das Konzept einer »mitteleuropäischen Lösung« in den Vordergrund. Wirtschaftswissenschaftler und Politiker neigten mehr und mehr dazu, Deutschland als eine benachteiligte, vor einer »aufgeteilten Welt« stehende Großmacht zu betrachten, der nur ein einziger Ausweg offen blieb: die Errichtung eines territorial geschlossenen Großwirtschaftsraums, der der aufstrebenden deutschen Industrie den Binnenmarkt und die Rohstoffquellen Ost- und Südosteuropas erschließen sollte. Was verhältnismäßig zahm als das Programm einer allen Seiten förderlichen deutsch-österreichischen Zollunion begann, nahm im Laufe der Zeit und besonders nach Kriegsausbruch immer mehr das Gesicht unverhohlener Eroberungs- und Expansionsbestrebungen an.

Bei der Propagierung dieser Ideen nahmen die Kathedersozialisten eine offene und weithin deutliche Stellung ein. Selbst fortschrittlich und liberal denkender Ökonom wie Lujo Brentano vertrat sie in einem 1885 veröffentlichten Aufsatz, der trotz des betont friedlichen Weges und der Beteuerung, daß mit diesen Vorschlägen den Interessen aller Beteiligten gedient sei, über die deutsche Vorrangstellung in dem zu errichtenden Wirtschaftsraum keinen Zweifel ließ[224]. Brentanos Mitkämpfer im Verein für Socialpolitik, Schmoller und Adolph Wagner, waren weitaus deutlicher und extremer. Beide waren prominente Mitglieder des Flottenvereins, der 1899 zur Unterstützung des Tirpitz-Plans gegründet wurde*. Ähnlich wie Friedrich List ein halbes Jahrhundert vorher sah Schmoller die wirtschaftlichen Fortschritte der mit Deutschland konkurrierenden »Wirtschaftskolosse« als eine Bedrohung, der »nicht bloß für die Kriegszeit, sondern dauernd« nur auf dem Wege einer Zollvereinigung Deutschlands, Österreich-Ungarns und der Türkei entgegengetreten werden könne. Dieser vereinte Wirtschaftsblock würde Deutschland den Weg nach Afrika, Persien und Indien öffnen und als eine einige Großmacht in allen wirtschaftlichen Verhandlungen mit anderen Mächten auftreten[225]. Für diese Ideen wirkte Schmoller auch in dem 1904 von Julius Wolf gegründeten »Mitteleuropäischen Wirtschaftsverein«. Interessant ist dabei die schon damals deutliche landwirtschaftlich-kontinentale Orientierung Schmollers. Selbst für die Flottenerweiterungspläne trat er weniger aus kolonialpolitischen Erwägungen, sondern eher wegen der drohenden englischen Seeblokkade ein: » ... Wir wollen weder ein Industriestaat noch ein Kolonialstaat, noch eine Seemacht wie England werden; wir wollen ein Kontinental- und Militärstaat bleiben; wir wollen unsere Landwirtschaft nicht wie England preisgeben, aber wir wollen unseren Handel und unsere Industrie so weit ausdehnen, daß wir leben und eine wachsende Bevölkerung unterhalten können[226].«

---

* Ludwig von Mises meint vielleicht etwas zugespitzt, daß sie das, was sie offen nicht zu sagen wagten, in ihren akademischen Vorträgen und Seminaren verbreiteten: »Sie wollten Deutschland für den kommenden Krieg vom ausländischen Lebensmittelimport unabhängig machen. Die Lebensmittelzölle waren in ihren Augen nur kurzfristige Übergangsmaßnahmen. Das Endziel waren Krieg und Eroberungen« (von Mises, a. a. O., S. 76 f.).

Ähnlich wie Schmoller hat auch Adolph Wagner in seinem »Agrar- und Industriestaat« (1901) vor der Zerstörung des Gleichgewichts zwischen Landwirtschaft und Industrie gewarnt. Als anerkannter Finanzwissenschaftler übernahm er es im Rahmen der »Freien Vereinigung für Flottenvorträge«, den Beweis dafür zu liefern, daß die Flottenvergrößerung nicht nur eine zur Verhütung der Seeblockade und Bewahrung der nationalen Ehre unentbehrliche Notwendigkeit sei, sondern auch als wirtschaftlich vorteilhafte Kapitalinvestition finanziell durchführbar sei[227].

Fritz Fischer hat die Entwicklung des Mitteleuropa-Konzepts während der Kriegsziel-Debatten des Ersten Weltkriegs und den Anteil der Kathedersozialisten ausführlich beleuchtet[228]. Ähnlich sah auch Henry C. Meyer die außerordentliche Popularität des Mitteleuropa-Gedankens, in Übernahme einer Aussage Friedrich Naumanns, als ein »Kind des Krieges« an. Es kann jedoch keineswegs, wie Meyer meint, als »ein plötzlich neues historisches Produkt« betrachtet werden[229]. Über die extrem imperialistischen Aktualisierungen der Kriegsjahre hinaus hatte der Mitteleuropa-Gedanke im deutschen Wirtschaftsdenken sowohl eine »Vergangenheit« als auch eine »Zukunft«. Er war nichts anderes als die zeitlich bedingte und bis zur letzten Konsequenz fortgeführte Konkretisierung einer in sich geschlossenen Wirtschaftsauffassung mit stark ideologischen Akzenten, in der ein ausgedehnter und autarker Wirtschaftsraum als unerläßliche Grundlage nationaler Macht erscheint. Albert Schäffle, der Gründer der »Gemeinwirtschaft«, sah bereits in den sechziger Jahren in einem mitteleuropäischen Zollverband das Mittel, mit dem sich Deutschland im Bunde mit »Weltbritannien« einer »amerikanisch-russischen Vergewaltigung« erfolgreicher erwehren könne[230]. Ebenso wurde auch Paul de Lagarde von den späteren völkischen Pamphletisten, aber auch von Wichard von Moellendorff nicht umsonst »bemüht«: Seine »Deutschen Schriften« enthalten u. a. den Vorschlag eines »Mittel-Europa«, das Deutschland und die habsburgischen Länder zu einer wirtschaftlichen und militärischen Großmacht unter der Herrschaft deutscher Fürsten vereinigen sollte[231].

Die Richtung in die »Zukunft« des Mitteleuropa-Gedankens wies bereits Friedrich Ratzel (1844–1904) in einem Aufsatz, der 1901 unter dem bezeichnenden Titel »Lebensraum« erschien. Ratzel hat unter dem Eindruck seiner Reisen im amerikanischen Kontinent den wirtschaftlichen und machtpolitischen Motiven des Mitteleuropa-Konzepts die irrationale und sozialdarwinistische Untermalung beigefügt, wie sie später durch Karl Haushofers (1869–1946) Geopolitik voll entwickelt wurde. Die Größe des Wirtschaftsraums sah Ratzel als das wichtigste Attribut nationaler Kraft und als Ergebnis eines allumfassenden Existenzkampfes zwischen den Rassen an, aus dem die stärkste und reinste Rasse als Besitzer des größten Lebensraums hervorgeht. Haushofer fügte dem den romantischen Begriff des »organischen Wachstums« und der kontinentalen Einheit des Lebensraums hinzu und hat wahrscheinlich auch durch persönlichen Kontakt die Lebensraumformulierungen in Hitlers »Mein Kampf« maßgeblich beeinflußt[232]. Was während der Weimarer Zeit unter dem Titel »Lebensraum«, »Großraumwirtschaft« oder »Zwischen-Europa« in der jungkonservativen und nationalsozialistischen Literatur zirkulierte, war im Grunde die Wiederaufnahme und zeitentsprechende Neuformulierung der Mitteleuropa-Idee der Kathedersozialisten.

Besonders das Mitteleuropa-Konzept Gustav Schmollers war weitaus grundsätzlicher und umfassender, als es durch die Zeitumstände der Vorkriegs- und

Kriegsjahre erklärt werden könnte. Schmoller sah im mitteleuropäischen Großwirtschaftsraum nicht nur das Ansiedlungsgebiet einer rasch anwachsenden Bevölkerung, sondern auch den politischen Machtblock, der »... überhaupt die höhere und alte europäische Kultur vor dem Untergange rettet«[233]. Die Bedrohung dieser Kultur sah er von seiten Rußlands, der Vereinigten Staaten und vielleicht Chinas heranrücken und glaubte, in England den natürlichen Bundesgenossen in diesem Kampf zu sehen. Die Engländer »... könnten das, was sie von ihrem Weltreich und ihrer Weltherrschaft ja gewiß aus dem Weltkrieg retten können, leichter erhalten und bewahren in einem künftigen guten Verhältnis zu Deutschland als gegen dasselbe. Sie würden unserer Hilfe bald genug dringlich bedürfen. Gegen wen, darüber spricht man heute besser noch nicht[234].« Das bewegt sich bereits in bedenklicher Nähe nicht nur der wirtschaftlich-geopolitischen, sondern auch der außenpolitischen Ideen Adolf Hitlers, wie er sie in »Mein Kampf« und in seinem unveröffentlichten »zweiten Buch« niederlegte. Schmoller kann natürlich nicht mit der Urheberschaft des Hitlerischen Gedankens belastet werden, und es ist fraglich, ob Hitler je dessen Reden und Artikel gelesen hat. Dennoch sollte diese überraschende Ähnlichkeit zum Nachdenken darüber anregen, ob das, was hier »in der Luft lag« und beredten Ausdruck fand, in seinem Einfluß auf spätere Entwicklungen völlig übersehen werden darf.

Zum Schluß soll hier kurz noch die Mitarbeit Hjalmar Schachts an der Mitteleuropa-Propaganda erwähnt werden. Schacht studierte an der Berliner Universität als Schüler Schmollers, den er in seinen Erinnerungen als »einen der Männer, die mich damals maßgeblich beeinflußten«, nennt. Als junger Mann und Sekretär des »Handelsvertragvereins« nahm er bereits 1902 an einer von Paul Rohrbach, einem der aktivsten Befürworter »Mitteleuropas«, organisierten Studienreise nach Südosteuropa und dem Vorderen Orient teil. 1916 finden wir den Initiator des »Neuen Plans« von 1934 unter den Mitbegründern des »Arbeitsausschusses für Mitteleuropa« unter der Führung von Friedrich Naumann und Ernst Jäckh[235]. Selbst wenn man diesen Zusammenhängen keine allzu große Bedeutung für die späteren Entwicklungen zumessen möchte, scheinen sie nicht völlig belanglos zu sein*.

Der »Kriegssozialismus«:
Walther Rathenau und Wichard von Moellendorff

Die Erfahrungen der Kriegswirtschaft 1914–1918 bestärkten die bereits vorhandenen staatsdirigistischen Tendenzen, die hier sozusagen ihre operative Wirksamkeit experimentell bestätigt sehen konnten. Seit Schlieffen basierte alle strategische Vorplanung auf der Annahme, daß im westlichen Europa ein langwieriger Krieg aus wirtschaftlichen Gründen nicht mehr denkbar sei[236]. Der Krieg bewies zur Überraschung vieler, daß der Staat nicht nur die wirtschaftstechnischen Mittel

---

* Schacht schrieb seine Doktorarbeit über den englischen Merkantilismus und erzählt in seinen Erinnerungen, er hätte schon damals die Unzulänglichkeiten der klassischen Nationalökonomie erkannt: »... Die sogenannte klassische Nationalökonomie verdankt ihre lange Herrschaft der glänzenden Propaganda, mit der die englischen Volkswirtschaftslehrer die kontinentalen Köpfe umnebelt haben. Und wenn einmal ein Volkswirt die Lebensinteressen seines Volkes gegen diese fremden Theorien zu verteidigen suchte, so wurde er, wenn er ein Deutscher war, wie Friedrich List, von seinen eigenen Landsleuten verkannt und verspottet« (76 Jahre usw., a. a. O., S. 475).

fand, um jede Voraussicht weit überschreitende Kriegsausgaben zu finanzieren, sondern auch genügend Arbeitskräfte und Rohstoffe für die industrielle Produktion mobilisieren konnte. Um die letztere Aufgabe hatte sich besonders Walther Rathenau verdient gemacht, der ab August 1914 gemeinsam mit Wichard von Moellendorff die kriegswirtschaftliche Rohstoffzuteilung verwaltete.
Moellendorff wurde durch Walther Rathenau aus der von seinem Vater gegründeten AEG herangezogen und hat durch seine grundsätzlichen und praktischen Ideen langfristiger Planung die Arbeit Rathenaus in der Kriegswirtschaft wesentlich beeinflußt. Beiden Männern war gemeinsam, daß sie nicht nur begabte Praktiker waren, sondern ihre Methoden aus einer umfassenden Wirtschafts- und Gesellschaftsauffassung entwickelten. Rathenau hat Jahre vor dem Kriege diese Auffassung in einer umfangreichen und heute noch lesenswerten Publizistik öffentlich zur Diskussion gestellt. Nach dem Krieg versuchte vor allem Moellendorff, zusammen mit dem sozialdemokratischen Wirtschaftsminister Rudolf Wissell, sein Konzept der »Gemeinwirtschaft«, das den etatistischen Dirigismus mit einem »konservativen Sozialismus« verband, zum Kernpunkt einer neuen Wirtschaftsordnung zu machen. Die Ideen Rathenaus und Moellendorffs konnten sich weder vor noch nach dem Kriege durchsetzen, aber die Erfahrungen der Kriegszeit hinterließen einen bleibenden Eindruck und haben über die Grenzen Deutschlands hinaus in den wirtschaftlichen Krisensituationen der zwanziger und dreißiger Jahre einen erheblichen Einfluß auf die Herausbildung neuer Wirtschaftstheorien ausgeübt*.
Moellendorffs Grundeinstellung betonte in offensichtlicher Anlehnung an die romantische Idealisierung des deutschen Mittelalters den Vorrang von Stabilität und Harmonie als gesellschaftlich erwünschte Ziele wirtschaftlicher Betätigung. Die private Unternehmerinitiative war allgemein, und nicht nur im Kriege, zu verdammen: »... Der gemeinsame Götze war das freie Spiel der Kräfte. Er wurde angebetet, als der Bürge von Gelegenheiten, Geld zu verdienen..., und man vergaß..., daß gerade deutsche ältere Wirtschaftsformen, wie die mittelalterlichen Zünfte, in strenger Gebundenheit recht ansehnlich gediehen waren[237].« Moellendorff bemühte sich, seiner »Gemeinwirtschaft«, die »... älter (ist) als die Herrlichkeit von 1913 und immerhin ein wenig deutscher!«, durch eine ansehnliche »Ahnenreihe« Durchschlagskraft zu verschaffen, in der neben Friedrich dem Großen, Fichte, List und Bismarck auch Paul de Lagarde ein ehrenvoller Platz zugewiesen wurde: Dieser »... würde ohne Zaudern aus dem letzten Konservativen einer verlöschenden der erste Konservative einer dämmernden Volkswirtschaft«[238]. Wiederum ist der dirigierende Staatseingriff und die Staatsinitiative das konservative oder neukonservative Grundprinzip dieser »dämmernden Volkswirtschaft« Moellendorffs, das, beweiskräftig aus den Kriegserfahrungen hervorgegangen, nicht mehr verlassen werden sollte: »... Der Krieg (war) ein industrieller Großversuch im weitesten Sinne... Das wirtschaftliche Gesamtbewußtsein eines allwissenden Staates ist nicht zufällig dies eine Mal, sondern muß ein für alle Male der bessere Hort und die bessere Pflanzstätte für Initiative sein als das Teilbewußtsein privater Unternehmungen der Banken oder Börsen[239].«

---

* »... Rathenaus fruchtbare Gedanken... gehören zu den wichtigsten Richtlinien für die spätere Entwicklung der deutschen Staatswirtschaft. Alle späteren Bemühungen der Weimarer Republik und ironischerweise des Dritten Reichs, eine Staatswirtschaft nach unbürokratischen Richtlinien zu entwickeln..., müssen auf das organisatorische Genie Rathenaus zurückgeführt werden« (Stolper, a. a. O., S. 118 f. Übers. d. Verf.).

Ähnlich glaubte auch Walther Rathenau, daß »... die Erkenntnis (dämmert), daß alles Wirtschaftsleben auf dem Urgrund des Staates ruht, daß Staatspolitik der Geschäftlichkeit vorangeht, daß jeder, was er besitzt und kann, allen schuldet«. Er sah somit die Zeit gekommen, seine grundsätzlichen Anschauungen und kriegswirtschaftlichen Erfahrungen in einem »System des wirtschaftlichen Ausgleichs und der sozialen Freiheit« verallgemeinernd zusammenzufassen, dessen hauptsächliche Richtlinien er in den folgenden Punkten formulierte: 1. Staatliche Zuweisung der verfügbaren Produktionsfaktoren zwischen Konsum und Investitionen gemäß einer planmäßig festgesetzten erwünschten Wachstumsrate der Wirtschaft; 2. Eine gerechte, mehr egalitäre Verteilung des Nationaleinkommens und der Vermögen; 3. Verbot jeglicher monopolistischer Verbindungen, die im modernen Kapitalismus als vornehmliche Quelle ungerechtfertigter Bereicherung fungieren; 4. Drastische Begrenzung des Vererbungsrechts, um gemeinsam mit einem großangelegten Ausbildungsprogramm soziale Differenzen zu verringern und eine größere Klassen-Mobilität auf lange Sicht zu gewährleisten. Die Verwirklichung dieser Grundsätze sollte durch das Zusammenwirken der wirtschaftlichen Eigenbetätigung des Staates und umfassender staatlicher Kontrolle des Lohnes, der Profite, des Zinssatzes und des Außenhandels gewährt werden. Im öffentlichen Wirtschaftssektor, in staatlich geleiteten Betrieben und Investitionen sah Rathenau ein wirksames Instrument zur Beeinflussung der Preise und Zinssätze im Sinne gesellschaftlicher Gesamtinteressen und zum Schutze des Mittelstandes vor der Konkurrenz monopolistischer Kräftegruppen[240].

Das soziale Ethos, das Rathenaus Schriften ehrlich und überzeugend wirkend durchdringt, entsprang einem unruhigen und kritischen Geist, der in den Wirren der Gegenwart bereits die »kommenden Dinge« visionär vorgezeichnet sah. In seinem sozialen Bewußtsein stand er seinen kathedersozialistischen Zeitgenossen durchaus nahe, wenn er auch oft deren Kritik seiner radikal weitgreifenden Pläne und Vorschläge zu spüren bekam. Daneben war dieser jüdische Industrielle ein national gesinnter Deutscher, der den Vormacht- und Expansionsbestrebungen der Kathedersozialisten nur wenig nachstand. Bereits 1898 vertrat er in einem mit dem Pseudonym Walter Michael gezeichneten Artikel in der Zeitschrift »Die Zukunft« den Standpunkt, daß Deutschland gegenüber der technologischen und wirtschaftlichen Überlegenheit des Westens sich »nach Osten« wenden müsse[241]. Gleich Schmoller war Rathenau um den zukünftigen Bevölkerungsüberschuß Deutschlands besorgt: »Wir können nicht in einem Menschenalter hundert Millionen Deutsche mit den Produkten einer halben Million Quadratkilometer einheimischen Bodens und einer afrikanischen Parzelle ernähren und beschäftigen, und wir wollen nicht der Gnade des Weltmarkts anheimfallen. Wir brauchen Land dieser Erde.« Rathenau wollte daher der Monroe-Doktrin den Kampf ansagen, um Südamerika einer deutschen Kolonisation und deutschem Export zu eröffnen, mußte aber eingestehen, daß die Aussichten hierfür nur gering und »die Zeit großer Eroberungen für Deutschland verpaßt« seien. Als einziger aussichtsreicher Weg erschien ihm daher die Gründung einer mitteleuropäischen Zoll- und Wirtschaftsunion, der sich »wohl oder übel über kurz oder lang« schließlich auch Frankreich und die mit ihm verbundenen Staaten anschließen würden. Dieser Wirtschaftsblock könnte der angelsächsischen Überlegenheit ebenso wie der russischen Bedrohung effektiv entgegentreten und Deutschland die wirtschaftliche Vorherrschaft auf dem Kontinent sichern[242].

Die Einbeziehung Frankreichs in den zu bildenden mitteleuropäischen – oder eigentlich kontinentalen – Großwirtschaftsraum unterschied Rathenaus Konzept von denen seiner Zeitgenossen und mancher Vorgänger durch die Orientierungsverschiebung von England auf Frankreich. Hierdurch war es auch weniger mit aggressiv nationalistischen Untertönen belastet als andere gleichzeitige Auffassungen und hört sich heute fast wie eine prophetische Vorschau auf die Europäische Wirtschaftsgemeinschaft an. So wesentlich dieser Unterschied ist, so war er doch keinesfalls unüberbrückbar. Trotz der wiederholten Betonung des gegenseitigen Vorteils aller einbezogenen Partner war sich Rathenau der Vorrangstellung Deutschlands in dem vorgesehenen Wirtschaftsverband durchaus bewußt und versuchte auch nicht, das zu verhehlen. Er konnte darum auch ohne Schwierigkeiten gemeinsam mit Albert Ballin, Gustav Stresemann oder Friedrich Naumann und den weitaus extremeren Kathedersozialisten im bereits erwähnten »Mitteleuropäischen Wirtschaftsverein« eine gemeinsame Plattform für die propagandistische Verbreitung seiner Ideen finden.

Die Nachkriegszeit:
Othmar Spann, Werner Sombart und die »konservative Revolution«

Nur wenige akademische Wirtschaftstheoretiker haben die nationalistisch-etatistische Tradition während der Weimarer Zeit fortgeführt. Die meisten Kathedersozialisten waren nicht mehr am Leben, und die historische Schule war im »Methodenstreit«, den Carl Menger und die österreichische Schule in den achtziger Jahren eröffneten, unterlegen. Auf den Hochschulen herrschten der Liberalismus und die Grenznutzenlehre fast ungestört und gebaren eine blasse, zum Leben fast beziehungslose Wirtschaftswissenschaft. Neoliberalistische Ökonomen, die erstaunlicherweise unter nationalsozialistischer Herrschaft publizieren und auch eine versteckte Kritik äußern konnten[243], belasteten im Jahre 1937 Gustav Schmoller, ». . . der das Wirtschaftsdenken weiter und wichtiger Teile des deutschen Volkes bis heute – unmittelbar und durch seine Schüler – nachhaltig beeinflußt hat . . .«, mit der Verantwortung dafür, » . . . daß in Deutschland die Nationalökonomie ihre frühere Kraft verlor, wahrhaft gestaltend zu wirken«[244]. Man kann hierüber verschiedener Meinung sein, und spätere Verfasser haben den liberalistischen »Siegern« des Methodenstreits den gleichen Vorwurf gemacht[245]. Fest steht jedenfalls, daß die akademische Wirtschaftswissenschaft in Deutschland, ähnlich wie in anderen Ländern, den Krisenereignissen hilflos gegenüberstand und daß die Wirtschaftspolitik hauptsächlich durch die bürokratischen Praktiker der Ministerien und der Reichsbank geformt wurde. Dies in einem Maße von Selbständigkeit, daß man geneigt war, von einer wirtschaftstheoretisch besonderen »ministeriellen Schule« zu sprechen[246].
Überzeugender und mit größerer Autorität haben Werner Sombart in Berlin und Othmar Spann in Wien die romantische und »historische« Tradition den jungen Intellektuellen der »konservativen Revolution« übertragen. Trotz der nicht unerheblichen Verschiedenheit der Ausgangspositionen trafen sich hier der nationalistische Etatismus der »Staatssozialisten« mit dem »preußischen« oder »deutschen Sozialismus« und der antidemokratischen Aggression Spenglers und Moeller van den Brucks in einer in sich geschlossenen politischen und gesellschaft-

lichen Ideologie, die zum Kampf gegen die junge Republik antrat. Durch eine talentierte und intellektuell aufreizende Publizistik hat diese Ideologie einen wirkungsvollen Einfluß besonders auf die junge Generation ausüben können[247]. Obwohl die meisten dieser Publizisten keine akademisch vorgebildeten Ökonomen waren, veröffentlichten sie aufgrund ihrer totalitären Staatsauffassung eine Reihe sehr spezifischer wirtschaftspolitischer Richtlinien und Vorschläge, deren Ähnlichkeit mit denen der wirtschaftstheoretischen »Reformer« einerseits und der Nationalsozialisten andererseits oft überrascht. Was hier vor sich ging, war tatsächlich eine Konvergenz ursprünglich verschiedener Richtungen und Theorien, die nicht nur der politischen und wirtschaftlichen aktuellen Krisensituation entsprang. Nicht weniger hat daneben die gemeinsame geistesgeschichtliche Tradition im deutschen Wirtschaftsdenken, zu der sich fast alle dieser Richtungen mehr oder weniger bewußt bekannten, eine gegenseitige Annäherung erleichtert. Ganz besonders hat die universalistische Schule Spanns ihre traditionelle Verbundenheit mit der deutschen Vergangenheit und der »deutschen Volkswirtschaftslehre« hervorgehoben und den »neuentdeckten« Adam Müller zu ihrem geistigen Vater gemacht. »Ständestaat« und »Ständewirtschaft« wurden in überschwenglicher, historisch durchaus anfechtbarer Idealisierung mittelalterlicher Institutionen als die Idealtypen einer neuen Wirtschafts- und Gesellschaftsordnung proklamiert. Die ständisch organisierte Wirtschaft sollte in erster Linie auf die harmonische Erhaltung des gesellschaftlichen Gleichgewichts, auf Stabilität und Sicherheit, nicht aber auf wirtschaftlichen Höchstertrag und größtmögliche Wachstumsrate ausgerichtet sein.

Werner Sombart distanzierte sich von Spann und der universalistischen Schule, die er als eine unwissenschaftliche, »richtende Nationalökonomie« betrachtete[248], aber auch Sombart verdammte den Hedonismus und den materialistischen Utilitarismus des »ökonomischen Zeitalters« und gab der Stabilität den Vorrang: ». . . Das unmittelbare Ziel jeder vernünftigen Wirtschaftspolitik muß sein: der Produktion Nachhaltigkeit und Stetigkeit zu verleihen. Auf Fortschritte, wie sie das ökonomische Zeitalter kennzeichnen . . ., verzichten wir . . . Wenn man also als den Hauptnachteil einer Beseitigung des Kapitalismus, Verlangsamung des technischen und wirtschaftlichen Fortschritts, bezeichnet, so antworten wir, daß wir gerade darin einen Segen erblicken würden[249].« Sombart schrieb diese Worte im Jahre 1934 in einem Buch, das vielen als die bedauerliche Entgleisung eines alten und verdienstvollen Gelehrten erschien, der versuchte, sich bei den neuen Herren anzubiedern. Dieses Urteil läßt sich bei einem aufmerksamen Studium der früheren Arbeiten Sombarts kaum aufrechterhalten. Sein »deutscher Sozialismus« erscheint dabei eher als der folgerichtige Abschluß einer geistigen und politischen Entwicklung, die sich mindestens bereits in seinem »Händler und Helden« des Jahres 1915 vorzeichnete. Im übrigen werden wir noch sehen, daß obiges Zitat keineswegs der einzige Punkt ist, an dem sich Sombart mit Othmar Spann traf.

Den jungkonservativen Revolutionären des »Tat«-Kreises waren sowohl Sombart als Spann ehrwürdige Lehrmeister, die dem Rationalismus und der Lebensfremdheit der »zünftigen Nationalökonomen« entgegengestellt wurden. Spann erschien ihnen zwar noch zu sehr rationalistisch, doch wurde ihm seine traditionelle Verbundenheit zugute gehalten: ». . . gegen einen liberaldemokratischen Gleichheits-Individualismus und -Sozialismus wird hier ein ständisch-organischer Uni-

versalismus gesetzt, und zwar in geistesgeschichtlichem Anschluß an Thomas von Aquin, Adam Müller und Friedrich List.« Demgegenüber wird Sombart uneingeschränktes Lob gezollt, und man hofft, daß er sein letztes Wort noch nicht gesprochen hat[250]. Der »deutsche Sozialismus« wird diese Hoffnung wohl erfüllt haben.
Dabei war die Befürwortung des umfassenden Staatseingriffs in die Wirtschaft, die Sombart im »deutschen Sozialismus« vertrat, keineswegs neu. 1903 hatte er bereits die zunehmende Intervention der »staatsmännischen Technik« in den Wirtschaftsablauf als das charakteristische Kennzeichen zukünftiger Entwicklung bezeichnet, die zum »Sozialkapitalismus« führe[251]. Wenn er 1930 noch etwas unklar nach »einer zeitgenössischen Kameralistik« rief[252], so vertrat er 1932 in seinem vielbeachteten Vortrag über »Die Zukunft des Kapitalismus« in der Studiengesellschaft für Geld- und Kreditwirtschaft die Forderung nach einer staatlichen zentralen Wirtschaftsplanung und betonte in einem zusätzlichen »Tat«-Aufsatz, daß diese alle Wirtschaftssektoren umfassen müsse[253]. Was also im »Deutschen Sozialismus« unter Berufung auf Adam Müller, Novalis, Fichte u. a.* als » . . . eine echt deutsche Auffassung vom Staate – in bewußtem Gegensatz zu einer vom Westen her vordringenden individualistisch-rationalistischen Staatsauffassung . . .«[254] vertreten wurde, war alles andere als eine »Entgleisung«.
Die grundsätzliche Unterordnung der Wirtschaft unter die staatlichen Interessen und Zielsetzungen muß an sich nicht unbedingt in der Forderung nach staatlicher zentraler Planwirtschaft gipfeln. Man kann unter der gleichen Voraussetzung verschiedene Vorstellungen über die Transmissionswege haben, durch die die vorplanenden oder auch nur zielbestimmenden Direktiven einer obersten staatlichen Instanz bis in die untersten Stufen der Wirtschaft übertragen werden. Der »ständische Aufbau« oder das »Ständewesen«, den die Spann-Schule nach dem Vorbild der medivialen Zünfteordnung verwirklichen wollte, galt hauptsächlich nicht dem Schutz mittelständischer Interessen, sondern war das Schema eines institutionellen Wirtschaftsaufbaus, in dem den bestehenden oder zu schaffenden Interessentenverbänden ein beträchtliches Maß autonomer Selbstverwaltung überlassen blieb[255]. Dagegen sah Sombart in den Ständen bestenfalls untergeordnete Ausführungsorgane staatlicher Direktiven, die in ihrem Organisationsumfang und Kompetenzenbereich nicht zu umfangreich sein sollten. Den Begriff »Ständestaat« lehnte er entschieden ab, » . . . wenn man unter diesem einen Staat versteht, bei dem die Stände an der Bildung des Staatswillens teilnehmen. Vielmehr wird der Staat der Zukunft immer der autoritäre Staat sein[256].« Wie wir noch sehen werden, war diese theoretische Auseinandersetzung durchaus bedeutungsvoll, und der nationalsozialistische Staat hat später im Sinne Sombarts gegen die Spannsche Ständekonzeption entschieden. Dies trifft sowohl auf den institutionellen Wirtschaftsaufbau als auch auf die Preis- und Lohngestaltung zu, die Spann den ständischen Organisationen überlassen wollte**. Auch der »Tat«-Kreis

---

* Bemerkenswert ist immerhin, daß auch Ferdinand Lassalle erwähnt wird, ». . . der in einer Zeit des ödesten Manchestertums die Staatsidee unter Berufung auf seinen Lehrer Fichte mit besonders beredten Worten vertrat« (S. 175).
** Die frühen Verbindungen der NSDAP mit Othmar Spann und anderen Universalisten und die Übernahme ständischer Terminologie in die Parteiliteratur wird vielerseits als »Mittelstandsideologie« oder sogar »Mittelstands-Sozialismus« der Nationalsozialisten ausgelegt, von der sie sich vorgeblich nach der Machtübernahme befreit hätten. Über diese m. E. irrige Interpretation wird noch einiges zu sagen sein.

befürwortete eine durch staatliche Direktiven direkt gelenkte Wirtschaft, in der die Fachverbände der einzelnen Wirtschaftszweige unter staatlicher Leitung als bloße Ausführungsorgane fungieren, anstatt wie bisher »... Veranstaltungen zur Vertretung der privaten Interessen« zu sein[257].
Staatliche Kontrolle oder sogar Festsetzung der Löhne und Preise, die früher bereits von den Kathedersozialisten gefordert wurde, war allen Richtungen dieser konservativen Rechten der Weimarer Zeit ein selbstverständlicher Bestandteil ihrer Wirtschaftsauffassung[258]. Daneben sahen sie in wirtschaftlicher Eigenbetätigung eines möglichst großen öffentlichen Wirtschaftssektors nicht nur, wie z. B. Schmoller, eine fiskalische Einkommensquelle des Staates und ein Mittel sozial ausgleichender Einkommensverteilung, sondern in erster Linie ein wirkungsvolles Instrument der Wirtschaftslenkung. Für Oswald Spengler, der im preußischen Beamtenstaat den ersten Schritt zur Verwirklichung des »Preußischen Sozialismus« sah, war ein vorbildlich verwalteter öffentlicher Wirtschaftssektor der Beweis, daß auch ohne privaten Profitanreiz gewirtschaftet werden kann. Aber er folgerte hieraus nicht die Forderung nach allgemeiner Verstaatlichung, sondern nur staatliche Kontrolle und Lenkung der Wirtschaft, die er als die »... Verstaatlichung des Wirtschaftslebens, nicht durch Enteignung, sondern durch Gesetzgebung« bezeichnete. Im Laufe der sich verschärfenden Wirtschaftskrise ertönte dann allerdings der Ruf nach Verstaatlichung immer lauter. Die »Tat« forderte zumindest die Verstaatlichung der Großkonzerne. Werner Sombart ging am weitesten, denn er wollte sämtliche Großbanken, die Rohstoffindustrie, das gesamte Transportwesen und alle Betriebe, die Kriegsmaterial herstellen, verstaatlicht sehen[259].
Wie wenig »sozialistisch« diese Ideologien – trotz aller »Staatssozialismus-«, preußischer oder deutscher Sozialismusterminologie – tatsächlich waren, geht schon daraus hervor, daß selbst die extremsten »Verstaatlicher« grundsätzlich auf dem Boden privaten Eigentums der Produktionsmittel und privatem Profitanreizes beharrten. Was eingeschränkt werden sollte, war die freie Unternehmerinitiative und die marktwirtschaftliche Preis- und Lohngestaltung, keineswegs aber die kapitalistischen Besitztitel. »... Privateigentum und Gemeineigentum«, betonte selbst Werner Sombart, »werden nebeneinander bestehen ... freilich ... auch das Privateigentum kein unbeschränktes, sondern ein gebundenes ..., jedenfalls, soweit es sich um das Eigentum an Produktionsmitteln und an Boden handelt – ein Lehnseigentum[260].« Hierbei unterstrich Sombart ausdrücklich seine Übereinstimmung mit Othmar Spann.
Die gleiche Übereinstimmung mit den Auffassungen der universalistischen Schule kennzeichnet auch Sombarts Einstellung zur Landwirtschaft und seine Ambivalenz gegenüber dem industriellen und technischen Fortschritt von Wirtschaft und Gesellschaft. Die romantische Idealisierung des Landlebens gegenüber den moralischen Schäden der »Verstädterung« und der kulturfesten bäuerischen Wurzelhaftigkeit gegenüber der »... Heimatlosigkeit des ohne wirkliche Werte und Inhalte dahinlebenden großstädtischen Proletariers« sind ein hervortretendes Motiv der Spann-Schule. Der Kampf gegen die Verstädterung wurde hier folgerichtig als ein Kampf gegen die übermäßige Industrialisierung aufgefaßt und dem Staat die Aufgabe gestellt, eine »soziale Zensur über die Technik« auszuüben. Ähnlich verdammte Sombart schon während des Ersten Weltkrieges die übertriebene Industrialisierung als die Wurzel eines hedonistischen »Komfortis-

mus ... den Feind alles Idealismus und Kultur«. Mit der sich verschärfenden Wirtschaftskrise, in der viele das »Ende des Kapitalismus« bereits angekündigt sahen, vertiefte sich die nostalgische Idealisierung der Landwirtschaft, obwohl auch diese von der Krise stark betroffen war. Sombart sprach nun von »Auflandung« und Ansiedlung der Erwerbslosen in den Ostgebieten in einem Umfang, der den Beschäftigungsanteil der Landwirtschaft wieder bis auf 40–45 v. H. erhöhen sollte. Dies nicht nur als zeitgemäße Notlösung, sondern aus der grundsätzlichen Erkenntnis heraus, » ... daß für einen Staat ... die landwirtschaftliche Bevölkerung wertvoller und notwendiger ist als die gewerbliche – handeltreibende – städtische«[261].

Bezeichnenderweise verbindet Sombart die Forderung nach der »Reagrarisierung« Deutschlands mit dem Ruf nach weitestmöglicher Autarkie, die nicht nur aus militärischen und machtpolitischen, sondern auch aus intern gesellschaftlichen Erwägungen notwendig sei. Landwirtschaft und autarke Selbstversorgung, die eigentlichen Grundmotive des »Lebensraum«-Prinzips, treffen sich hier ergänzend mit dem Wunschbild einer zukünftigen neuen Gesellschaftsordnung des »deutschen Sozialismus« zu einem grundsätzlichen und geschlossenen Konzept, das stark an den »geschlossenen Handelsstaat« Fichtes erinnert: » ... wir vertreten dieses nationalwirtschaftliche Prinzip aus strategischen, völkischen und wirtschaftlichen Gründen. Vor allem aber aus der Erwägung heraus, daß ... eine sinnvolle Ordnung des Gemeinwesens zu seiner Verwirklichung eines Wirtschaftskörpers bedarf, der im wesentlichen in seinen Lebensäußerungen von Vorgängen im Ausland unabhängig ist[262].«

Auch Robert Friedländer-Prechtl sprach in ähnlichen Tönen von der »Arterhaltung«, »Volksgesundheit« und »Seelenhaftigkeit« der alten deutschen Dorfkultur – ein weiteres Kennzeichen für seine ideologischen Grundpositionen. Die Autarkiebestrebungen erklärte er aus der sich abzeichnenden weltweiten Entwicklung, die seiner Ansicht » ... nach der Richtung zunehmender Autarkie, nach dem Bestreben, innerhalb geschlossener Wirtschaftsräume zu möglichster Selbstversorgung zu gelangen«, weise[263]. Hieraus haben vor allem die jungen Publizisten der »Tat« den erneuerten Ruf nach mitteleuropäischer Großraumwirtschaft abgeleitet. Friedrich Zimmermann schrieb unter dem Pseudonym »Ferdinand Fried« eine Reihe aufsehenerregender Artikel, in denen er die Notwendigkeit einer autarken Selbstversorgung nicht nur als Folge des ausgebrochenen »Welthandelskrieges«, sondern auch aus Gründen nationaler Eigentümlichkeit und Lebensweise vertrat. Staatliche Planwirtschaft und Wirtschaftskontrolle, Antiliberalismus, Autarkie und mitteleuropäische Expansionspläne wurden in der »Tat« von Zimmermann, Giselher Wirsing u. a. als die integrative Wirtschaftsordnung der Zukunft und nicht nur als Krisenlösung angeboten. Die »Neuordnung Europas« bedeutete nicht nur die »Ausrottung« des Freihandelssystems und der Meistbegünstigungsklausel im Außenhandel, sondern ebenso Reagrarisierung, Autarkie und Einschränkung wirtschaftlicher Handelsfreiheit[264]. Anfang der dreißiger Jahre hatten somit Nationalsozialisten und jungkonservative Intellektuelle zueinander gefunden und sangen die gleiche Melodie, zu der zumindest ein Teil der wirtschaftstheoretischen »Reformer« die instrumentale Begleitmusik spielte. Die spätere Zusammenarbeit bei der Verwirklichung dieser Ideen war nur die natürliche Vollendung dieser Konvergenz.

**Der Stellenwert:
Traditionelle und neuzeitliche Komponenten
der nationalsozialistischen Wirtschaftspolitik**

Von verschiedensten Seiten ist bereits früher auf die spezifischen Entwicklungen im deutschen Wirtschaftsdenken hingewiesen worden, die im vorangehenden Abschnitt skizziert wurden. Dabei entstanden, wie fast selbstverständlich, terminologische Verallgemeinerungen nicht nur als Hilfsmittel wissenschaftlicher Deskription, sondern oft auch bewußt oder unbewußt als ideologische Wertmesser, die dem Standpunkt des jeweiligen Verfassers entsprachen. Für Gustav Stolper, der als streng liberalwirtschaftlicher Publizist jeglichen Staatseingriff als wirtschaftsgefährdend ablehnte und der daher auch in den dreißiger Jahren in seinem »Deutschen Volkswirt« einen vehementen Kampf gegen jedes »Währungsexperiment« führte, waren die geschilderten wirtschaftshistorischen und geistesgeschichtlichen Tendenzen der spezifisch deutsche Ausdruck eines antikapitalistischen »Sozialismus«, zu dem er auch den Nationalsozialismus zählte[265]. In Anlehnung an Stolper sah auch Kopel S. Pinson im »preußischen« oder »deutschen Sozialismus« Spenglers oder Moeller van den Brucks nicht nur die Vorläufer des Nationalsozialismus, sondern auch einen Teil »... der sozialistischen Tradition in Deutschland, deren bestorganisierter Ausdruck die SPD war«[266]. Diese auch heute noch weitverbreitete Anschauung basiert auf der Klassifizierung gesellschaftlicher und wirtschaftlicher Systeme nach dem »Ordnungsprinzip«, die die freie marktwirtschaftliche Produktions- und Verteilungsregelung mit »Kapitalismus«, alle staatlichen Planungs- und Wirtschaftseingriffe kurzerhand mit »Sozialismus« gleichsetzt, wobei meist die Besitzverhältnisse völlig außer acht gelassen werden. Es muß ernstlich in Frage gestellt werden, ob dieses Ordnungsprinzip tatsächlich ein geschichts- und gesellschaftswissenschaftlich einwandfreies Forschungskonzept liefert. Trotz aller, oft ehrlich empfundenen sozialethischen Besorgnis waren Bismarck, von Bülow oder Walter Rathenau genausowenig »Antikapitalisten« oder gar »Sozialisten« wie Friedrich List, Schmoller oder Adolph Wagner. Auch der »Antikapitalismus« der jungkonservativen Revolutionäre und der Nationalsozialisten in der Weimarer Republik ist äußerst zweifelhaft. Alle diese Richtungen vertraten konsequent das Privateigentum der Produktionsmittel und den privaten Profitanreiz in der Wirtschaft und verkörperten, jeweils den Zeitumständen gemäß, die konservative, völkische oder nationalsozialistische Reaktion auf die wirkliche oder imaginäre Gefahr einer sozialistischen Revolution, vor der das bestehende Gesellschaftssystem bewahrt werden sollte.
Besser definiert Wolfgang Hock den »Deutschen Antikapitalismus« in seinem gleichnamigen Buch als »... die ökonomische Seite einer generell gegen den demokratischen Liberalismus gerichteten, umfassend ausgebildeten Ideologie, die in der inneren Entwicklung der Weimarer Republik eine noch kaum gewürdigte Rolle gespielt hat und in ihren Ursprüngen weit in die deutsche Geschichte zurückreicht... erst von dieser allgemeinen Voraussetzung können auch die ökonomischen Auffassungen richtig gedeutet und analysiert werden, die das deutsche Wirtschaftsdenken um 1930 auf stärkste beeinflußt haben und die – das darf man ohne speziellen Nachweis behaupten – auch für das wirtschaftliche Handeln von grundlegender Bedeutung geworden sind«[267]. Die letzte Feststellung soll im nächsten Kapitel noch gründlicher untersucht werden. Immerhin scheint

obigem Zitat zufolge »Antiliberalismus« ein schon eher zulässiger Begriff zu sein, der aber den Nachteil hat, daß auch er rein negativ formuliert nur die Ablehnung der bestehenden, nicht aber die postulierten Zielsetzungen der angestrebten Wirtschaftsordnung ausdrückt.

Ludwig von Mises[268] hat seinerseits den Terminus »Etatismus« gebraucht*. Dieser scheint die hier geschilderten Trends tatsächlich zutreffender und wissenschaftlich objektiver zu definieren, läßt aber auch die richtungweisenden Zielpostulate außer acht. Ausgesprochen etatistische Züge trägt u. a. auch der moderne Wohlfahrtsstaat, der als endgültige Ziele staatlicher Initiative und Eingriffe die weitestmögliche individuelle Bedarfsdeckung und stabile Vollbeschäftigung setzt. Demgegenüber war die hier geschilderte Richtung im deutschen Wirtschaftsdenken nicht nur die ins »wirtschaftliche übersetzte« traditionelle Auffassung vom Obrigkeitsstaat, sondern gab daneben den nationalen und machtpolitischen Aufgaben des Staates den unbedingten Vorrang. Wenn also überhaupt ein verallgemeinernd abstrahierender Terminus notwendig und zulässig ist, scheint uns der Begriff »nationalistischer Etatismus« die Zusammenhänge am zutreffendsten zu umschreiben.

Was ergibt sich, dies einmal vorausgesetzt, aus der in diesem Kapitel dargestellten traditionellen Kontinuität? Jedenfalls nicht eine Erklärung der nationalsozialistischen Wirtschaftsauffassung – und noch weniger der späteren Wirtschaftspolitik – als alleinige und unvermeidliche Folge traditioneller Geistesrichtungen und Theorien. Das Verhältnis jeder Wirtschaftspolitik zu vorangehenden oder gleichzeitigen theoretischen Entwicklungen ist stets ein schwer zu lösendes Problem der Sequenzenordnung. Dennoch dürfte die Feststellung zutreffen, daß dieser Tradition in der realwirtschaftlichen Situation der zwanziger und dreißiger Jahre, die nicht nur in Deutschland für verstärkte Staatsintervention in den Wirtschaftsablauf »reif« war, ein nicht zu unterschätzender Einfluß zukam. Dirigistische Wirtschaftskonzepte, die vor der Unantastbarkeit privater Initiative nicht haltmachten, haben auch in anderen Ländern bei der politischen Rechten Anklang gefunden. In Deutschland konnten sie sich jedoch auf eine traditionelle Kontinuität berufen, die weite und einflußreiche Kreise für diese Auffassungen aufnahmebereit gemacht hatte. Es ist nicht Aufgabe des Historikers, frühere Ökonomen oder Philosophen deshalb als »Vorläufer« oder »Wegbereiter« des Nationalsozialismus zu verurteilen. Er kann jedoch nicht übersehen, daß in Deutschland eine maßgebliche Schicht von Wirtschaftswissenschaftlern, Ministerialbeamten und Unternehmern während ihrer Jugend- und Studentenzeit in einer Tradition aufgewachsen war, die sie für die neuen Theorien empfänglich machte.

Unglücklicherweise war die von den Nationalsozialisten durchgeführte Wirtschaftspolitik in der gegebenen wirtschaftlichen Krisensituation die richtige Medizin. Ihr Erfolg brachte dem nationalsozialistischen Regime nicht nur den weitgehenden politischen Konsens der Bevölkerung ein, sondern umgab auch

---

* L. W. Mises hat in seinem Buch viel Mühe aufgewandt, um zu beweisen, daß der »Etatismus« keine originell deutsche Erfindung war – m. E. eine müßige Anstrengung: Selbst wenn der Etatismus zuerst in den französischen Köpfen Fouriers, Sismondis oder St.-Simons geboren wurde, ist das »Erstlingsrecht« für spätere Entwicklungen kaum relevant. Maßgeblicher ist der Anklang und Einfluß dieser Ideen und die Stellung, die sie lange Zeit auf den Akademien und in der öffentlichen Meinung einnahmen. Diese waren zweifellos in Deutschland bemerkenswerter als anderswo. Dies entsprang nicht etwa einem besonderen »Volkscharakter«, sondern den Besonderheiten wirtschaftlicher und gesellschaftlicher – nicht zuletzt aber auch ideologischer und politischer – Entwicklungen der deutschen Geschichte des 19. und 20. Jahrhunderts.

seine umfassende Wirtschaftsauffassung mit dem Nimbus theoretischer Unfehlbarkeit. Nur wer unbeirrbar im geschichtlichen Determinismus befangen ist, wird hieraus schließen, daß es so und nicht anders kommen mußte. Was wäre geschehen, wenn frühere Regierungen, Wirtschaftler und Politiker sich aus den Fesseln überkommener Wirtschafts- und Finanzprinzipien befreit und früher antizyklische Wirtschaftsmaßnahmen angewandt hätten, die heute zum Gemeingut der Wirtschaftstheorie gehören? Auf diese spekulative »Was-wäre-wenn...«-Frage gibt es wohl kaum eine befriedigende Antwort. Schließlich waren Wirtschaftskrise und Arbeitslosigkeit nur einige – wenn auch wahrscheinlich die ausschlaggebenden – Faktoren von vielen, die zur nationalsozialistischen Machtergreifung führten. Die geschichtliche Tatsache ist, daß die Nationalsozialisten und die ihnen nahestehenden Ökonomen vor 1933 konkrete Arbeitsbeschaffungspläne mittels »unkonventioneller« Finanzierungswege propagierten und daß sie diese erfolgreich nach der Machtergreifung durchführten.

Wieviel hiervon auf rein pragmatische Improvisation, auf eine allgemein umfassende »Wirtschaftsauffassung« oder auf theoretische Vorarbeiten zurückzuführen ist, läßt sich kaum einwandfrei abwägen, und wahrscheinlich haben alle diese Faktoren eine Rolle gespielt. Aber es trifft nicht zu, was ein unlängst verstorbener namhafter Wissenschaftler dem Verfasser schrieb, »... daß Sie die ganze Nazibewegung offenbar etwas zu hoch einschätzen, wenn Sie dieser Sippschaft zutrauen, daß sie überhaupt Gedanken gehabt hat und diese theoretisch zu unterbauen suchte«. Es gab in der Nazibewegung und in ihrer unmittelbaren politischen Nähe zweifellos »Gedanken«, die sie, so bedauerlich dies nachträglich ist, mit Geschick zu nutzen verstand. Auch der geäußerte Zweifel, ob Hitler, Feder, die Reichswirtschaftsminister »belesen genug« gewesen wären, um sich in der deutschen volkswirtschaftlichen Tradition »Vorbilder« suchen zu können, geht am Wesentlichen vorbei: »Gedanken« und Theorien, die zeitgebunden »in der Luft liegen«, zirkulieren in unzähligen Zeitungsartikeln und Broschüren, die es zu der Zeit in Mengen gab. Um sich »Vorbilder« zu wählen, muß man nicht unbedingt deren umfangreiche Werke gelesen haben. (Wie viele der heutigen »Marxisten« haben wohl Marx selbst gelesen?)

Daß zumindest einige Nationalsozialisten »belesen genug« waren und sich tatsächlich »Vorbilder suchten«, geht einwandfrei aus deren Publikationen vor und nach 1933 hervor. Wieweit sie tatsächlich durch ihre Studien beeinflußt waren oder nur nachträglich den einen oder anderen früheren deutschen Ökonomen zur Bestätigung der eigenen Anschauungen in Anspruch nahmen, muß dabei allerdings offenbleiben. Zu diesen Ökonomen gehörten vor allem Adam Müller und Friedrich List, die sowohl von den Nationalsozialisten als auch von ihren Mitläufern oft und gern zitiert wurden. Einer von diesen, Friedrich Bülow*, hat in seiner 1932 erschienenen Einleitung zur Neuausgabe der Werke Adam Müllers die Zusammenhänge ziemlich zutreffend geschildert: »... Es muß eine tiefere Beziehung zu den Zeitströmungen hinzukommen, wenn ein Name wie der Adam Müllers wieder in die Tageshelle modernen Bewußtseins gerückt wird und seine

---

* Bülow war einer der wenigen Spann-Anhänger, der bereits anfangs 1933 begriff, »woher der Wind weht«. Obwohl er eine angesehene Stellung im Düsseldorfer »Institut für Ständewesen« einnahm, verdiente er sich die Rehabilitierung bei der Gestapo als »... der einzige Dozent am Institut, von dem bekannt ist, daß er... Gegner der Spannschen Auffassungen ist« (IfZ, Dc 15. 15, Der Spannkreis, Gefahren u. Auswirkungen, Mai 1936, S. 39).

Werke nicht nur wieder gelesen, sondern jetzt erst mit vollem Verständnis geistig erfaßt werden[269].«

Von den Nationalsozialisten bemühte sich besonders Hans Buchner, deren Wirtschaftsauffassung als die Vollendung eines traditionellen »deutschen Staatswirtschaftsgedankens« darzustellen. In seiner zu Beginn dieses Kapitels zitierten Broschüre werden als Beweis dafür fast alle hier erwähnten Ökonomen und Philosophen aufgeführt: Fichte ist, nach Buchner, »der Künder ... einer höheren, über die bloße Nützlichkeit hinausgehenden Solidarität der Staatsglieder«. Adam Müllers Geldtheorie, » ... die in gewissem Sinne Feders Baubanktheorie ... in sich beschließt ..., ist die beste Erklärung des Papiergeldes ... und nur ein Schritt bis zur Ablehnung des Freihandels«. Dabei hat Friedrich List am überzeugendsten » ... die Forderung nach nationalpolitisch orientierter Raumwirtschaft« erhoben und gehört zusammen mit Fichte, Hegel und Schleiermacher zu den Begründern der Sozialpolitik, gern als ›Enkelkind der romantischen Schule und Kind der späteren geschichtlichen Schule‹ bezeichnet«. In der Sozialversicherung Bismarcks sieht Buchner die Verwirklichung des »Staatssozialismus«, der der eigentliche Kern der nationalsozialistischen Wirtschaftsauffassung ist, und allgemein treten überall » ... Wesenszüge der besten deutschen Volkswirtschaftslehre im Wirtschaftsideal des Nationalsozialismus wieder zutage«[270].

Einer der intelligenteren nationalsozialistischen Ökonomen, Arthur R. Herrmann, versuchte insbesondere die Geldtheorien Feders durch die Berufung auf frühere deutsche Anschauungen zu unterstützen. » ... Der aus liberalistischer Schau ... geborenen Auffassung vom Gelde ... steht gegenüber die aus der universalistisch-organischen Weltanschauung geborene staatlich-nationale Auffassung ..., als deren ersten Vertreter wir wohl Adam Müller ansprechen dürfen.« Besonderes Lob wird verständlicherweise G. F. Knapp gezollt, der sich » ... das große Verdienst erworben (hat), die Nebelwand der auf liberalistischem Boden erwachsenen Geldtheorie durchbrochen zu haben«. Die »neuen Geldschöpfungsgrundsätze«, die Herrmann im Sinne Gottfried Feders entwickelt, sieht er als eine » ... im Sinne Knapps weiterentwickelte ›Staatliche Theorie‹« an und stützt sich in seiner Forderung, die freie Konkurrenz und Initiative im Bankwesen auszuschalten, auf den »Altmeister der Geldtheorie«, Adolph Wagner[271].

Man könnte ohne Schwierigkeit noch seitenlang Zitate aus nationalsozialistischen Publikationen vor und nach 1933 anführen, die die traditionelle Kontinuität ihrer wirtschaftlichen Ideen und Vorschläge zu beweisen suchen. Nationalsozialisten, Universalisten und der »Tat«-Kreis, aber auch die wirtschaftstheoretischen Reformer haben viel Mühe aufgewandt, um diese traditionelle Verbundenheit nicht nur zu den »Altmeistern« der deutschen Volkswirtschaftslehre, sondern auch zu den späteren Gliedern der gleichen Kette zu unterstreichen*. Walter Heinrich betonte die Ähnlichkeit des universalistischen »Ständestaats«-Konzepts zum »Staatssozialismus« Adolph Wagners[272]. Die »Tat«-Publizisten sahen in Wichard von Moellendorff ihren geistigen Vater und in dessen »Gemeinwirtschaft

---

* Dr. Otto Strasser teilte dem Verf. in einer im Juli 1974 stattgefundenen Unterredung mit, daß er in Berlin bei Werner Sombart studiert hat und daß er und sein Bruder Gregor mit Sombart oft zusammenkamen und stark von ihm beeinflußt waren. Nach Strassers Mitteilung kannten die »intelligenteren Nationalsozialisten« nicht nur die Schriften Sombarts, sondern auch früherer Verfasser, wie Schmoller und besonders A. Wagner. Strasser bezeichnete alle diese und auch Walther Rathenau als »Vorläufer faschistischer Gedanken« und schätzte besonders W. v. Moellendorff, »der in der Kriegswirtschaft eigentlich den Staatssozialismus vorweggenommen hat« (Tonbandgespräch im Bes. d. Verf.).

»... sowohl einen Ansatz zu einer höheren Wirtschaftsform ... wie eine Notwendigkeit, um die Versorgung der Massen und vorzüglich die Unabhängigkeit der Nation in einer verwandelten Welt ... zu sichern«[273]. Daß auch die »Reformer« sich auf die gleiche Tradition beriefen, ist angesichts der in den dreißiger Jahren eingetretenen Annäherung an die politische Rechte nicht ohne Bedeutung. Ernst Wagemann betonte 1932 die unabhängige deutsche Entwicklung moderner Geldtheorien in besonderem Bezug auf J. M. Keynes: »... Keynes würde beschämt die Augen niederschlagen, wenn er einmal in die bedeutenden geldtheoretischen Schriften von Adam Müller, Adolf Wagner, Lexis, Plenge, Helfferich, Bendixen Einblick nehmen könnte; Knapp scheint er immerhin in der Übersetzung zu kennen[274].« Mit Wichard von Moellendorff war Wagemann befreundet und erwähnte ihn als einen derjenigen, die ihm bei der Ausarbeitung des »Wagemann-Plans« behilflich waren*. Ein Brief im Nachlaß Moellendorffs deutet auch darauf hin, daß dieser die Hoffnung hegte, im Laufe der wirtschaftspolitischen Richtungsänderung mit Hilfe Wagemanns wieder zu aktiver Mitarbeit herangezogen zu werden[275]. Diese Hoffnung hat sich bis zum Tode von Moellendorffs im Jahre 1937 anscheinend nicht erfüllt.

Gustav Stolper, der in der Staatswirtschaft das eigentliche Kernstück der nationalsozialistischen Wirtschaftspolitik sah, betrachtete die wirtschaftsstrukturellen Entwicklungen seit der Reichsgründung als einen ununterbrochenen Prozeß, der fast unvermeidlich zum Nationalsozialismus führte: »... Ohne die Vorarbeiten ihrer Vorgänger wären Hitler und der Nationalsozialismus nicht möglich gewesen ... Hitler brauchte nur auf den Knopf zu drücken, damit die bereits fertige Maschine anlaufen konnte. Seine Vorgänger hatten bereits alles Notwendige für ihn getan. Der Trend zur Staatswirtschaft, der die gesamte deutsche Geschichte seit der Reichsgründung unter preußischer Führung durchdrang, hatte seinen Höhepunkt erreicht[276].«

Dieses etwas zu vereinfachte und zu deterministische Urteil, das Stolper noch während des Krieges fällte, kann von der modernen Forschung nicht ohne empirische Differenzierungen bestätigt werden. Wie im folgenden Kapitel darzustellen versucht wird, wurde die nationalsozialistische Wirtschaftspolitik durch ein Konglomerat kurzfristiger Notwendigkeiten und langfristiger, hauptsächlich ideologisch bestimmter Zielsetzungen angeleitet. Sie verdankte ihren Erfolg auch durchaus modernen theoretischen Erkenntnissen. Dabei hat allerdings die staatswirtschaftliche Tradition nicht nur bei der Herausbildung der praktizierten Methoden, sondern auch bei der Bestimmung ideologischer Zielsetzungen eine nicht zu unterschätzende Rolle gespielt. Sie hat auch das Ihrige dazu beigetragen, die wirtschaftspolitischen Maßnahmen des nationalsozialistischen Regimes theoretisch akzeptabel und »salonfähig« zu machen. Aber die Staatswirtschaft war Hitler und der NSDAP nicht Selbstzweck, sondern eines der Mittel zur Verwirklichung politischer und ideologischer Ziele, die weit über die staatswirtschaftliche Tradition hinausgingen.

---

* Der Wagemann-Plan wurde erstmalig als Heft 1 der Reihe »Staatswissenschaftliche Zeitfragen« veröffentlicht, die unter der Redaktion Wagemanns, Richard von Moellendorffs und des eng mit der NSDAP verbundenen Wirtschaftswissenschaftlers O. von Zwiedineck-Südenhorst erschien.

3. Die nationalsozialistische Ideologie und die Wirtschaft 1933–1936

A. Der institutionelle Rahmen

Nach vier Jahren nationalsozialistischer Herrschaft wiesen Ende 1936 alle statistischen Indikatoren auf die erreichte Vollbeschäftigung und einen allgemeinen Wirtschaftsaufschwung hin, der mit keinem anderen kapitalistischen Land vergleichbar war*. Die NSDAP konnte dank dieses Erfolges in der Bevölkerung und auch außerhalb der Grenzen Deutschlands einen erheblichen Prestigezuwachs verzeichnen.

Wieweit diese Erfolge den nationalsozialistischen Wirtschaftsexperten und ihren Vorarbeiten oder der Verwirklichung der im ersten Kapitel dargestellten Wirtschaftsauffassung zuzuschreiben sind, muß auf zwei nebeneinander herlaufenden und nicht unbedingt zusammenhängenden Ebenen untersucht werden. Erstens: Inwiefern haben die wirtschaftlichen Parteiinstanzen die wirtschaftspolitischen Beschlüsse und deren Durchführung beeinflußt? Zweitens: Welchen tatsächlichen Einfluß haben ideologische Normen auf die verschiedenen Sektoren wirtschaftlicher Betätigung ausüben können? Ein solcher Einfluß ist theoretisch auch in dem Falle möglich, wenn auf dem einen oder anderen Wirtschaftssektor sich kein direkter Einfluß der Parteiinstanzen feststellen läßt. Mit anderen Worten: Selbst wenn sich die bisher weitverbreitete Ansicht, nach der der NSDAP kein wesentlicher praktischer Einfluß auf die Wirtschaftspolitik des Dritten Reichs zuzumessen ist, bestätigen sollte, wäre immer noch zu prüfen, wieweit diese durch grundlegende Konzepte der nationalsozialistischen Wirtschaftsauffassung bestimmt wurde**.

Wirtschaftliche Funktionen und Organe der NSDAP nach der Machtergreifung

In der ersten Regierung Hitlers wurden alle wirtschaftlichen Ministerposten durch Vertreter der traditionellen Rechten besetzt, wie es in dem politischen Komplott dieser Kreise mit der NSDAP, das Hitlers Kanzlerschaft vorbereitet hatte, ausdrücklich vereinbart war. Alfred Hugenberg, der Führer der Deutschnationalen Volkspartei (DNVP), erhielt – als eine Art »Wirtschaftsdiktator« – das

---

* Siehe Tabelle 1 im statistischen Anhang.
** Der Versuch einer solchen Prüfung kann allerdings beim heutigen Stand empirischer Einzelforschungen nur unvollkommen sein. Es fehlen nicht nur Untersuchungen vieler Sektoren, wie z. B. der Banken, der Lohn- und Preiskontrolle u. a., sondern auch der wirtschaftlichen Parteibetätigung auf Reichs- u. Gauleiterebene. Der hier vorgelegte Versuch wird daher noch viele »weiße Felder« aufweisen müssen. Spätere, vielleicht durch ihn angeregte Arbeiten werden noch vieles auffüllen oder auch richtigstellen müssen.

Reichswirtschafts- und das Landwirtschaftsministerium. Das Reichsfinanzministerium behielt Graf Lutz Schwerin von Krosigk, der es bereits unter Papen und Schleicher geführt hatte. Der Stahlhelm-Führer Franz Seldte wurde Reichsarbeitsminister und behielt noch für einige Monate Dr. Günter Gereke als Arbeitsbeschaffungskommissar. Erst später wurden diesen Ministerien nationalsozialistische Staatssekretäre zugewiesen: Gottfried Feder dem Wirtschaftsministerium, Konstantin Hierl dem Arbeitsministerium und Fritz Reinhardt dem Finanzministerium. Zunächst hatte es durchaus den Anschein, als sei der Plan der konservativen Rechten, die Nationalsozialisten »einzurahmen«, auf dem Gebiet der Wirtschaft voll gelungen[277].

Auch hier währte die Illusion nicht lange. Bereits im Mai 1933 äußerte Alfred Hugenberg in einem bisher unveröffentlichten Gespräch mit dem Redakteur der »Leipziger Neuesten Nachrichten«, Richard Breiting, verbittert seine Enttäuschung: »... Wir dürfen uns aber keine Illusionen machen. Die Nationalsozialisten haben schon für jeden führenden Posten in jedem Ressort einen Anwärter in Reserve. Vorläufig brauchen sie uns noch als Aushängeschild... Wir wurden zwar versichert, daß wir freie Hand haben würden, um die Mißstände in der Wirtschaft beseitigen zu können. Jetzt stellt sich heraus, daß unser Partner jedoch eigene Vorstellungen von der Beseitigung der Wirtschaftskrise besitzt und daß die Ideologen Feder und Darré mit eigenen Plänen am Werk sind[278].«

»Ihre eigenen Pläne« hatten vor allem auch die unteren, weniger in den Ränken der »hohen Politik« bewanderten Parteiränge. Überall tauchten sofort nach der Machtergreifung selbsternannte SA- und Parteikommissare auf, die die Zeit für gekommen hielten, die nationalsozialistischen Programmpunkte durch Partisanenaktionen gegen Warenhäuser und jüdische Firmen zu verwirklichen. Die dadurch in der Wirtschaft aufkommende Unruhestimmung bewog anscheinend Hugenberg, keinen anderen als Otto Wagener und den der DNVP nahestehenden Alfred Moellers zu »Kommissaren des Reichs für den Reichsverband der deutschen Industrie und für die übrige Wirtschaft (mit Ausnahme der Landwirtschaft«)* zu ernennen[279]. Nach Wageners eigener Schilderung kam diese Ernennung nicht nur ihm überraschend, sondern wurde auch von Hitler nur nachträglich und widerwillig bestätigt[280]. Während der zwei Monate bis zu seiner Entlassung war Wageners Büro in Berlin ein wichtiges Zentrum wirtschaftlicher Entscheidungen. Hugenbergs Erwartungen wurden nicht enttäuscht: Bei Wageners Entlassung am 12. Juli 1933 dankten ihm Krupp von Bohlen und Dr. Herle im Namen des Reichsverbands der deutschen Industrie (RDI) für »... die wertvolle Hilfe und tatkräftige Unterstützung bei der Reorganisation des industriellen Verbandswesens wie insbesondere bei dem Schutz der Wirtschaft gegenüber unorganischen Eingriffen in Verbänden und Unternehmungen«[281].

Wageners Entlassung aus seinen Regierungs- und Parteiämtern fiel im Juli 1933 mit der Ablösung Hugenbergs durch den neuen Reichswirtschaftsminister Kurt Schmitt zusammen, wobei anscheinend Hermann Göring, der sich besonders für die Ernennung Schmitts einsetzte, die entscheidende Rolle gespielt hat. Der unmittelbare Anlaß war eine Reihe von Telefongesprächen, die die Gestapo aus dem Büro Wageners abgehört hatte, in denen sich einige seiner Mitarbeiter um die

---

* Der Erlaß trat am 3. Mai 1933 in Kraft, als Wagener das Wirtschaftspolitische Amt beim Verbindungsstab der NSDAP in Berlin leitete.

Ernennung Wageners zum Wirtschaftsminister bemühten. Er selbst verteidigte sich vor Hitler und Göring und später auch vor dem Obersten Parteigericht damit, daß er nichts von diesen Gesprächen gewußt und auch keine Absicht hätte, Wirtschaftsminister zu werden. Seine eigenen Pläne wären viel weiter gegangen: Er wollte sein Amt eines Reichskommissars vertiefen und ausbauen, um später »... vielleicht erst nach Jahren ... ein alle Abteilungen umfassendes Reichsministerium für die gesamte Volkswirtschaft (zu bilden)..., um das System des Wirtschaftsliberalismus durch ein nationalsozialistisches zu ersetzen«[282].

Wagener verschwand nach dieser Affäre in der Versenkung und einige der darin verwickelten Mitarbeiter in Konzentrationslagern. Die Umstände seiner Ernennung zum Wirtschaftskommissar und seiner Entlassung widersprechen jedoch der Interpretation dieses Falles als typisch für die Verdrängung »mittelständischer« und »intransigenter« Nationalsozialisten aus wirtschaftspolitischen Stellungen unter dem Druck der Großindustrie[283]. Dies soll nicht besagen, daß eine solche Auseinandersetzung nicht stattgefunden hat, jedoch eignet sich der Fall Wagener kaum dazu, diese auf der Personalebene zu beweisen. Wagener wurde von Hugenberg mit der Absicht eingesetzt, die Übergriffe unterer Parteistellen in die Wirtschaft einzudämmen. Er scheint dies tatsächlich als eine seiner Hauptaufgaben angesehen zu haben. Seine Einsetzung und Entlassung waren ein Teil des Prozesses institutioneller Strukturwandlungen und Kräfteverschiebungen im deutschen Wirtschaftsaufbau, der während der ersten ein bis eineinhalb Jahre des nationalsozialistischen Regimes nicht zur Ruhe kam.

Wageners Entlassung war nicht allein das Ende seiner wirtschaftspolitischen Karriere, sondern leitete auch die Umorganisierung aller wirtschaftlichen Parteiämter ein. Das Wirtschaftspolitische Amt in Berlin wurde aufgelöst und sämtliche wirtschaftlichen Instanzen der NSDAP Wilhelm Keppler, der gleichzeitig als »Beauftragter des Reichskanzlers für die Wirtschaft« regierungsamtlich bestellt war, unterstellt. Oberstes Parteiamt für Wirtschaftsfragen war die »Kommission für Wirtschaftspolitik« unter der Leitung Bernhard Koehlers in München, die ihre praktische Tätigkeit über die Gauwirtschaftsberater, »... politisch den Gauleitern, wirtschaftlich der Kommission für Wirtschaftspolitik unterstellt, die ihrerseits dem Wirtschaftsberater des Führers (das heißt Keppler) unterstehen«, ausüben sollte[284]. Das offensichtliche Ziel dieser Neuorganisation war die weitere Eindämmung immer noch anhaltender Parteiübergriffe in die Wirtschaft, aber darüber hinaus auch die Konzentration aller wirtschaftspolitischen Funktionen in den staatlichen Instanzen. Dies geschah durchaus im Sinne der früher proklamierten Wirtschaftsauffassung der NSDAP, nach der der Staat das ausführende Organ der wirtschaftlichen Funktion des »Volkskörpers« sein muß. Hitler selbst hat diese beiden, sich einander ergänzenden Beweggründe der Neuorganisation in einer am 7. Juli in die Reichskanzlei zusammengerufenen Reichsstatthalterkonferenz klargelegt: »... Die Revolution ist kein permanenter Zustand ... Man muß den frei gewordenen Strom der Revolution in das sichere Bett der Evolution hinüberleiten ... Mit Wirtschaftskommissaren, Organisationen, Konstruktionen und Theorien werden wir die Arbeitslosigkeit nicht beseitigen ... Aus den Gewinnen der Arbeitsbeschaffung werden wir die stärkste Autorität erhalten ...« Die Reichsstatthalter hätten dafür zu sorgen und seien dem Reichskanzler dafür verantwortlich, daß nicht irgendwelche Organisationen oder Parteistellen sich Regierungsbefugnisse anmaßen, Personen absetzen und Ämter besetzen, wofür allein die Reichsregierung, also in bezug auf die Wirtschaft der Reichswirtschaftsminister, zuständig wäre. »Die Partei ist jetzt der Staat geworden. Alle Macht liegt bei der Reichsgewalt[285].«

Die Neuorganisation schaffte, zumindest als Möglichkeit, Wilhelm Keppler eine nicht geringe wirtschaftspolitische Machtposition. Er wurde zu allen wichtigen Besprechungen hinzugezogen und gehörte als Mitglied des Zentralausschusses der Reichsbank der von Schacht eingesetzten Kommission für die Banken-Enquête an[286]. Außerdem entschied er allein über die Zuführung von Geldern der Arbeitsbeschaffungsprogramme an private Unternehmen[287]. Es ist daher verständlich, daß er von vielen Seiten angegangen wurde und daß jede seiner Reden und Äußerungen weite Beachtung in der damaligen Presse fand[288]. Daß Keppler diese Möglichkeiten nicht auszunutzen verstand und bald in den Hintergrund verdrängt wurde, lag allem Anschein nach an seiner mäßigen Begabtheit und seinen Charaktereigenschaften. Wenn man dem späteren Zeugnis seiner Zeitgenossen Glauben schenken darf, war Keppler »... kein sehr heller Kopf, naiv und einseitig beschränkt..., einer von denen, die Hitler in ihrer Bedeutungslosigkeit, aber auch Verwendbarkeit erkannt hatte und deshalb hochspielte, um Konkurrenzen zu schaffen«[289]. Walter Darré hat gleicherweise nach dem Kriege die Tatsache, daß Keppler trotz seines großen Einflusses auf Hitler »die großen wirtschaftspolitischen Machtpositionen«, die in seiner Hand konzentriert waren, nicht ausbauen konnte, seiner »schrullenhaften Eigenbrödlerei« und beschränkten Intelligenz zugeschrieben. So wurde er bald zum »Freihafen für fremde Mächte«, unter denen Darré vor allem Himmler, Kranefuß, Funk und Ribbentrop erwähnt[290]. Auch Schacht hat sich Kepplers bei seinen Intrigen gegen den Wirtschaftsminister Schmitt bedient, bis er diesen im Juli 1934 ablöste[291].

Es bleibt daneben zu bedenken, daß Keppler in der NSDAP ein »neuer Mann« und an der Formulierung ihrer wirtschaftlichen Programme und Vorarbeiten nicht beteiligt war. Seine Funktion war hauptsächlich die eines Verbindungsmannes Hitlers zu Wirtschafts- und Industriekreisen, und er hat daher auch bei dem der Machtergreifung vorangehenden Intrigenspiel eine gewisse Vermittlerrolle gespielt. Aus diesem Grunde würde auch eine stärkere Einflußnahme Kepplers auf die wirtschaftspolitischen Entscheidungen keineswegs den aktiven Einfluß der Partei beweisen. Der Aufgabenkreis der wirtschaftlichen Parteiorgane wurde durch die Neuorganisation ausdrücklich auf die politisch-erzieherische Sphäre beschränkt. Die Kommission Koehlers hatte keinerlei wirtschaftspolitische Exekutivvollmachten und sollte sich ausschließlich dem Aufbau und der Unterrichtung der »wirtschaftspolitischen Truppe der Partei« widmen, deren aktivster Kern die Gauwirtschaftsberater waren[292]. Bernhard Koehler, der bis zu seinem Tode im Jahre 1939 der Kommission vorstand, organisierte zu diesem Zweck eine weitverzweigte Aktivität. Ein Apparat von über 60 festangestellten und einer großen Anzahl ehrenamtlicher Mitarbeiter arbeitete an der Vorbereitung unzähliger Kurse und Seminare für die in den Regierungsstellen, der Privatwirtschaft oder der Wissenschaft amtierenden Wirtschaftsfunktionäre. Die groß aufgemachte Publizierung dieser Veranstaltungen und vor allem der zahlreichen Vorträge Bernhard Koehlers, nicht nur in der Parteipresse, sondern auch in den großen Tageszeitungen, weisen darauf hin, daß der Kommission und ihrer Tätigkeit eine nicht geringe Bedeutung zugemessen wurde. Es ist daher etwas merkwürdig, daß die Kommis-

sion für Wirtschaftspolitik und ihr Leiter von der Forschung bisher kaum beachtet worden sind.
Ebensowenig ist die Rolle der Gauwirtschaftsberater und der Einfluß der Gauleiter auf die wirtschaftlichen Entscheidungen auf regionaler und Reichsebene untersucht worden. Wie wir sehen werden, enthielten sich die Gauleiter durchaus nicht einer Intervention in wirtschaftlich wichtigen Entscheidungen grundsätzlicher, personaler oder praktischer Natur, und ihr tatsächlicher Einfluß hing offensichtlich von der effektiven Hausmacht des jeweiligen Gauleiters ab. Koehlers Kommission stand mit den Gauleitern und ihren Wirtschaftsberatern in ständigem Kontakt und versandte ein besonderes Mitteilungsblatt, das unter ausdrücklichem Abdruckverbot nur für Parteigenossen bestimmt war. Koehler selbst gab als Grund an, daß es Aufgabe der »Mitteilungen« sei, »... Auslese zu treffen unter den vielen nach solchen, die bloß mitlaufen, und nach solchen, die sich einzusetzen entschlossen sind..., die in der Partei, ihren Gliederungen und in den angeschlossenen Verbänden mithelfen, die Arbeit der Kommission für Wirtschaftspolitik zu tun«[293]. Was damit gemeint war, geht aus dem Inhalt der monatlich erscheinenden »Mitteilungen« hervor: Neben monotoner Wiederholung der nationalsozialistischen Wirtschaftsgrundsätze, wie »Primat der Politik«, »Recht auf Arbeit«, »Nahrungsfreiheit« und »Lebensraum«, wurde zu aktuellen Wirtschaftsfragen Stellung genommen. Wiederholt wurde unter Hinweis auf die »Brechung der Zinsknechtschaft« die Zinssenkung gefordert und auch an wirtschaftspolitischen Maßnahmen der Reichsstellen versteckt Kritik geübt. Ein Beitrag von 1936, der ohne Namensnennung, aber deutlich auf Schacht bezogen war, kritisierte unter dem Titel »Wirtschaftswahn« angebliche Versuche einer aktiveren Außenhandelspolitik als Tendenz, die Wirtschaft wieder der Politik voranzustellen[294].
In einer seiner letzten Reden betonte Koehler unter der bezeichnenden Überschrift: »Wir aber, wir wachen!« nochmals die erzieherische Aufgabe der Kommission für Wirtschaftspolitik, allen in der Wirtschaft Tätigen »... jene neue ... politische Bearbeitung von Wirtschaftsfragen« beizubringen. Darüber hinaus habe sie jedoch die Aufgabe, die Wirtschaft nicht nur ideologisch, sondern auch in ihrem praktischen Ablauf zu überwachen: »... Wir haben die Augen offenzuhalten über der deutschen Volkswirtschaft, um dem Führer und seinen Verantwortlichen zu melden, was wir sehen – und zwar auf dem kürzesten Wege, wie der Führer befohlen hat[295].« Der Gauwirtschaftsberater Schwabens schilderte in seiner Gedenkrede nach dem Tode Koehlers die Funktionenteilung wirtschaftlicher Beschlußfassung folgendermaßen: »... Der weltanschauliche Grundsatz bestimmt den wirtschaftspolitischen Entschluß; dieser gebiert die volkswirtschaftlichen Maßnahmen, deren Durchführung Sache des Staates, deren Ausführung Aufgabe der Wirtschaft ist. Die Wirtschaft aber ist unter die Fahne der Partei gestellt[296].«
Das war sicherlich mehr frommer Wunsch als Wirklichkeit, beweist aber jedenfalls den Anspruch, den die wirtschaftspolitische Kommission erhob.
Die Definition der tatsächlichen Verhältnisse als »Gauleiterdiktatur im Bereich der Wirtschaft«, wie sie Wilhelm Treue darstellt[297], ist nach den vorliegenden Quellen gewiß übertrieben. Alles weist darauf hin, daß Hitler zumindest während der ersten Jahre seiner Herrschaft die Wirtschaftskreise schonend behandelte, um seine Ziele mit deren williger Mitarbeit zu verwirklichen. Dies hat in Parteikreisen und besonders unter den »alten Kämpfern« manches Mißtrauen und auch Kritik

hervorgerufen. Man beklagte die verzögerte Verwirklichung der wirtschaftlichen Punkte des Parteiprogramms und hoffte, daß bald die Zeit ». . . für die Verwirklichung einer Wirtschafts- und Sozialordnung, die den Grundsätzen des Parteiprogramms weitestgehend entspricht«, kommen würde[298]. Die Parteiliteratur suchte diese Regungen mit dem Hinweis auf die besondere Dringlichkeit der Arbeitsbeschaffung zu beschwichtigen, die auch im Jahre 1935 »so dringlich und so groß« sei, ». . . daß dahinter der Einsatz für die Idee einer nationalsozialistischen Gestaltung der Wirtschaft vorerst zurückgetreten ist«. Inzwischen müsse man sich damit begnügen, ». . . daß Befehle des nationalsozialistischen Staates entgegengenommen und ausgeführt werden«[299]. Es wurde jedoch betont, daß es sich bei diesem »wirtschaftstechnischen Kapitalismus« nur um ein notwendiges Übergangsstadium handeln könne. Die Wirtschaftskreise wurden vor jedem ». . . Versuch, aus den wirtschaftlichen Voraussetzungen wirtschaftspolitische Führungsansprüche abzuleiten«, gewarnt[300].

Obige Darstellung führt zu dem Schluß, daß während der hier behandelten Periode die offiziell mit Wirtschaftsfragen betrauten Parteistellen einen nur indirekten Einfluß auf die wirtschaftspolitischen Entscheidungen ausüben konnten. Wieweit sich dieser über die Gauwirtschaftsberater und die in Pflichtkursen und Lehrgängen ausgiebig indoktrinierten Wirtschaftsfunktionäre effektiv auswirkte, soll in den folgenden Abschnitten noch untersucht werden, soweit es der empirische Forschungsstand ermöglicht. Die Übermittlung der wirtschaftspolitischen Exekutivfunktionen an die staatlichen Organe entsprach, wie wir sahen, durchaus der nationalsozialistischen Staats- und Wirtschaftsauffassung. Daneben haben Parteipresse und -literatur während der ganzen Zeit an den ideologischen Zielsetzungen festgehalten und sie in ermüdender Monotonie proklamiert. Daß sie die verzögerte Verwirklichung mancher wirtschaftlicher Programmpunkte nicht stillschweigend übergingen, sondern sie mit dem Hinweis auf kommende »bessere Zeiten« offen zugaben, entsprang der Notwendigkeit, die Parteigemüter zu beschwichtigen. Es kann aber auch als Beweis dafür gelten, daß die ideologisch bestimmten Wirtschaftskonzepte nicht als endgültig aufgegeben galten.

Der »Ständische Aufbau«: Selbstverwaltung oder Kommando-Transmission?

> »Zur Durchführung alles dessen fordern wir die Schaffung einer starken Zentralgewalt des Reiches. Unbedingte Autorität des politischen Zentralparlaments über das gesamte Reich und seine Organisationen im allgemeinen. Die Bildung von Stände- und Berufskammern zur Durchführung der vom Reiche erlassenen Rahmengesetze in den einzelnen Bundesstaaten.«*

Dieser Punkt des Parteiprogramms bildete die Grundlage der Ständeterminologie, die in den programmatischen Äußerungen der NSDAP bezüglich der Wirtschaft in den Jahren vor der Machtergreifung vorherrschte. Ausdrücke wie »ständischer« oder »berufsständischer« Aufbau wurden auch nachher, wenn auch immer seltener und inhaltlich eingeschränkt, gebraucht. Da die ausgeprägteste Stände-

---

* Punkt 25 des Parteiprogramms von 1920

ideologie von der universalistischen Schule Othmar Spanns vertreten wurde, ergab sich aus dieser terminologischen Affinität der Eindruck, die NSDAP habe sich, gleich anderen Gruppen der konservativen Rechten in der Weimarer Republik, die Ständekonzeption Spanns zu eigen gemacht, und gilt auch als Beweis des mittelständischen Charakters der Partei und ihrer Ideologie. Die Interessenvertretungen des Handwerks und Kleinhandels glaubten, im Protektionismus und den Aufnahmebeschränkungen einer ständischen Wirtschaftsverfassung Schutz vor der industriellen Konkurrenz und der »liberalistischen« Gewerbefreiheit finden zu können. Der verhältnismäßig hohe Anteil mittelständischer Mitglieder und Wähler der NSDAP, der mit der Radikalisierung des Mittelstandes im Laufe der Wirtschaftskrise noch anstieg[301], fand seinen programmatischen Niederschlag in einer allerdings nur allgemein und unverbindlich gehaltenen Ständeterminologie. Es ist für die späteren Entwicklungen nicht irrelevant, daß bereits im Programm von 1920 die Forderung nach Stände- und Berufskammern nur »in den einzelnen Bundesstaaten« erhoben wurde und deren Aufgabe als die Durchführung der von »einer starken Zentralgewalt des Reiches« zu erlassenden Rahmengesetze definiert wurde. Hier zeichnete sich bereits die entscheidendste Abweichung der nationalsozialistischen Ständekonzeption von der Othmar Spanns ab. Spanns Modell eines kommenden Ständestaates war in Anlehnung an die mediviale Zünfteordnung als aggressive Ablehnung der parlamentarischen Demokratie entwickelt worden. Der Staat erscheint in diesem Modell als die Spitze einer hierarchischen Pyramide korporativer Verbände, die die Wirtschaft in weitgehend autonomer Selbstverwaltung zu ordnen haben. Die vorgesehene Stände- oder Wirtschaftskammer steht zwar somit nicht über dem Staat, »befreit« diesen jedoch von allen wirtschaftlichen und sozialen Funktionen, damit er, als der oberste politische »Stand« über der Sphäre wirtschaftlicher Interessengegensätze stehend, seine »wahre« politische Funktion erfüllen kann[302].

Die frühen Verbindungen der NSDAP mit Othmar Spann und seiner Schule gingen vor allem auf Gottfried Feder zurück. Sein Kommentar des Parteiprogramms aus dem Jahre 1926 kündet dessen Verwirklichung als den Sieg der ». . . heraufziehenden universalistischen Gesellschaftsordnung des wahren Staates« an. In den zwanziger Jahren war Feder einer der Teilnehmer an den internen Zusammenkünften im Kloster Gamming, die der Spann-Kreis dort für ein ausgewähltes Forum von Politikern und Wirtschaftsführern veranstaltete. Diese engen Beziehungen zum Spann-Kreis brachten Gottfried Feder noch im Jahre 1937 die Rüge des parteiinternen »Hoheitsträgers« ein, er habe die Partei in Beziehungen mit einer Richtung verwickelt, die zwar auch gegen »Marxismus und Liberalismus« kämpfte, ihrer Ideologie jedoch grundsätzlich entgegengesetzt war[303]. Dabei waren die Beziehungen der NSDAP zu Othmar Spann keineswegs auf Gottfried Feder beschränkt. Ende der zwanziger Jahre war davon in der Presse und in internen Mitteilungen oft die Rede, und es zirkulierte auch ein – bisher unbestätigtes – Gerücht über regelmäßige heimliche Zusammenkünfte Hitlers mit Othmar Spann zur Übereinkunft über die beiderseitigen wirtschaftspolitischen Stellungnahmen. Ein Zeitungsartikel vom Jahre 1929 schilderte die Anwesenheit Hitlers bei einem Vortrag Spanns an der Universität München über das Thema »Die Verjudung der Philosophie«. Hitler sei mit rauschendem Applaus und warmen Begrüßungsworten empfangen worden und hätte zum Schluß »Händedrücke und tiefe Verbeugungen mit Othmar Spann« getauscht. Auch Otto

Wagener berichtet in seinen Aufzeichnungen von einer Vortragsreihe Walter Heinrichs, die er auf Anweisung Hitlers veranstaltet hat[304].
Diese Verbindungen und der vorgebliche krasse Richtungswechsel nach der Machtergreifung werden oft als Beweis dafür angesehen, daß die Nationalsozialisten, nachdem ihr wichtigstes politisches Ziel erreicht war, ihre treuesten Anhänger im Stich gelassen und sich von der universalistischen Mittelstandsideologie losgesagt hätten[305]. Diese Auffassung kann, soweit sie sich auf den spezifischen Fall der Beziehungen zu Othmar Spann stützt, einer kritischen Untersuchung schon deshalb nicht standhalten, weil die universalistische Ständeideologie keineswegs mit einer rein mittelständischen Interessenorientierung zu identifizieren ist. Die offiziellen Interessenverbände des Handwerks und Kleinhandels haben das Ständekonzept Spanns durchaus nicht uneingeschränkt akzeptiert und sahen darin meist nur ein Mittel, um außerhalb des eigenen Interessenkreises im konservativen und antidemokratischen Lager der rechten Opposition Unterstützung für die eigenen Belange zu gewinnen[306]. Außerdem hat die NSDAP sich niemals voll und ganz mit den Spannschen Ständekonzepten identifiziert, sondern nur einige derselben in die eigene Wirtschaftsauffassung integriert und die universalistische Terminologie in einem umgewandelten, ihren eigenen Konzepten entsprechenden Sinne angewandt. Beabsichtigt oder unbewußt näherte sie sich hierdurch den Kreisen der »konservativen Revolution« und dem gesellschaftlich respektablen antiliberalistischen und antidemokratischen Lager in der Weimarer Republik. Die »Ständeordnung« war die zeitweilig gemeinsame Plattform der republikfeindlichen Opposition, wurde jedoch jeweils verschieden interpretiert, indem die Spann-Anhänger den Schwerpunkt auf die »Stände«, die Nationalsozialisten auf die staatsbestimmte »Ordnung« legten[307].
Es trifft auch nicht zu, daß die Differenzen zwischen der NSDAP und Spann erst nach dem Januar 1933 auftraten. Otto Wagener berichtet trotz der obenerwähnten Annäherung über wiederholte Meinungsäußerungen Hitlers, die seine Ablehnung der grundsätzlichen Ausgangsposition des Spannschen Ständekonzepts hervorhoben. Auch Hans Buchner fügte in seiner bereits erwähnten grundsätzlichen Schrift der ausführlichen Beschreibung der »von manchen Theoretikern« vertretenen Stände-Ideologie einen vielsagenden Nachsatz an: » ... Grundsätzlich hat der Nationalsozialismus zum Ständeproblem und seinen theoretischen wie praktischen Verwirklichungsformulierungen zu sagen, daß vor jeder wirtschaftlichen Tätigkeitsnorm und Organisationsart die politische Suprematie gewahrt werden muß. Erst aus dem völkisch gedachten und verwirklichten Staatsgedanken und seiner politischen Staatsform gewinnt die Wirtschafts- und Gesellschaftslehre Sinn, Bedeutung und Leben[308].«
Die Existenz eines »Amts für ständischen Aufbau« innerhalb der NSDAP kann über diese Differenzen kaum hinwegtäuschen. Der Leiter des Amtes war der 24jährige Max Frauendorfer, der sich nach eigener Aussage kaum durchsetzen konnte und zu den wichtigsten Besprechungen nicht herangezogen wurde. Frauendorfer entwickelte 1932 unter ausdrücklicher Berufung auf Othmar Spann das Programm einer ständischen Wirtschaftsgliederung, die Arbeitgeber und Arbeitnehmer zur » ... endgültigen Beilegung des latenten Kriegszustandes« zwischen ihnen in gemeinsamen, nach Wirtschaftszweigen organisierten Berufsständen vereinigen sollte, betonte jedoch gleichzeitig die oberste Autorität des Staates über der Wirtschaft: » ... Aus dem unbedingten Primat des Staates als Wahrer der

gesamten Nation und der daraus entspringenden Eigenschaft der Stände als Organisationen nur der wirtschaftlichen Seite des Lebens ergibt sich für den Staat die Notwendigkeit, die Oberaufsicht über jede ständische Tätigkeit zu führen.« Wie wir sehen werden, ist später nicht einmal die gemeinsame Organisation von Unternehmern und Personal verwirklicht worden[309].

Die frühen Differenzen blieben keineswegs auf das theoretische Gebiet beschränkt. Im Dezember 1931 richtete Othmar Spann einen erregten Brief an einen befreundeten Rechtsanwalt mit dem Auftrag, ein Verfahren wegen Verleumdung gegen den »Großdeutschen Pressedienst« einzuleiten, der ihm Intrigen gegen die NSDAP vorgeworfen hatte: » ... Es ist schon der Gipfel der Unverschämtheit, mich des Minenlegens gegen die N.S.D.A.P. – und gar mit Hilfe des Zentrums – ... zu bezichtigen!« Als sich dann allerdings herausstellte, daß es sich dabei um den »Wirtschaftspolitischen Pressedienst« Otto Wageners gehandelt hatte, wurde Spann von seinem Rechtsanwalt nahegelegt, die Sache durch persönlichen Kontakt mit der Redaktion leise beizulegen[310].

Nach der Machtergreifung betrafen die grundsätzlichen Auseinandersetzungen zwischen den Nationalsozialisten und dem Spann-Kreis vor allem die Rassenideologie und die selbstverwaltende Autonomie der wirtschaftlichen Verbände. Die alteingesessenen und gutorganisierten Unternehmerverbände der Industrie hatten nach dem Januar 1933 die Ständekonzeption aufgegriffen, um sich im nationalsozialistischen Herrschaftssystem unter Berufung auf die früheren ideologischen Verpflichtungen ein Höchstmaß ihrer wirtschaftlichen Selbstverwaltungsbefugnisse zu erhalten. Die hauptsächliche Unterstützung der Spann-Schule kam daher aus diesen – und nicht aus mittelständischen – Kreisen. Die Gestapo hat diesen Sachverhalt in der von ihr 1936 verfaßten Geheimakte über den Spann-Kreis ausdrücklich konstatiert: » ... die Ständelehre Spanns (wird) heute in erster Linie von denen vorgetragen, die ihr Einflußgebiet durch die nationalsozialistische Partei und die nationalsozialistische Weltanschauung bedroht sehen. Das gilt vor allem für die Großindustrie, die die Gestaltung ihres Lebensgebiets (Standes) Wirtschaft im nationalsozialistischen Sinne fürchtet ... Die einzige Macht, der der Spann-Kreis bisher immer die Treue gehalten hat, ist die Großindustrie, die dem Spann-Kreis die Gelder zur Verfügung stellt. Ihre Interessen hat der Spann-Kreis stets vertreten[311].«

Unter den Großindustriellen war besonders Fritz Thyssen als begeisterter Spann-Anhänger hervorgetreten. Dank seiner frühen Verbindungen mit Hitler und der finanziellen Unterstützung der NSDAP konnte Thyssen im Frühjahr 1933 die Zustimmung Hitlers zur Errichtung des »Instituts für Ständewesen« in Düsseldorf erlangen. Dieses Institut hat bis zu seiner Auflösung durch die Gestapo 1935 eine beträchtliche Aktivität zur wissenschaftlichen und propagandistischen Verbreitung der universalistischen Wirtschaftskonzeptionen entwickeln können. Einer seiner Vorsteher, der westfälische Treuhänder der Arbeit, Dr. Josef Klein, war schon früher zur NSDAP gestoßen, ebenso wie der wissenschaftliche Leiter des Instituts, Dr. Paul Karrenbrock, der ab 1931 Parteimitglied war. Beide waren als Mitglieder des Düsseldorfer Gauwirtschaftsrats in den Jahren 1930–1932 in engem Kontakt mit der von Otto Wagener geleiteten WPA. Daneben war Karrenbrock jahrelang wissenschaftlicher Berater des rheinland-westfälischen »Langnamsvereins« und einer der schärfsten Gegner des nationalsozialistischen »Kampfbundes für den gewerblichen Mittelstand«. Diese Zusammenhänge bestätigen ziemlich einwandfrei, daß es gerade großindustrielle Interessen waren, die im universalistischen Ständewesen Schutz vor staatlichen Übergriffen und vielleicht auch die Wahrung monopolistischer Vorteile suchten[312].

Gegen Ende des Jahres 1934 nahmen die Angriffe auf das »Institut für Ständewesen« besonders von seiten der Deutschen Arbeitsfront (DAF) und ihres Führers Robert Ley ständig zu, wobei sich auch Max Frauendorfer, der nun Ley unterstellt war, besonders hervortat. In diesem mehrere Monate währenden Kampf hatten schließlich die Parteiorgane die Oberhand. Thyssens wiederholte Interventionen bei Hitler blieben unbeantwortet, bis schließlich, nachdem Wilhelm Keppler der Reichskanzlei seinen Einspruch gegen den Fortbestand des Instituts mitgeteilt hatte, Hitler Thyssen mitteilen ließ, daß er sowohl den Inhalt seiner Denkschrift als auch allgemein die Ansichten Othmar Spanns und Walter Heinrichs grundsätzlich ablehne[313]. In den Jahren 1935 und 1936 verschärften sich die Zusammenstöße. Dabei trat die universalistische Kritik der nationalsozialistischen Rassenpolitik und des Antisemitismus immer mehr hervor. Die Anhänger Spanns hatten allem Anschein nach die Hoffnung aufgegeben, ihren Anschauungen durch die betonte ideologische Verwandtschaft mit dem Nationalsozialismus Gehör zu verschaffen, und gingen dazu über, sich die Unterstützung nahestehender und einflußreicher Kreise gegen den ideologischen Totalitätsanspruch des nationalsozialistischen Regimes zu verschaffen. In ihrer Zeitschrift »Ständisches Leben« erschien Anfang 1935 eine Artikelserie gegen die Rassenideologie, und Paul Karrenbrock verfaßte zum gleichen Thema eine Broschüre, die an zirka 300 prominente Persönlichkeiten in Wirtschaft, Militär und Wissenschaft versandt wurde. Diese Broschüre lieferte u. a. den Anlaß zu Karrenbrocks Verhaftung und zu seinem Ausschluß aus der NSDAP. Das in seiner Wohnung beschlagnahmte Material bildete die dokumentare Grundlage für die Anfang 1936 von der Geheimen Staatspolizei angelegte und als »Geheime Kommandosache« verbreitete »Spann-Kreis-Akte«. Othmar Spann, der seit dem 1. Mai 1933 eine unnumerierte NSDAP-Mitgliedskarte besaß, wurde die Wiederaufnahme in die Partei nach dem Anschluß Österreichs durch das Oberste Parteigericht wegen ideologischer Gegensätze verweigert. Fritz Thyssen wanderte 1939 aus Deutschland aus[314].

Damit kam eine Auseinandersetzung zum endgültigen Abschluß, die 1933/34 mit Meinungsverschiedenheiten über den »ständischen Aufbau« der Wirtschaft begonnen hatte. Die Spann-Anhänger des Düsseldorfer Instituts und die sie unterstützenden Großindustriellen verstanden darunter die weitgehend autonome Selbstverwaltung der Wirtschaft und eine Wirkungsfreiheit, die neben der verwaltenden auch die gesetzgeberische Initiative einschließen sollte[315]. Was dagegen die Nationalsozialisten tatsächlich errichteten, war trotz der anfänglichen terminologischen Identität etwas grundsätzlich anderes: Durch die Ausnutzung und willige Mitarbeit der bestehenden Unternehmerverbände und zumeist auch ihrer erfahrenen Leiter entstand – nach einer Reihe von Versuchen und ideologisch-taktischen Experimenten – spätestens Ende 1934 ». . . anstelle der geplanten Berufsstände eine Organisation . . ., die nur noch Befehlsempfänger der Regierung war«[316].

Das wirtschaftliche Verbandswesen in der Weimarer Republik war ein eng verflochtenes Organisationsnetz horizontaler und vertikaler Gliederung. Auf horizontaler Ebene waren sämtliche Industrie-, Handwerks- und Handelsbetriebe obligatorisch Mitglieder der örtlichen oder regionalen Handelskammern, deren Beiträge als Körperschaften des öffentlichen Rechts durch die Steuerämter eingezogen wurden. Die Handelskammern waren an der Spitze im Deutschen Industrie- und Handelstag (DIHT) zusammengefaßt. Vertikal bestanden daneben die fakultativen fachlichen Spitzenverbände, deren größter und einflußreichster der Reichsverband der Deutschen Industrie (RDI) war. Außerdem vertrat die Vereinigung der deutschen Arbeitgeberverbände die Unternehmerinteressen gegenüber den gewerkschaftlichen Verbänden. Als weitaus größte Gewerkschaft stand der Allgemeine Deutsche Gewerkschaftsbund (ADGB) zwar nicht offiziell, aber praktisch unter sozialdemokratischer Führung.

Die Gewerkschaften fielen als erste den nationalsozialistischen Neuordnungsplänen zum Opfer. Alle Versuche der Gewerkschaften einschließlich des ADGB, durch Anerkennung der politischen Autorität des neuen Regimes ihre Organisationen zu erhalten, konnten sie nicht vor dem Untergang retten. Auch der Aufruf des ADGB an seine Mitglieder, sich am Aufmarsch des von Goebbels in einem raffinierten Propagandaschachzug zum »Tag der nationalen Arbeit« erklärten, 1. Mai 1933 zu beteiligen, brachte ihm nur die höhnische Verachtung der Nationalsozialisten ein. Bereits am Tage darauf wurden in einer wohlorganisierten Aktion sämtliche Büros und Gewerkschaftszweigstellen des ADGB von SA-Kommandos besetzt, ihre beträchtlichen Vermögen beschlagnahmt und der DAF übergeben. Wenige Tage darauf beschlossen auch die anderen Gewerkschaften »freiwillig« ihre Auflösung und den Anschluß an die DAF[317].

Das Problem der gewerkschaftlichen Organisation im NS-Staat war jedoch damit noch keineswegs gelöst, und das Ende der Gewerkschaften war lediglich die Ouvertüre zu einer mehrere Monate andauernden Auseinandersetzung. Innerhalb der Partei und besonders der Nationalsozialistischen Betriebszellenorganisation (NSBO) wähnten die proletarischen Parteianhänger und Funktionäre, daß die DAF berufen sei, nicht nur das Vermögen, sondern auch den Aufgabenkreis der vernichteten Gewerkschaften als wirtschaftlich-soziale Interessenvertretung der Arbeitnehmer zu erben. Hitlers doppeldeutige Einstellung zu den Gewerkschaften und ihren Aufgaben, die in »Mein Kampf« und späteren Äußerungen zum Ausdruck kam, bot den miteinander ringenden und entgegengesetzten Tendenzen einen weiten Spielraum. In »Mein Kampf« hatte er den Gewerkschaftskampf zumindest so lange als berechtigt anerkannt, »als nicht ein nationalsozialistischer völkischer Staat besteht« und die Interessengegensätze im Rahmen von »Ständekammern« und eines »zentralen Wirtschaftsparlaments« ihre Erledigung finden würden[318]. Gewerkschaftlich orientierte Funktionäre der NSBO teilten weitaus entschiedener die Anschauung Gregor Strassers, daß die Gewerkschaften »genauso notwendig und in bestimmten Sinne berechtigt ... zur Vertretung der beruflichen, standesmäßigen und wirtschaftlichen Interessen der Arbeitnehmer« seien wie die Unternehmerverbände[319]. Der Führer der NSBO, Reinhold Muchow, entwickelte dementsprechend im Frühjahr 1933 ein Organisationsprogramm für die DAF als Dachorganisation, in der den Unternehmerverbänden zwei gewerkschaftliche »Gesamtverbände« der Arbeitnehmer zur Seite gestellt wurden. Diese umfaßten 14 Arbeiter- und 9 Angestelltenverbände, die, ähnlich wie die Gewerkschaften in der Weimarer Republik, nach dem Berufsprinzip organisiert waren. Die bestehenden gewerkschaftlichen Organisationen wurden somit übernommen und die Funktionäre der NSBO an ihre Spitze gestellt[320].

Bald sollte sich jedoch herausstellen, daß die Führungsspitze durchaus entgegengesetzte Vorstellungen hatte. Am 27. November 1933 erschien mit der Unterschrift Robert Leys, des Reichswirtschaftsministers Schmitt und des Reichsarbeitsministers Seldte ein »Aufruf an alle schaffenden Deutschen«, der dieses Organisationsprinzip endgültig begrub und die persönliche Mitgliedschaft der Arbeitnehmer und Unternehmer in der DAF anordnete. Gleichzeitig wurde der DAF jegliche arbeits- und sozialpolitische Betätigung verboten und ihr Aufgabenkreis ausschließlich auf die »Erziehung ... zum nationalsozialistischen Staat und nationalsozialistischer Gesinnung« begrenzt. Einige Tage darauf, am 7. Dezember 1933, wurden die gewerkschaftlichen Fachverbände offiziell aufgelöst. Die DAF wurde enger an die Partei angeschlossen, indem die Mitgliedschaft in ihr über die NSBO automatisch die Zugehörigkeit zur politischen Organisation (PO) der NSDAP einschloß. Auf der Personalebene fand dies auch darin seinen Ausdruck, daß der Führer der DAF, Robert Ley, gleichzeitig den Posten des Stabsleiters der politischen Organisation der NSDAP innehatte[321].

Das »Gesetz zur Ordnung der nationalen Arbeit (AOG)«[322] vom 20. Januar 1934 unterband jegliche Versuche der DAF oder der NSBO und ihrer Funktionäre in den Betrieben, sich in Verhandlungen über Lohn- und Arbeitsbedingungen einzuschalten. Eine Anordnung Robert Leys vom Mai 1934[323] verbot den Betriebsfunktionären jede diesbezügliche Intervention mit der Begründung, daß derartige Verhandlungen nur an zentraler Stelle durch ein »Aktionskomitee zum Schutze der deutschen Arbeit« geführt werden würden. Aber auch dies erwies sich als ein ungerechtfertigter Anspruch. Tatsächlich bestätigte das »Arbeitsordnungsgesetz« die unbegrenzte Vollmacht der »Treuhänder der Arbeit« auf dem Gebiet der Lohntarife und Arbeitsbedingungen, wie sie bereits ein Jahr vorher durch das »Gesetz über Treuhänder der Arbeit[324] vorläufig »bis zur Neuordnung der Sozialverfassung« festgelegt worden war. Da die Treuhänder als Regierungsbeamte direkt dem Reichsarbeitsminister verantwortlich waren, war damit das gesamte Lohn- und Tarifwesen der direkten Staatskontrolle und deren eigenmächtiger Entscheidung unterstellt. Der DAF blieb neben ihren betont »erzieherischen« und politisch-propagandistischen Funktionen lediglich das Recht einer begrenzten Aufsicht über die sanitären Verhältnisse in den Betrieben überlassen. Spätere Versuche, durch diese Aufsicht einen indirekten Einfluß auf die Arbeitsbedingungen zu gewinnen, blieben meist erfolglos. Allerdings sollte der psychologisch-propagandistische Effekt der Tätigkeit der DAF nicht unterschätzt werden. Die unter dem Motto »Adel der Arbeit« und vor allem durch die Massenveranstaltungen der Organisation »Kraft durch Freude« geschaffene Atmosphäre bewirkte zumindest die Illusion einer egalitären gesellschaftlichen Neuordnung im Dritten Reich, die z. B. David Schoenbaum wohl übertrieben als »Statusrevolution« bezeichnet*. In den Betrieben selbst kam dies jedoch, wenn man von den gemeinsamen Aufmärschen der Unternehmer und ihrer »Gefolgschaft« absieht, kaum zum Ausdruck. Im Gegenteil, es wurde durch die Betonung des »Führerprinzips« im Arbeitsordnungsgesetz, das den Unternehmer zum »Betriebsführer« seiner »Gefolgschaft« stempelte, dem traditionellen »Herr-im-Hause«-Anspruch der deutschen Unternehmer Rechnung getragen.

---

* »Der Verlust an liberté ... war praktisch mit einer Förderung der ›égalité‹ eng verbunden, einer Gleichheit, die in jeder Naziorganisation und Nazidemonstration propagandistisch ausgeschlachtet wurde ... Aus unserer Sicht war es vielleicht Sklaverei, aber nicht unbedingt so auch aus der Sicht der Zeitgenossen. Oder es war – alternativ – eine Sklaverei, die er mit seinen früheren Vorgesetzten teilte, und daher eine Form von Gleichheit oder sogar Befreiung« (D. Schoenbaum, a. a. O., S. 117 f., Übers. d. Verf.).

Dies allerdings mit der sehr wesentlichen Einschränkung ihrer Handlungsfreiheit in der Lohngestaltung, die durch das Gesetz zum ausschließlichen Befugnisbereich der Treuhänder erklärt wurde. Die autonome Verhandlungsfreiheit über Lohntarife und Arbeitsbedingungen wurde nicht nur den Arbeitnehmern und ihren Organisationen, sondern gleicherweise den Unternehmern entzogen. Die Treuhänder, deren Ernennung nur mit Bestätigung Hitlers möglich war, konzentrierten dadurch Befugnisse und Vollmachten in ihren Händen, durch die sie zu einer der wichtigsten wirtschaftlichen Machtpositionen im Dritten Reich aufstiegen. Es ist daraus erklärlich, daß die Besetzung der Treuhänderposten und ihrer Sachverständigenausschüsse die konkurrierenden Interessen der Partei und der Wirtschaftskreise auf den Plan rief, um sich jeweils den weitestmöglichen Einfluß in diesen Gremien zu sichern.

Geographisch stimmten die 13 Treuhänderbezirke mit den Reichsgauen überein, in denen die Gauleiter meist auch den obersten Regierungsposten, als Reichstatthalter oder Regierungspräsidenten, besetzten. In vielen Fällen bestanden die Gauleiter auf ihrem Recht, auch die Ernennung der Treuhänder zu bestätigen, und bemühten sich, diese Posten für verdienstvolle »alte Kämpfer« zu reservieren. Dies augenscheinlich nicht nur, weil sie diesen Pgs einträgliche Sinekuren verschaffen wollten, sondern auch, weil sie den Einfluß der Treuhänder auf dem besonders in der ersten Zeit nach der Machtergreifung empfindlichen Gebiet der Arbeitsbeziehungen und der Lohnbestimmung klar erkannten. Es mußte sie daher aufbringen, daß nur sieben der Mitte Juni 1933 ernannten Treuhänder frühere Parteimitglieder waren. Die meisten kamen aus der höheren Regierungsbürokratie, und zumindest drei der ernannten Treuhänder hatten laut dem veröffentlichten Lebenslauf frühere enge Beziehungen zu Industrie- und Wirtschaftskreisen[325]. Kein Wunder, daß sofort nach ihrer Ernennung die Besetzung der Treuhänderposten von einigen Gauleitern und auch von seiten der DAF heftig bemängelt wurde und eine Reihe von Beschwerden und Eingaben nach Berlin abgingen. Mutschmann, der Gauleiter Sachsens, empörte sich darüber, daß man den dortigen Treuhänder Hoppe, der erst 1933 der Partei beigetreten sei, ohne seine Zustimmung ernannt habe. Gegen den Treuhänder Schlesiens, Dr. Nagel, wurde über das sozialpolitische Amt der DAF in Berlin Beschwerde bei der Reichskanzlei geführt, er stelle sich eindeutig auf die Seite der Unternehmer, was sich bei den Wahlen ungünstig auswirken könne. Hingegen wurde der Treuhänder von Hessen, Dr. Lüer, auf Antrag und Empfehlung des dortigen Gauleiters Sauckel ernannt.

Es ist bezeichnend, daß als Ergebnis dieser Auseinandersetzungen sämtliche von den Gauleitern und Parteistellen beanstandeten Treuhänder abgelöst oder versetzt wurden. In einem Brief an Hitler vom 24. März 1934 schlug der Reichsarbeitsminister Seldte eine neue Treuhänderliste vor und betonte ausdrücklich, daß alle neu vorgeschlagenen Personen »alte Parteigenossen« seien – außer einem einzigen, der es aber »verstanden (habe), sich das Vertrauen der Arbeitsfront und der NSBO zu erwerben«[326]. Besonders aufschlußreich ist in diesem Zusammenhang der Fall des westfälischen Treuhänders Dr. Josef Klein, ein alter Anhänger Othmar Spanns und der Vertraute von Fritz Thyssen[327], der dem von diesem begründeten Düsseldorfer »Institut für Ständewesen« vorstand. Klein wurde auf Antrag Seldtes nach Untersachsen versetzt, nachdem es zu einer Reihe von Zusammenstößen zwischen ihm und den westfälischen NSBO-Funktionären gekommen war. Sein Mitarbeiter Hutmacher, der anscheinend von der beabsichtigten Versetzung Kleins Wind bekommen hatte, sandte unter dem gleichen Datum wie Seldtes Neuernennungsvorschlag (24. März 1934) einen persönlichen Brief an Hitler, in dem er diesen beschwor, Klein auf seinem Posten zu belassen. Er, Hutmacher, sei bei Erfüllung der ihm von Klein auferlegten Aufgaben bei den NSBO-Funktionären in den Betrieben auf einen »rein klassenkämpferischen Geist« gestoßen und hätte sich nur durch Drohungen mit der Gestapo und dem Konzentrationslager durchsetzen können. »Meine Pflichtauffassung, die mir von Dr. Klein befohlen und eingepaukt ist, hat mich weit über die Grenzen des Bezirks Düsseldorf als den (sic!) bestgehaßten Arbeiter seitens der NSBO und DAF gemacht[328].«

Hutmachers Intervention blieb erfolglos, und Klein wurde nach Niedersachsen versetzt. Darüber hinaus beleuchtet der Fall Klein sowohl die Situation in der Arbeiterschaft als auch die Reaktion der nationalsozialistischen Führung darauf. Methoden wie die Hutmachers, dem »klassenkämpferischen Geist« der Arbeiter und der NSBO-Funktionäre zu begegnen, hielt man augenscheinlich zu dieser Zeit nicht für opportun, und man zog es vor, die Treuhänderposten mit Personen zu besetzen, die der Partei und den Gauleitern genehm waren. Die Partei bemühte sich auch, den von ihr protegierten Treuhändern eine hohe Gehaltsstufe zu sichern, und stieß dabei auf den Widerstand des Reichsfinanzministers Schwerin von Krosigk. In der entsprechenden Auseinandersetzung beriefen sich die Treuhänder wiederum auf ihre Verdienste als »alte Kämpfer«, denen man »nicht zumuten kann . . ., da anzufangen, wo ein junger Ministerialrat anfängt«. Als auch dies und eine Befürwortung seitens des »Stellvertreters des Führers«, Rudolf Heß, ergebnislos blieb, entschied schließlich Hitler selbst zugunsten der Treuhänder und der Partei[329].

Die geschilderten Zusammenhänge und die Tatsache, daß die Umbesetzungen des Jahres 1934, wie aus dem Dokumentenmaterial eindeutig hervorgeht, in vielen Fällen gegen den Widerstand der Unternehmerkreise durchgeführt wurden, läßt nicht zu, die Funktion der Treuhänder, zumindest während der ersten zwei Jahre, eindeutig als Bevorzugung der Unternehmerinteressen auszulegen. Als Basis der Lohnbestimmung galten die bestehenden Tarifverträge, doch wurden diese in vielen Fällen zu verbindlichen Minimallohnsätzen erklärt, um Versuche von Lohnherabsetzungen seitens der Unternehmer zu unterbinden[330]. Vieles deutet darauf hin, daß die Unternehmer über die Institution und den Vollmachtenumfang der Treuhänder der Arbeit nicht restlos glücklich waren. So äußerten z. B. die »Deutschen Führerbriefe« schon im Juni 1933 zwar Genugtuung, daß man nun den »mehr gewerkschaftspolitischen Tendenzen« der DAF und NSBO entgegentrete, meinten jedoch, daß diese in den Betrieben immer noch zu stark hervorträten. Darüber hinaus waren sie auch zufrieden, daß das Gesetz vom Mai 1933 die Treuhänder nur als vorübergehende Institution vorsah, »bis die berufsständische Ordnung steht und sozialpolitisch funktionieren kann. Die Tarifverträge würden dann in den Gemeinschaftsgremien der Berufsstände zustande kommen. Dort würde auch der Arbeitsfriede praktisch gehütet werden[331].« Diese Hoffnung ging nie in Erfüllung, und die Treuhänder blieben bis zum Ende des Dritten Reichs eine wichtige wirtschaftspolitische Instanz. Dies lag ganz im Sinne der nationalsozialistischen Wirtschaftsauffassung, die die »gerechte« Lohngestaltung ausschließlich dem Staat auferlegte. Andererseits weist insbesondere der Fall Klein nochmals darauf hin, daß gerade die Unternehmerkreise in der »berufsständischen Ord-

nung« der Löhne und Arbeitsbedingungen, wie sie von der universalistischen Schule Spanns vertreten wurde, Halt zu finden versuchten. Das Zitat aus den »Deutschen Führerbriefen« darf für diese Auffassung als durchaus repräsentativ gelten.
Die »Gleichschaltung« und Neuordnung der Unternehmerverbände nahm bedeutend längere Zeit in Anspruch. Bis zur Veröffentlichung der Durchführungsanordnungen zum »Gesetz zur Vorbereitung des organischen Aufbaus der Wirtschaft vom 27. Februar 1934« im Herbst gleichen Jahres versuchten die verschiedenen Kräftegruppen und Interessenten, den bestehenden Organisationsaufbau in ihrem Sinne umzugestalten und die entscheidenden Stellungen darin zu erobern. Dies äußerte sich vor allem in einem allgemeinen Ämter-Wettrennen innerhalb der nationalsozialistischen Führerschicht und an den Spitzen der wirtschaftlichen Verbände. Häufige Personalwechsel waren an der Tagesordnung, und davon war auch der Posten des Reichswirtschaftsministers nicht ausgenommen. Der »Rücktritt« Hugenbergs am 29. Juni 1933 war das eigentliche Ende der Koalitionsregierung. Walter Darré wurde Reichsernährungsminister, während der Direktor der »Allianz«-Versicherungsgesellschaft, Kurt Schmitt, das Wirtschaftsministerium übernahm. Als »Mitgift« wurde dem erfahrenen Staatssekretär Hans Posse als zweiter Staatssekretär Gottfried Feder im Reichswirtschaftsministerium beigesellt.
Dies dauerte jedoch nur ein Jahr: Als Hjalmar Schacht im Juli 1934 den »erkrankten« Kurt Schmitt als kommissarischer Wirtschaftsminister ablöste, entließ er Feder am Tage seines Amtsantrittes, mit Hitlers Zustimmung. Daneben blieb Schacht weiter Reichsbankpräsident und konnte im Mai 1935 mit seiner Ernennung zum »Generalbevollmächtigten für die Kriegswirtschaft«, für einige Zeit die Stellung eines wahren »Wirtschaftsdiktators« behaupten[332].
Der einzige Versuch einer wirklich ständischen Neuordnung war die Bildung des Reichsnährstandes durch ein Gesetz vom September 1933. Die bestehenden Industrie- und Handwerksverbände wurden zwar im Juni 1933 zu »Reichsständen« erklärt, doch war dies nicht mehr als eine Namensänderung, die zudem später wieder aufgehoben wurde, als das Organisationsschema der »Reichsgruppen« und »Wirtschaftsgruppen« in Kraft trat. Als erster Schritt einer Neuordnung der gewerblichen Wirtschaft wurde die Vereinigung der Arbeitgeberverbände aufgelöst und den »Reichsständen« einverleibt. Gleichzeitig wurde die Pflichtzugehörigkeit aller Unternehmen zu denselben verordnet. Im Verlauf der Gleichschaltung wurden jüdische und »politisch unzuverlässige« Angestellte entlassen, darunter auch der langjährige Präsident des RDI, von Kastl, der durch Krupp von Bohlen abgelöst wurde. Im allgemeinen konnten jedoch die bisherigen Spitzenfunktionäre weiter im Amt bleiben[333].
Mit der Ernennung Schmitts zum Reichswirtschaftsminister begann eine neue Etappe der institutionellen Neuordnungsversuche. Am 7. Juli hatte Hitler bis auf weiteres alle öffentlichen Erörterungen über den ständischen Aufbau verboten, dessen Verwirklichung hinter den dringlichen Gegenwartsaufgaben der Arbeitsbeschaffung zurückzutreten habe. Der wahre Grund für diese Verordnung dürfte der Unwille einflußreicher Wirtschaftskreise über das Vordringen mittelständisch orientierter Parteifunktionäre gewesen sein, denen es unter dem Etikett des ständischen Aufbaus gelungen war, verschiedene Spitzenpositionen in den wirtschaftlichen Verbänden zu erobern. Noch unter Hugenberg ließ sich der Führer

des Kampfbundes für den gewerblichen Mittelstand, Adrian v. Renteln, trotz dessen Protests zum Führer der Reichsstände Handel und Industrie und auch des Deutschen Industrie- und Handelstags (DIHT) »wählen«. In dieser Funktion arbeitete von Renteln einen Gesetzentwurf aus, der den DIHT an die Spitze eines neuen Wirtschaftsaufbaus stellen und weitgehende Befugnisse in neu zu errichtenden Landes-Wirtschaftskammern konzentrieren sollte. Diese Wirtschaftskammern würden die früheren territorialen und fachlich-funktionalen Verbandszweigstellen auf regionaler Ebene vereinigen und den mittelständischen Vertretern, die in den regionalen Handelskammern überwogen, einen beträchtlichen Machtzuwachs gegenüber den in den fachlichen Spitzenverbänden vorherrschenden Großindustriellen eintragen[334].

Die Pläne Schmitts liefen jedoch in die genau entgegengesetzte Richtung. Nach seiner Ernennung wanderten die Vorschläge von Renteln vorerst einmal in die Schublade. Das von Schmitts Ministerium ausgearbeitete »Gesetz zur Vorbereitung des organischen (in deutlichem Unterschied zum ständischen!) Aufbaus der Wirtschaft«, das am 2. Februar 1934 verkündet wurde, wies deutlich die Tendenz einer weitestgehenden Kompetenzenkonzentration in den Händen des Wirtschaftsministers und der ihm untergebenen Stellen auf. Die Wirtschaft sollte hauptsächlich in vertikalen Linien mittels der fachlich-funktionalen Spitzenverbände durch das Reichswirtschaftsministerium gelenkt werden. Der Wirtschaftsminister erhielt unbeschränkte Vollmachten, die wirtschaftlichen Funktionäre zu ernennen oder zu entlassen, Verbände zu gründen und aufzulösen und deren Statuten zu bestätigen. Mit der Durchführung dieses Gesetzes wurde unter dem Titel »Führer der Wirtschaft« der ehemalige Vorsitzende der Reichsvereinigung der elektrotechnischen Industrie, Philipp Keßler, ernannt*.

Die Reorganisationspläne Schmitts und Keßlers wiesen in jeder Beziehung die Tendenz auf, den bestehenden und gut eingearbeiteten Apparat der wirtschaftlichen Spitzenverbände als Transmissionsinstrument einer straff geplanten staatlichen Wirtschaftslenkung auszuwerten. Das von ihnen vorgesehene Organisationsschema beruhte auf dem Grundsatz einheitlicher und unzweideutiger Direktivenübermittlung von oben nach unten, wobei parallele Organisation und Verbindungen im Namen der Effektivität abgelehnt wurden. Keßler erhielt daher den Auftrag, die örtlichen und regionalen Industrie- und Handelskammern langsam eingehen zu lassen, um Kompetenzenüberschneidungen mit den fachlichen Bezirksgruppen auszuschalten. Gleicherweise wurden auch die Kartellverbindungen nicht gern gesehen und sollten daher, soweit ihre Auflösung nicht möglich wäre, einer staatlichen »Kartell-Lenkung« unterstellt werden. Deutliche Anzeichen weisen auf den Unwillen hin, mit dem diese Vorschläge in Unternehmerkreisen aufgenommen wurden, die die Tendenz einer straffen zentralen Planung und Überwachung beunruhigte. Diese besonders gegen Keßler offen vorgebrachte Kritik führte schließlich zu dessen Entlassung, aber auch Schmitt blieb von ihr nicht unberührt. Die Partei und besonders die durch von Renteln angeführten mittelständischen Organisationen standen ihm von vornherein nicht wohlwollend gegenüber. Als sich zum Schluß auch die Wehrmacht wegen der ihrer Ansicht nach ungenügenden Förderung der Ersatzstoffindustrie gegen ihn wandte, war seine

---

* Keßler wurde nach nur drei Monaten durch seinen Stellvertreter, Rüdiger Graf von der Goltz, abgelöst. Dieser, ein langjähriger Pg., versuchte gleichermaßen, »die Wirtschaft gefügig zu machen«, bis er im Januar 1935 entlassen wurde und mit ihm auch der Posten eines »Führers der Wirtschaft« verschwand.

Stellung endgültig erschüttert. Im Juli 1934 wurde Schmitt »aus Gesundheitsgründen beurlaubt« und Schacht zum kommissarischen Wirtschaftsminister ernannt[335]. Erst nach der Ernennung Schachts konnten, im November 1934, die ersten Durchführungsanordnungen zum Wirtschaftsordnungsgesetz vom Februar des gleichen Jahres erlassen werden. Was durch diese und die folgenden Anordnungen schließlich bis 1936 errichtet wurde, stellte eine Kompromißlösung dar, in der zum Teil auch die ursprünglichen Vorschläge von Rentelns zur Geltung kamen. Außer der nochmals angeordneten Pflichtzugehörigkeit und der Bestätigung weitestgehender Vollmachten des Reichswirtschaftsministers wurde die Errichtung einer Reichswirtschaftskammer angeordnet, die an der Spitze die fachwirtschaftlichen Spitzenverbände mit dem DIHT vereinigte. Das wichtigste und völlig neue Glied des institutionellen Wirtschaftsaufbaus waren jedoch 23 Bezirkswirtschaftskammern, die in jedem Wirtschaftsbezirk die fachlichen Bezirksgruppen mit den regionalen Handelskammern vereinigten. Der geographische Wirkungsbereich der Wirtschaftskammern entsprach denen der Treuhänder der Arbeit, die ihrerseits mit den Grenzen der Reichsgaue identisch waren. Im Laufe der Zeit und mit der Zunahme der staatlichen Wirtschaftseingriffe wurden die Bezirkswirtschaftskammern zum wesentlichen Instrument staatlicher Wirtschaftslenkung. Sämtliche Betriebe und Unternehmer waren über die örtlichen Handels- oder Handwerkskammern der Wirtschaftskammer unterstellt und erhielten deren Anweisungen[336]. Nachdem auch die Vertreter des Reichsnährstands und der DAF den Wirtschaftskammern angeschlossen wurden, waren diese zum eigentlichen Zentrum der gesamten Wirtschaftstätigkeit in ihrem Bezirk geworden, dessen Bedeutung klar aus den Worten des Staatssekretärs Hans Posse hervorgeht. » . . . Die Wirtschaftskammern (sind) . . . hervorragend dazu geeignet, Bindeglied zwischen der Regierung und der Wirtschaft zu sein. Sie stellen für die Regierung eine vorzügliche Plattform dar, um das Verständnis für Gesetze, Verordnungen und sonstige Maßnahmen der Regierung den Kreisen der Wirtschaft nahezubringen, andererseits der Reichsregierung die jeweils besonders vordringlichen Wünsche der Wirtschaft zu übermitteln[337].«

Der Reichswirtschaftsrat in Berlin verfügte über keinen eigenen Ausführungsapparat, so daß die praktische Arbeit hauptsächlich in den sieben fachlichen Spitzenverbänden, jetzt Reichsgruppen genannt, getan wurde. Diese waren, je nach Umfang, in Haupt-, Wirtschafts- und Fachgruppen unterteilt. So war die Reichsgruppe Industrie, die den Apparat des früheren RDI übernahm, als die größte der sieben Reichsgruppen in 31 Wirtschaftsgruppen und eine große Anzahl von Fachgruppen, Fachuntergruppen und Fachabteilungen funktional eingeteilt. Regierungsanordnungen und Vorstandsbeschlüsse wurden über die Hauptbüros der verschiedenen Gruppen den entsprechenden Bezirksgruppen und den Wirtschaftskammern übermittelt, die somit zu Ausführungsorganen der Wirtschaftslenkung wurden. Es scheint wahrscheinlich, daß die Bezirkswirtschaftskammern somit in den Grenzen des durch Gesetzgebung und staatliche Direktiven belassenen Spielraums eine Arena waren, in der interessenbestimmte Konkurrenzkämpfe z. B. um Rohstoff- oder Devisenzuteilungen ausgetragen wurden. Ihre Bedeutung wuchs im Laufe der Zeit mit der Zunahme der staatlichen Lenkungsmaßnahmen, und die geographische Übereinstimmung mit dem Herrschaftsbereich der Gauleiter läßt vermuten, daß die Wirtschaftskammern auch zur direkten Einflußnahme der Gauleiter oder ihrer Gauwirtschaftsberater vorzüglich geeignet waren.

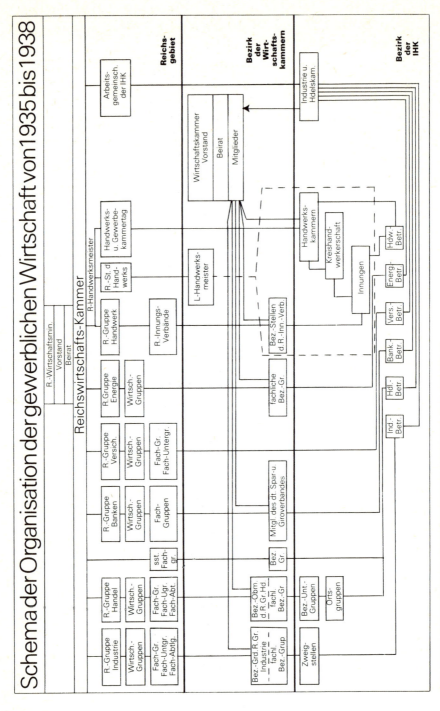

Nach: Ingeborg Esenwein-Rothe, Die Wirtschaftsverbände von 1933 bis 1945, Berlin 1965, Seite 73.

Etwa die Hälfte der zirka 30 Gauwirtschaftsberater waren Präsidenten oder Hauptgeschäftsführer von Industrie- oder Handelskammern, zumeist kleine oder mittlere Unternehmer, die nach der nationalsozialistischen Machtergreifung verstärkten Einfluß gewinnen konnten. Einer der damaligen Gauwirtschaftsberater, Hans Kehrl, berichtet über regelmäßige Beratungen unter dem Vorsitz von Bernhard Koehler, auf denen beschlossen wurde, »was wir im Rahmen unserer Möglichkeiten bekämpfen und was wir fördern sollten«[338].

Schachts Ernennung zum Wirtschaftsminister und die darauffolgenden Monate beendeten eine knapp zwei Jahre währende Periode interner Auseinandersetzungen und Interessenkämpfe um den institutionellen Umbau der Wirtschaft. Was in den Jahren 1934–1935 errichtet wurde, kann jedoch nur stark eingeschränkt als ein »Sieg der Großindustrie« bezeichnet werden. Den überkommenen großindustriellen Verbänden und ihren Leitern war es zwar gelungen, mit Schachts Hilfe die mittelständischen Aktivisten zurückzudrängen und sich gegenüber extremen Planungs- und Überwachungstendenzen ein erhebliches Maß von Handlungsfreiheit zu sichern. Dies bedeutete jedoch nicht, wie vielfach behauptet wird, daß das nationalsozialistische Regime die mittelständischen Interessen unter totaler Aufgabe früherer Verpflichtungen der Großindustrie vorbehaltlos als Preis für deren willige Mitarbeit geopfert hat[339]. Den Machtanspruch und die Handelsfreiheit verschiedener Parteiaktivisten, denen es während der ersten Monate des Jahres 1933 gelungen war, die mittelständischen Verbände zu »erobern«, haben die Verordnungen Schachts tatsächlich bedeutend einschränken können. Die Verbandsvorstände des Handwerks und des Kleinhandels wurden der Aufsicht des Reichswirtschaftsministeriums unterstellt, und ihr stark aufgeblähter Funktionärsapparat, in dem viele »alte Kämpfer« einträgliche Posten gefunden hatten, wurde stark beschnitten. Aber auch nachher waren Handwerk und Kleinhandel als selbständige Reichsgruppen besonders auf der Regionalebene der Wirtschaftskammern, zumeist durch ihre früheren Funktionäre stark vertreten und konnten ihre Interessen auch durch ihr Gewicht in den örtlichen Handels- und Handwerkskammern zur Geltung bringen. Nur wenn man Hjalmar Schacht schematisch vereinfachend mit der »Großfinanz« identifiziert, läßt sich die These einer uneingeschränkten Kontrolle des »Big Business« aufrechterhalten. Schacht und sein Ministerium konnten tatsächlich in den Jahren 1934–1936 ein bedeutendes Maß von »Kontrolle« behaupten, aber dies bedeutete vor allem den »Sieg« eines institutionellen Organisationsprinzips, das alle konkurrierenden Einflüsse – einschließlich der Partei und ihrer Organisationen – ausschalten und alle Fäden in den Händen des Staates, d. h. des Wirtschaftsministers vereinigen wollte[340].

Ebenso bestätigt die wirtschaftliche Situation des Mittelstandes, zumindest bis 1936, keineswegs die »Aufopferung« seiner Interessen. Auch nach dem Amtsantritt Schachts nahm der Mittelstand im Dritten Reich noch geraume Zeit zwar keine Vorrangstellung gegenüber den anderen Wirtschaftssektoren, aber doch die Stellung eines bevorzugten »sozialen Schongebiets« ein[341]. Ein besonderes Gesetz[342], das noch unter Hugenberg vorbereitet worden war, verbot die Eröffnung neuer Warenhäuser und Filialketten. Die stark antisemitische und gewalttätige Boykottaktion, die am 1. April 1933 gegen die Warenhäuser gestartet worden war, wurde zwar wegen der Reaktion im Ausland und aus Gründen der Beschäftigungspolitik eingedämmt, aber nicht völlig aufgegeben. Parteimitgliedern war untersagt, in Warenhäusern zu kaufen, und besondere Steuermaßnahmen sowie das Verbot, Erfrischungs- und Reparaturabteilungen zu installieren, haben den Warenhäusern beträchtliche Verluste eingebracht. Auch das Handwerk hat eine durch Gesetzgebung und wirtschaftliche Maßnahmen bevorzugte Behandlung erfahren und von Konkurrenz- und Eintrittsbeschränkungen profitieren können. Die unter der nationalsozialistischen Herrschaft eingeführte Pflichtzugehörigkeit zu den Zunftinnungen war – genau wie auch die Anordnung des »Großen Befähigungsnachweises« – die Verwirklichung einer langjährigen Forderung der handwerklichen Verbände[343]. Im allgemeinen haben die mittelständischen Wirtschaftszweige bis 1936 von dem generellen Wirtschaftsaufschwung profitieren können, dies allerdings nicht in einheitlicher Weise. Wirtschaftszweige und Berufe, die mit der Bau- oder Elektroindustrie verbunden waren, konnten mehr, die traditionellen Handwerkerberufe der Bekleidungs- und Schuhmacherbranchen weniger gewinnen. Aber das Rad der technologischen Industrialisierung, die seine wirtschaftlichen Stellungen gefährdete, konnte der »alte« Mittelstand auch unter der nationalsozialistischen Herrschaft nicht zurückdrehen. Im Gegenteil, dieser Prozeß wurde durch die Aufrüstung, die auf der Prioritätenliste dieser Herrschaft an erster Stelle stand, noch beschleunigt[344]. Wenn also der Mittelstand »geopfert« wurde oder nicht die Vorzugsstellung erhielt, die er glaubte erwarten zu dürfen, so fiel er nicht den Interessen der »Großfinanz«, sondern den politischen Zielsetzungen und Kriegsvorbereitungen der nationalsozialistischen Machthaber zum Opfer. Diese waren auch der eigentliche Grund für die bevorzugte Stellung der Industrie und besonders der direkt mit Aufrüstung und Ersatzstoffproduktion beschäftigten Industriezweige im Dritten Reich.

Die Großindustrie konnte im allgemeinen ihre früheren Organisationen und persönlichen Stellungen beibehalten, erkannte aber bald, daß die Anerkennung des »Primats der Politik« dafür die unerläßliche Bedingung war. Dr. Herle, der langjährige Geschäftsführer des RDI, erklärte bereits im September 1933 in einem Artikel im »Deutschen Volkswirt«, daß » ... es keinen Dualismus mehr zwischen der Staatspolitik und der Wirtschaft« gäbe und » ... das Primat der Politik gegenüber den Unternehmerverbänden genauso entschieden Anwendung (finde) wie etwa gegenüber kulturellen Institutionen«. Die »Umformung des Bestehenden ... meistens freiwillig, teils aber auch durch Einflußnahme der Regierungs- oder auch Parteistellen ...« äußere sich vor allem auf personellem Gebiet, und zwar durch das Ausscheiden jüdischer und politisch unerwünschter Persönlichkeiten und durch eine intensivere Vertretung des mittelständischen Kleinunternehmertums, doch sei gerade die politische Gleichschaltung das wichtigste neue Element[345]. Dies mag ein zeitbedingtes Lippenbekenntnis gewesen sein, ein Versuch, sich den neuen Machthabern gefügig zu zeigen, um die alten Einflußpositionen bewahren zu können, und schildert vielleicht die Verhältnisse vom September 1933 ungenau. Dennoch charakterisiert diese Äußerung Herles einen Prozeß, der bereits im Gange war und sich bald voll auswirken sollte.

In drei wichtigen Punkten wich der neue Wirtschaftsaufbau entschieden von der Ständekonzeption nicht nur Othmar Spanns, sondern auch mancher früherer NSDAP-Publikationen ab: 1. Die »Reichsstände« oder späteren »Reichsgruppen« blieben reine Unternehmerverbände und keine berufsständischen Vereinigungen von Unternehmern und Arbeitnehmern. 2. Ihr Einfluß auf die Lohn- und Arbeitsbedingungen wurde weitgehend beschränkt. 3. Mit der einzigen Ausnahme des Reichsnährstandes wurde ihre Handlungsfreiheit auf dem Gebiet der

Preisbildung und Marktpolitik beträchtlich eingeengt. Damit fehlten der institutionellen Neuordnung die wichtigsten Attribute ständischer Selbstverwaltung. Sie war somit alles andere als ein »ständischer Aufbau«.
Der geschlossene Beitritt der Unternehmer zur Deutschen Arbeitsfront nach dem Leipziger Abkommen vom März 1935 zwischen Robert Ley und Schacht machte weder die DAF noch die Wirtschaftsgruppen zu »Ständen«. Das Abkommen brachte der DAF zweifellos einen Macht- und Prestigezuwachs, und auch die psychologisch-propagandistische Bedeutung gemeinsamer Aufmärsche und Veranstaltungen der »Betriebsführer« und ihrer »Gefolgschaft« ist nicht zu unterschätzen. Aber darüber hinaus konnte die DAF keinerlei wirksamen Einfluß auf die wirtschaftspolitischen Entscheidungen erlangen, und die Wirtschaftsorganisationen wachten besorgt über ihren Charakter* als Unternehmervertretungen[346].
Das Gesamtgebiet der Lohn- und Arbeitsverhältnisse gehörte, wie bereits beschrieben, zum Kompetenzenbereich der Treuhänder der Arbeit, die als staatliche Institutionen dem Reichsarbeitsministerium unterstanden. Den Reichs- und Wirtschaftsgruppen wurde unter Androhung der Auflösung nicht nur »jede sozialpolitische Interessenvermittlung« für Arbeitgeber untersagt, sondern auch verboten, interne Beratungen über diese Themen zu führen oder die Unternehmer auf diesen Gebieten anzuleiten. Ihre einzige Aufgabe bestand darin, die Anweisungen der Treuhänder an ihre Mitglieder weiterzugeben unter der ausdrücklichen Bedingung, »daß die Berichterstattung nicht mit Zusätzen erfolgt, die Anordnung oder Auslegung des Materials, über das berichtet wird, in einer bestimmten interessenmäßigen Richtung oder Tendenz beschränken soll«[347].
Im Gegensatz zur Landwirtschaft, in der der Reichsnährstand durch seine »Marktordnung« den Vertrieb und die Preisbildung nicht nur der landwirtschaftlichen Primärprodukte, sondern auch verarbeiteter Waren beaufsichtigte, wurde den Organisationen der gewerblichen Wirtschaft dieses Betätigungsfeld ausdrücklich entzogen. Marktpolitik und Preisbildung unterstanden entweder direkter Kontrolle des Preiskommissars** oder den frei gebildeten oder erzwungenen Kartellen, die ihrerseits direkt vom Reichswirtschaftsministerium beaufsichtigt wurden. Das »Zwangskartellgesetz« vom Juli 1933[348] ermächtigte den Wirtschaftsminister, neue Kartelle zu errichten oder den obligatorischen Beitritt zu bestehenden Kartellen anzuordnen sowie die Neuerrichtung von Betrieben oder die Erweiterung bestehender Firmen in Wirtschaftsbranchen zu verbieten, die als bereits übersetzt galten. Dieses noch während der Beschäftigungskrise erlassene Gesetz wurde vornehmlich in Wirtschaftszweigen angewandt, die unter einem »wilden« Konkurrenzkampf und Preissenkungen litten, die die Existenz vieler Betriebe in Frage stellten und die Arbeitslosigkeit verschärft hätten. Die praktische Anwendung der Zwangskartellisierung ist vornehmlich im Kleinvertrieb von Radiogeräten und im Druckereigewerbe bekanntgeworden, also in Wirtschafts-

---

* Charakteristisch dafür: die »Deutschen Briefe« (das heißt die ehem. »Deutsche Führerbriefe«) vom 6. September 1935:
»Falsch ist es ..., die Dinge so anzusehen, als sei nun etwa die Wirtschaftsorganisation damit ein Teil der Arbeitsfront geworden. Es würde den Tod der Arbeitsfront als einer wirksamen Sozialorganisation bedeuten, wenn sie auf diese Weise mit der Verantwortung für die Wirtschaftspolitik beladen würde ... Das Leipziger Abkommen ist nicht als die Verschmelzung zweier Organisationen zu einer, sondern als die organische Verbindung zweier selbständiger Selbstverwaltungsorganisationen gedacht, deren innere Selbständigkeit in keiner Weise angetastet wird.«
** Siehe unten, S. 147 ff.

zweigen, in denen eine Vielzahl kleiner und mittlerer Betriebe konkurrenzwirtschaftliche Bedingungen schuf. Allgemein war durch das Zwangskartellgesetz vor allem den Interessen kleiner und mittlerer Unternehmer und weniger der Großindustrie gedient, die sich ohne Schwierigkeiten und auch ohne Staatshilfe monopolistisch organisieren konnte. Dadurch, daß die gesamte Kartellpolitik dem Geschäftsbereich der Wirtschaftsorganisationen entzogen und direkter Staatskontrolle unterstellt wurde, entstand zumindest grundsätzlich ein Instrument direkter staatlicher Preislenkung. Seine praktische Anwendung und das Maß an Handlungsfreiheit, das den Interessenten verblieb, variierten allerdings, wie auch gegenüber anderen institutionellen Neuordnungen, den Umständen und der Zeit entsprechend.

Grundsätzlich gehören Markt- und Preispolitik zu den unveräußerlichen Prärogativen jeder ständischen Organisation, und ihr Ausschluß aus dem Geschäftsbereich der Wirtschaftsgruppen traf somit die Ständekonzeption an der empfindlichsten Stelle. Es ist daher verständlich, daß diese Maßnahmen während der ersten Zeit als vorübergehende Notlösungen dargestellt wurden, die zur Wahrung stabiler Preise und Löhne in der Arbeitsbeschaffungsperiode und zur Verhütung einer übertriebenen »Durchkartellisierung der Wirtschaft« unerläßlich seien. Für die Zukunft wurde hingegen eine Anpassung an das Modell des Reichsnährstands in Aussicht gestellt, das den ständischen Auffassungen bedeutend näherkam[349]. In der Tat ist nichts Derartiges geschehen, und im Laufe der Zeit, als der direkte Staatseingriff zunahm, wurde auch der Reichsnährstand nicht mehr als anzustrebendes Beispiel erwähnt. Im Gegenteil wurden, wie wir noch sehen werden, auch dessen autonome Marktordnung und Preisbildung später stark eingeschränkt.

Zusammenfassend ist zu sagen, daß der mehrere Jahre dauernde institutionelle Neuaufbau der Wirtschaft in erster Linie von dem Willen der nationalsozialistischen Machthaber bestimmt war, ein wirkungsvolles Instrumentarium staatlicher Wirtschaftslenkung zu schaffen, um die Wirtschaft ihren politischen Zielsetzungen dienstbar zu machen. Daß dies kein leichtes Unterfangen war, beweisen die sich oft widersprechenden Anordnungen und häufigen Personenwechsel, die den im Untergrund ausgefochtenen Kampf konkurrierender Interessenten- und Kräftegruppen offen widerspiegelten. Dabei bemühte sich besonders Schacht, den bürokratischen Ämter- und Formularaufwand in erträglichen Grenzen zu halten und soweit als möglich mit dem überkommenen und gut eingearbeiteten Apparat der bestehenden Verbände zu arbeiten. Das Ergebnis sowohl der verborgenen Interessentenkämpfe als auch der Bemühungen der Regierung war zwar »ein eigenartiger Zwitter, der nur schwer unterscheiden ließ, wo die interessenpolitische Selbstverwaltung aufhörte und die staatliche ›Auftragsverwaltung‹ anfing[350]«, aber die Auftragsverwaltung war dem System zumindest als Möglichkeit eingebaut, die je nach den Umständen mehr oder weniger rigoros angewandt werden konnte. Solange die nationalsozialistischen Machthaber die willige Mitarbeit und die wirtschaftlichen Motivationen der führenden Wirtschaftskreise auf ihrer Seite hatten, konnten sie sich durchaus auf deren »Selbstverwaltung« verlassen und ein Minimum direkter administrativer Kontrollen anwenden. Die fest organisierten großindustriellen Interessenverbände konnten diesen Zustand wirtschaftlich und, in beschränkten Grenzen, auch politisch zu ihren Gunsten nutzen und haben daraus erhebliche Profite bezogen. Dennoch war der durch die Anordnungen Schachts in den Jahren 1934–1936 errichtete Wirtschaftsaufbau auch in seinen ersten Jahren nicht die Bastion privatkapitalistischer gegenüber nationalsozialistischen Staatsinteressen und die Reichsgruppen nicht bloße »Interessenvertretung der privaten Gruppen gegenüber dem Staat«, die als solche anerkannt wurden[351]. Nicht weniger als dies, waren sie effektive Lenkungs- und Kontrollorgane des Staates und konnten als solche jederzeit aktiv eingesetzt werden. Dies geschah in verstärktem Maße erst gegen 1936/37, als die erreichte Vollbeschäftigung, neben dem Rohstoff- und Devisenmangel, es Hitler und seiner Regierung erschwerten, die beschleunigte Aufrüstung allein durch wirtschaftliche Gewinnmotivationen vorwärtszutreiben. Die operative Effektivität der institutionellen Neuordnung, die sich hierbei erwies, war jedoch von aufmerksamen Beobachtern schon früh erkannt worden: »Der hierarchische Aufbau der gesamten Verbandsbildung und die Verbindung ihrer Spitze mit dem Staat . . . macht den gesamten wirtschaftlichen Aufbau für den Staat durchsichtig und gibt ihm ein unvergleichliches Instrument für wirtschaftspolitische Maßnahmen in die Hand[352].«

Die nationalsozialistischen Parteiorganisationen und ihre Presse haben ihrerseits den »kapitalistischen« Unternehmern die Existenz einer aufmerksamen politischen Aufsicht geflissentlich vor Augen gehalten. So z. B. der Wirtschaftsredakteur des »Völkischen Beobachters« in einem Leitartikel Anfang 1935: ». . . kapitalistische Einrichtungen, die benutzt werden konnten, (sind) benutzt worden. Sie zu zerschlagen wäre ein kostspieliges Vergnügen gewesen . . ., (aber) alle diese kapitalistischen Einrichtungen haben eine neue Grundlage bekommen. Das System ist Werkzeug in der Hand der Politik. Wo der Kapitalismus sich noch immer für unangetastet hält, dort ist er tatsächlich schon eingespannt in die Politik[353].«

Inwieweit diese selbstsichere Behauptung zutraf, ist allerdings durch die Existenz der institutionellen Möglichkeit staatlicher Lenkung und Kontrolle allein noch nicht erwiesen. Es bedarf einer eingehenderen Untersuchung der wirtschaftspolitischen Maßnahmen auf den verschiedenen Gebieten, um feststellen zu können, wie durchgreifend der staatliche Lenkungsmechanismus tatsächlich eingesetzt wurde und in welchem Verhältnis die staatlichen Maßnahmen zu den vorkonzipierten, teilweise ideologisch bestimmten Zielsetzungen der NSDAP standen.

Die Landwirtschaft als ständewirtschaftliches Modell

Mehr als irgendein Wirtschaftssektor war die Landwirtschaft im nationalsozialistischen Wirtschafts- und Gesellschaftskonzept mit ideologisch-emotionalen Motiven beladen. Begriffe wie »Lebensraum« und »Nahrungsfreiheit« ebenso wie die Rassenideologie fanden in der »Blut-und-Boden«-Losung ihre mystisch exaltierte Formulierung. Völkische Gefühlsschwelgerei traf sich hier mit der Gedankenwelt konservativer oder »jungkonservativer« Literaten und mit der in unzähligen Lesebüchern und Familienmagazinen verbreiteten Heimatdichtung, die in romantischer Idyllisierung das »gesunde und naturnahe« Dorfleben der Sittenverderbnis der Industrie-Großstädte entgegenstellte.

In dem von Walter Darré verkündeten und von Himmler und der SS begeistert aufgegriffenen »Blut-und-Boden«-Konzept erschien das deutsche Bauerntum als der reinrassigste und fruchtbarste Urquell des deutschen Volkstums. Auch die »Statistik« wurde herangezogen, um zu beweisen, daß die deutsche Bevölkerung bis zur Jahrtausendwende sich bis auf nur 20 Millionen reduzieren würde, wenn die schädliche Urbanisierung nicht aufgehalten würde. Ein prosperierendes und bodenständiges Bauerntum müßte dagegen dem deutschen Volk nicht nur den lebensnotwendigen Nachwuchs sichern und seine urwüchsige Lebensart erhalten, sondern auch den nach Osten erweiterten Lebensraum besiedeln, der ihm für alle Zeiten politische Sicherheit und Ernährung gewähren sollte[354].

Viele Anzeichen wiesen sogleich nach der Machtergreifung darauf hin, daß die Nationalsozialisten ihr Agrarkonzept nicht nur propagandistisch auswerten, sondern ernstlich verwirklichen wollten. Als einziger Wirtschaftssektor wurde die Landwirtschaft sofort nach einem vorgefaßten Schema umorganisiert. Das »Reichsnährstandsgesetz« wurde – einer Aussage Darrés gemäß – nach den Schriften des deutschen Agrarökonomen Gustav Ruhland (1860–1914) vorbereitet und sollte die Landwirtschaft im wahrsten Sinne des Wortes als »Stand«, und zwar mit weitgehenden Selbstverwaltungsrechten auf den Gebieten der Arbeitsbeziehungen und der Marktordnung, ausstatten[355]. Außerdem legte das »Erbhofgesetz« im gesamten Reichsgebiet den Grundsatz der Unteilbarkeit und Unveräußerlichung des Bauernbetriebs fest. Gleich nach der Machtübernahme gewährte eine Reihe von Anordnungen der Landwirtschaft bevorzugte Behandlung bei der Preisbildung und der Schuldentilgung, so daß ihre wirtschaftliche Situation merklich verbessert wurde.

Bevor auf diese Maßnahmen im einzelnen eingegangen wird, soll von vornherein gesagt werden, daß alle diese Anstrengungen in bezug auf die grundsätzlich angestrebten Ziele erfolglos geblieben sind. Zwischen 1933 und 1939 ging die Landbevölkerung von 20,8 v. H. auf 18 v. H., die landwirtschaftliche Beschäftigungsrate sogar von 16 v. H. auf 10,5 v. H. der Gesamtzahl der Beschäftigten zurück[356]. Ebenso hat die Ansiedlungspropaganda, die auch nach der Machtergreifung in der Ansiedlung Erwerbsloser die Lösung der Arbeitslosigkeit und bodenständige Umstrukturierung der Bevölkerung verhieß, kaum Früchte gezeitigt. Zwischen 1933 und 1938 entstanden zwar ca. 20 700 neue Bauernwirtschaften auf einer Gesamtfläche von 325 600 Hektar, aber angesichts der knapp 57 500 neuen Betriebe, die die geschmähte Weimarer Republik auf über 600 000 Hektar angesiedelt hatte, konnten die Nationalsozialisten damit wenig Staat machen. Aber obwohl sich die Nationalsozialisten dieses Mißerfolges durchaus bewußt waren, sahen sie sich dadurch nicht veranlaßt, ihr Agrar- und Ansiedlungskonzept aufzugeben, sondern glaubten es eher für kommende Zeiten aufgeschoben. Es hatte in ihren Augen wenig Sinn, unfruchtbare Randgebiete in Ostpreußen zu besiedeln, während im Osten gewaltige Bereiche fruchtbarer Schwarzerde die Siedler des siegreichen Herrenvolks erwarteten. Noch im Jahre 1931 hat Hitler in einem Gespräch mit dem Fürsten von Eulenburg versichert, daß er keine großen Ansiedlungspläne für das deutsche Reichsgebiet hege und daß hiervon erst die Rede sein könne, nachdem der deutsche Lebensraum erweitert sei[357].

Trotz des schließlichen Mißerfolges lassen sich die grundlegenden Veränderungen, die durch die agrarpolitischen Maßnahmen der nationalsozialistischen Machthaber auf dem Gebiete der Landwirtschaft hervorgerufen wurden, nicht übersehen. Der »agrarpolitische Apparat« Walter Darrés hatte nicht nur erfolgreiche Propaganda in den landwirtschaftlichen Gebieten betrieben, sondern daneben auch detaillierte Arbeitspläne entwickelt, die mehr als auf anderen Gebieten der späteren Entwicklung die Richtung wiesen.

Walter Darré, der im Jahre 1929 oder Anfang 1930 der NSDAP anscheinend auf das Versprechen hin beitrat, die Leitung des »agrarpolitischen Apparats« der Partei zu erhalten, war, wie viele nationalsozialistische Führer, Auslandsdeutscher. In Argentinien geboren, arbeitete er nach dem Kriege in der deutschen Gesandtschaft in Riga und nahm frühe Verbindungen zu völkisch-konservativen Organisationen auf, wie z. B. der »Artamanen-Bund« und dem »Saalecker Kreis«.

Georg Kenstler, der Vorsitzende des Artamanen-Bundes und Herausgeber der Zeitschrift »Blut und Boden«, hatte Darré Ende 1929 der NSDAP als Leiter ihrer agrarpolitischen Abteilung empfohlen. Diese Ernennung entsprach ganz Hitlers Methode, Außenseiter über die Köpfe altbewährter Parteifunktionäre hinweg in führende Stellungen einzusetzen. In diesem Falle überging er den bisherigen Hauptsprecher der NSDAP in Landwirtschaftsfragen, den Reichstagsabgeordneten Werner Willikens, der auch das landwirtschaftliche Programm der Partei 1930 neu formulierte. Hier wurden in »Erweiterung« von Punkt 17 des »unabänderlichen« Parteiprogramms vor allem die Notwendigkeiten autarker Selbstversorgung betont, aber auch praktische Vorschläge, wie z. B. der eines »Erbhofsgesetzes«, Steuererleichterungen und Schuldenerlaß, agrarische Schutzzölle und Verbilligung landwirtschaftlicher Produktionsmittel, angeführt. Daneben legte das Programm besonderes Gewicht auf die nochmalige »Klärung« der im Punkt 17 formulierten Bodenreform- und Enteignungsforderung, die bereits im April 1928 der Anlaß einer besonderen, dem Parteiprogramm seither beigefügten Anmerkung Hitlers gewesen war. Im Sinne derselben beteuerte auch das Programm Willikens die Unantastbarkeit des Privateigentums: Die NSDAP wolle keine Verstaatlichung des Bodens, und für Ostansiedlungen kämen allein nur brachliegende oder schlecht bewirtschaftete Güter in Betracht[358].

Die Beziehungen Darrés zu Himmler und der SS hatten schon früh begonnen: Himmler stand, gleich Darré, dem »Artamanen-Bund« nahe und hat wahrscheinlich zu Darrés Ernennung beigetragen. Zu den persönlichen Freundschaftsbeziehungen (Darré war einer der wenigen, mit denen Himmler auf »Du« stand) mögen auch die landwirtschaftlichen Interessen Himmlers beigetragen haben, der, von Beruf Agronom, zum Reichsbund der deutschen Diplomlandwirte gehörte. Über das Persönliche hinaus erklären sich jedoch die engen Beziehungen der beiden auch aus der konzeptionellen Einheitlichkeit, in der sich die nationalsozialistische Rassenmystik und ihre landwirtschaftlichen Vorstellungen ergänzten. Es ist daher kein Zufall, daß Himmler bereits 1932 keinen anderen als Darré an die Spitze des »Rassen- und Siedlungsamtes« der SS stellte[359].

Ab 1930 gelang es dem »agrarpolitischen Apparat« Darrés, die landwirtschaftlichen Verbände personell zu infiltrieren, in denen er vielfach bereits vor der Machtergreifung einflußreiche Funktionärsposten besetzt hatte. Ähnlich wie die gewerbliche Wirtschaft war in der Weimarer Republik auch die Landwirtschaft zweigleisig organisiert. Auf der horizontalen Ebene waren die örtlichen und regionalen Landwirtschaftskammern an der Spitze im Landwirtschaftsrat zusammengefaßt. Daneben vertraten die vertikal organisierten Spitzenverbände die wirtschaftlichen und politischen Interessen der Landwirtschaft. Von diesen konnte vor allem der »Reichslandbund«, in dem vornehmlich die großagrarischen Interessen vertreten waren, durch seine Beziehungen zum Reichspräsidenten in der Endphase der Republik einen bedeutenden politischen Einfluß gewinnen. Die

Klein- und Mittelbauern waren daneben in der »Vereinigung christlicher Bauernvereine« und in der »Demokratischen Bauernschaft« organisiert.
Die rasche Gleichschaltung dieser Organisationen nach der Machtergreifung bewies, wie weitgehend es den nationalsozialistischen Funktionären auf dem Lande und in den Spitzenverbänden bereits früher gelungen war, in die landwirtschaftlichen Verbände einzudringen.
Werner Willikens war bereits 1930 in den Vorstand des Reichslandbundes – unter dem Vorsitz des Grafen Kalckreuth – gewählt worden. Im März 1933 trat auch Wilhelm Meinberg, einer der Hauptmitarbeiter Darrés, hinzu. Hingegen hatte sich bis 1933 der Präsident der Vereinigung christlicher Bauernvereine, Andreas Hermes, mit Erfolg der nationalsozialistischen Infiltration widersetzt. Hermes wurde im März 1933 unter dem Vorwand von Unterschlagungen verhaftet und durch den Freiherrn Hermann von Lüninck, der schon früher dem Apparat Darrés nahestand, ersetzt. Damit war der Weg für die Vereinigung der Spitzenverbände offen*. Als erster Schritt wurde am 4. April 1933 die »Reichsführergemeinschaft« als Dachorganisation geschaffen und Walter Darré »gebeten«, den Vorsitz zu übernehmen. Ende des gleichen Monats veranlaßte Darré den Rücktritt des Vorstandes des »Reichsverbands der deutschen landwirtschaftlichen Genossenschaften – Raiffeisen« und ließ drei seiner Mitarbeiter entscheidende Stellungen im neuen Vorstand einnehmen. Gleichzeitig eroberten die Nationalsozialisten die meisten Führungspositionen in den territorialen Verbänden. Selbst altbewährte Funktionäre, die der DNVP angehörten, wurden noch zur Amtszeit Hugenbergs aus ihren Stellungen in den Vorständen der örtlichen und regionalen Landwirtschaftskammern verdrängt. Hitler selbst erschien am 5. April 1933 vor dem Plenum des Landwirtschaftsrats in Berlin, und nach seiner Programmrede, in der er erneut die »Erhaltung des Bauerntums« versprach, wurden der neuen Regierung einstimmig Vertrauen und Unterstützung zugesagt.
Wenige Wochen später konnte Walter Darré bereits sämtliche landwirtschaftlichen Führungspositionen in seiner Person vereinigen. Am 28. Mai verlieh ihm die »Reichsführergemeinschaft« unbeschränkte Vollmacht und den Titel »Reichsbauernführer«. Die Tatsache, daß diese Vorgänge sich noch während der Amtszeit Hugenbergs und trotz dessen sichtbaren Bemühungen um die Besserung der Lage der Landwirtschaft ereignen konnten, zeugt neben der erfolgreichen Infiltration der Verbände durch die Nationalsozialisten auch von dem ideologischen Gewicht, das sie ihrer alleinigen Herrschaft über den Landwirtschaftsbereich beimaßen. Mit der Ernennung Darrés zum Reichsernährungsminister Anfang Juni 1933 war der Prozeß abgeschlossen. Es war kein Zufall, daß die Landwirtschaft damit, neben Goebbels neuem Propagandaministerium, der einzige Sektor war, in dem sowohl die interessenbezogene Eigenorganisation als auch die obersten Regierungs- und Parteiposten in den Händen des zuständigen Parteiideologen vereinigt waren[360]. In institutioneller Hinsicht stand nun der Verwirklichung der vorgeplanten und versprochenen Landwirtschaftspolitik nichts mehr im Wege.
Die deutsche Landwirtschaft litt in der Weltwirtschaftskrise unter dem internationalen Preisverfall landwirtschaftlicher Erzeugnisse, der besonders den Getreideanbau der ostelbischen Roggengebiete empfindlich traf. Die Regierung Brüning

---

* Versuche einer Vereinigung der Verbände waren seit 1929 im Gange, gerieten aber nur bis zur Gründung der »Grünen Front« im gleichen Jahre. Vor allem hatten sich die christlichen Bauernvereine und Andreas Hermes der Vereinigung mit den Großagrariern widersetzt.

hatte versucht, diesen Betriebszweig durch die »Osthilfe« zu unterstützen, und gegen zwei Milliarden RM zumeist den preußischen Großagrariern ausgezahlt. Der deutschen Landwirtschaft war jedoch damit nur wenig geholfen. Die Osthilfeaktion war zwar Anlaß empörter Proteste in der Öffentlichkeit, brachte aber der Brüning-Regierung auf die Dauer kaum die erhoffte Unterstützung der preußischen Junker. Unter von Papen versuchte der damalige Landwirtschaftsminister von Braun, die Forderungen der »Grünen Front« nach erhöhten Zöllen durchzusetzen, mußte aber vor dem Widerstand der Industrie und des Wirtschaftsministers Warmbold nachgeben, die das Ansteigen der industriellen Produktionskosten infolge erhöhter Lebensmittelpreise und damit eine verschärfte Arbeitslosigkeit befürchteten. Statt dessen wurden weitere Osthilfezahlungen gewährt, während die west- und süddeutsche Landwirtschaft, die vornehmlich Qualitätsprodukte erzeugte, fast leer ausging. Schleicher suchte den Gegensatz durch einen Kompromiß zu lösen: Nachdem sich die Wirtschafts- und Landwirtschaftsminister gegen den Widerstand der Industrie auf Einfuhrzollerhöhungen geeinigt hatten, wurde den westdeutschen Interessen durch das »Buttergesetz« Rechnung getragen, mit dem die erheblichen Milchwirtschaftsüberschüsse der Margarineverarbeitung zugeführt werden sollten. Das Herz der preußischen Junker konnte allerdings auch Schleicher mit diesen Maßnahmen nicht erobern. Gerüchte über vorgesehene Güterenteignungen zu Ansiedlungszwecken führten zur »Kriegserklärung« des Reichslandbundes in einer Rede des Grafen Kalckreuth am 8. Januar 1933 an die Regierung Schleicher – ein bedeutungsvoller Schritt im Laufe des politischen Intrigenspiels, das schließlich zum 30. Januar 1933 führte[361].

Hugenberg als Wirtschafts- und Landwirtschaftsminister besaß alle Vollmachten für eine durchgreifende Unterstützung der Landwirtschaft, die er auch energisch anzuwenden suchte. Bereits am 14. Februar 1933 erschien seine Anordnung über den Vollstreckungsschutz für landwirtschaftliche Betriebe, die ihren Schuldenleistungen nicht nachkamen. Im gleichen Monat wurden die landwirtschaftlichen Einfuhrzölle fast verdoppelt – ein Schritt, der die Verhandlungen über Handelsabkommen mit Holland und Schweden stark beeinträchtigte. Am 16. Februar wurden den ostelbischen Großagrariern Getreideanbausubsidien in Höhe von 123 Millionen RM bewilligt. Die westdeutschen Landwirte wurden gleichzeitig »vom Verbraucher subsidiert«, und zwar durch den »Fettplan«, der die Margarineerzeugung auf 60 v. H. der gegenwärtigen Produktion beschränkte und die Margarine durch vergrößerte Butterbeigaben verteuerte. Das Ergebnis war ein Preisanstieg der Milchwirtschaftsprodukte, der Schweine und des Schweinefetts um 40 bis 50 v. H. Der Preisindex sämtlicher Landwirtschaftserzeugnisse stieg vom Januar bis Dezember 1933 infolge aller dieser Maßnahmen von 82 auf 95 (1913 = 100), obwohl Hitler und die nationalsozialistischen Minister in der Regierung ihre Bedenken über den psychologischen Einfluß solcher Preissteigerungen sobald nach der Machtübernahme äußerten[362].

In der Frage des Schuldenerlasses kam es zu Auseinandersetzungen zwischen Darré, Hugenberg und dem Reichsfinanzminister Graf Schwerin von Krosigk. Hugenbergs Vorschlag ging dahin, die Schulden der bis zu einem festzusetzenden Stichtag zahlungsunfähigen Bauernwirtschaften zu einem festen Zinssatz von 4 v. H. auf das Reich zu übertragen. Dagegen sah Darré in diesem Vorschlag eine »kapitalistische Lösung«. In der Landwirtschaft gäbe nicht die Wirtschaftlichkeit, sondern »das Blut« den Ausschlag, und daher müßten sämtliche Bauernhöfe gleichermaßen durch einen einheitlichen Zinssatz von nicht mehr als 3 v.H. unterstützt werden. Schwerin von Krosigk hielt diesen Vorschlägen den Grundsatz der rechtmäßigen Ansprüche der Banken und Gläubiger entgegen, die nicht beschnitten werden dürften. Als Kompromiß wurden schließlich weitgehende Steuererlässe und eine Schuldenkonsolidierung zu 4 v.H. Zinsen für zirka 10 v.H. der Bauernwirtschaften bewilligt. Erst im Mai 1934 kam ein teilweiser Schuldenerlaß auf Kosten der Banken und Lieferanten hinzu, wobei Auslandsschulden, um internationale Komplikationen zu vermeiden, vom Reich übernommen wurden[363]. Nach seiner Ernennung zum Reichsernährungsminister ging Darré als erstes an den Aufbau des Reichsnährstandes, der mittels zweier Gesetze[364] in weitgehender Annäherung an den vorgeplanten »ständischen Aufbau« errichtet wurde. Diese auf Pflichtzugehörigkeit basierende Riesenorganisation umfaßte nicht nur sämtliche landwirtschaftlichen Betriebe, sondern auch die Fischerei, den Handel mit Landwirtschaftserzeugnissen und die diese verarbeitende Industrie. Seinem Apparat gehörten unter Darré und dessen alten Mitarbeitern aus der agrarpolitischen Abteilung der NSDAP Wilhelm Meinberg und Hermann Reischle gegen 20 000 vollbesoldete und noch 113 000 halb- oder ehrenamtliche Funktionäre und Beamte an. Orts-, Bezirks- und Landesbauernführer wurden nach dem Führerprinzip ohne Wahlen von oben ernannt und die Parteizugehörigkeit für alle Angestellten als Bedingung ihrer Weiterbeschäftigung verordnet. Alles war darauf ausgerichtet, die gesamte Landwirtschaft zur »Parteidomäne« zu machen, und obwohl die meisten Funktionäre des RNS von Beruf Landwirte waren, gab bei ihrer Anstellung nicht ihre Fachausbildung und auch nicht das ihnen von der Bauernschaft entgegengebrachte Vertrauen, sondern in erster Linie ihre Parteizuverlässigkeit den Ausschlag[365].

Durch das Gesetz war der RNS mit weitgehenden Interventions- und Kontrollvollmachten ausgerüstet. Die durch ihn errichtete »Marktordnung« setzte die Preise und Produktionskontingente fest, bestimmte die Verdienstmarge des Einzelhandels und kontrollierte die Qualität und Verarbeitung der landwirtschaftlichen Erzeugnisse. Der RNS konnte Geldstrafen bis zur Höhe von 100 000 RM und auch Gefängnisstrafen verhängen und die Schließung von Betrieben und Geschäften verordnen. Die Gesamttätigkeit des RNS, dessen Richtlinien ein besonderes Komitee unter der Leitung von Hermann Reischle in Anlehnung an das neophysiokratische System Gustav Ruhlands schon früher in der agrarpolitischen Abteilung der NSDAP festgelegt hatte, ging darauf aus, die Landwirtschaft als bevorzugten und krisenfesten Wirtschaftssektor dem marktwirtschaftlichen Kräftespiel zu entziehen. Produktion und Preise sollten über alle Umlaufphasen, vom Erzeuger bis zum Endverbraucher, festgesetzt sein. Dies konnte tatsächlich unter den Bedingungen der Devisen- und Außenhandelskontrolle* weitgehend verwirklicht werden[366]. Dem RNS waren somit Funktionen zugebilligt worden, die anderen Wirtschaftssektoren ausdrücklich verweigert wurden. Dennoch war auch

---

* Dies hat in der Presse manche kaum verborgene Kritik hervorgerufen. So brachte z. B. der Wirtschaftsredakteur der »Frankfurter Zeitung« Ende 1934 eine Vergleichstabelle der deutschen Landwirtschaftspreise mit den Weltmarktpreisen, die Unterschiede bis zu 300 v. H. aufwies, und fügte hinzu: »Daß der Verbraucher im Interesse des Bauernstandes Opfer bringen müsse, wurde vom Kanzler sofort nach der Machtübernahme dargelegt. Die Dauerbedeutung dieser Opfer wird nicht zuletzt vom Einfluß der Marktregelung auf den gesamtwirtschaftlichen Ertrag abhängen... In dem großen industriellen Sektor des Reichsnährstandes... besteht keineswegs Anlaß, daß die Volksgesamtheit auf äußerste Wirtschaftlichkeit verzichtet, wie das zugunsten der Bauern verlangt wird« (F. Wolf, Staatskonjunktur, a. a. O., S. 10).

der RNS kein völlig autonomer »Stand«, wie er einer orthodoxen Ständeauffassung nach sein sollte. Noch 1930 hatte Walter Darré in seinem »Neuadel aus Blut und Boden« den angestrebten korporativen Aufbau als »einen geschlossenen Block der Landwirtschaft gegen andere Berufe« und die an der Spitze stehende »Reichs-Landstandskammer« als die »berufsständische Vertretung des gesamten Landstandes gegenüber anderen Berufsständen und auch gegenüber der Reichsleitung« geschildert[367]. Tatsächlich mußte sich jedoch die Erweiterung des Geschäftsbereichs des Reichsnährstands auf die nichtlandwirtschaftlichen Berufe im Handel und der verarbeitenden Industrie notgedrungen in Richtung der Einschränkung seiner autonomen Selbstverwaltung auswirken. Der Reichsnährstand wurde durch diese ursprüngliche Machtausweitung anstelle eines rein interessenorientierten »Berufsstandes« zum umfassenderen »Wirtschaftsstand«, dem kein auf zentrale Wirtschaftslenkung oder auch nur -kontrolle bedachter Staat eine völlig autonome Selbstverwaltung gewähren konnte. Es ist einfach undenkbar, daß umfassende und einschneidende wirtschaftspolitische Entscheidungen einer Organisation überlassen bleiben könnten, die sich selbst als berufliche Interessenvertretung der Landwirtschaft gegen alle anderen Wirtschaftssektoren bezeichnete. Darré und sein Stellvertreter Meinberg mußten daher von Anbeginn das »Primat der Politik« auch gegenüber der Landwirtschaft hervorheben und betonen, daß die großen Richtlinien der landwirtschaftlichen Politik vom Reichskanzler bestimmt würden, dem auch die Anordnungen des Reichsnährstandes unterstehen[368]. Auch die Personalunion Darrés als Führer des Reichsnährstandes und Reichsernährungsminister bewirkte die immer weitere »Annäherung« der Selbstverwaltungsorganisation an die Regierungsinstanz, oft zum Nachteil der landwirtschaftlichen Interessen. In den zunehmenden Kollisionen mit Regierungs- und Parteistellen mußte Darré zumeist gegenüber den allgemeinwirtschaftlichen Erwägungen nachgeben, wenn es dazu auch manchmal, wie wir noch sehen werden, manchen Druckes und auch der Entscheidungen Hitlers bedurfte. Die Machtposition Darrés wurde im Laufe dieser Auseinandersetzungen aufgerieben. Der Reichsnährstand wurde immer mehr zum bloßen Vollstreckungsorgan: »Hinter pseudokorporativen Fassaden mußte das Eigenleben der Verbände erstarren; die Organisation wertete sich selbst ab zum Informations- und Kontrollapparat für die staatliche Wirtschaftsführung[369].«

Das »Erbhofgesetz« war das zweite Mittel, mit dem die Verpflichtung für die Erhaltung eines festen und wurzelhaften Klein- und Mittelbauerntums verwirklicht werden sollte. Mehr als irgendwo trat in diesem Gesetz die ideologische Motivation zutage, die nicht allein die wirklichen Interessen der Betroffenen, sondern selbst die proklamierten Zielsetzungen des Regimes übersah. Letzten Endes verursachte nämlich das Erbhofgesetz die verstärkte Landflucht der enterbten Bauernsöhne, denen keine neuen Siedlungsflächen zugeteilt wurden und die in der Industrie einträglichere Arbeit fanden. Der entlassene frühere Staatssekretär Hugenbergs, von Rohr, traf in einer Eingabe an die Reichskanzlei vom August 1934 den Nagel genau auf den Kopf, indem er ausführte, »das Gesetz sei offenbar mehr von bäuertümlichem Schrifttum als von bäuerlicher Praxis diktiert«[370]. Nur hat wahrscheinlich nicht weniger auch die Auffassung Hitlers: »Ein fester Stock kleiner und mittlerer Bauern war noch zu allen Zeiten der beste Schutz gegen soziale Erkrankungen, wie wir sie heute besitzen«[371], die Erbhofgesetzgebung bewirkt.

Da sich zur Amtszeit Hugenbergs Widerstände gegen die Erbhofgesetzgebung erhoben, wurde diese zuerst im Mai 1933 in Preußen vorgenommen. In Abwesenheit eines preußischen Landwirtschaftsministers leitete dort Werner Willikens als preußischer Staatssekretär das Ministerium und konnte auch die Unterstützung des damaligen preußischen Justizministers Kerrl gewinnen. Das am 15. Mai angenommene Erbhofgesetz wurde im September gleichen Jahres auf das gesamte Reichsgebiet ausgedehnt[372], wodurch zirka 700 000 Bauernwirtschaften bis zu 125 Hektar, die gegen 40 v. H. der bebauten Landwirtschaftsfläche ausmachten, zu unveräußerlichen und unteilbaren Erbhöfen erklärt wurden. Die Besitzer der Erbhöfe wurden unter der Bedingung reinrassiger Abstammung mit dem Ehrentitel »Bauer« ausgezeichnet, während die Besitzer größerer Wirtschaften sich lediglich »Landwirt« nennen durften. Der Erbhof durfte nur ungeteilt an einen der erbberechtigten Nachkommen vererbt werden, der zu keiner Entschädigung an die übrigen Erben verpflichtet war, jedoch für die berufliche Ausbildung der männlichen und für die hauswirtschaftliche Aussteuer der weiblichen Nachkommen zu sorgen hatte, die jedoch keine finanzielle Mitgift erhielten. Die Erbhofernennung geschah durch Instanzen des Reichsnährstandes, die berechtigt waren, sich als »unwürdig« erweisenden Bauern die Erbhofrechte zu entziehen[373].
Es gibt viele Anzeichen dafür, daß die Bauern das Erbhofgesetz mit gemischten Gefühlen aufnahmen. Die Regierungsstellen in Berlin und der Reichsnährstand erhielten ständig Berichte über Äußerungen der Unzufriedenheit jener Bauern, die durch das Erbhofgesetz ihre Besitzrechte und Vererbungsfreiheit beeinträchtigt fühlten und sich durch den gewährten Vollstreckungsschutz nur teilweise entschädigt sahen. Selbst dieser wurde oft als Hindernis für Neuinvestitionen und die dazu erforderliche Kreditaufnahme empfunden, da keine Hypotheken auf Erbhöfe aufgenommen werden durften. Eine großangelegte staatliche Kreditgewährung hätte dem Abhilfe geschafft, aber die staatlichen Mittel waren zu der Zeit vornehmlich für Arbeitsbeschaffungs- und Aufrüstungspläne eingesetzt. Wahrscheinlich war dies auch einer der Gründe dafür, daß nichts getan wurde, um die Anzahl der Erbhöfe zu vergrößern, und ihr Prozentsatz stieg von 1933 bis 1945 nicht an. Tatsächlich hätte die Erbhofgesetzgebung von einer weitgehenden Agrarreform begleitet sein müssen, um die proklamierten Ziele der Agrarpolitik zu verwirklichen: Die Zahl der Klein- und Mittelbauernwirtschaften konnte nur durch Aufteilung der Großgüter und die Ansiedlung der leer ausgehenden Bauernsöhne vergrößert werden. Außerdem hätten Zehntausende von bäuerlichen Zwergwirtschaften unter 7,5 Hektar, die nach dem Gesetz nicht als Erbhöfe gelten konnten, vergrößert oder zusammengelegt werden müssen, wenn es den nationalsozialistischen Machthabern mit der proklamierten Reagrarisierung Ernst gewesen wäre. Für all dies gab es jedoch nicht einmal den Anschein bestehender »guter Vorsätze«. Man vermied offensichtlich den Konflikt mit den Großagrariern, der die Getreideproduktion und damit die Autarkiebestrebungen stark gefährdet hätte, und zog es vor, sich mit der künftigen Lebensraumerweiterung zu vertrösten[374].
Statt dessen wurde ein imposanter Propagandaapparat in Bewegung gesetzt, um die Bauern mit einem romantischen Nimbus zu umgeben und ihren gesellschaftlichen Status zu erhöhen. Hierzu dienten die jährlichen Erntedankfeste auf dem Bückeberg, bei denen Hitler und die gesamte Parteiprominenz auftraten und gefeiert wurden. Eine besondere Anordnung Darrés veranlaßte die Presse, Hitler

als »Bauernkanzler« anzupreisen und ihn umgeben von strahlenden Bauernkindern und Dorfbewohnern in Trachten abzubilden. Solange noch Beschäftigungslosigkeit herrschte, wurde den Jugendlichen das idyllische und gesunde Dorfleben vor Augen geführt, um sie zum Landdienst oder Landjahr zu bewegen. Eine besondere Abteilung im Reichsnährstand sorgte für die Pflege der Bauernkultur und entwarf »alte Bauerntrachten«, wo diese längst in Vergessenheit geraten waren. Das Propagandaministerium verbot die Veröffentlichung abfälliger Bauernkarikaturen und schrieb einen idyllischen Stil der Berichterstattung in allen die Landwirtschaft berührenden Reportagen vor. Die »im Herzen alten deutschen Bauernlandes« liegende Stadt Goslar wurde zur »Reichsbauernstadt« erklärt, ein Teil der Ämter des Reichsnährstandes dorthin verlegt und jährlich der Reichsbauerntag dort veranstaltet. Aus ähnlichen Erwägungen wurde der Sitz des Erbhofgerichtes in Celle bestimmt. Dieser Propagandaaufwand hat seinen Erfolg nicht verfehlt und den Bauern zweifellos das Gefühl eines gehobenen Status und gesellschaftlicher Beachtung vermittelt. Dennoch mag vielen unter ihnen nicht ganz wohl dabei zumute gewesen sein, inmitten einer modernen Industriegesellschaft als mediviales Museumsstück zu erscheinen.

Die Tatsachen bewiesen jedenfalls, daß die ganze Romantik sie nicht dazu bewegen konnte, unter schlechteren Arbeitsbedingungen und niedrigerem Lebensstandard dem Dorf und der Landwirtschaft treu zu bleiben, sobald ihnen die Möglichkeit, in der Stadt leichtere und besser bezahlte Arbeit zu finden, offenstand[375].

Die Preispolitik des Reichsnährstandes bewirkte während der ersten Jahre eine erhebliche Einkommenserhöhung, jedoch verschlechterte sich die Lage der Landwirtschaft im Vergleich zu anderen Wirtschaftssektoren schon ab 1935/36*. Sie konnte zwar auch nachher Einnahmenüberschüsse verzeichnen, hielt aber mit dem allgemeinen Anstieg der Einkommen nicht mehr Schritt. Besonders litten darunter die landwirtschaftlichen Arbeiter, deren Lage sich zwar auch gegenüber den Krisenjahren verbesserte, dies jedoch in weit geringerem Maße als bei den Industriearbeitern. Der Durchschnittsjahreslohn eines ostelbischen Landarbeiters lag um fast ein Viertel niedriger als der eines halb ausgebildeten Industriearbeiters, und dies bei längerer Arbeitszeit und der in Ostpreußen üblichen Vergütung eines Teils des Lohns in Naturalien. Unter diesen Bedingungen ließ sich die Landflucht jungverheirateter Paare auch durch weitgehende Wohnraumbeschaffung nicht aufhalten. Die Anordnungen der Arbeitsämter, besonders in den ersten Jahren nach 1933, frühere Landarbeiter aus städtischen Betrieben zu entlassen, bewirkten oft das Gegenteil: Die Eltern versuchten, ihren Kindern sofort nach der Schulentlassung industrielle Arbeitsplätze zu verschaffen, um diese Anordnungen zu umgehen. Da die Mädchen zumeist vorzogen, sich in der Stadt zu verheiraten, machte sich bald eine besorgniserregende Überalterung der ländlichen Bevölkerung bemerkbar[376].

Das nationalsozialistische Regime hat im Laufe der fortschreitenden Wiederbeschäftigung diesen Erscheinungen fast tatenlos zugesehen und nichts dagegen unternommen. Solange die Arbeitslosigkeit noch anhielt, ergänzten die agrarpolitischen Maßnahmen die Beschäftigungspolitik. Die wirtschaftliche und administrative Sonderstellung der Landwirtschaft blieb in Kraft. Der Zollschutz förderte

---

* Siehe Tabelle 6 im statistischen Anhang.

den Anbau importersetzender Erzeugnisse und wirkte somit gleichzeitig auf eine Verbesserung der Zahlungsbilanz und der Beschäftigungslage auf dem Lande. Je mehr sich jedoch die Wirtschaft der Vollbeschäftigung näherte, desto gelassener sahen die Machthaber der verstärkten Landflucht zu, da sie ja erklärterweise Kanonen anstatt Butter erzeugen wollten. Den auf dem Lande spürbaren Arbeitermangel versuchte man »vorläufig« durch die verstärkte Einstellung ausländischer – zumeist polnischer – Fremd- und Saisonarbeiter zu beheben, die noch kurz vorher als »rasseschädlich« diskriminiert worden waren. Gegenüber 7000 Fremdarbeitern, die 1932 in der deutschen Landwirtschaft arbeiteten, wurden bereits 1935 über 50 000 ausländischen Saisonarbeitern Arbeitsgenehmigungen erteilt[377].

Landflucht und stagnierendes Erbhofbauerntum, die an sich den vorkonzipierten ideologischen Fernzielen kraß entgegengesetzt waren, ließen sich notgedrungen als vorläufige Hintansetzung dieser Ziele gegenüber den dringlicheren Gegenwartsaufgaben, vor allem der Aufrüstung, hinnehmen. Ihr Ergebnis war jedoch auch die verzögerte Selbstversorgung mit Lebensmitteln und Rohstoffen, die ein Teil der Kriegsvorbereitungen waren. In den ersten Jahren konnten immerhin einige Erfolge verzeichnet werden: Die Eigenproduktion an Lebensmitteln stieg von 68 v. H. in den Jahren 1927/28 auf zirka 80 v. H. im Jahr 1933/34 und 1938/39 auf 83 v. H. Eine völlige Selbstversorgung wurde jedoch bis Kriegsausbruch nur im Brotgetreideanbau erreicht, der bereits 1933/34 den heimischen Verbrauch fast vollständig deckte und 1937/38 auch Überschüsse erzeugte. Dagegen mußten 1934/35 noch fast 90 v. H. der pflanzlichen und 20 v. H. der tierischen Fette, 85 v. H. der Industriefasern und 90 v. H. der Rohwolle importiert werden. Die Lebensmitteleinfuhr nahm 1936 noch 35,5 v. H. des Gesamtimports in Anspruch, und in jedem der vier Jahre zwischen 1933 und 1936 mußten für ausländische Lebensmittel jährlich über drei Milliarden RM ausgegeben werden – 1938 sogar 5 Milliarden RM[378]*.

Diesem Zustand sollte die im November 1934 verkündete und wahrscheinlich Mussolinis »Bataglio di Grano« entliehene »Erzeugungsschlacht« Abhilfe schaffen. Ein Zehn-Punkte-Programm sah die Erhöhung der landwirtschaftlichen Produktion durch agrotechnische Verbesserungen, Saatgutauslese, erweiterte Anbauflächen durch Meliorationen und Bodenverbesserungen usw. vor. Neben einer großangelegten Propagandaaktion wurde die Erzeugungsschlacht auch durch den agronomischen Beratungsdienst und eine fördernde Preispolitik (Herabsetzung der Düngemittelpreise und Vorzugspreise für Kartoffeln und Milchprodukte usw.) vorangetrieben. Für Meliorations- und Bodenverbesserungsarbeiten wurde der Arbeitsdienst eingesetzt, hingegen wurden der Landwirtschaft nur geringe Investitionsmittel in Form direkter Zuschüsse oder langfristiger Anleihen aus öffentlichen Mitteln gewährt; zwischen 1933 und 1938 insgesamt zirka 2 Milliarden RM. Andererseits behinderten die durch das Erbhofgesetz auftretenden Finanzierungsschwierigkeiten die privaten Investitionen in der Landwirtschaft. Im Endergebnis erwies sich die Erzeugungsschlacht trotz der verzeichneten Erhöhung der durchschnittlichen Bodenerträge als ein Fehlschlag, da das reale Nettoprodukt der deutschen Landwirtschaft von 1933 bis zum Kriegsausbruch nur

---

* Feste Preise von 1928.
Siehe Tabelle 7 im statistischen Anhang.

um wenige Von-Hundert-Werte anstieg*. Augenscheinlich konnten wegen des durch die Landflucht verursachten Arbeitermangels die Produktionskapazitäten nicht voll ausgenutzt werden, während die fehlenden Investitionen einen ausgleichenden Mechanisierungsprozeß behinderten. Die Priorität der Aufrüstung bewirkte somit nicht nur den zumindest vorläufigen Verzicht auf die Verwirklichung langfristiger ideologischer Ziele der Agrarpolitik, sondern beeinträchtigte auch die angestrebte Selbstversorgung, die als kurzfristiges und kriegswichtiges Ziel der Agrarpolitik betrachtet wurde[379].

Die meisten dieser Schwierigkeiten machten sich allerdings erst nach 1936 bemerkbar, als die erreichte Vollbeschäftigung und die Devisenknappheit das Prioritätenproblem verschärft auf die Tagesordnung setzten. Während des größten Teiles des hier behandelten Forschungszeitraumes konnte die Landwirtschaft ihre wirtschaftlich bevorzugte Position bewahren. Auch die institutionelle Sonderstellung des Reichsnährstandes blieb erhalten, bis er 1936 dem Vierjahresplan Hermann Görings unterstellt wurde. Die engen Personalverbindungen zur NSDAP haben – ebenso wie die ideologischen Vorverpflichtungen des Regimes – dazu beigetragen, den Reichsnährstand als eine Art »Staat im Staate« erscheinen zu lassen. Verständlicherweise entstanden dadurch Reibungsflächen mit gegensätzlichen Wirtschaftsinteressen und Konflikte mit zentralen und vor allem regionalen Kräftegruppen auf Regierungs- und Parteiebene, die, wie z. B. die DAF oder die Gauleiter, um den Ausbau ihrer Machtpositionen besorgt waren. Diese Konflikte wurden zumeist in den Parteigremien den jeweils vorherrschenden Kräfteverhältnissen entsprechend entschieden, wobei Darré und seine Mitarbeiter sich oft, ungeachtet ihres korporativen Eigenmächtigkeitsanspruches, zu lästigen Kompromissen genötigt sahen, die ihnen von der Partei und auch von Hitler selbst vorgeschrieben wurden[380]. Besonders häufig traten diese Zusammenstöße in den Jahren 1933/34 zutage, als Darrés höchste Machtentfaltung den miteinander konkurrierenden Herrschaftsansprüchen der Gauleiter und Parteiinstanzen und den von Schacht angeführten wirtschaftlichen Interessenverbänden gegenüberstand, das endgültige Kräfteverhältnis jedoch noch nicht entschieden war.

Der bekannteste Zusammenstoß ereignete sich in Ostpreußen zwischen dem Gauleiter Erich Koch und den dortigen Reichsnährstandsbehörden. Hierbei waren neben persönlichen Gegensätzen und Kompetenzstreitigkeiten sichtlich auch ideologische und politische Gegensätze im Spiel: Koch, der früher zur nationalsozialistischen »Linken« um die Brüder Strasser gehört hatte, »sah in der Agrarideologie und Personalpolitik Darrés eine Anlehnung an die ihm besonders verhaßte ›Reaktion‹«, während die Bauernführer Koch »bolschewistischer« Ziele und Methoden verdächtigten[381]. Im Sommer 1933 kam es zum offenen Kampf, als Koch einige Bauernführer aus der Partei ausstieß, drei von ihnen ins Konzentra-

---

* Die Wertschöpfung (Nettoprodukt zu Faktorpreisen) des Wirtschaftsbereichs Landwirtschaft, Forsten und Fischerei, ausgedrückt in festen Preisen von 1913, war zwischen 1932 und 1938 (in Mill. RM):

1932 – 8713   1936 – 10598
1933 – 10290 1937 – 9515
1934 – 9553   1938 – 10259
1935 – 9206

1938 war damit nicht einmal der Stand von 1913 (11 270 Mill. RM) erreicht. Vergleichsweise stieg zur gleichen Zeit die Wertschöpfung von Industrie und Handwerk von 14 489 Mill. im Jahre 1932 bis 33 450 Mill. 1938 an. (Hoffmann, Wachstum, a. a. O., S. 455).

tionslager einwies und auf den Bauernhöfen Getreide für die Partei beschlagnahmen ließ. Darré ernannte daraufhin seinen Stellvertreter im Reichsnährstand, Meinberg, zum ostpreußischen Landesbauernführer und führte bei Heß und Hitler gegen Koch Beschwerde, konnte jedoch gegen dessen feste Stellung bei Hitler wenig ausrichten. Die verhafteten Bauernführer wurden zwar aus dem KZ entlassen, jedoch von ihren Posten versetzt. Ähnliche, wenn auch weniger offen ausgetragene Differenzen traten in Pommern zwischen dem Gauleiter Karpenstein sowie dem SA-Stab und den dortigen Bauernführern auf, wobei der Reichsnährstand wegen Vernachlässigung der versprochenen Ansiedlungspläne angegriffen wurde[382].

Rudolf Heß berief schließlich im Dezember 1934 die Gauleiter mit Darré und den Spitzenfunktionären des Reichsnährstandes zu einer gemeinsamen Sitzung, um die anhaltenden Kompetenzstreitigkeiten beizulegen. Das Ergebnis dieser Zusammenkunft war eine zwei Monate später veröffentlichte Mitteilung des »Stellvertreters des Führers«, die die Kompetenzverhältnisse ein für allemal festlegen sollte: Der Partei wurde untersagt, sich in rein fachlichen Belangen zu betätigen, dagegen wurde der Reichsnährstand verpflichtet, Postenbesetzungen mit den zuständigen Gauleitern zu vereinbaren. Außerdem wurde die NS-Frauenschaft als allein zuständig für die Frauenarbeit auf dem Lande erklärt und dieser Bereich dem Reichsnährstand entzogen. Die Schlußklausel der Erklärung betonte nachdrücklich die unbedingte politische Suprematie der Partei auf allen Gebieten, was zweifellos einer Einschränkung der Eigenmächtigkeit des Reichsnährstandes gleichkam[383].

Auch mit Robert Ley und der DAF kam es, besonders in den späteren Jahren, als sich die Kräfteverhältnisse sichtlich zuungunsten des Reichsnährstandes verschoben, zu Meinungsverschiedenheiten. Ley beanstandete die korporative Eigenständigkeit des Reichsnährstandes besonders auf sozialem Gebiet und machte diesen für die Benachteiligung der Landarbeiter verantwortlich. In einem Schreiben an Darré im Frühjahr 1938 schob Ley dem Reichsnährstand die Schuld für die fortschreitende Landflucht zu: »Das Abwandern in die nicht so stark lohn- und preisgebundene Industrie ist nicht verwunderlich, wenn die teilweise noch katastrophalen Verhältnisse an den Arbeits- und Wohnplätzen der landwirtschaftlichen Gefolgschaft berücksichtigt werden.« Für die soziale Betreuung der Landarbeiter dürfte nicht der Reichsnährstand als »einseitige Interessenvertretung«, sondern ausschließlich die DAF und die Partei zuständig sein. Darré reagierte mit einem irritierten Schreiben, in dem er der DAF Machtstreben und Kompetenzenüberschreitung vorwarf, konnte sich jedoch allgemein nicht gegen den vereinten Druck der DAF und der Gauleiter durchsetzen[384].

Demgegenüber behielten Darré und seine Mitarbeiter in den Auseinandersetzungen mit Hjalmar Schacht, selbst in den Jahren 1934/35, als dessen Position am stärksten konsolidiert war, dank der ideologischen Sonderstellung des Reichsnährstandes und seiner Querverbindungen zur SS zumeist die Oberhand. Im Reichsnährstand wurde beflissen Material gegen Schacht gesammelt, wobei sich besonders Friedrich Zimmermann – besser unter seinem »Tat«-Pseudonym Ferdinand Fried bekannt – hervortat. Dieser war 1933 auf besondere Anordnung Himmlers dem Stab Darrés zugeteilt worden. Im Oktober 1934 übermittelte Fried der SS einen Artikel von Hans Calwer, der Schacht gegen die ihm gegenüber geäußerte Kritik in Schutz nahm, wobei er auf die sozialdemokratische »Vergangenheit« des Verfassers und dessen Verbindungen zu jüdischen Ökonomen hinwies. Fried fügte dem eigene Bemerkungen hinzu, die die angeblich in Reichsbankkreisen gegen Schacht zirkulierende Kritik rechtfertigten, und zeigte sich insbesondere darüber aufgebracht, »daß Schacht für sich selbst – und nur für sich selbst – grundsätzlich das internationale Vertrauen beansprucht, nicht etwa als Beauftragter des Führers«[385]. Obwohl einige der einflußreichsten Gauleiter, wie Josef Bürckel, Josef Wagner und Karl Kaufmann, aus taktischen Gründen oft für Schacht und gegen Darré Stellung bezogen und sogar vorschlugen, das Ernährungsministerium aufzulösen und Darré vor ein »Tribunal der Gauleiter« zu beordern[386], hat Hitler in den meisten Fällen zugunsten der Forderungen Darrés entschieden.

Erste Meinungsverschiedenheiten traten sofort beim Amtsantritt Schachts als Reichswirtschaftsminister auf, besonders in der Frage der Einbeziehung des Kleinhandels und der verarbeitenden Industrie, die landwirtschaftliche Erzeugnisse vertrieben oder verarbeiteten, in den Reichsnährstand. Nach Hitlers persönlichem Entscheid wurden im Sommer 1934 zirka 80 000 Handels- und Industriefirmen dem Reichsnährstand angeschlossen[387]. Etwas später kam es zu heftigen Auseinandersetzungen zwischen Darré und dem Preiskommissar Dr. Goerdeler, der von Schacht unterstützt wurde, um die Preispolitik des Reichsnährstandes. Die Reden Darrés und seines Staatssekretärs im Reichsernährungsministerium, Herbert Backe, auf dem Reichsbauerntag im November 1934, die sich gegen die Maßnahmen des Preiskommissars richteten, wurden vielerorts als offene Kampfansage gegen Schacht gewertet. Wie noch näher geschildert wird, haben diese Auseinandersetzungen maßgeblich zur Entlassung Dr. Goerdelers beigetragen, und da für längere Zeit kein neuer Preiskommissar eingesetzt wurde, konnte der Reichsnährstand ziemlich unbehindert seine Preispolitik fortsetzen. Später mußte er allerdings dem vereinten Druck der Parteistellen und der Treuhänder der Arbeit nachgeben und konnte, einem Regierungsentscheid entsprechend, die landwirtschaftlichen Preise nicht weiter erhöhen[388].

Als sich in den Jahren 1935/36 die Devisensituation verschlechterte, brach der Konflikt zwischen Darré und Schacht erneut aus. Darrés Forderung nach zusätzlicher Devisenzuteilung für Lebensmittelimporte, vornehmlich Fette und Tierfuttermittel, wurde von Schacht mit dem verärgerten Hinweis auf den Produktionsrückgang der Landwirtschaft gegenüber 1933 abgewiesen. Wiederum entschied Hitler gegen Schacht, und das Reichsernährungsministerium erhielt zusätzliche Devisen in der Höhe von 60 Millionen RM. Zweifellos waren dabei Hitlers Befürchtungen um die psychologischen Auswirkungen einer Lebensmittelknappheit ausschlaggebend. Das änderte jedoch nichts an der Tatsache, daß Schacht in seinem ständigen Kampf mit Darré, der schließlich dazu beitrug, seine Stellung zu untergraben, eine weitere Runde verloren hatte[389].

Auf dem Gebiet der Preispolitik mußte sich Darré hingegen mit mächtigeren Gegnern messen: Die erhöhten Lebensmittelpreise und die sichtlich verbesserte Lage der Bauern gegenüber den realen Einkommensverlusten der unter Lohnstopp beschäftigten Arbeiter erweckten in der Bevölkerung und in Parteikreisen erhebliche Unruhe. Ende August 1935 wurde Herbert Backe zuerst vor die Treuhänder der Arbeit und zwei Tage darauf vor eine Zusammenkunft der Gauleiter zitiert, um die Frage der Landwirtschaftspreise zu erörtern. Backes Ausführungen, nach denen die Preise für den Konsum stabil geblieben seien, wurde von den Treuhändern widersprochen, die ihm Preissteigerungen bis zu 40 und 50 v. H. entgegenhielten, welche zu Äußerungen der Unzufriedenheit in der Arbeiterschaft geführt und der »kommunistischen Propaganda« Vorschub geleistet hätten[390]. Obwohl auf diesen Sitzungen keine Einigung erreicht werden konnte, mußte der Reichsnährstand, wie erwähnt, Ende 1935 von weiteren Preiserhöhungen absehen. Die Preise wurden jedoch nicht herabgesetzt und blieben der entscheidende Faktor für den Anstieg der landwirtschaftlichen Einkommen.

Daß der Reichsnährstand diesen Erfolg seiner Marktordnung trotz der geäußerten Proteste Schachts und auch einflußreicher Parteistellen bewahren konnte, entsprang im wesentlichen nicht wirtschaftlichen, sondern ideologischen Erwägungen. Das Argument, nach dem die Einkommensteigerung der Landwirtschaft auch allgemein wirtschaftlich von Vorteil sei, weil dadurch die Verbrauchernachfrage auf dem Lande gefördert und damit auch die Konsummittelindustrie angekurbelt würde, ist höchstens bis Mitte oder Ende 1934 relevant. Bereits von diesem Zeitpunkt an wurde der Wirtschaftsaufschwung bewußt durch die Nachfrage der öffentlichen Hand gefördert, während der private Verbrauch, wie noch ausführlicher dargestellt wird, mit allen möglichen Mitteln eingedämmt wurde. Demgegenüber mußten die Preissteigerungen der Landwirtschaft die Produktionskosten derjenigen Industriezweige erhöhen, die landwirtschaftliche Rohstoffe verarbeiteten und damit einen allgemeinen Aufwärtsruck der Löhne bewirken. Vom rein ökonomischen Standpunkt aus waren die Preissteigerungen des Reichsnährstands somit den generellen wirtschaftspolitischen Richtlinien direkt entgegengesetzt und können nur aus der ideologischen Sonderstellung der Landwirtschaft, derzufolge dem Reichsnährstand eine weitgehend autonome Markt- und Preispolitik zugebilligt wurde, erklärt werden. Die rapide Gleichschaltung, durch die der agrarpolitische Apparat der NSDAP alle Stufen der landwirtschaftlichen Verbandshierarchie erobern konnte, war die andere Seite dieser ideologischen Vorverpflichtung und ein wesentlicher Faktor für die starke Position des Reichsnährstands im nationalsozialistischen Kräfteparallelogramm. Auf die Dauer konnten allerdings selbst diese Vorteile den Lauf der Entwicklung nicht aufhalten, die die wirtschaftliche Bevorzugung der Landwirtschaft untergrub. Mit der langsamen Erosion der Stellung des Reichsnährstandes verlor auch Walter Darré zusehends an Einfluß. 1936 wurde der Reichsnährstand Göring unterstellt, der Herbert Backe, und nicht Darré, zum »Ernährungskommissar« des Vierjahresplanes ernannte. 1942 übernahm Backe praktisch auch das Reichsernährungsministerium[391]. Diese Entwicklungen liegen jedoch außerhalb der hier behandelten Forschungsperiode.

Letzten Endes hat die nationalsozialistische Agrarpolitik nicht nur in der Erreichung ihrer langfristigen ideologischen Zielsetzungen versagt, sondern, wie wir sahen, auch die kurzfristigen Selbstversorgungspläne nur teilweise erreicht. Hingegen war die nationalsozialistische Eroberung der Landwirtschaft ein in erster Linie politischer Umschwung, dessen Ausmaß und Bedeutung oft nicht ausreichend gewürdigt werden. Die mächtigen Landwirtschaftsverbände, die bis zur Machtergreifung politisch und wirtschaftlich von den ostelbischen Junkern beherrscht wurden, konnten in auffallend kurzer Zeit und unter Verdrängung ihrer bisherigen Führungselite zur ausschließlichen Parteidomäne gemacht werden. In der Weimarer Republik bestimmten 17 000 Großagrarier – nur ein halbes Prozent der landwirtschaftlichen Betriebseigentümer, die jedoch ein Sechstel der Anbaufläche besaßen – die Politik des Reichslandbundes, der besonders in den letzten Jahren der Republik ein politisch mächtiges Manipulationsinstrument war. Die ostelbischen Großagrarier beteiligten sich als eine der mächtigsten außerparlamentarischen Pressure-groups aktiv und einflußreich an der Ein- und Absetzung von Regierungen und trugen ihren Teil der Verantwortung auch für Hitlers Ernennung zum Reichskanzler. Aus dieser Klasse rekrutierte sich ein Großteil des höheren Offizierskorps, das als sorgsam bewahrte exklusive Statuselite und als militärischer Machtfaktor im Hintergrund des politischen Geschehens stand. Angesichts dessen ist es wahrhaft erstaunlich, wie diese Klasse in nur wenigen Wochen kampflos aus ihren wirtschaftlichen Einflußstellungen verdrängt werden konnte. Ein Wirtschaftssektor, der immer noch gegen 20 v.H. der Bevölkerung und des Sozialprodukts umfaßte, wurde den Nationalsozialisten widerstandslos ausgeliefert, die – in auffälligem Gegensatz zur Industrie – den früheren Machthabern nicht einmal die Vollzugsfunktionen überließen.

Arthur Schweitzer versucht, dieses Phänomen damit zu erklären, daß die Auslieferung der Landwirtschaft der »Preis« gewesen sei, den das »Big Business« für »das exklusive Recht, die ökonomische Sphäre des ›Urban Business‹ zu beherrschen«, zahlte[392]. Diese Erklärung erscheint schon darum unzureichend, weil die Großagrarier trotz aller engen wirtschaftlichen und gesellschaftlichen Verbindungen zur Industrie ausgeprägte spezifische Eigeninteressen zu vertreten hatten, die sie oft wirkungsvoll auch gegen den Widerstand der Industrie durchzusetzen wußten. Sie können keineswegs als eine bloße Marginalgruppe des »Big Business« betrachtet werden, die sich ohne weiteres um die Sicherstellung großindustrieller Interessen »preisgeben« ließ. Die frühzeitige Durchdringung der landwirtschaftlichen Verbände durch die Nationalsozialisten hat den rapiden Führungswechsel vorbereitet, der auch dadurch erleichtert wurde, daß die bisherige großagrarische Elite in der nationalsozialistischen Agrarideologie und im Aufbau des Reichsnährstandes »die Erfüllung aller berufsständischen Forderungen ..., die von den landwirtschaftlichen Verbänden seit eh und je aufgestellt worden waren«, sehen konnte. »Es schien so, als wäre die Wahrnehmung der agrarpolitischen Interessen gegenüber sämtlichen nichtlandwirtschaftlichen Bereichen und die Einflußnahme zugunsten dieser Interessen auf die staatliche Wirtschaftspolitik im Organisationssystem Darrés gewährleistet[393].«

Aber auch diese eher einleuchtende Erklärung ist nicht vollständig. Selbst wenn die ideologischen und korporativen Vorstellungen der Nationalsozialisten sich weitgehend mit denen der Großagrarier deckten – was auch nur in gewissen Grenzen zutrifft –, ist es unwahrscheinlich, daß diese darum ihre bisherigen Herrschaftsstellungen gutgläubig und aus freiem Willen an Darré und seine Mitarbeiter abtraten. Vielmehr lag der eigentliche Grund für diese Entwicklung bei den Nationalsozialisten selbst und nicht bei ihren Gegenspielern. Ideologisch engagiert wie in bezug auf kein anderes Wirtschaftsgebiet, wollten sie die Landwirtschaft eigenmächtig und unmittelbar nach den eigenen Vorstellungen und Plänen ordnen und jeglichen konkurrierenden Einfluß von vornherein ausschalten. Wenn überhaupt von einer »nationalsozialistischen Revolution« die Rede sein kann, so vollzog sie sich vor allem in der Landwirtschaft. Als Ergebnis verschwanden die preußischen Junker bereits Anfang 1933 als eigenständige Machtgruppe für immer von der politischen Bildfläche.

Es war keineswegs die Absage dieses ideologischen Engagements, die den Mißerfolg der agrarpolitischen Maßnahmen verursachte, sondern der Konflikt der ideologischen mit den unmittelbaren politischen Zielen der Aufrüstung und Kriegsvorbereitung. Vor dieses Dilemma gestellt, entschieden sich die nationalsozialistischen Machthaber ohne Zaudern für den Vorzug der Aufrüstung und nahmen die unausgeführten Siedlungspläne und die fortschreitende Landflucht als den vorläufigen Aufschub einer Verwirklichung ihrer ideologischen Vorstellungen in Kauf. Dies um so leichter, als ja die Erweiterung des Lebensraumes von vornherein als die Grundbedingung für die Errichtung der künftigen »Volkswirtschaft« postuliert worden war. Die rassisch-agrarische Zukunftsvision der neuen Wirtschafts- und Gesellschaftsordnung konnte dabei in den ideologischen Giftküchen Himmlers und der SS auf kleiner Flamme weiterbrodeln, und auch »Hitler (trug) das unerfüllte Wunschbild der Blut-und-Boden-Nation mit sich herum und projizierte in die utopische Ferne eines mit dem Schwert zu erobernden agrarischen Großraumes, was innerhalb der Grenzen Deutschlands bis 1939 nicht zu verwirklichen war« (Martin Broszat)[394].

B. Die wirtschaftspolitischen Maßnahmen

Die Arbeitsbeschaffung und ihre Finanzierung

Die Überwindung der Arbeitslosigkeit war in erster Linie die Folge einer sich schnell ausbreitenden »Staatskonjunktur« – wie man damals den effektiven Nachfragezuwachs des öffentlichen Wirtschaftssektors zu bezeichnen pflegte. In den Jahren 1933–1936 belief sich die durchschnittliche jährliche Wachstumsrate des deutschen Bruttosozialprodukts auf 9,5 v.H. Der Produktionsindex von Industrie und Handwerk stieg im Jahresdurchschnitt sogar um 17,2 v.H. an. Der entscheidende Anteil des öffentlichen Sektors an diesem erstaunlichen Wirtschaftsaufschwung ist schon aus dem Vergleich des öffentlichen Verbrauchs und der öffentlichen Investitionen, die jährlich um durchschnittlich 18,7 v.H. anstiegen, mit der jährlichen Wachstumsrate von nur 3,6 v.H. des privaten Verbrauchs klar ersichtlich*.

Die zusätzlichen Ausgaben des öffentlichen Sektors beliefen sich in diesen vier Jahren zusammen auf die für die damaligen Größenordnungen gewaltige Summe von über 27 Milliarden RM, von denen über 11 Milliarden durch die Reichsbank direkt oder indirekt finanziert wurden. Den Restbetrag lieferten erhöhte Steuereinnahmen, »Spenden« und Abgaben der Firmen und Haushalte und öffentliche Anleihen beim Publikum und den Banken**. Auf der Ausgabenseite wurden in der Gesamtrechnung für 1933–1936 nicht weniger als 80 v.H. von diesen 27 Milliarden für Aufrüstungszwecke ausgegeben. Damit steht einwandfrei fest, daß Aufrüstung und Kriegsvorbereitung bei der Beseitigung der Arbeitslosigkeit eine entscheidende Rolle gespielt haben. Es besagt jedoch nicht, daß die Arbeitsbeschaffung nur als ein sekundäres, wenn auch willkommenes »Nebenprodukt« der Aufrüstung zu verstehen ist. Unabhängig von der Aufrüstung sahen die Nationalsozialisten in der Vollbeschäftigung sowohl grundsätzlich als auch taktisch-propagandistisch ein autonomes wirtschaftspolitisches Ziel. Die aktuelle Situation brachliegender Produktionsfaktoren und die neuen wirtschaftstheoretischen Erkenntnisse, die sie sich zu eigen machten, ermöglichten ihnen, das wirtschaftliche Ziel der Arbeitsbeschaffung gleichzeitig mit dem politischen Ziel der Kriegsvorbereitung zu verwirklichen. Abgesehen vom Beschäftigungseffekt, hatte die politisch bedingte Priorität der Aufrüstung natürlich auch andere wirtschaftliche Implikationen, von denen noch zu sprechen sein wird.

Auch die statistischen Daten weisen klar darauf hin, daß die Arbeitsbeschaffung als autonomes wirtschaftspolitisches Ziel den nationalsozialistischen Machthabern vor Augen stand. Bis Ende 1933 wurden über das Reich, die Länder und die Gemeinden 3,1 Milliarden RM für öffentliche, nichtmilitärische Großarbeiten, Wohnungsbau und private Verbrauchsunterstützungen ausgegeben, während die direkten und indirekten militärischen Ausgaben nach verschiedenen Schätzungen zwischen 0,7 bis 1,9 Milliarden RM lagen***. Die entsprechenden Ziffern für die ersten zwei Jahre der nationalsozialistischen Herrschaft, bis Ende 1934, betrugen 5 Milliarden RM für zivile, gegenüber zirka 6 Milliarden RM für militärische

---
* Siehe Tabelle 1 im statistischen Anhang.
** Siehe Tabelle 3 im statistischen Angang.
*** Siehe Tabelle 4 im statistischen Anhang.

Ausgaben. Die Folge war eine sofortige Verringerung der registrierten Arbeitslosenziffern von 5,6 Millionen im Jahresdurchschnitt für 1932 auf 4,8 Millionen für 1933 und 2,7 Millionen für 1934[395]. Die ersten Auswirkungen auf die Beschäftigung entsprangen somit den zivilen Arbeiten und Aufträgen, doch beweist dies keineswegs einen Orientierungswechsel der politischen Zielsetzungen. Im Gegenteil, Hitler drang sofort nach der Machtergreifung darauf, die Arbeitsbeschaffungsprogramme der früheren Regierungen auf die Aufrüstung auszurichten. Erst als sich herausstellte, daß die Reichswehr aus technischen Gründen die Aufrüstung nur langsam anlaufen lassen konnte, gab das Regime, das sich der Dringlichkeit sofortiger Arbeitsbeschaffung bewußt war, den zivilen Arbeiten, die teilweise von den früheren Regierungen schon vorgeplant worden waren, den Vorrang. Gegen Ende 1934 verschob sich dann das Schwergewicht endgültig auf die Aufrüstung.

Hitlers Absichten traten unverkennbar schon in den ersten Wochen seiner Herrschaft hervor. Bereits am 8. Februar 1933 lehnte er anläßlich einer Ministerbesprechung in der Reichskanzlei den Vorschlag des Reichsverkehrsministers von Eltz-Rübenach, Mittel für die Errichtung eines Wasserstauwerks in Oberschlesien bereitzustellen, mit der Begründung ab, »die nächsten fünf Jahre in Deutschland müßten der Wiederwehrhaftmachung des deutschen Volkes gewidmet sein. Jede öffentlich geförderte Arbeitsbeschaffungsmaßnahme müsse unter dem Gesichtspunkt beurteilt werden, ob sie notwendig sei vom Gesichtspunkt der Wiederwehrhaftmachung des deutschen Volkes. Dieser Gedanke müsse immer und überall im Vordergrund stehen...« Diesem Standpunkt schlossen sich Göring als Reichskommissar für die Luftfahrt und der neue Reichswehrminister Blomberg uneingeschränkt an, während der Reichsarbeitsminister Seldte zu bedenken gab, »daß es neben den rein wehrpolitischen Aufgaben auch andere volkswirtschaftlich wertvolle Arbeiten gebe, die man nicht vernachlässigen dürfe«. Als Ergebnis wurde der Vorschlag des Reichsverkehrsministers einstweilen zurückgestellt[396].

Am Tage darauf, in der Sitzung des Ausschusses der Reichsregierung für Arbeitsbeschaffung, wiederholte Hitler nochmals seinen Standpunkt »... über die absolute Vorrangstellung der Interessen der Landesverteidigung bei der Vergebung öffentlicher Aufträge... Mit der Geringfügigkeit der vom Reichswehrministerium jetzt angeforderten Mittel... könne er sich nur abfinden aus der Erwägung heraus, daß das Tempo der Aufrüstung im kommenden Jahr nicht stärker beschleunigt werden könne... In diesem Sinne sei auch bei der Vergebung der Mittel aus dem Sofortprogramm zu entscheiden. Er halte die Bekämpfung der Arbeitslosigkeit durch Vergebung öffentlicher Aufträge für die geeignetste Hilfsmaßnahme. Das 500-Millionen-Programm (gemeint war damit der sogenannte »Gereke-Plan« der Schleicher-Regierung. A. B.) sei das größte seiner Art und besonders geeignet, den Interessen der Wiederaufrüstung dienstbar gemacht zu werden. Es ermögliche am ehesten die Tarnung der Arbeiten für Landesverteidigung. Auf die Tarnung müsse man gerade in der nächsten Zukunft besonderen Wert legen...[397].« Das war eine deutliche Sprache: Die Aufrüstung war das vornehmliche politische Ziel, dem auch die Arbeitsbeschaffungsmaßnahmen zu dienen hatten. Hitler unterschätzte dabei jedoch keineswegs die Notwendigkeit einer sofortigen aktiven Beschäftigungspolitik, aber er begriff, daß die Aufrüstungsarbeiten sich auch in dieser Beziehung auswirken müßten. Noch im

August 1932 hatte er sich diesbezüglich in einem Gespräch mit Hermann Rauschning geäußert: »Ich kann beiläufig mit der Wiederaufrüstung ebensoviel erreichen wie mit Häuserbau oder Siedlung. Ich kann auch den Arbeitslosen mehr Geld in die Hand drücken, daß sie ihren Bedarf eindecken. Damit schaffe ich Kaufkraft und zusätzliche Umsätze[398].«

Öffentliche Arbeiten und deren Finanzierung durch »deficit spending« waren keine originelle Erfindung der Nationalsozialisten. Die theoretischen Grundlagen dieser Politik waren bereits Jahre vorher erarbeitet worden, und die Regierungen Papens und besonders Schleichers hatten auch schon praktische Arbeitspläne vorbereitet. Diese theoretischen und praktischen Vorarbeiten konnten nach der Machtergreifung von den Nationalsozialisten aufgegriffen und in einem Umfang verwirklicht werden, der jeden Voranschlag weit übertraf.

Bereits 1930 veröffentlichte die Regierung Brüning ein »Arbeitsbeschaffungsprogramm«, das öffentliche Arbeiten im Umfang von einer Milliarde RM vorsah. Ähnlich wie andere und spätere Vorschläge gelangte dieses Programm jedoch nicht einmal in das Anfangsstadium der Verwirklichung, weil als Finanzierungsquelle ausschließlich eine Anleiheaufnahme aus dem Ausland vorgesehen war. Eine »deficit spending«-Finanzierung über die Reichsbank wurde nicht in Betracht gezogen. Bei der auf dem internationalen Kapitalmarkt herrschenden Lage war dieses Programm von vornherein völlig unrealistisch, und auch die Gründung einer besonderen »Gesellschaft für öffentliche Arbeiten A. G.« – kurz »Oeffa« genannt, die später eine gewisse Rolle bei der Finanzierung ziviler Arbeitsbeschaffungspläne spielte – blieb völlig erfolglos. Auch die diesbezüglichen Vorschläge der Braun-Kommission blieben auf dem Papier, weil sie die erforderliche Kreditausweitung gleichfalls von ausländischen Anleihen abhängig machten und alle »inflationistischen Währungsexperimente« strikt ablehnten[399].

Die Notverordnung »Zur Belebung der Wirtschaft«[400], die die Regierung Papen im September 1932 erließ, war ein erster zögernder Schritt in Richtung einer Kreditausweitung über die Reichsbank, legte jedoch den Schwerpunkt auf Neueinstellungen im privaten Wirtschaftssektor und nicht auf öffentliche Aufträge. Von den für Oktober 1932 bis Oktober 1933 vorgesehenen 2 Milliarden zusätzlicher Mittel sollten nur 300 Millionen RM für öffentliche Aufträge ausgegeben werden. Der Hauptbetrag sollte der Privatwirtschaft in der Form von Steuergutscheinen und Neueinstellungsprämien zugeführt werden, um die Wirtschaft auf diesem Wege zu beleben*. Aus diesem Grunde fand das Papen-Programm allgemein die Unterstützung der Unternehmerkreise[401], die sich bisher allen Vorschlägen öffentlicher Großarbeiten aktiv und lautstark widersetzt hatten**. Tatsächlich erwies sich jedoch bald, daß auch die Steuergutschein-Aktion unter den vorherrschenden wirtschaftlichen Umständen keinen ausreichenden Anreiz für die privaten Unternehmer darstellte und von diesen kaum genutzt wurde. Als

---

* Die »Steuergutscheine« wurden in Höhe von 40–100 v. H. der jeweiligen Steuerentrichtungen ausgestellt und konnten bei späteren Steuerzahlungen verrechnet werden. Es handelt sich also hier um einen zukünftigen Steuererlaß. Da aber die Steuergutscheine sofort bei der Reichsbank diskontierbar waren, konnten sie den Firmen sofort als liquide Mittel dienen und für die Gesamtwirtschaft eine Zahlungsmittelerweiterung darstellen. Zusätzlich erhielten Unternehmer eine Prämie von 400 RM für jeden neu eingestellten Arbeitnehmer, gleichfalls in der Form von Steuergutscheinen. Als besonderer »Bonus« wurde solchen Unternehmern gestattet, die gesetzlichen Tariflöhne zu unterschreiten – was verständlicherweise den Widerstand der Gewerkschaften gegen den Papen-Plan hervorrief.
** So z. B. in einer Verlautbarung des RDI vom 17. August 1932 (BA. Nachlaß Silverberg, Nr. 223, S. 184 f.).

die für die Steuergutscheine vorgesehenen Summen zum Großteil liegenblieben, einigten sich schließlich der damalige Reichsbankpräsident Hans Luther und der Reichsfinanzminister Schwerin von Krosigk darauf, weitere 500 Millionen RM für öffentliche Aufträge freizugeben[402].

Das wirtschaftliche »Sofortprogramm« der Regierung Schleicher stellte Ende 1932 die öffentlichen Großarbeiten in den Vordergrund, die in einem vorläufigen Erstbetrag von 500 Millionen RM durch Wechselausgabe der Oeffa »vorfinanziert« werden sollten. Diese Wechsel waren zu einem geringen Prozentsatz bei der Reichsbank diskontierbar und bewirkten somit eine sofortige Umlaufmittel-Erweiterung. Diese Technik der »Vorfinanzierung« durch kurzfristige Handelswechsel, die auf eigens dafür gegründete fiktive Gesellschaften gezogen waren und nach Belieben prolongiert werden konnten, umging die bestehenden formalen Reichsbankanordnungen und bildete das Vorbild der späteren Ausführungsmethode, im besonderen der »Mefo-Wechsel«, durch die Schacht einen Großteil des »deficit spending« bewerkstelligte.

Das »Sofortprogramm« Schleichers ging auf die Vorschläge von Dr. Günther Gereke zurück, der in der Regierung Schleicher den Posten eines »Reichskommissars für Arbeitsbeschaffung« innehatte, den er auch noch während der ersten Monate der Regierung Hitlers behalten konnte*. Gereke hatte seinen Plan im Sommer 1932 als Präsident des Verbands deutscher Landgemeinden ausgearbeitet. Er wurde im August vom deutschen Landgemeindetag als dessen Arbeitsbeschaffungsprogramm veröffentlicht. Die Entstehungsgeschichte des »Gereke-Plans« bestätigt die zitierte Äußerung von Robert Friedländer-Prechtl, nach der »reformistische« Gedanken der öffentlichen Arbeiten und deren Defizit-Finanzierung vor allem auf der »rechten Parteiseite« Anklang fanden: Gereke selbst war Reichstagsabgeordneter der DNVP und entwickelte seinen Plan in enger Zusammenarbeit mit dem Herausgeber der Zeitschrift »Volk, Freiheit und Vaterland«, Ludwig Herpel, angeblich auch unter aktiver Mitwirkung von Werner Sombart[403]. Die Verbindung des Kreises zu General Schleicher wurde durch den Offizier von Etzdorf, der dem Stahlhelm nahestand, vermittelt, der sich auch bemühte, weitere Kreise einschließlich des ADGB und des »Reichsbanners« für den »Gereke-Plan« zu interessieren. Friedländer-Prechtl und die Studiengesellschaft für Geld- und Kreditwirtschaft unterstützten den Gereke-Plan aufs eifrigste und widmeten ihm im Januar 1933 eine Sondernummer der Zeitschrift »Wirtschaftswende«, die Dr. Dräger aus eigenen Mitteln finanzierte[404].

In Unternehmerkreisen wurde der »Gereke-Plan« wegen des Vorrangs der öffentlichen Arbeiten und seiner »inflationistischen« Finanzierungsvorschläge aufs schärfste abgelehnt[405]. Die NSDAP nahm ihn dagegen mit gemischten Gefühlen auf: Einerseits wurde anerkannt, daß dies der bisher beste Arbeitsbeschaffungsplan sei, was die Nationalsozialisten ihrem eigenen Einfluß zuschrieben. Bernhard Köhler erklärte im NSBO-Organ »Arbeitertum«, daß die Verfasser des Gereke-Plans alles, was in demselben brauchbar sei, der Reichstagsrede Gregor Strassers vom 10. Mai 1932 entliehen hätten. Außerdem sei Dr. Herpel früher Mitglied der NSDAP gewesen und von den Gedanken Gottfried Feders beeinflußt worden. Andererseits meinte Köhler, daß der Gereke-Plan unzureichend sei und die Arbeitslosigkeit nur teilweise lösen könnte[406].

---

* Dr. Gereke blieb noch bis zum März 1933 als Reichskommissar für Arbeitsbeschaffung in der Regierung Hitlers. Nach seiner eigenen Schilderung wurde er von Hitler aufgefordert, der NSDAP beizutreten, da die

Die Nationalsozialisten fanden somit bei der Machtergreifung zwei gesetzlich bestätigte Arbeitsbeschaffungsprogramme im Umfang von 2,5 Milliarden RM vor. Praktische Arbeitspläne lagen auch in Fülle vor, da die Länder und Gemeinden in den vorangegangenen Jahren ebenso wie Reichspost und Reichsbahn viele Entwicklungs- und Erneuerungsarbeiten wegen fehlender Haushaltsmittel unausgeführt lassen mußten. Sie konnten infolgedessen sofort mit öffentlichen Arbeiten in einem erheblichen Umfang beginnen, nachdem auch durch eine Gesetzänderung im April 1933 eine Richtungsänderung des Papen-Programms verordnet wurde: Die Ausgabe der Steuergutscheine wurde eingestellt und die Mittel anstatt für die »mittelbare Arbeitsbeschaffung« durch die Privatunternehmen den Ländern und Gemeinden für »unmittelbare Arbeitsbeschaffung durch öffentliche Investitionen« zur Verfügung gestellt[407].

Im Laufe des Jahres 1933 wurden neue Arbeitsbeschaffungsprogramme den bereits vorliegenden hinzugefügt: Das erste »Reinhardt-Programm« vom Juni 1933 bewilligte eine weitere Milliarde RM für öffentliche Großarbeiten. Die Finanzierung geschah durch sogenannte »Arbeitsschatzanweisungen«, die bei der Reichsbank diskontiert werden konnten. Im September des gleichen Jahres bewilligte das zweite »Reinhardt-Programm« 500 Millionen RM zur Förderung der Bautätigkeit in Form von Vergütungen für Renovations- und Anbauarbeiten an Wohn- oder Geschäftsgebäuden unter der Bedingung, daß der Inhaber die gleiche Summe aus eigenen Mitteln aufbrachte. Das »Sofortprogramm« Schleichers wurde auf 600 Millionen RM erhöht und sollte vor allem Aufrüstungszwecken dienstbar gemacht werden. Neben diesen öffentlichen Arbeiten wurden bevorzugte Wirtschaftszweige durch Steuernachlässe, besonders für Kraftfahrzeuge und industrielle Neuinvestitionen, gefördert. Interessanterweise und entgegen einer auch heute noch vorherrschenden Ansicht spielte das Projekt der »Reichsautobahnen« eine nur untergeordnete Rolle bei der Beseitigung der Arbeitslosigkeit: Von den für die ersten zwei Jahre vorgesehenen 350 Millionen RM wurden bis Ende 1934 nur 166 Millionen ausgegeben[408].

Die hier aufgeführten Beschäftigungsprogramme umfassen fast die gesamte zivile Arbeitsbeschaffung unserer Forschungsperiode. Einschließlich der Arbeiten der Reichsbahn und der Reichspost wurden in den Jahren 1933–1936 im ganzen 5,5 Milliarden RM für die nichtmilitärischen Arbeitsbeschaffungspläne ausgegeben, und zwar zum größten Teil schon während der ersten zwei Jahre nach der nationalsozialistischen Machtergreifung. Ab Mitte oder ab Ende 1934 dienten fast die gesamten durch »deficit spending« finanzierten Mittel der Kriegsvorbereitung*. Für die Finanzierung der Aufrüstung wurde im August 1933 auf Initiative Schachts die »Metallurgische Forschungsgesellschaft m. b. H.« (Mefo) gegründet, deren Aktienkapital von 1 Million RM durch vier der größten, an der Aufrüstung direkt beteiligten Schwerindustriefirmen (Krupp, Siemens, Gutehoffnungshütte und Rheinmetall) gezeichnet wurde. Der Fiktivcharakter dieser Gesellschaft geht schon aus der lächerlichen Summe ihres Aktienkapitals hervor. Mit einem Eigenkapital von nur einer Million RM akzeptierte die Mefo bis

---

Arbeitsbeschaffung das Werk von Nationalsozialisten sein müsse. Als er sich weigerte, wurde er mittels eines inszenierten Gerichtsverfahrens, in dem er bezichtigt wurde, 1932 Mittel des Hindenburg-Wahlfonds unterschlagen zu haben, entlassen. In den fünfziger Jahren siedelte Gereke in die DDR über, wo er auch seine Memoiren veröffentlichte (G. Gereke, Ich war Königlich-Preußischer Landrat, Berlin [Ost] 1970, S. 158 f.)
* Siehe Tabelle 3 im statistischen Anhang.

Ende 1937 Rüstungswechsel in der Höhe von 12 Milliarden RM. Die für die Rüstungsaufträge in Zahlung gegebenen Wechsel waren, den Reichsbankanordnungen entsprechend, auf drei Monate ausgestellt, konnten jedoch bis auf fünf Jahre laufend prolongiert werden. Durch den Akzept der Mefo waren diese Wechsel bei der Reichsbank sofort diskontierbar, wirkten also gesamtwirtschaftlich als eine unmittelbare Ausweitung des Zahlungsmittelvolumens

Der Anteil der Mefo-Wechsel bei der Finanzierung belief sich bis zum Kriegsausbruch zwar insgesamt auf nur zirka 20 v. H. der Rüstungsausgaben, jedoch deckten sie während der ersten Jahre fast die Hälfte derselben[409]. Sie verdienen es daher, noch etwas näher betrachtet zu werden. Diese spezifische Technik der »Vorfinanzierung« durch fiktive Wechsel wurde von Schacht aus zwei Gründen gewählt. Erstens umging er dadurch die bestehenden Reichsbankanordnungen, ohne sie zu ändern, und zweitens glaubte er dadurch sowohl den Umfang der Aufrüstung als auch des »währungsgefährlichen« »deficit spending« tarnen zu müssen. Die Reichsbankstatuten begrenzten die Anleihebewilligungen an die Regierung, gestatteten jedoch die Aufnahme kurzfristiger Handelswechsel als Deckung der umlaufenden Zahlungsmittel. Schacht, der sich noch 1932 – in dem zitierten Aufsatz – gegen alle »Währungsexperimente« geäußert hatte, befürchtete den psychologischen Einfluß, den eine Veröffentlichung des tatsächlichen Umfangs der Kreditausweitung auf die Bevölkerung und die Wirtschaft ausüben könnte. Dabei war er sich zweifellos bewußt, daß eine Kreditausweitung durch »Wechsel-Vorfinanzierung« nicht weniger »inflationär« wirken mußte als jede andere Form einer Zahlungsmittelausweitung durch die Reichsbank. Seine Sorge jedoch galt der psychologischen Auswirkung derselben. In einer Sitzung des Generalrates der Wirtschaft im September 1933 erklärte Schacht, daß er bereit sei, jede notwendige Summe zur Verfügung zu stellen. Er wollte jedoch keine Zahlen nennen, weil in der Öffentlichkeit nicht »über Theorien und Milliarden« gesprochen werden dürfte[410]. Im Grunde war Schacht alles andere als ein »ultrakonservativer« Wirtschaftler, als den ihn z. B. Burton Klein hinstellen möchte[411]. Es fehlte weder ihm noch seinen nationalsozialistischen Befehlsgebern an fiskalischem Draufgängertum zur Durchführung einer bisher in Friedenszeiten präzedenzlosen »deficit spending«-Politik. Die psychologischen Inflationsängste gebaren lediglich einen finanztechnischen Trick, der den wahren Sachverhalt der auf Hochtouren arbeitenden »Notenpresse« kaschierte. Die Mefo-Wechsel waren vom Augenblick ihrer Ausgabe nichts anderes als »neugedrucktes Geld«. Daran änderte auch die von Schacht in seinen Nachkriegsmemoiren hervorgehobene Absicht, die Mefo-Wechsel nach fünf Jahren aus den Überschüssen des ordentlichen Haushalts zu bezahlen, genausowenig wie die Tatsache, daß nur zirka ein Drittel der ausgegebenen Wechsel bei der Reichsbank zum Diskont gelangten. In den Bankenportefeuilles konnten die Mefo-Wechsel als legale Sekundärreserve ebenso zur Kreditausweitung dienen, als wenn sie bei der Reichsbank diskontiert worden wären. Im übrigen wurden die Wechsel nie aus Haushaltsmitteln gedeckt. Als 1939 die ersten Wechsel fällig wurden, war die defizitäre Rüstungsfinanzierung in vollem Gange, und die Wechsel wurden durch gewöhnliche Reichsbank-Schatzanweisungen abgelöst. Die Schilderung Schachts, nach der dies der Anlaß einer Auseinandersetzung mit dem Finanzminister Schwerin von Krosigk und schließlich auch seines Rücktritts als Reichsbankpräsident gewesen sei, ist schwer überprüfbar und trägt unverkennbar apologetische Züge. An dem monetären Charakter der Mefo-

Wechsel zur Zeit ihrer Ausgabe und ihres Umlaufs ändert jedoch auch dieser Streit nicht das geringste. In der Zeit zwischen 1933 und 1936 wurden Mefo-Wechsel im Betrag von 9,5 Milliarden RM ausgegeben. Sie betrugen demnach über 85 v. H. des bis zu diesem Zeitpunkt durch die Reichsbank finanzierten »deficit spending«. Die Tarnung ist Schacht immerhin durch den Mefo-Wechsel-Trick weitgehend gelungen: Bis zum Kriegsende blieb die Existenz dieser Finanzierungsmethode der breiten Öffentlichkeit unbekannt, was den tatsächlichen Umfang des »deficit spending« und auch der Aufrüstung wirkungsvoll verschleierte[412].
Die Technik der Wechsel-Vorfinanzierung war übrigens auch keine originale Erfindung Schachts oder der Nationalsozialisten. Sie war bereits in früheren Arbeitsbeschaffungsplänen vorgesehen, wie es z. B. das Beispiel der »Oeffa« beweist. Das gleiche trifft für die öffentlichen Großarbeiten zu, für die die früheren Regierungen detaillierte Arbeitspläne in der Schublade hatten. Selbst die Reichsautobahn, die mit lautstarkem Propagandaaufwand als die geniale Idee »des Führers« gefeiert wurde, war nicht auf nationalsozialistischem Mist gewachsen. Seit den zwanziger Jahren bestand die »HAFRABA-Gesellschaft«, die den Gedanken einer Autobahn zwischen Hamburg, Frankfurt und Basel als Beginn eines ganz Deutschland erschließenden Autobahnnetzes propagierte und Pläne ausarbeitete. Während der Beschäftigungskrise hob die Gesellschaft besonders den Arbeitsbeschaffungseffekt ihres Projektes hervor und stand in engem Kontakt zu den Reformerkreisen der Studiengesellschaft für Geld- und Kreditwirtschaft sowie zum Kreis um Dr. Gereke. Einige Wochen nach der Machtergreifung wurde der Präsident der »HAFRABA«, Willy Hof, von Hitler in der Reichskanzlei empfangen. Dabei griff Hitler diesen Gedanken begeistert auf und versprach, ihn durch die Reichsbank finanzieren und durch die Reichsbahn ausführen zu lassen[413].
Es war somit nicht die Originalität der wirtschaftstheoretischen Ideen oder der Durchführungsmethoden, die die Arbeitsbeschaffung zum Erfolgshebel der gesamten wirtschaftspolitischen Maßnahmen machte, aber es war auch mehr als nur glücklicher Zufall oder rein pragmatische Intuition, die die nationalsozialistischen Machthaber veranlaßte, diese und keine andere Wirtschaftspolitik zu betreiben. In den vorangehenden Kapiteln wurde versucht darzustellen, wie sich die neuen theoretischen Erkenntnisse einer aktiven Konjunkturpolitik und zyklusregulierender Fiskal- und Monetärpolitik in den Gesamtkomplex der nationalsozialistischen Staats- und Wirtschaftsauffassung integrieren ließen. Es scheint daher berechtigt, trotz der erwiesenermaßen fehlenden Originalität von einer »nationalsozialistischen Wirtschaftspolitik« zu sprechen. Nicht die Originalität, sondern der durchschlagende Erfolg der Arbeitsbeschaffung war es, der dieser Wirtschaftspolitik staunende Anerkennung auch außerhalb der Grenzen Deutschlands und in der Bevölkerung eine Bewunderung eintrug, deren Spuren auch heute noch nicht völlig verschwunden sind.
Der Grund dafür, daß die Nationalsozialisten erfolgreich verwirklichen konnten, was ihren Vorgängern versagt blieb, ist vor allem auf der politischen Ebene zu finden: Nach der Errichtung ihrer totalitären Herrschaft hatten sie alle Mittel in der Hand und auch die Zeit, um die Arbeitsbeschaffung ohne Störung bis zur Vollbeschäftigung zu entwickeln. Das Ermächtigungsgesetz vom 23. März 1933, die Auflösung der Parteien und der Regierungskoalition und die politische Gleichschaltung schufen die Bedingungen dafür, auch die wirtschaftspolitischen

Maßnahmen auf dem Verordnungsweg ablaufen zu lassen – unbekümmert nicht nur um parlamentarische Prozeduren, sondern auch um den Widerstand derjenigen wirtschaftlichen Interessengruppen, die noch kurz vorher mächtig genug gewesen waren, die zögernden Versuche der früheren Regierungen zu unterbinden und zu deren Fall beizutragen.
Die großindustriellen Interessengruppen haben auch nach der nationalsozialistischen Machtergreifung die öffentlichen Großarbeiten beanstandet. Im Dezember 1933 sprach z. B. der Vorsitzende der Fachgruppe Eisenschaffende Industrie, Ernst Poensgen, in einer geschlossenen Vorstandssitzung von den »weltanschaulichen Schwierigkeiten«, vor denen nicht nur die Banken, sondern auch die Industrie stehe. Sie würden sich sowohl in der Preispolitik als auch in der Zuweisung der Arbeitsbeschaffungsmittel äußern. Die arbeitsintensiven öffentlichen Arbeiten könnten nur als vorübergehende Notlösung akzeptiert werden. Auf die Dauer sei dafür zu sorgen, daß die Arbeitsbeschaffungsmittel für »materialintensive Sachen« durch Bestellungen der Regierung bei der Industrie ausgegeben würden. Bezeichnenderweise ist dieser Passus im maschinenschriftlichen Sitzungsprotokoll mit dem Bleistiftvermerk »Nicht abschreiben!« versehen[414]. Offensichtlich hielt man es für wenig angebracht, angesichts der »weltanschaulichen Schwierigkeiten« allzu lautstark hervorzutreten.
Poensgen hatte die ideologischen Aspekte der Arbeitsbeschaffung durchaus richtig erkannt. Vor der Machtergreifung hatte die NSDAP das »Recht auf Arbeit« als ideologisch primäre Wirtschaftsforderung proklamiert und fühlte sich zweifellos auch ideologisch verpflichtet, diese Forderung zu verwirklichen. Arbeitsbeschaffung war in der damaligen Wirtschaftslage das dringendste Problem jeder deutschen Regierung, ihr Erfolg oder Mißerfolg der entscheidende Faktor für das Maß an Vertrauen und politischer Unterstützung, die seitens der Bevölkerung erwarten konnte. Um so mehr traf dies für die Nationalsozialisten zu, die 1932 unter der Losung »Arbeit und Brot« in den Wahlkampf gezogen waren und sich mit dem Strasserschen »Sofortprogramm« als die einzige Partei mit realistischen Arbeitsbeschaffungsplänen vorgestellt hatten. Darüber hinaus war den Nationalsozialisten das im »Recht auf Arbeit« implizierte Vollbeschäftigungspostulat tatsächlich mehr als nur eine wirkungsvoll gewählte Propagandalosung. Neben dem »Primat der Politik« und dem Lebensraumkonzept stand es im Komplex ihrer Wirtschafts- und Gesellschaftsauffassung an zentraler Stelle – fast als Synonym des »deutschen Sozialismus«. »Der nationalsozialistische Staat«, schrieb Bernhard Köhler 1932 im von Goebbels herausgegebenen »Unser Wille und Weg«, »wird die Bürgschaft dafür übernehmen, daß jeder Volksgenosse Arbeit findet ... Die Arbeitsbeschaffung ist ... mehr als nur eine wirtschaftliche Maßnahme oder eine Belebung der Wirtschaft oder eine bessere Versorgung der Arbeitswilligen: Sie ist selbst schon sozialistische Revolution gegen die Herrschaft des Kapitals[415].«
Die Arbeitsbeschaffungspropaganda der Nationalsozialisten trug auch nach der Machtergreifung und selbst bei der Erreichung der Vollbeschäftigung ähnliche, ideologisch gefärbte Züge. Hitlers Reichspressechef, Dr. Otto Dietrich, ein akademisch vorgebildeter Ökonom, identifizierte in einem Artikel vom Jahre 1934 den deutschen Sozialismus ausdrücklich mit dem »Recht auf Arbeit«: »Unser Sozialismus ist nicht weltfremde Utopie, sondern naturgegebenes blutvolles Leben ... Der einzige gleiche wirtschaftliche Anspruch, den er allen Volksge-

nossen zubilligt, ist das Recht auf Arbeit[416].« Mit zunehmender Beschäftigung wurde die Beseitigung der Arbeitslosigkeit der Verwirklichung des deutschen Sozialismus gleichgestellt: »Die Arbeitsschlacht (ist) die Wendung des deutschen Volkes vom Kapitalismus zum Sozialismus, denn sie will jedem Volksgenossen wieder einen Arbeitsplatz geben... Als (Adolf Hitler) sagte... ›wir werden die Arbeitslosigkeit aus eigener Kraft beseitigen‹..., wurde dem Kapitalismus der Todesstoß versetzt[417].«
Die Propaganda hat hier den Erfolgseffekt wirkungsvoll zu nutzen verstanden: Der deutsche Sozialismus war sozusagen bereits verwirklicht, nachdem jeder Arbeit gefunden hatte. Aber so überzeugend diese Argumentation war, so war sie auch verpflichtend. Die Nationalsozialisten waren sich durchaus bewußt, daß ihr Regime die Probe einer erneuten Beschäftigungskrise kaum bestehen könnte. Die Aufrüstung und der spätere Kriegseinsatz haben sie zwar vor diesem wirtschaftspolitischen Dilemma bewahrt, doch ändert dies nichts an der Tatsache, daß das Vollbeschäftigungspostulat, als grundsätzliches und dauerndes Element, eine zentrale Stelle im Gesamtkomplex nationalsozialistischer Wirtschaftsauffassung einnahm. Über die bloße Propaganda hinaus wurde dies auch in der fachlichen Wirtschaftstheorie klar hervorgehoben. So schrieb z. B. der Heidelberger Professor Carl Brinkmann im Vorwort zur Dissertation des späteren Bundeswirtschaftsministers Karl Schiller im Jahre 1936: »›Arbeitsbeschaffung‹... nicht bloß ›Ankurbelung‹ seitens der öffentlichen Finanzen... ist auch, wie schon ihre Zusammenhänge mit der Verkehrs-, Siedlungs- und Wehrpolitik zeigen, der wichtigste Durchgangs- und Knotenpunkt, den die Schaffung einer neuen deutschen Wirtschafts- und Raumordnung voraussetzt.« Schiller selbst fuhr auf dem gleichen Gleis weiter: »Die Arbeitsschlacht hat den Begriff ›Arbeitsbeschaffung‹ von dem Bereich der sachlich begrenzten ›Notstandsarbeit‹, über den großen, aber zeitlich auf die Depression beschränkten Umfang einer ›Wirtschaftsankurbelung‹ hinweg erhoben und erweitert zu einem übergreifenden Einsatz aller Kräfte des Staates, der Bewegung und des Volkes auf der ganzen Linie des wirtschaftlichen Lebens[418].« Wenn man bedenkt, daß dies 1936, bei fast erreichter Vollbeschäftigung, geschrieben wurde, so ist klar ersichtlich, daß diesen Nationalökonomen die staatliche Arbeitsbeschaffung zur konstanten Komponente der Wirtschaftspolitik geworden war. Sie war nicht mehr bloß »Initialzündung« oder, wie man heute sagen würde, »prime pumping«, nicht mehr nur vorübergehender Notbehelf einer Krisensituation, nach deren Überwindung die Wirtschaft wieder dem freien Marktmechanismus unter minimaler staatlicher Intervention zu überlassen war. Im System einer Wirtschaft, der der Staat grundsätzlich die Zielsetzungen vorschrieb und die er mittels direkter und indirekter Kontrollen lenkte, wurde die Vollbeschäftigung zu einem der ersten Ziele der Wirtschaftspolitik und zur Voraussetzung der »neuen deutschen Wirtschafts- und Raumordnung« erklärt. Wie wir sahen, entsprach dies durchaus der nationalsozialistischen Auffassung von Staat und Wirtschaft. Die Wirtschaftstheorie marschierte nach 1933 »linientreu« im gleichen Schritt.
Obwohl sich die Grenzen zwischen wirtschaftlichen und ideologischen Motiven nicht immer scharf trennen lassen, sind die letzteren auch bei der spezifischen Zuteilung der Arbeitsbeschaffungsmittel erkennbar. Neben dem allgemeinen Ziel zusätzlicher Beschäftigung sollten durch die staatliche Arbeitsbeschaffung vor allem die von den Nationalsozialisten bevorzugten Wirtschaftssektoren und

gesellschaftlich oder politisch erwünschte Entwicklung gefördert werden. Ein Gesetz vom Mai 1934[419] untersagte die Einstellung früherer Landarbeiter in Großstädten. Dies konnte wirtschaftlich mit der besonders starken Arbeitslosigkeit in den Städten erklärt werden. Die öffentliche Begründung des Gesetzes hob jedoch daneben besonders die beabsichtigte Verhinderung der Landflucht hervor[420]. Ähnlich wurden auch die Ehestandsdarlehn und die den Geburtenzuwachs fördernden Maßnahmen durch stark ideologisch gefärbte Begründungen erläutert. Fritz Reinhardt erhoffte sich durch diese Maßnahmen und die Steuernachlässe für die Einstellung von Haushaltshilfen im Laufe von vier Jahren zwei Millionen neuer Arbeitsplätze, betonte jedoch, daß es sich keineswegs nur um zeitlich bedingte Notstandsmaßnahmen handele, sondern darum, »eine dauernde Umschichtung unserer deutschen Frauen« herbeizuführen[421]. Ebenso betonte Friedrich Syrup »die angestrebten beruflichen Strukturveränderungen. Sie zielen einmal hin auf die Vermehrung einer gesunden, bodenständigen Landarbeiterschaft..., auf die Vorbereitung der Mädchen auf ihre natürlichen Berufe als Hausfrauen und Mütter, andererseits auf die Beseitigung der chronischen Übersetzung der Angestellten- und Akademikerberufe[422].«
In diesem Zusammenhang muß auch der Arbeitsdienst kurz erwähnt werden, der als freiwillige Institution schon während der Weimarer Republik existierte und interessanterweise erst im Juni 1935, also fast gleichzeitig mit der Einführung der allgemeinen Wehrpflicht, gesetzliches Pflichtjahr wurde. Schon die verhältnismäßig späte Verordnung der Arbeitsdienstpflicht läßt darauf schließen, daß die nationalsozialistischen Machthaber den Arbeitsdienst mehr zur vormilitärischen Ausbildung und ideologischen Indoktrination als zur Lösung der Beschäftigungskrise benutzten. Auch ausländische Beobachter waren von den erzieherischen Motiven des Arbeitsdienstes beeindruckt, bewunderten die sozial nivellierende Zusammenarbeit Jugendlicher aus verschiedenen Gesellschaftsschichten in gesunder physischer Arbeit in der Natur, übersahen jedoch meist den paramilitärischen Charakter der Organisation[423]. Vorher hat der freiwillige Arbeitsdienst ebenso wie das Landjahr eine gewisse, oftmals übertriebene Rolle als beschäftigungspolitische Maßnahme gespielt, wobei im besonderen die ideologisch bestimmte Bevorzugung der Landwirtschaft hervortrat[424].
Daneben weisen andere Maßnahmen, wie z. B. die Förderung der Kraftwagenindustrie durch Aufhebung der Kraftwagensteuer[425], in genau entgegengesetzte Richtung. Hitlers bekannte Vorliebe für das Automobil mag hier wie auch beim Autobahnprojekt mitgespielt haben, aber den Ausschlag gaben eher strategische und militärische Erwägungen. Blomberg hatte dem Reichsverkehrsminister bereits am 7. März 1933 mitgeteilt, daß ihm »aus Gründen der Landesverteidigung... an der Erhaltung einer leistungsfähigen Kraftwagenindustrie« gelegen sei[426]. Auch auf dem Gebiet der Beschäftigungspolitik und des Arbeitseinsatzes äußerten sich hier schon früh die grundlegenden Widersprüche zwischen den agrarideologischen und militärisch-industriellen Zielsetzungen der nationalsozialistischen Wirtschaftspolitik, die im vorangehenden Kapitel behandelt wurden.

Die Außenhandelspolitik

Die Verwirklichung der von den Nationalsozialisten vorkonzipierten »Selbstversorgung« und der »Unabhängigkeit von der Weltwirtschaft« muß in erster Linie auf dem Gebiet des Außenhandels untersucht werden. Diese Untersuchung ergibt, daß auch in dieser Beziehung die Entwicklung weitgehend den vorgesteckten Zielen entsprach, obwohl diese bis zum Kriegsausbruch nicht voll erreicht werden konnten. Auch hier hat das typische Zusammenwirken objektiv wirtschaftlicher Gegebenheiten und außerwirtschaftlicher – d. h. politischer und ideologischer – Motivationen die Entwicklung in der Richtung einer verhältnismäßigen Schrumpfung und einer bedeutenden Strukturänderung des deutschen Außenhandels bestimmt.

Das Realvolumen (gemessen in festen Preisen von 1928) des deutschen Exports ging von 1929 bis 1932 von 13,7 Milliarden RM auf 8,1 hinunter und blieb 1936 mit 8,0 Milliarden konstant. In der gleichen Periode verringerte sich der Realimport von 13,5 Milliarden 1929 auf 9,5 im Jahre 1932 und fiel 1936 auf 8,6 Milliarden RM. Die Schrumpfung des Außenhandels wird noch deutlicher in laufenden Preisen, da der internationale Preisverfall der Landwirtschafts- und Rohstoffprodukte eine bedeutende Besserung der deutschen »terms of trade« verursachte: Der Export ging von 13,5 Milliarden RM 1929 auf 5,7 für 1932 und 4,7 für 1936 zurück. Gleichzeitig verringerte sich der Import von 13,5 auf 4,7 bzw. 4,2 Milliarden RM[427]*.

Teilweise erklären sich diese Entwicklungen aus der allgemeinen Schrumpfung des Welthandels während der Weltwirtschaftskrise. Der internationale Handel war zwischen 1929 und 1932 um über 60 v. H. zurückgegangen. Diese Tendenz hielt auch nachher an. Dabei wurden jedoch die verschiedenen Länder nicht gleichmäßig betroffen. Großbritannien konnte während dieser Periode seinen Welthandelsanteil auf Kosten der Vereinigten Staaten vergrößern, während der Anteil Deutschlands 1936 mit 8,5 v. H. nur um 1 v. H. niedriger lag als 1929[428]. Wenn man jedoch bedenkt, daß die Wachstumsrate des deutschen Sozialprodukts während dieser Jahre diejenige der anderen Industriestaaten weit übertraf, muß angenommen werden, daß eine auf Exporterweiterung orientierte Wirtschaftspolitik den deutschen Welthandelsanteil merklich vergrößert hätte. Daß dies nicht geschah, war in erster Linie die Folge einer grundsätzlichen Orientierung auf den Binnenmarkt, die in nicht geringem Maße durch außerwirtschaftliche Erwägungen bestimmt wurde. Diese exogenen Faktoren haben eindeutig strukturverändernd auf die materielle Komposition und die geographische Verteilung des deutschen Außenhandels eingewirkt. Die Lebensmittelimporte, die 1932 noch 45,7 v. H. der Gesamteinfuhr betrugen, fielen bis 1936 auf 35,5 v. H., während die Rohstoffe von 27,3 v. H. auf 37,3 v. H. anstiegen und gleichzeitig die Einfuhr industrieller Fertigwaren erheblich sank[429]**. Dies zu einer Zeit, in der unter normalen Umständen die allgemeine Wirtschaftsbelebung und die erhöhten Einkommen der Haushalte eine verstärkte Nachfrage auch nach importierten Gebrauchswaren verursachen mußten. In den Zahlen der Außenhandelsstatistik kam die klar ersichtliche Tendenz des Regimes zum Ausdruck, das Wachstum des privaten

---

* Siehe Tabelle 9 im statistischen Anhang.
** Ebd.

Verbrauchs einzuschränken, die Selbstversorgung zu fördern und die geringen vorhandenen Devisen hauptsächlich der Rüstungsindustrie zuzuführen. Ebenso war die geographische Umschichtung des deutschen Außenhandels, als Folge des Mitte 1934 von Schacht gestarteten »Neuen Plans«, politisch von Bedeutung. Der Anteil Südosteuropas und der Mittelmeerländer stieg zwischen 1932 bis 1938 von 4,8 v.H. auf 15,7 v.H. der Gesamtexporte und von 7,5 v.H. auf 13,6 v.H. der Importe an[430]*. Es wird von keiner Seite bestritten, daß diese Strukturänderungen das Ergebnis einer bewußt durchgeführten Außenhandelspolitik waren. Inwieweit diese Politik von rein pragmatisch-wirtschaftlichen oder ideologischen und politischen Motivationen bestimmt wurde, ist eine Frage, die uns noch weiter beschäftigen wird.

Auf dem Gebiet des Außenhandels wurden direkte Staatskontrollen früher und drastischer als auf anderen Wirtschaftsgebieten eingesetzt. Tatsächlich bestand eine begrenzte Devisenkontrolle schon seit 1931, als sie von der Regierung Brüning zur Verhinderung der Kapitalflucht eingeführt worden war. Bekanntlich war die Kündigung kurzfristiger Auslandskredite einer der Gründe der Bankenkrise von 1931 und des damit verbundenen Wirtschaftsrückgangs. Die Festigung des bestehenden Mark-Wechselkurses und die Devisenüberwachung waren ein Teil der Mittel, mit denen die Regierung Brüning diese Schwierigkeiten zu überstehen suchte. Aufgrund besonderer Notverordnungen wurde die allgemeine Devisen-Ablieferungspflicht angeordnet und Devisenkontingente zu Importzwecken auf der Basis des Jahres 1930/31, erst in vollem Umfang und später zu 75 bzw. 50 v.H. des Basisjahres, erteilt. Durch verschiedene Stillhalteabkommen mit den ausländischen Gläubigern entstand eine Reihe von »Sperrmark«- oder »Registermark«-Konten, die das von Schacht später eingeführte System bereits ankündigten, jedoch wurden im Gegensatz zu den Maßnahmen Schachts die Kapitaldienstleistungszahlungen an das Ausland nicht eingeschränkt. Die spätere »Devisenbewirtschaftung« war hiermit bereits eingeleitet. Diese Maßnahmen haben zweifellos mit dazu beigetragen, das Einfuhrvolumen einzuschränken, doch waren hierbei der internationale Preisverfall der Importartikel und der einheimische Nachfragerückgang weitaus entscheidender[431]. Inwieweit tatsächlich die Kapitalflucht verhindert werden konnte, ist fraglich. Jedenfalls lassen die sofort nach der nationalsozialistischen Machtergreifung erlassenen strengen Strafen für diese Vergehen darauf schließen, daß versierte »Fachleute« vorher die bestehenden Verordnungen ohne allzu große Schwierigkeiten umgehen konnten.

Der Interessenkampf um die Außenhandelspolitik setzte sofort mit dem Regierungswechsel mit neuer Schärfe ein, wobei sich die Interessenvertretungen der Landwirtschaft und der Industrie in direkter Konfrontation bemühten, das Ohr der neuen Machthaber zu gewinnen. Die Industrie forderte die Ausweitung und Förderung des Exports sowohl aus wirtschaftlichen als auch politischen Erwägungen. Eine Denkschrift des DIHT vom 23. Februar 1933 wies darauf hin, daß die Exportindustrien 3 Millionen Arbeiter und Angestellte beschäftige und jede Einschränkung sich ungünstig auf die Beschäftigungslage auswirken müsse. Hinzugefügt wurde als politisch gewichtige Begründung, daß das Exportgeschäft »eine wichtige Lebensgrundlage des bewußten Auslanddeutschtums, besonders in Übersee«, darstelle. Ähnlich argumentierten die Organisationen des besonders in

---

* Siehe Tabelle 10 im statistischen Anhang.

den Hafenstädten konzentrierten Export-Import-Geschäftes, wie der »Verein Hamburger Exporteure« und der »Hansa-Bund für Gewerbe, Handel und Industrie«[432].
Demgegenüber riefen die landwirtschaftlichen Verbände nach Schutzzöllen und nach einer eindeutig auf die »Nationalwirtschaft« und nicht auf die »Weltwirtschaft« orientierten Außenhandelspolitik. Der deutsche Landwirtschaftsrat wies in einer Denkschrift unter dem Titel »Grundsätzliche Entscheidung in der Wirtschaftspolitik« unter dem gleichen Datum wie die erwähnte Denkschrift des DIHT auf die ideologischen Implikationen seiner Forderungen hin und berief sich u. a. auf »Mussolinis erfolgreiche Außenpolitik«, die sich »nicht auf Handelskonzessionen, sondern auf ausgesprochen binnenwirtschaftlichen agrarfreundlichen Maßnahmen« aufbaue[433].
Hitlers Regierungserklärung, die er anläßlich der Vorlage des Ermächtigungsgesetzes vom 23. März 1933 im Reichstag verlas, enthielt eine deutliche Stellungnahme zu dieser Auseinandersetzung und kündigte auch die oberste Entscheidung zugunsten der Landwirtschaft an. Hitler betonte zwar, daß »die geographische Lage des rohstoffarmen Deutschland eine Autarkie für unser Reich nicht völlig zuläßt« und daß »der Reichsregierung nichts ferner liegt als Exportfeindlichkeit«, stellte aber voran, daß »die Rettung des deutschen Bauern unter allen Umständen durchgeführt werden« müsse. »Die Wiederherstellung der Rentabilität der landwirtschaftlichen Betriebe mag für den Konsumenten hart sein; das Schicksal aber, das das ganze Volk träfe, wenn der deutsche Bauer zugrunde ginge, wäre mit dieser Härte gar nicht zu vergleichen... Die Vernichtung unserer Bauern (müßte) nicht nur zum Zusammenbruch der deutschen Wirtschaft überhaupt, sondern vor allem zum Zusammenbruch des deutschen Volkskörpers führen. Seine Gesunderhaltung ist aber auch die erste Voraussetzung für das Blühen und Gedeihen unserer Industrie, für den deutschen Binnenhandel und für den deutschen Export... Was die Gesamtwirtschaft einschließlich unserer Exportindustrie dem gesunden Sinn des deutschen Bauern verdankt, kann überhaupt durch kein Opfer geschäftlicher Art irgendwie abgegolten werden[434].« Das Ergebnis dieser Entscheidung war die sofortige Erhöhung der Einfuhrzölle für landwirtschaftliche Erzeugnisse und die agrarfördernden Maßnahmen, die im vorangehenden Kapitel eingehender geschildert wurden. Dabei wurden die Einwände der Exportindustrie und der Außenhandelsverbände weitgehend übergangen, was eine merkliche Verschlechterung der Geschäftslage der Schiffahrt und des Export-Import-Geschäftes, besonders in Hamburg und den anderen Seehafenstädten, zur Folge hatte[435].
Die Verschlechterung der deutschen Handelsbilanz und die damit verbundene Devisenverknappung sind in erster Linie auf die durch die betonte Orientierung auf eine autarke »Binnenwirtschaft« verursachte Exporteinschränkung zurückzuführen. 1932 wies die Handelsbilanz, d. h. der internationale Warenaustausch, Deutschlands noch einen Exportüberschuß von 1072 Millionen RM auf. 1933 ging der Überschuß auf 667 Millionen zurück. Die Handelsbilanz war damit noch immer positiv, wies jedoch bereits 1934 ein Defizit von 284 Millionen RM auf. Die statistischen Zahlen beweisen eindeutig, daß dieser Zustand durch den Exportrückgang und nicht, wie vermutet werden könnte, durch erhöhte Importe verursacht worden war. Eigentlich wäre eine derartige Importerhöhung bei dem allgemeinen Wirtschaftsaufschwung und dem Nachfragezuwachs an Lebensmit-

teln, Fertigwaren und Rohstoffen zu erwarten gewesen. Statt dessen ging der Warenimport von 4,7 Milliarden RM des Jahres 1932 auf 4,2 im Jahre 1933 zurück und stieg 1934 nur auf 4,4 Milliarden RM. Angesichts des allgemeinen deutschen Wirtschaftsaufschwungs und der gleichzeitigen langsamen Belebung des internationalen Handels war diese Entwicklung tatsächlich überraschend und kann nur mit der durch den Exportrückgang verursachten Devisenverknappung erklärt werden. 1932, also auf dem Tiefpunkt der Krise, betrug der deutsche Warenexport noch 5,7 Milliarden RM. 1933 ging er auf 4,9 und im folgenden Jahr auf nur 4,2 Milliarden RM zurück[436]*.

Als Hjalmar Schacht im März 1933 wieder Reichsbankpräsident wurde, war die Lage der Devisenreserven das dringlichste Problem, das ihn erwartete. Als erstes wurde die gesetzlich bereits vorhandene Devisenüberwachung durch erhöhte Strafandrohungen und verschärfte Kontrollen rigoros durchgeführt. Daneben gelang es Schacht, mit den ausländischen Gläubigern eine Reihe von Zahlungsmoratorien zu vereinigen, nachdem ein Transferverbot vom Juni 1933 alle Dienstleistungszahlungen in ausländischer Valuta unmöglich gemacht hatte. Diese Zahlungen wurden bei der Reichsbank in einer »Konversionskasse für deutsche Auslandsschulden« gesammelt, so daß den Gläubigern kaum etwas anderes übrigblieb, als die Vorschläge Schachts zu akzeptieren, wenn sie wenigstens einen Teil ihrer Gelder erhalten wollten. Auf diese Weise entstand eine ganze Reihe von Spezial- und Sperrkonten, die für Exportzahlungen, Touristik und Investitionen in deutscher Währung benutzt werden konnten. Alternativ konnten die ausländischen Gläubiger ihre Schuldentitel an die Golddiskontbank, eine Tochtergesellschaft der Reichsbank, zur Hälfte ihres nominellen Werts verkaufen, der in Devisen ausgezahlt wurde[437]. Bald erwiesen sich jedoch diese Maßnahmen als unzureichend, da Schacht alle Vorschläge einer Mark-Devalvation, die den Wechselkurs der Mark den devalvierten Währungen Englands, der USA und der meisten Industriestaaten angepaßt hätte, kategorisch ablehnte. Die Gold- und Devisenreserven der Reichsbank nahmen weiter ab und standen im Juli 1934 auf einem Tief von nur 78 Millionen RM. Anfang 1934 wurden deshalb die Devisenzuteilungen für Importzahlungen drastisch gekürzt, bis sie am Ende nur noch 5 v. H. des Basisjahres betrugen. Ab März 1934 wurde die bisherige Volumeneinschränkung der Devisenzuteilungen durch eine direkte und diskriminierende Devisenkontrolle abgelöst, nach der Devisen nur noch für besonders dringliche Zwecke zugeteilt wurden. Als im Sommer 1934 sich die Lage noch weiter zuspitzte, ging die Reichsbank dazu über, Devisen nur von Tag zu Tag, der Kassenlage entsprechend, zuzuteilen[438].

Schacht und seine Mitarbeiter waren sich durchaus bewußt, daß alle diese Maßnahmen nur palliative Notstandslösungen sein konnten. Die deutsche Wirtschaft konnte die Einfuhr wichtiger Lebensmittel und Rohstoffe nicht völlig entbehren und mußte dafür mit gesteigerten Exporteinnahmen zahlen, um mit der durch Produktions- und Einkommenszuwachs belebten heimischen Nachfrage Schritt halten zu können. Die akute Devisenknappheit verdeutlichte diesen Zustand aufs schärfste und trieb zur Suche nach beständigeren und langfristigeren

---

* Siehe Tabelle 9 im statistischen Anhang. Die Bilanz der Dienstleistungen blieb während dieser Jahre positiv, und ihr Überschuß stieg sogar zwischen 1932 und 1934 um zirka 200 Millionen RM. Dies konnte jedoch die gesamte Zahlungsbilanz einschließlich der Kapitalrechnung nicht entscheidend beeinflussen, die negativ blieb.

Lösungen. So entstand der bekannte »Neue Plan«, den Schacht am 24. September 1934 verkündete, nachdem er im Juli den bisherigen Wirtschaftsminister Kurt Schmitt »vorläufig« als »kommissarischer Reichswirtschaftsminister« abgelöst hatte.

Was mit dem »Neuen Plan« ins Leben trat, war eine umfassende und direkte Staatskontrolle des gesamten Außenhandels. 25 nach Wirtschaftszweigen eingeteilte »Überwachungsstellen« mußten jedes einzelne Importgeschäft bestätigen, und nur aufgrund dieser Bestätigung wurden dem Importeur die nötigen Devisen von der regionalen »Devisenstelle« zugeteilt. Daneben wirkte die Politik des »Neuen Plans« für eine Exportsteigerung durch eine Reihe bilateraler Abkommen mit Ländern, die bereit waren, deutsche Industrieerzeugnisse im direkten Austausch für die eigenen Landwirtschafts- und Rohstoffwaren zu beziehen. Bis 1938 gelang es, Kompensationsverträge, die nicht nur den Umfang, sondern oft auch den Inhalt des Warenaustausches festlegten, mit nicht weniger als 25 Staaten, zumeist in Südosteuropa und Lateinamerika, abzuschließen. Die meisten dieser Staaten hatten in früheren Jahren erhebliche Handelsbilanzüberschüsse in Deutschland angesammelt, für die sie nun wohl oder übel deutsche Industriewaren beziehen mußten. Dies zu Preisen, die wegen der ausbleibenden Mark-Devalvation und der damit verbundenen Wechselkursverschiebungen beträchtlich über den Weltmarktpreisen lagen. Das Ergebnis für Deutschland war eine sichtliche Exportsteigerung auf 5,9 Milliarden RM im Jahre 1937, die eine vermehrte Einfuhr im Betrag von 5,5 Milliarden RM im gleichen Jahre ermöglichte und die Handelsbilanz wieder positiv werden ließ. Diese wies bereits 1936 einen Überschuß von 550 Millionen RM auf. Da jedoch der Großteil des Exports aus den eingefrorenen Sperrmarktkonten der Käuferländer beglichen wurde, blieben die Gold- und Devisenreserven der Reichsbank mit nur 71,9 Millionen RM im Dezember 1936 weiterhin kritisch[439]*.

Daneben wurde mit dem »Neuen Plan« ein System der Exportförderung durch differenzierte Prämien eingeführt, die in einem umständlichen Verfahren faktisch einen besonderen Wechselkurs für jedes einzelne Exportgeschäft bestimmte. In diesem »Zusatz-Ausfuhrverfahren« wurde durch die »Preisprüfungsstelle« der betreffenden Wirtschaftsgruppe jedes Ausfuhrgeschäft in einer Höhe subsidiiert, die den Preis der Erzeugnisse – soweit erforderlich – mit den entsprechenden Weltmarktpreisen konkurrenzfähig machte. Die Subsidien schwankten zwischen 10–90 v. H. des offiziellen Markkurses, betrugen jedoch zumeist einen Zuschlag von 40–60 v. H. desselben. Zur Finanzierung dieser Zuschüsse dienten die Verdienste der Golddiskontbank aus dem verbilligten Erwerb ausländischer Schuldentitel sowie auch eine besondere »Abgabe zur Exportförderung«, die der einheimischen Industrie auferlegt wurde[440]. Diese Abgabe wurde durch das Reichswirtschaftsministerium den einzelnen Wirtschaftsgruppen global auferlegt, die ihrerseits die Beträge bei ihren Mitgliedern aufgrund einer dreimonatlichen Schätzung des Verkaufsumfangs einzogen[441].

Praktisch war der »Neue Plan« nichts anderes als ein fast vollkommenes staatliches Außenhandelsmonopol, das mit einem beträchtlichen Aufwand an Bürokratie verbunden war. Importeure mußten manchmal bis zu 40 verschiedene Formulare für ein Importgeschäft einreichen. Dagegen waren die Exporteure nur zur

---

* Siehe Tabelle 9 im statistischen Anhang.

nachträglichen Meldung nach dem Versand verpflichtet, jedoch bestanden Ausfuhrverbote für verschiedene Waren, insbesondere für Rohstoffe[442]. Trotz aller bürokratischen Umständlichkeit arbeitete sich das System rasch ein, und die Importeure fanden sich bald in dem neuen Ämter- und Formularwirrwarr zurecht. Die Außenhandelspolitik des »Neuen Plans« erwies sich sowohl hinsichtlich der kurzfristigen Notlösungen als auch der langfristigen, grundsätzlichen Zielsetzungen erfolgreich. Kurzfristig gelang es, die notwendigste Einfuhr trotz der beengenden Devisenlage sicherzustellen. Daneben bewirkte der »Neue Plan« auf weitere Sicht eine bedeutungsvolle Strukturwandlung in der Zusammensetzung des deutschen Außenhandels und seines geographisch-politischen Wirkungsbereiches. Die Einfuhr von Fertig- und Halbfertigwaren wurde ebenso wie die Ausfuhr von Rohstoffen erheblich eingeschränkt, wobei sich das Gewicht des deutschen Außenhandels offenkundig in Richtung Ost- und Südosteuropa verlagerte*. Grundsätzlich erwies sich, daß selbst der Außenhandel, ein Gebiet, auf dem naturgemäß der »souveränen« Eigenwilligkeit des Staates die meisten Schranken gesetzt sind, sowie dessen innen- und außenpolitische Zielsetzungen durch direkte Kontrolle und administrative Verordnungen dienstbar gemacht werden kann**. Das nationalsozialistische »wirtschaftliche Sofortprogramm« vom Juni 1932 hatte in vielen Beziehungen auch für die beschriebene Entwicklung des Außenhandels einschließlich des »Neuen Plans« von Schacht bereits die Richtung gewiesen. Dort war nicht nur die »Umstellung der deutschen Wirtschaft auf den Binnenmarkt« und ein »verstärkter Schutz der einheimischen Produktion« gefordert worden, da »alle Anstrengungen zur Steigerung unserer Ausfuhr nicht vermehrte Arbeit, sondern nur vermehrte Arbeitslosigkeit zur Folge haben«, sondern diese Forderung wurde als grundsätzliches Ziel und als Grundlage »der sozialen Befreiung des Arbeiters« proklamiert: »Durch die Umstellung auf den Binnenmarkt (wird) der Einfluß des Kapitals automatisch zurückgedrängt, da die Bedeutung der großen kapitalistischen Konzerne geringer, die Bedeutung der landwirtschaftlichen Produktion dagegen größer wird.« Das »Lebensraum«-Konzept blieb in diesem »Sofortprogramm« zwar unerwähnt, jedoch wurde als »völlig abwegig« erklärt, daß Deutschland »heute seine Rohstoffbasis noch ganz überwiegend in Übersee hat, in Gebieten, mit denen die Verbindung bei irgendwelchen Verwicklungen sofort abgeschnitten wird ... Darum gehört es zu den Richtlinien der nationalsozialistischen Handelspolitik, den Bedarf des deutschen Volkes weitestgehend durch Eigenerzeugung zu decken, bei dem zusätzlich erforderlichen Rohstoffbezug aber befreundete europäische Staaten zu bevorzugen, insbesondere insoweit, als sie bereit sind, für die Abnahme ihrer Rohstoffe durch Deutschland industrielle Fertigwaren aus Deutschland zu beziehen[443].« Folgerichtig wurde unter der Überschrift »Devisenbewirtschaftung« erklärt: »Im nationalsozialistischen Staate wird der Geld- und Kapitalverkehr mit dem Ausland nur durch Vermittlung der staatlichen deutschen Auslandsbank (Devisenzentrale) möglich sein.« Diese würde dafür Sorge tragen, »daß die wenigen Devisen, die jährlich noch anfallen, ausschließlich dazu benutzt werden, um die für die Industrie erforderlichen Rohstoffe und die vorläufig noch zur Ernährung des deutschen Volkes erforderli-

---

* Siehe Tabelle 10 im statistischen Anhang.
** Die Lenkungsfähigkeit der Wirtschaft war auf einem der empfindlichsten Gebiete, dem des Außenhandels, erwiesen. Das Schema der unabänderlichen Marktgesetze war erfolgreich durchbrochen« (G. Kroll, a. a. O., S. 469).

chen zusätzlichen Nahrungsmittel einzuführen, die nicht im Inland zu beschaffen sind«[444]. Hjalmar Schacht, der sich noch in seinen Memoiren viel auf die ingeniöse Urheberschaft des »Neuen Plans« zugute hält[445], hat tatsächlich nur das wirtschafts- und finanztechnische Instrumentarium für eine Außenhandelspolitik geschaffen, die als integrales Element des Gesamtwirtschaftskonzepts der Nationalsozialisten ihren ideologisch-politischen Zielsetzungen entsprach.

Dabei wird oft die Frage aufgeworfen, ob die durchgeführte Außenhandelspolitik nicht durch die rein ökonomische Gegebenheit vorgeschrieben war und ob es angesichts der Weltwirtschaftslage überhaupt eine Alternative gab. Der internationale Handel war tatsächlich stark zurückgegangen. Alle Industriestaaten bemühten sich, die Einfuhr einzuschränken und durch aggressive Ausfuhrerweiterung die eigene Arbeitslosigkeit in einer sogenannten »beggar my neighbour policy« zu »exportieren«[446]. Überall, nicht nur in Deutschland, traten Autarkiebestrebungen auf, und selbst J. M. Keynes sprach 1933 von »National Self-Sufficiency« durch weitestgehende Eigenproduktion und von der Souveränität des Staates auf finanziellem Gebiet[447]. Angesichts dessen wird oft die Ansicht vertreten, daß eine auf Exporterweiterung orientierte Politik von vornherein ziemlich aussichtslos gewesen wäre und daß die notgedrungene Binnenmarktkonjunktur gezwungenermaßen durch strikte Devisenbewirtschaftung und staatliche Außenhandelskontrolle abgesichert werden mußte. Man geht vielerseits auch noch weiter, und zwar bis zu der Behauptung, daß Schacht sich nur notgedrungen diesen Gegebenheiten gebeugt hätte, tatsächlich jedoch schon früh entgegen den proklamierten Autarkiebestrebungen der Nationalsozialisten auf die weltwirtschaftliche Wiedereingliederung Deutschlands hingearbeitet hätte[448].

Für diese Ansicht gibt es, zumindest für die hier behandelte Periode, keine beweiskräftigen Anhaltspunkte, hingegen erscheint sie allein schon durch die statistischen Daten eindeutig widerlegt, denn zwischen 1933 und 1936 weisen diese einen deutlichen Rückgang der deutschen Exporte in laufenden als auch in realen Werten aus. Dies zu einer Zeit, in der nicht nur die industrielle Produktion und das Sozialprodukt rapide anstiegen, sondern auch der internationale Handel sich langsam zu erholen begann. Angesichts der weltwirtschaftlichen Situation hätte zwar auch eine aggressive Exportförderung hinsichtlich der Beschäftigung nicht den Effekt der binnenwirtschaftlichen Maßnahmen erreichen können, jedoch war das akute Problem der Devisenknappheit und der lebenswichtigen Einfuhr durchaus auf dem Wege einer mit den üblichen wirtschaftlichen Mitteln durchgeführten Exportausweitung lösbar, die für die späteren Entwicklungen bedeutungsvoll gewesen wäre. Die einschlägige Forschung ist sich darin weitgehend einig, daß die tatsächliche Außenhandelspolitik und die damit verbundene Devisenbewirtschaftung hauptsächlich von politischen und nicht von wirtschaftlichen Erwägungen diktiert wurden*. Stimmen, die eine derartig orientierte Politik vertraten und kaum versteckte Kritik an den Maßnahmen Schachts übten, waren auch aus deutschen Wirtschaftskreisen deutlich vernehmbar. So schrieb z. B. der Wirtschaftsredakteur der »Frankfurter Zeitung« zum Jahresabschluß 1934: »Das

---

* »Ungefähr ab 1933 ist die deutsche Devisenkontrolle unmöglich durch ökonomische Beweggründe zu rechtfertigen... Die Institution erhielt sich, weil sie par excellence ein Mittel politischer Macht war... nicht nur anderen Staaten gegenüber, sondern gleichermaßen bedeutungsvoll gegenüber eingesessenen ökonomischen Interessen im eigenen Lande« (H. Ellis, Exchange Control etc., a. a. O., S. 288 f. Übers. d. Verf.).

endgültige Ziel bleibt die Wiedereingliederung in einen reibungslosen weltwirtschaftlichen Austausch ... Das Kompensationsgeschäft mit allen seinen Abarten (kann) nur ein Notbehelf sein. Der bessere Weg bleibt die Beschaffung von Devisen durch Ausfuhr[449].«

Das nächstliegende handelswirtschaftliche Mittel wäre unter den bestehenden Umständen eine Abwertung der Mark gewesen. Nachdem England im Herbst 1931 und die USA im April 1933 devalviert hatten, waren die meisten Währungen diesem Beispiel in einem allgemeinen Versuch von Wechselkursanpassungen bis Ende 1935 gefolgt. Schacht widersetzte sich jedoch allen diesbezüglichen Vorschlägen aufs entschiedenste, und als Ergebnis verteuerte sich die deutsche Ausfuhr gegenüber anderen Exportländern bis zu 30 v. H.[450]. Als maßgeblichen Grund dafür gab er später die beträchtlichen Auslandsschulden Deutschlands an, die sich durch eine Abwertung erheblich erhöht hätten. Es gibt auch heute noch unterschiedliche Ansichten über die wirtschaftlichen Argumente für oder gegen die damalige Markdevalvation. Angesichts der geringen Elastizität der Exportnachfrage hatte das System der bilateralen Abkommen durchaus auch wirtschaftliche Vorteile: Politischer Druck und das Bestreben ausländischer Gläubiger, zumindest einen Teil ihrer eingefrorenen Sperrmarkguthaben flüssigzumachen, brachten dem deutschen Export oft Preise ein, die um 12 bis 20 v. H. über den Weltmarktpreisen lagen. Dennoch kommt z. B. auch K. Mandelbaum, der u. a. diese Argumente anführt, zu dem Schluß, daß die rein wirtschaftlichen Erwägungen erst in zweiter Linie, nach den politischen, eine aktive Exportförderung und Wiedereingliederung in den internationalen Handel verhinderten[451].

Die weitgehenden politischen Implikationen der Außenhandelspolitik wurden auch in deutschen Wirtschaftskreisen klar erfaßt. So verband z. B. der Leiter der AEG, Geheimrat Hermann Buecher, die Forderung einer Markabwertung mit weitgehenden Revisionsvorschlägen nicht nur wirtschaftlicher, sondern ausgesprochen politischer Natur, indem er gleichzeitig umfassende Handelsabkommen mit Frankreich und den USA, Regelung der Auslandsschulden, Abbau der Devisen- und Außenhandelskontrolle und Verhandlungen über gegenseitige Rüstungsbeschränkung verlangte[452]. Was hier klar erkannt wurde, war die Bedeutung der Außenhandelspolitik als integraler Bestandteil einer Politik, die weit über rein wirtschaftliche Aspekte hinausging. Aktive Exportorientierung wäre tatsächlich nur im Rahmen einer Politik denkbar gewesen, die aufgrund gegenseitiger Meistbegünstigung nicht nur den Ausbau des internationalen Warenaustausches, sondern allgemein die friedfertige internationale Zusammenarbeit als Ziel haben mußte. Die diametral entgegengesetzte Richtung hat der damalige Staatssekretär, Hans Posse, in nicht weniger klaren Worten formuliert: » ... was ergab sich folgerichtiger aus der Blutleere der allgemeinen Meistbegünstigung, als daß die Neuorientierung in raumwirtschaftlicher Hinsicht erstrebt werden mußte? Geopolitische Annäherungstendenzen sind es also, die der dritten Phase in der deutschen Handelspolitik der Nachkriegszeit ihr Gepräge verliehen[453].«

Die nationalsozialistische Außenhandelspolitik kann sowohl in ihren Zielsetzungen als auch in der Durchführungsmethode nur im Kontext eines integrativen Wirtschaftssystems voll erfaßt werden. Devisenkontrolle und Außenhandelsmonopol vervollständigten die fiskal- und monetärpolitischen Maßnahmen, deren Ziel eine erhöhte Beschäftigung durch die Steigerung des öffentlichen – und betont nicht des privaten – Verbrauchs war[454]. Direkte Kontrollen und Staatsdirigismus waren diesem System immanent und wurden daher auch auf dem Gebiet des Außenhandels rigoros eingesetzt*. Ferdinand Fried (Zimmermann) hat den Außenhandelsdirigismus unter Berufung auf den »geschlossenen Handelsstaat« J. G. Fichtes, »den man als ersten Künder nationalsozialistischer Gedankenwelt ansprechen kann«, ohne Umschweife als die Konsequenz einer Wirtschaftsauffassung erklärt, die dem Staate unbegrenzte Herrschaft über alle Wirtschaftsgebiete zusprach. Dies sei allerdings vollkommen nur auf dem Binnenmarkt zu verwirklichen, wie es die Nationalsozialisten nach der Machtergreifung bewiesen hätten. Dabei könnten sie jedoch die natürlichen Schranken, die einer solchen staatlichen Eigenwilligkeit auf dem internationalen Markt gesetzt sind, umgehen, »weil ja die Belebung der deutschen Wirtschaft vom Binnenmarkt her ohnehin zu den entscheidenden wirtschaftspolitischen Grundsätzen (des Nationalsozialismus) gehörte«[455].

In diesem Kontext gesehen, erscheint die Außenhandelspolitik des Dritten Reichs während unserer Forschungsperiode, komplementär mit anderen wirtschaftspolitischen Maßnahmen, als die spezifisch nationalsozialistische, aber durchaus nicht allein mögliche Reaktion auf eine reale wirtschaftliche Krisensituation. Soweit sich die Dinge überhaupt trennen lassen, gaben dabei die politischen Zielvorstellungen den Ausschlag: Die Selbstversorgung mit kriegswichtigen Rohstoffen oder Rohstoffsurrogaten und mit Lebensmitteln war ein unentbehrlicher Bestandteil der Kriegsvorbereitung. Daneben haben jedoch auch langfristige und ideologisch bestimmte Ziele einer autarken, großraumwirtschaftlichen Neuordnung einen unverkennbaren Einfluß ausgeübt. Für Hitler »war wirtschaftliche Autarkie einerseits ein autonomer Zweck . . ., (der) erst in ferner Zukunft Wirklichkeit werden konnte, wenn jener große ›Lebensraum‹ für das deutsche Volk gewonnen war . . ., zugleich aber auch bitter nötige Medizin . . ., um ebenjenes Fernziel auf dem Wege zu erreichen, den er sich vorgenommen hatte, durch einen Krieg« (Wolfram Fischer[456]).

Die Steuer-, Lohn- und Preispolitik

Einer der Beweggründe gegen die Abwertung der Mark war zweifellos die Befürchtung, daß eine Devalvation den Importkomponenten der einheimischen Produktion verteuern und dadurch inflationär wirken müßte. Alle wirtschaftstheoretischen Erörterungen der »Reformer«, wie z. B. Wilhelm Lautenbachs**, daß eine Inflationsgefahr bei brachliegenden Produktionsfaktoren nicht bestände, konnten diese Befürchtung nicht völlig überwinden. Das Trauma der Jahre 1922/23 wirkte immer noch stark, um die entscheidenden Instanzen vor einer

---

* » . . . daß Deutschland in dieser Zeit weiter in den Dirigismus hineingeraten ist, und zwar auf binnenwirtschaftlichem Gebiet ebenso wie auf außenwirtschaftlichem . . ., hierbei (hat) zweifellos die Bereitschaft der Nationalsozialisten mit staatlichen Lenkungsmitteln – um nicht zu sagen: mit staatlichem Kommando – auf das Wirtschaftsleben einzuwirken mitgewirkt« (R. Stucken, Deutsche Geld- und Kreditpolitik, Tübingen 1953, S. 135).
** Wilhelm Röpke berichtet in seinem Vorwort zu den 1952 veröffentlichen Schriften Lautenbachs über ein Gespräch desselben mit Hitler vom Sommer 1933. Angeblich war Lautenbach zu Hitler geschickt worden, um ihn von der Durchführbarkeit defizitär-finanzierter Arbeitsbeschaffungspläne zu überzeugen und soll dabei gesagt haben: »Herr Hitler, Sie sind heute der mächtigste Mann in Deutschland. Nur eines können Sie nicht: Sie können unter den gegenwärtigen Umständen keine Inflation machen, soviel Sie sich auch anstrengen mögen« (W. Lautenbach, a. a. O.).

»übertriebenen« Vergrößerung der disponiblen Privateinkommen abzuschrekken, selbst nachdem sie die Dringlichkeit erweiterter Finanzierungsmaßnahmen eingesehen hatten. Hieraus erklärt sich auch die immer wiederholte Betonung, daß jede »Kreditschöpfung« unter allen Umständen nur »produktiv« sein dürfte, d. h. jede Erweiterung der Zahlungsmittel durch »reale wirtschaftliche Werte gedeckt« sein müsse. Auch das nationalsozialistische »Sofortprogramm« von 1932 hatte schon etwaige Einwände gegen die »produktive Kreditschöpfung« damit zu entwaffnen versucht, daß diese nur für einen kleinen Teil des Arbeitsbeschaffungsprogramms nötig sein würde. Der Hauptteil der vorgeschlagenen öffentlichen Großarbeiten könne durch erhöhte Steuereinnahmen und die Ersparnisse der Arbeitslosenunterstützung finanziert werden[457].

Die erweiterte Finanzierung war daher von Anbeginn von einer Reihe Präventivmaßnahmen begleitet, die einer Inflationsgefahr entgegenwirken sollten. Dies äußerte sich besonders in der Steuerpolitik sowie in den administrativen Kontroll- und Aufsichtsinstanzen, die errichtet wurden, um die Stabilität der Preise und Löhne sicherzustellen. Solange diese Institutionen unter den bestehenden Wirtschaftsverhältnissen praktisch überflüssig waren, wurden sie nur sporadisch und inkonsequent eingesetzt, aber nicht aufgelöst. Je mehr sich die Wirtschaft dem Zustand der Vollbeschäftigung näherte, wurden sie aktiviert und erwiesen sich als durchaus effektive wirtschaftliche Lenkungswerkzeuge. Der Umstand, daß die Lohn-, Preis- und Zinskontrolle grundsätzlich und ideologisch integrale Bestandteile einer staatsdirigistischen Wirtschaftsordnung sind, hat zweifellos dazu beigetragen, diese Institutionen bald nach der Machtergreifung zu installieren. Obwohl einige Zeit nach der Machtergreifung die Steuergutscheinaktion der Regierung Papen weitergeführt und während der ersten Monate 1933 eine Reihe spezifischer Steuernachlässe verfügt wurde, war die gesamte Steuerpolitik deutlich darauf ausgerichtet, die disponiblen Einkommen der Bevölkerung in Grenzen zu halten. Steuererleichterungen kamen hauptsächlich denjenigen Wirtschaftszweigen zugute, die aus Gründen der Arbeitsbeschaffung und der Aufrüstung vom Regime bevorzugt wurden. Ein Gesetz vom Juli 1933[458] ermöglichte, 10 v. H. der Bau- und Reparaturkosten unter bestimmten Bedingungen von der Einkommen- oder Gesellschaftsteuer abzuziehen und einen Teil des Lohnes steuerfrei in »Bedarfsdeckungsscheinen« für Bekleidung und Hausgerät auszuzahlen. Dies war deutlich auf die Wiederbelebung der arbeitsintensiven Bauindustrie und des mittelständischen Kleinhandels gezielt. Außerdem ermöglichte eine andere Anordnung des Gesetzes den Steuerbehörden, gewissen Betrieben, die neue Produktionsmethoden oder Erzeugnisse entwickelten, Steuerbefreiung oder -nachlässe zu bewilligen, »wenn dafür ein überragendes Bedürfnis der gesamten deutschen Volkswirtschaft anerkannt wird«[459]. Dies konnte vor allem zur Förderung der Ersatzstoffindustrie oder anderer kriegswichtiger Industriezweige angewandt werden, obwohl es vielleicht übertrieben ist, schon zu diesem Zeitpunkt in diesem Gesetz verallgemeinernd »ein Spezialgesetz für die Rüstungsindustrie«[460] zu sehen.

Die Steuererleichterungen der Landwirtschaft und deren stark ideologische Hintergründe wurden bereits erwähnt. Das zweite »Reinhardt-Programm« vom September 1933 verringerte die Gesamteinnahmesumme der landwirtschaftlichen Grundsteuer um 100 Millionen RM und setzte diese Steuer auch für Wohnbauten herab. Insgesamt bedeuteten diese Anordnungen einen Steuerausfall von zirka 250 Millionen RM für die Jahre 1933–1935[461]. Für die Landwirtschaft und die anderen bevorzugten Wirtschaftszweige war dies zweifellos eine merkliche Erleichterung, gesamtwirtschaftlich gesehen jedoch von nur marginaler Bedeutung. Da allgemein die hohen Steuersätze, die noch Brüning im Laufe seiner »Deflationspolitik« verordnet hatte, gültig blieben, wiesen bereits die Steuereinnahmen des Jahres 1933 einen Nettoüberschuß von 400 Millionen RM gegenüber dem Vorjahr auf. Insgesamt beliefen sich bis Ende 1935 die gesamten Steuererleichterungen, einschließlich der Einlösung der Papenschen Steuergutscheine, auf 1,76 Milliarden RM, während in der gleichen Zeit das Reich, die Länder und die Gemeinden insgesamt gegen 5,6 Milliarden zusätzliche Steuereingänge verzeichnen konnten[462]. Ende 1936 erreichte die Summe der zusätzlichen Steuereingänge gegenüber 1932 insgesamt 7 Milliarden RM, zu denen noch 2 Milliarden »freiwillige« Spenden für die Winterhilfe und andere Abgaben hinzugerechnet werden müssen*.

Die im Oktober 1934 mit großem Propagandaaufwand verkündete »Nationalsozialistische Steuerreform« verdeutlichte und verstärkte die gleiche Tendenz, da die bisherigen Steuersätze in Kraft blieben oder, wie im Falle der Gesellschaftsteuern, erhöht wurden. Daneben wurden Anordnungen zur Vertiefung und Ausweitung des Steuereinzugs getroffen und die Strafen für Steuervergehen erheblich erhöht. Die Steuerbehörden wurden angehalten, bei ihren Einschätzungen »im Sinne der nationalsozialistischen Weltanschauung« die bestehenden Anordnungen nicht allzu buchstabengetreu auszulegen, soweit sie zugunsten der Besteuerten wirkten. Der Leiter der Steuerabteilung der Reichsgruppe Industrie traf daher den Nagel auf den Kopf, als er ausführte, daß es wenig Sinn habe, die neuen Verordnungen haargenau mit den früheren zu vergleichen. Die Hauptsache sei »der neue Geist des Reformwerks, der Geist des Nationalsozialismus. Über allem steht der Grundsatz ›Gemeinnutz geht vor Eigennutz‹ – jeder hat im Interesse des Volksganzen die Steuern zu zahlen, die er nach dem Steuergesetz schuldet[463].« Die deutsche Bevölkerung sollte also mit anderen Worten im Namen des vom nationalsozialistischen Staat vorgeschriebenen »Gemeinnutzes« die neuen Anordnungen nicht in kleinlicher Weise studieren, um etwaige Erleichterungen ausfindig zu machen, sondern Steuern zahlen und das Maul halten! Es ist schon bezeichnend, daß dieser »neue Geist« sogar im parteioffiziellen »Jahrbuch der nationalsozialistischen Wirtschaft« zaghaft kritisiert wird, indem der Verfasser des oben zitierten Aufsatzes leise anfragt, »ob es zweckmäßig ist, die Vorschriften, die dem Rechtsschutzbedürfnis der Steuerpflichtigen Rechnung tragen, stark ... einzuengen«[464].

Aus der Sicht heutiger wirtschaftstheoretischer Erkenntnisse ergibt sich aus obiger Darstellung das Paradoxon einer einschränkenden Steuerpolitik, die gleichzeitig mit ausweitendem »deficit spending« im Zustand einer bis 1936 noch immer unterbeschäftigten Wirtschaft angewandt wurde. Es wäre jedoch verfehlt, diesen »Widerspruch« der ökonomischen Kurzsichtigkeit oder wirtschaftstheoretischen Inkompetenz den beschlußfassenden Partei- oder Regierungsinstanzen zuzuschreiben. Im Gegenteil erweist sich diese Steuerpolitik bei näherem Hinsehen als durchaus konsequent im Kontext einer umfassenden Wirtschaftspolitik, die die Wirtschaft bewußt durch gesteigerte öffentliche Nachfrage – vornehmlich zum Zweck der Aufrüstung – und ausdrücklich nicht durch gesteigerte Einkommen

---

* Siehe Tabelle 3 im statistischen Anhang. Der Großteil der zusätzlichen Steuereinnahmen entfiel auf das Reich.

und Nachfrage der privaten Haushalte zu beleben suchte. Die Lohn- und Preispolitik waren komplementäre Bestandteile der gleichen Wirtschaftspolitik. Hierdurch wird eindeutig die immer noch weitverbreitete, oft apologetische Periodeneinteilung in die Phase der »Arbeitsbeschaffung« und die darauffolgende Phase der »Staatskonjunktur« oder der Aufrüstung widerlegt[465].

Das Inflationsargument wurde insbesondere zur Rechtfertigung des angeordneten Lohnstopps angewandt mit der gleichzeitigen Verpflichtung, auch die Preise stabil zu halten, um ein Sinken der Reallöhne zu verhindern. Die bestehenden Tariflohnsätze wurden als weiterhin verbindlich erklärt und die Treuhänder angewiesen, nur in Ausnahmefällen von diesen abzuweichen. Da jedoch die Preise, besonders der landwirtschaftlichen Erzeugnisse, anstiegen, war das Ergebnis tatsächlich eine Herabsetzung der Reallöhne der beschäftigten Arbeiter, die im Januar 1934 durchschnittlich ihren Tiefpunkt erreichten. Mit der gesteigerten Arbeitsnachfrage im Laufe des Wirtschaftsaufschwungs begannen die Reallöhne von diesem Zeitpunkt an allmählich zu steigen. Das vollzog sich jedoch nur langsam und mit vielen Rückfällen besonders in den schwächeren und vom Staat nicht geförderten Wirtschaftszweigen. Gewissen Berechnungen zufolge stieg der durchschnittliche Reallohnindex, berechnet auf der Basis von 1932 – d. h. auf dem Tiefstand der Wirtschaftskrise – bis 1936 insgesamt auf 107,2 an, wobei jedoch auch deutsche Ökonomen zugeben mußten, daß der angewandte Index der Lebenshaltungskosten unterberechnet sei. Außerdem berechnete dieser offizielle Reallohnindex die Bruttolöhne vor Abzug der Steuern und anderen Pflichtabgaben, die unter dem nationalsozialistischen Regime erheblich anstiegen und bis 15 v. H. des Bruttolohnes ausmachten[466]. Unter diesen Umständen erscheint die Berechnung, nach der tatsächlich sowohl die Tarifstundenlöhne als auch der Nettowochenlohn 1933–1934 um 6 bis 7 v. H. fielen und erst 1936 den Stand von 1932 erreichten, durchaus glaubwürdig*. Daneben wirkte sich allerdings die verlängerte Arbeitszeit der beschäftigten und die Neueinstellungen unbeschäftigter Arbeiter in einer Erweiterung der Gesamtlohnsumme aus[467].

Wie die geschilderte Auseinandersetzung mit Backe im August 1935 beweist, waren die Treuhänder sich dieser Sachlage bewußt und versuchten, dem Sinken der Reallöhne durch die Stabilisierung der Lebenshaltungskosten entgegenzuwirken. In der genannten Sitzung sprach der Staatssekretär im Reichsarbeitsministerium Dr. Krone unverblümt von den steigenden Lebensmittelpreisen, angesichts derer »die gegenwärtigen Nominallöhne nicht mehr tragbar« seien. Den Forderungen der Arbeiter, die »wünschten, an den Erfolgen der Landwirtschaft und der durch die Arbeitsbeschaffung begünstigten gewerblichen Wirtschaft teilzuhaben«, könnte zur Zeit nicht Rechnung getragen werden: »Der Kampf gegen die Arbeitslosigkeit und die Wehrhaftmachung des deutschen Volkes sind vordringlich und erfordern ein Festhalten am augenblicklichen Lohnstand.« Dies könne jedoch nur durch die Herabsetzung der Lebensmittelpreise gewährleistet werden[468]. Das Argument, nachdem die Löhne stabil bleiben müßten, solange die Arbeitslosigkeit noch vorhalte und die »Wehrhaftmachung« es erfordere, taucht in den damaligen Publikationen immer wieder auf und beweist die Dringlichkeit, mit der die Forderung nach Lohnerhöhung mit dem fortschreitenden Wirtschaftsaufschwung hervortrat. Je mehr sich die Wirtschaft der Vollbeschäftigung näherte,

---

* Siehe Tabelle 11 im statistischen Anhang.

um so lauter mußte natürlicherweise diese Forderung werden, bis sich auch die Parteipresse ihr nicht mehr verschließen konnte. So brachte z. B. der »Westdeutsche Beobachter« im September 1936 einen Angriff auf die Unternehmer der Großindustrie, die sich Lohnerhöhungen unter Berufung auf deren preissteigernden Einfluß widersetzten: »Muß wirklich jede Unkostensteigerung auf die Preise schlagen? Das erscheint uns doch noch recht fraglich angesichts der großen Gewinne und der großen Flüssigkeit gerade in der Industrie, die hier in Frage kommt ... der Eisen- und Metallindustrie.« Diese könnte die Löhne auch ohne Preiserhöhungen heraufsetzen. »Vor allem aber kann man die Preise senken! Das ›widerspricht‹ nicht der ›Tendenz der Kaufkraftstärkung‹. Das ist keine ungerechte Lohnerhöhung, sondern eine, die der Allgemeinheit zugute kommt, wenn vielleicht auch auf dem Wege über den Staat[469].«

Der hier implizierte enge Zusammenhang von Lohnstopp mit staatlicher Preiskontrolle in der Parteipresse war nicht einmalig oder zufällig. Tatsächlich wurden beide in den nationalsozialistischen Publikationen vor und nach 1933 stets als komplementär dargestellt und im gleichen Atemzuge angeführt. Tatsächlich war die Preiskontrolle im Zustand der Unterbeschäftigung der Wirtschaft eine überflüssige Maßnahme. Sie wurde von den Nationalsozialisten übernommen oder eingeführt, weil die grundsätzliche Ablehnung einer »liberalistischen« freimarktlichen Preisbildung und die staatliche Festsetzung »gerechter Preise« zu ihrer Wirtschaftsauffassung gehörten und in ihren Wirtschaftsprogrammen versprochen worden waren. Als sich bald herausstellte, daß sie unter den gegebenen Umständen nicht notwendig war, wurden die geschaffenen Institutionen nur sporadisch in den Sektoren aktiv, in denen preissteigernde Tendenzen durch außenwirtschaftliche Gegebenheiten, wie z. B. den Mangel an gewissen Rohstoffen, bemerkbar wurden. Das Amt eines »Reichskommissars für Preisüberwachung« war bereits 1931 von der Regierung Brüning geschaffen und dem Oberbürgermeister von Leipzig, Dr. Karl Gördeler, übertragen worden. Seit Juli 1933 blieb das Amt jedoch unbesetzt und wurde erst im November 1934 wieder von Gördeler übernommen. Kennzeichnend für die tatsächliche Situation ist es, daß nach Gördelers Rücktritt im Herbst 1935 das Amt wieder über ein Jahr lang unbesetzt blieb, dann jedoch, nach erreichter Vollbeschäftigung, als sich die preisinflationären Tendenzen spürbar verstärkten, einem alten Nationalsozialisten, dem schlesischen Gauleiter Josef Wagner, zugewiesen wurde. Gleichzeitig wurde aus dem »Reichskommissar für Preisüberwachung« ein »Reichskommissar für Preisbildung« – eine nicht unwesentliche Umbenennung, die zumindest grundsätzlich die direkte staatliche Festsetzung der Preise andeutete.

Die Untersuchung der Preisentwicklung während unserer Forschungsperiode ergibt bis zum November 1934 einen administrativ gelenkten und überwachten Preisanstieg der landwirtschaftlichen Erzeugnisse, der auf die bereits beschriebene Marktordnung des Reichsnährstandes zurückzuführen ist. Daneben wurden durch das Zwangskartellgesetz Preisverbesserungen, besonders für mittelständische Kleinbetriebe und Einzelhandelszweige, bewirkt, die während der Wirtschaftskrise in verschärftem Konkurrenzkampf erhebliche Verluste zu verzeichnen hatten. Das Gesetz verpflichtete diese zu Preis- und Marktabkommen, die sich für den Verbraucher preissteigernd auswirken mußten[470]. Hieraus ergibt sich, daß während dieser Zeit die administrative Preiskontrolle kaum zur Verhinderung von Preissteigerungen eingesetzt wurde. Die einzige Ausnahme waren die Preise importierter Rohstoffe, bei denen die Festsetzung von Höchstpreisen notwendigerweise durch administrative Quotenzuweisung für jeden Wirtschaftszweig und Betrieb begleitet war[471].

Trotz dieser laschen und sporadischen Preisüberwachung ist für die Jahre 1933-1936 ein nur geringer Preisanstieg zu verzeichnen. Der Index der Großhandelspreise stieg nach offiziellen Angaben vom ersten Vierteljahr 1933 bis zum ersten Vierteljahr 1937 um nur 10,7 Punkte (Basisjahr 1925/27), derjenige der Lebenshaltungskosten nur um 5,7 Punkte an*. Der Hauptteil der Preiserhöhungen entfiel dabei auf die Landwirtschaft, und die auffallende Differenz zwischen Großhandels- und Lebenshaltungsindex erklärt sich teilweise aus der verringerten Zwischenhandelsmarge durch die Marktordnung des Reichsnährstandes. Da jedoch die Erzeugerpreise der Landwirtschaft gegenüber 1932 bis zu 30 v.H. anstiegen, ist wahrscheinlich der Lebenshaltungsindex etwas unterberechnet, und die Lebenshaltungskosten waren höher, als diese Berechnung zugibt[472].

Dabei scheinen sich preissteigernde Tendenzen schon mit der anfänglichen Wiederbelebung der Wirtschaft bemerkbar gemacht zu haben, wurden jedoch durch das Reichswirtschaftsministerium und den Preiskommissar über die gleichgeschalteten Verbände gedämmt. Hiervon zeugt das Protokoll einer internen Sitzung des Kartellausschusses des Reichsstandes der deutschen Industrie vom Dezember 1933, auf der Schmitt, Feder und Keppler scharf kritisiert wurden, weil sie trotz steigender Produktionskosten keine Preiserhöhungen zuließen. Interessanterweise wurde dabei Schmitt am schärfsten herangenommen, weil er verlange, extremer als sein nationalsozialistischer Staatssekretär und der Wirtschaftsbeauftragte des »Führers« auch auf der Grenze der Rentabilität ohne Preiserhöhungen weiterzuarbeiten. Das ließe sich nur aus politischen Motiven erklären. Den Unternehmern wurde daher nahegelegt, Preiserhöhungen ihrer Lieferanten besser in internen Gremien beizulegen, »nicht gleich zum Kadi zu laufen« und die Staatsbehörden möglichst nicht anzugehen[473]. Etwa zur gleichen Zeit beweist auch ein Rundschreiben der chemischen Industrie, dem eine diesbezügliche Anordnung des Reichswirtschaftsministers beigefügt ist, den Widerstand Schmitts gegen jegliche Preissteigerung. Der Verband warnt seine Mitglieder nachdrücklich, diese Anordnung nicht zu umgehen, da die Regierung fest entschlossen sei, »von ihren Befugnissen Gebrauch zu machen und Verbände, Syndikate oder Vereinigungen, die ihren Anordnungen widerstreben, aufzulösen«[474].

Der Aufwärtsdruck der Preise verstärkte sich mit zunehmender Beschäftigung und steigendem Privateinkommen gegen Ende 1934 und 1935. Es ist bezeichnend, daß die wirtschaftspolitischen Instanzen der NSDAP die Überwachung der Preisstabilität als zu ihrem Aufgabenbereich gehörig betrachteten und im November 1934, wahrscheinlich in der wirtschaftspolitischen Kommission Köhlers, beschlossen wurde, eine Preisenquete im gesamten Reich durchzuführen. Diese Absicht verursachte in den Unternehmerkreisen eine verständliche Beunruhigung, die unter anderem auch in den immer noch erscheinenden »Deutschen Führerbriefen«** ihren Ausdruck fand. Mit deutlicher Spitze gegen den von der

---

* Siehe Tabelle 12 im statistischen Anhang.
** Seit Juni 1934 erschienen die früheren »Führerbriefe« nach kurzer Unterbrechung unter dem neuen Titel »Deutsche Briefe« und einem neuen Redakteur, jedoch in der gleichen Ausstattung einer maschinenschriftlich vervielfältigten Korrespondenz, wie sie seit 1928 zweimal wöchentlich an eine Liste ausgewählter Abonnenten verschickt wurden.

Partei unterstützten Reichsnährstand wurde vorgebracht, daß die Preiserhöhungen ihren wesentlichen Ursprung in der Landwirtschaft hätten. Notwendige Preisentwicklungen seien den Laien nur schwer verständlich zu machen, man müsse daher auch davon abraten, durch rein oberflächliche Schilderungen der »Preisniveauentwicklung... und äußeren Preislisten« eine feindliche Atmosphäre in der Bevölkerung hervorzurufen. »Sie in einer Enquete wie der geplanten zu erfassen ist jedenfalls schwierig, bedarf aber vor allem einer eingehenden Sachkenntnis und einer behutsamen Hand... Im Einzelfall (bleibt) zu prüfen, ob das, was nicht immer recht verstanden wird, unbedingt vor aller Augen niedriger zu hängen ist[475].«

Die hier geäußerte Besorgnis der Unternehmer war nicht unbegründet. Hitler und die Reichskanzlei, das Reichswirtschaftsministerium und auch der Reichsnährstand waren zur gleichen Zeit von Eingaben kommunaler und parteiamtlicher Stellen überlaufen, die gegen die erhöhten Preise protestierten. Der Reichsinnenminister Frick berichtete im Juli 1935 der Reichskanzlei über eine Reihe von Lageberichten der Staatspolizei, in denen die Unruhe der Bevölkerung infolge der steigenden Lebensmittelpreise geschildert würde. Im August des gleichen Jahres wurde Staatssekretär Backe, zwei Tage nach seiner Auseinandersetzung mit den Treuhändern der Arbeit, vor die versammelten Gauleiter beordert, um die landwirtschaftliche Preispolitik zu rechtfertigen[476]. Kritik wurde auch in der Presse laut. Die »Frankfurter Zeitung« begrüßte im November 1934 die erneute Ernennung Gördelers zum Preiskommissar mit einem Leitartikel, der die Lohnstopp-Politik der Regierung lobend anerkannte, aber die fehlende Stabilität der Preise kritisierte. Die Hauptschuld wurde auch hier der Landwirtschaft und dem Einzelhandel mit deren Erzeugnissen zugeschoben, die einen Preisanstieg von 24 v. H. gegenüber dem Tief von 1933 verursacht hätten. »In diese Richtung wird sich zweifellos die Überwachungstätigkeit des Preiskommissars erstrecken, wobei aber auch die Preispolitik des Nährstandes selbst einer Nachprüfung unterzogen werden dürfte[477].«

Bald erwies sich jedoch, daß Gördeler in diesem Zusammenstoß mit Darré und den im Reichsnährstand verschanzten Parteiaktivisten der Schwächere war. Während seiner nicht einmal ein Jahr dauernden Amtszeit führte er einen aussichtslosen Kampf gegen Darré um die Höhe der Landwirtschaftspreise und das gesamte System der kartellartigen Marktordnung des Reichsnährstandes. Seine schließliche Entlassung war die Folge von Hitlers Entscheidung zugunsten Darrés und der nationalsozialistischen Landwirtschaftspolitik, jedoch wurde Gördeler in diesem Kampf auch von der Großindustrie nicht unterstützt. Diese scheint sich inzwischen davon überzeugt zu haben, daß die staatlich festgesetzten Preise der Regierungsaufträge einträglicher waren als die Rückkehr zu freier marktwirtschaftlicher Preisbildung. 1931 war es Gördelers Aufgabe, im Zuge der Deflationspolitik Brünings die Preise zu einer Zeit zu senken, in der die Weltwirtschaftskrise ohnehin in der gleichen Richtung wirkte. 1934 stand er, wie die »Frankfurter Zeitung« richtig hervorhob, vor einer wesentlich anderen Situation mit der Aufgabe, die Preise in einer sich rasch ausweitenden Wirtschaft stabilzuhalten. Als konservativ-liberaler Wirtschaftler sah Gördeler den Grund für den Aufwärtsdruck der Preise in der übertriebenen Kartellisierung, besonders der Landwirtschaft, und seine Aufgabe in der Rückführung der Wirtschaft zu »normalen« konkurrenzwirtschaftlich freien Marktverhältnissen. Damit stand er zu den

wirtschaftspolitischen Anschauungen und Maßnahmen des nationalsozialistischen Systems in grundsätzlichem Widerspruch und kämpfte von vornherein auf verlorenem Posten.
In einem Zeitungsinterview erklärte Gördeler im Februar 1935, die Preisbindungen »der wichtigsten landwirtschaftlichen Urerzeugnisse« seien zwar vorläufig noch notwendig, man müsse jedoch bemüht sein, die »Marktregelung der weiterverarbeitenden Lebensmittelindustrie und des Handels von den Nachteilen der interessentenmäßigen Kartellbindungen freizuhalten«[478]. Ähnlich äußerte er sich bei anderen Gelegenheiten, er lehne es ab, »Preisbefehle zu erlassen und Höchst- oder Mindestpreise festzusetzen... Sein einziges Mittel (sei) der Appell an die freiwillige Preisdisziplin der Wirtschaft[479].« Die bestehenden Preisbindungen könnten zwar nicht auf einen Schlag abgeschafft werden, seien jedoch »zu lockern und allmählich in großem Umfange zu beseitigen«[480]. In der Verfolgung dieser Ziele geriet Gördeler bald auch mit der Industrie in Konflikt. Als er versuchte, die öffentlichen Bauaufträge ausschreiben zu lassen, um sie an den billigsten Bewerber zu vergeben, stieß er auf entschiedenen Widerstand der Bauindustrie, die hierbei von der Reichsgruppe Industrie unterstützt wurde. Die Industrie zog offensichtlich das bestehende System informeller Fühlungnahme und des Handelns um den »angemessenen Preis« mit den Aufträge vergebenden Regierungsstellen vor und befürchtete mit Recht, daß die nach Gördelers Vorschlag in öffentlichen Ausschreibungen erreichbaren Konkurrenzpreise weniger günstig ausfallen würden. In der betreffenden Sitzung vom Juni 1935 protestierten die Vertreter der Industrie gegen Gördelers Absicht, die es »zweifelhaften Elementen« ermöglichen würde, in ihren Geschäftszweig einzudringen, der eben erst durch die Exportabgabe stark belastet worden sei. Man hätte ihnen bei Auferlegung dieser Zahlungen ausdrücklich zugesagt, daß sie diese durch »auskömmliche Preise im Inlandgeschäft« würden decken können. Als Gördelers Vertreter bei der Unterredung sich diesen Argumenten, nach Fühlungnahme mit dem Preiskommissar, verschloß und sich »mit dem Hinweis auf die heute zwischen Preiskommissar und Wirtschaft zutage getretenen Meinungsverschiedenheiten« weigerte, die Vertreter der Reichsgruppe an weiteren Verhandlungen zu beteiligen, wurde in einem scharf formulierten Rundbrief gegen die Politik Gördelers protestiert. Dabei ist es bezeichnend, daß dieser Protest nicht nur an Wirtschaftskreise und die entsprechenden Regierungsstellen, sondern auch an die wirtschaftspolitische Kommission der NSDAP in München und an alle Gauleiter verschickt wurde[481]. Allem Anschein nach sahen die Leiter der Reichsgruppe Industrie in diesem Fall eine Grundsatzauseinandersetzung, bei der sie sich der Unterstützung der Partei gewiß waren.
Über Gördelers Grundeinstellung, die ihn mit den nationalsozialistischen Machthabern, aber auch mit den mit ihnen kooperierenden Wirtschaftskreisen in Konflikt brachte, gibt ein Protokoll seiner Vernehmung nach dem 20. Juli 1944 überzeugend Aufschluß. Der betreffende Auszug aus dem Vernehmungsprotokoll, der im Nachlaß Gördelers vorgefunden wurde, verdient daher, hier wörtlich zitiert zu werden:

» ... Warenknappheit nur auf einzelnen Gebieten. Störung kommt von der Geldseite (künstliche Geldschöpfung!). Also jetzt andere Methoden nötig: 1. Einstellung der künstlichen Geldschöpfung. Steigerung der Leistungen ohne Lohnerhöhung mit verlängerter Arbeitszeit. 2. Beseitigung der Lücken in der Warenversorgung. 3. Überprüfung der Preise und Entfesselung von Preisbindungen.«

»Bericht über Auseinandersetzungen mit Ley und mit Interessentengruppen, die Zwangseingriffe wünschen, (schon bekannt).«

»Für 1. ist Schacht erst sehr spät zu gewinnen. Ist durch Versprechen der Geldschöpfung an den Führer gebunden, was Gördeler erst 1937 erfährt . . .«

»Es folgt Lockerung der Preisbindungen. Auch die internationalen Bindungen sollen nachgeprüft werden. Vereinbarung darüber mit dem Reichswirtschaftsminister . . . Kampf gegen die Neigung der Wirtschaft seit 33, Lenkungsmaßnahmen zu fordern. Aber auch Mißbrauch des Wettbewerbs (Schleuderkonkurrenz) ist zu bekämpfen . . .«

»Dies alles bis Mai 1935 durchgeführt. Nun mußte Ordnung des Geldes (Punkt 1) erfolgen. Hier hat Gördeler nicht genügend Vollmacht. Schacht weigert sich, in vorsichtiger Form, die weitere Kredithergabe einzustellen. Die massenhafte Geldschöpfung treibt die Preise in die Höhe, was Gördeler durch eine Fülle von Verordnungen abzubremsen suchen mußte. Kommt dabei an die Grenze seiner Möglichkeiten, will kein Höchstpreissystem . . .«

»Gördeler macht Einstellung der Kreditschöpfung zur Bedingung seiner Weiterarbeit. Verlangt Verzicht auf die preiserhöhende Exportabgabe. Besprechung beim Führer, weil Reichsbankpräsident und Wirtschaftsminister das ablehnen, Ende Juni. Entscheidung erfolgt nicht, Führer lehnt sie ab, bittet aber um Weiterarbeit. Gördeler bereit, falls er neue Vollmachten erhält. Sie werden in Aussicht gestellt, kommen aber nicht, weil, wie Gördeler hört, einige Minister widersprechen . . .[482].«*

Der von Gördeler 1944 geschilderte Sachverhalt findet sich durch die darauf bezüglichen Aktenbestände der Reichskanzlei voll bestätigt. Die Eingänge zwischen Juni und September 1935 beweisen eindeutig, daß Darré den schärfsten Widerstand gegen eine Erweiterung der Vollmacht für Gördeler leistete. Er beanstandete vor allem, daß Gördeler die selbständige Preispolitik des Reichsnährstandes angriff, und behauptete, er selbst hätte die Preissenkungen für Brot und Rindfleisch angeordnet, während Gördeler ihrer Erhöhung zugestimmt hätte. Besonders wurde Gördeler beschuldigt, daß er die zuständigen Ministerien übergehe und eigenmächtige Beschlüsse über deren Kopf hinweg fasse[483]. Drei Tage darauf richtete Martin Bormann im Auftrage des »Stellvertreters des Führers« ein fast gleichlautendes und offensichtlich von Darré »bestelltes« Schreiben an die Reichskanzlei, in dem die unbedingte Unterstützung Darrés durch die Partei und die Ablehnung einer Erteilung weiterer Vollmachten an Gördeler mitgeteilt wurde[484]. Dagegen äußerte sich Schacht vorsichtig zurückhaltend für erweiterte Vollmachten an Gördeler, schränkte dies jedoch sofort durch die Bedingung ein, daß jede Anordnung nur nach erfolgter Zustimmung des betreffenden Ministers erlassen werden könne und in Streitfällen die Entscheidung des »Führers und Reichskanzlers« einzuholen sei[485]. Diese Bedingung lehnte

---

* Das vorgefundene Dokument im Nachlaß Gördelers, der im Bundesarchiv Koblenz aufbewahrt wird, ist allem Anschein nach ein Durchschlag oder die Abschrift des originalen maschinenschriftlichen Vernehmungsprotokolls. Dadurch erklären sich die stichwortartige Abfassung und die vielen Abkürzungen, die hier, zugunsten besserer Lesbarkeit, voll ausgeschrieben sind. Der Verfasser dankt der Familie Gördeler für die Erlaubnis, den Nachlaß einzusehen und daraus zu zitieren.

Gördeler auf das entschiedenste ab und zog die Konsequenzen durch seinen Rücktritt[486].

Diese Zusammenhänge sind hier so ausführlich dargestellt, weil sich aus ihnen eindeutig ergibt, daß es sich beim Fall Gördeler über rein persönliche Differenzen hinaus um den Zusammenstoß zweier grundsätzlich entgegengesetzter Einstellungen handelte. Gördeler mußte in dieser Auseinandersetzung vor allem aus drei Gründen unterliegen: Erstens fügte sich die Preiskontrolle und -lenkung aus ideologischen und aktuell-politischen Gründen integral in das vorherrschende nationalsozialistische Wirtschaftskonzept ein, dem die liberalistischen Vorstellungen Gördelers entgegengesetzt waren. Zweitens haben die maßgeblichen Industrie- und Wirtschaftskreise nach 1933 dieses Konzept akzeptiert und widersetzten sich den Versuchen Gördelers, eine Rückkehr zu konkurrenzwirtschaftlichen freien Marktverhältnissen einzuleiten. Drittens war die Preislenkungspolitik, komplementär zur staatlichen Kreditausweitung und Außenhandelsmonopol, der von Schacht betriebenen Wirtschaftspolitik immanent, und dieser verteidigte sie daher im Einvernehmen mit Hitler gegen die Revisionsversuche Gördelers. Hinzu kommt, ohne jedoch diese grundlegenden Motive einzuschränken, daß Gördelers Vorschläge aus der Sicht heutiger wirtschaftstheoretischer Erkenntnisse falsch waren: 1935 gab es noch immer 2,5 Millionen Arbeitslose. Es war daher sicherlich verfehlt, vom Einstellen der Kreditschöpfung und verlängerter Arbeitszeit zu sprechen.

Unter den gegebenen Umständen konnte man daher den Rücktritt des Preiskommissars ruhig hinnehmen und das Amt vorläufig unbesetzt lassen, da sich starke inflationäre Tendenzen im Bereich der Preise und auch der Löhne kaum bemerkbar machten. Preissteigernde Einflüsse exogener Faktoren, wie z. B. internationale Preisentwicklungen und der durch die Devisenknappheit verursachte Nachfrageüberschuß für gewisse Rohstoffe, konnten über die vorhandenen Kartellinstitutionen und die Preisfestsetzung der Regierungsaufträge geregelt werden. Rein ökonomisch wurde dies auch dadurch erleichtert, daß die Produktionsausweitung immer noch durch den Einsatz brachliegender Reserven möglich war und sich daher im Bereich sinkender Durchschnittskosten pro Einheit vollzog; ein Zustand, den die damaligen deutschen Ökonomen mit dem Terminus »Mengenkonjunktur« – im Gegensatz zur »Preiskonjunktur« – kennzeichneten. Auch 1935 war dieser Bereich noch weit genug, um entgegengesetzte Einflüsse, hauptsächlich von seiten des Außenhandels, weitgehend auszugleichen[487].

Der Lohnstopp und die – zumindest proklamierte – Preisüberwachung hatten jedoch sichtlich auch politisch-aktuelle Implikationen. Mandelbaum hat nur teilweise recht, wenn er behauptet, es hätte sich bei der Auseinandersetzung um »eine ökonomische Diskussion..., die auf Unverständnis beruhte«, gehandelt. Er kommt der Wahrheit bedeutend näher mit der Annahme, der Lohnstopp »könnte vielleicht dem politischen Ziel gedient haben, das Vertrauen der besitzenden Klassen zu gewinnen«[488]. 1933 und auch bedeutend später noch bemühte sich Hitler um die willige Mitarbeit der Unternehmer, und der Lohnstopp, der deren Interessen entgegenkam, kann neben anderem auch als ein Teil dieser Bemühungen angesehen werden. Er ließ sich jedoch vor der Öffentlichkeit und den ihres gewerkschaftlichen Schutzes beraubten Arbeitern nur durch das Versprechen stabiler Reallöhne rechtfertigen. Somit war die Preiskontrolle auch politisch eine notwendige Komplementärmaßnahme.

Darüber hinaus und nicht weniger bedeutungsvoll waren Preiskontrolle und »gerechter Preis« ideologisch bestimmte, zentrale Postulate der nationalsozialistischen Wirtschaftsauffassung. Der bereits erwähnte Friedrich Bülow betonte in einer Schrift von 1934 besonders diesen ideologischen Aspekt der Preiskontrolle: »Die kausal-mechanistische Auffassung der Preise wird vom Nationalsozialismus abgelehnt, denn es soll nicht der Marktzufall walten. Es darf das wirtschaftliche Schicksal der einzelnen nicht dem freien Spiel von Angebot und Nachfrage überlassen bleiben... Dies aber bedeutet: Vorrang der Preispolitik vor der Preistheorie, Überordnung der staatlichen oder ständischen Preisregelung über die sich aus den Markttendenzen ergebende Preisbildung... Von Anfang an war die Forderung des ›gerechten‹ oder ›angemessenen‹ Preises erhoben worden[489].« Dietrich Klagges hatte diese Forderung tatsächlich bereits 1929 erhoben: »Umfassend kann die soziale Gerechtigkeit nur dadurch zur Geltung gebracht werden, daß die Bestimmung über Zins, Preis und Lohn der Sphäre der wirtschaftlichen Macht gänzlich entzogen und derjenigen des Rechts überwiesen wird... Das Rechtsgefühl stimmt aber in wirtschaftlichen Fragen keineswegs überein, am wenigsten dann, wenn Sonderinteressen in Frage kommen, wie es bei Lohn- und Preisfragen immer der Fall ist. So wird die Regelung von Lohn- und Preisfragen... fast immer letzten Endes durch staatlichen Machtspruch erfolgen müssen.« Klagges leitete hieraus die erstaunliche Schlußfolgerung ab, es müßten Wege gefunden werden, die »soziale Gerechtigkeit« und das »Gemeinwohl« mathematisch zu errechnen...[490]!
Es war daher kein Zufall, daß, als mit der erreichten Vollbeschäftigung das Problem der Preiskontrolle tatsächlich akut wurde, kein Wirtschafter, sondern ein altbewährter Gauleiter mit dem Amt des »Reichskommissars für Preisbildung« betraut wurde. Der »Völkische Beobachter« feierte diese Ernennung Josef Wagners mit einem Leitartikel seines Wirtschaftsredakteurs Fritz Nonnenbruch als den Sieg der Partei im Bereich der Wirtschaft: »Als der Führer sagte: ›Die Partei befiehlt dem Staat‹, da wußte jeder Nationalsozialist, daß die Bewegung und ihr Geist auch für die Wirtschaftspolitik mobilisiert werden würden. Wir haben darauf gewartet in der Gewißheit, daß dieser Aufruf kommen würde.« In der Erklärung des neuen Preiskommissars, er würde die Parteiorganisationen sowohl in ihrer erzieherischen Funktion als auch in der Ausübung seiner praktischen Aufgaben heranziehen, sah der Verfasser die endliche Bestätigung dieser Zuversicht in das Versprechen des »Führers«[491].

Einkommen- und Kapitalbildung

Zwischen 1933 und 1936 fiel der Lohnanteil am Volkseinkommen um zirka 3 v.H., während der Anteil der selbständigen Verdiener konstant blieb oder leicht anstieg. Der private Verbrauch stieg im Verhältnis zum Wachstum des Sozialprodukts nur wenig an. Die Ersparnis der privaten Haushalte war bis Ende 1935 nur geringfügig und die privaten Nettoinvestitionen unwesentlich oder sogar negativ*. Gleichzeitig wuchsen öffentlicher Verbrauch und öffentliche Investitionen und die Ersparnis der Unternehmen in der Form unverteilter Gewinne bedeutend.

---

* Siehe Tabellen 13–15 im statistischen Anhang.

Bedenkt man, daß sich dies im Zustand einer sich rasch ausweitenden Wirtschaft vollzog, so kann diese eigenartige Entwicklung nur als Ergebnis einer gesteuerten Wirtschaftspolitik erklärt werden, deren Ziel es war, die vorhandenen und zusätzlichen Wirtschaftspotenzen möglichst der Aufrüstung und der Errichtung einer strategisch wichtigen Infrastruktur zuzuführen. Die statistischen Angaben beweisen eindeutig die Bemühungen der Regierung, das Wachstum des öffentlichen Verbrauchs durch begrenztes Wachstum des privaten Verbrauchs auszugleichen, indem neben dem Lohnstopp auch die Ausschüttung der stark anwachsenden Unternehmergewinne eingeschränkt wurde.

Zwei Gesetze, vom März und Dezember 1934[492], begrenzten die Dividendenausschüttungen der Gesellschaften auf 6 v.H., in Sonderfällen auf 8 v.H., und gestatteten höhere Dividendenauszahlungen nur unter der Bedingung, daß eine den überschüssigen Dividenden gleiche Summe in öffentlichen Anleihen angelegt wurde. Neben der Einschränkung des verfügbaren Unternehmereinkommens hatten diese Gesetze auch das Ziel, die Aufnahme der öffentlichen Reichs- und Kommunalanleihen zu fördern, doch wirkten sie sich in der hier untersuchten Periode, wie wir noch sehen werden, kaum in dieser Richtung aus. Ihr Haupteinfluß bestand in der Einschränkung der Dividendenzahlungen und der Anhäufung unverteilter Gewinne, die die Gesellschaften hauptsächlich zur Schuldentilgung und Verbesserung ihrer Liquidität verwendeten.

Während der private Verbrauch von 1932 bis 1936 in laufenden Preisen um etwa 16 v.H. – pro Kopf der Bevölkerung um zirka 11,5 v.H. – anstieg, nahmen zur gleichen Zeit die öffentlichen Ausgaben für Waren und Dienstleistungen um 130 v.H., von 9,5 auf knapp 30 Milliarden RM zu[493]*! Der Hauptanteil der zusätzlichen Ausgaben entfiel bekanntlich auf die Aufrüstung, die noch besonders behandelt wird. Darüber hinaus erlaubt das vorhandene statistische Material nur sehr allgemeine Folgerungen über die funktionale Zusammensetzung des öffentlichen Verbrauchs, da seit 1934 der Staatshaushalt nicht mehr veröffentlicht wurde. Der Anteil der sozialen Dienstleistungen scheint sich verringert zu haben, während der der wirtschaftlichen und verwaltungstechnischen Dienstleistungen mehr oder weniger konstant blieb. Ein anderes Charakteristikum war die Verlagerung der Ausgaben von den Ländern und Gemeinden auf das Reich, wobei neben dem Anschwellen der militärischen Ausgaben auch die bekannte Tendenz, die Verwaltungsfunktionen des Reiches auf Kosten der Länder auszuweiten, eine Rolle gespielt haben mag[494]**.

Die hier zum Ausdruck kommende Tendenz, den wirtschaftlichen Schwerpunkt auf den öffentlichen Sektor zu verlegen, ist klar auch auf dem Gebiet der Investitionen und der Kapitalbildung zu erkennen. Obwohl auch hier das statistische Material unzulänglich ist und zu erheblich voneinander abweichenden Berechnungen führt***, stimmen fast alle Forschungen darin überein, daß in der behandelten Periode die privaten Investitionen kaum ins Gewicht fielen. Besonders trifft dies auf die Industrie zu, wo nach offiziellen Angaben die Nettoinvesti-

---

* Siehe Tabelle 1 im statistischen Anhang.
** Siehe Tabellen 16 u. 17 im statistischen Anhang.
*** Für einen Vergleich der verschiedenen Schätzungen siehe Tabelle 13 im statistischen Anhang. Die Diskrepanzen erklären sich aus uneinheitlichen Amortisationsberechnungen und in der Regel fehlender Trennung von privater und öffentlicher Investition. Auch die Rüstungsausgaben wurden statistisch nicht einheitlich behandelt.

tion bis 1934 negativ war, selbst wenn man die beschleunigten Amortisationsabschreibungen bevorzugter Industriezweige in Rechnung stellt. Erst 1935 ist eine geringfügige Privatinvestition der Industrie von 160 Millionen RM zu verzeichnen, die 1936 auf 430 Millionen anstieg[495].

Solange die Industrie über ungenutzte Kapazitäten verfügte, war dies eine durchaus verständliche Erscheinung. Dennoch schuf sich das nationalsozialistische Regime schon früh die gesetzlichen und administrativen Voraussetzungen für die staatliche Lenkung der privaten Investitionstätigkeit[496]. Die im März 1933 eingeführte und durch besonderes Gesetz vom Juli 1934 festgelegte Rohstoffkontrolle wurde auch zu diesem Zweck eingesetzt. Die 28 Verteilungsstellen nutzten die bei ihnen angesammelten Informationen, um über die Bestätigung industrieller Neuanlagen oder Erweiterungen zu entscheiden. Diese Bestätigungs- und Aufsichtsvollmacht wurde durch die Verordnungen zum Zwangskartellgesetz vom Juli 1933 dem Reichswirtschaftsminister übertragen. Damit war praktisch die gesamte private Investitionstätigkeit der staatlichen Kontrolle unterstellt[497]. Über ganze Industriezweige, wie besonders die Textil-, Papier-, Zement- und Glasindustrie, wurde ein Investitionsverbot verhängt, von dem zum Teil auch Zweige der Schwerindustrie, wie z. B. Blei und Röhren, betroffen waren. Im »Jahrbuch für nationalsozialistische Wirtschaft« wurden diese »Maßnahmen nationalsozialistischen Ordnungswillens« damit gerechtfertigt, daß in diesen Industriezweigen früher überinvestiert worden sei, was »eine volkswirtschaftlich ungerechtfertigte Kapitalfehlleitung« gewesen wäre[498].

Angesichts der makroökonomischen Verhältnisse jener Zeit erscheinen diese administrativen Maßnahmen überflüssig, und tatsächlich kam ihnen zumindest während der ersten Zeit kaum Bedeutung zu[499]. In den betroffenen Industriezweigen, die hauptsächlich für den privaten Verbrauch produzierten, lagen beträchtliche Kapazitäten brach, und auch die einkommenseinschränkende Politik der Regierung schuf hier keine wirtschaftlichen Motivationen für Neuinvestitionen. Diese gab es hingegen in Menge bei der Schwerindustrie, die für den öffentlichen Verbrauch arbeitete und überdies noch durch Genehmigung beschleunigter Amortisationsabschreibungen, bevorzugte Rohstoffzuteilung und langfristige Regierungsaufträge gefördert wurde[500]. Die so bald nach der Machtergreifung erlassenen Gesetze und Anordnungen zum Zweck staatlicher Investitionskontrolle können somit nicht als pragmatische Reaktion auf tatsächlich vorhandene wirtschaftliche Zwangslagen angesehen werden. Gerhard Kroll versucht diesen Umstand damit zu erklären, daß die Nationalsozialisten in vielen Fällen nach dem Grundsatz »Doppelt genäht hält besser« gehandelt hätten, um zukünftigen Entwicklungen vorzugreifen[501]. Dies ist im besten Fall eine teilweise Erklärung, die den nationalsozialistischen Machthabern und ihren wirtschaftspolitischen Entscheidungsinstanzen ein Übermaß an ökonomischem Weitblick zumutet. Der wahre Grund für die früh geschaffene und vorerst kaum notwendige Investitionskontrolle dürfte eher auf der Ebene ideologisch beeinflußter Grundsatzentscheidungen zu finden sein. Im Kontext einer staatsdirigistischen Wirtschaftsauffassung nehmen Kapitalbildung und Investition eine zentrale Stelle ein. Was hier erst mehr intuitiv erfaßt wurde, nämlich die Bedeutung der Investition für den zyklischen Wirtschaftsablauf, konnte sich etwas später auch durch die moderne Wirtschaftstheorie bestärkt sehen: Ein so entscheidender Faktor der Beschäftigung und des Wirtschaftsgleichgewichts durfte keineswegs der freien Initiative und Investitionslust der Unternehmer überlassen bleiben. So schrieb das »Jahrbuch für nationalsozialistische Wirtschaft« 1937 unter ausdrücklicher Berufung auf J. M. Keynes: »Was leistet die rein auf privater Initiative beruhende Investitionstätigkeit für die Erhaltung des wirtschaftlichen Gleichgewichts? Die Antwort ist vollkommen eindeutig: Die private Investitionstätigkeit vermag dieses Gleichgewicht in keiner Weise mit Sicherheit zu gewährleisten.« Man hätte in den vergangenen 150 Jahren bedeutend stabilere Wirtschaftsverhältnisse sichern können, wenn eine ordnende Hand die Investitionstätigkeit ausgeglichener geregelt hätte und im Notfall auch nicht vor eigener Betätigung zurückgeschreckt wäre. »Die ordnende Hand kann nur der über der Wirtschaft stehende Staat sein[502].« Im Kontext einer Wirtschaftsauffassung, die die »krisenfeste« Stabilität grundsätzlich dem wirtschaftlichen Meistprodukt voransetzt, war dies durchaus konsequent*.

Bis 1936 war die direkte staatliche Eigeninvestition nur geringfügig, entsprechend der nationalsozialistischen Propagandalosung, der »Staat soll die Wirtschaft führen – nicht Wirtschaft treiben«. Sie war für die späteren Entwicklungen alles andere als verbindlich. Abgesehen von den im Laufe der Arbeitsbeschaffungsprogramme durchgeführten Infrastrukturarbeiten, wurde die Entwicklung neuer Industrien und Produktionstechniken – besonders der strategisch wichtigen Ersatzstoffindustrie – den Unternehmern bevorzugt über die Reichsgruppen übermittelt. Nur in Ausnahmefällen bediente man sich gesetzlich oder administrativ verordneter »Pflichtgemeinschaften«[503], wenn der Umfang des Projekts die Verteilung des Risikos durch »Gemeinschaftsfinanzierung« erforderte. Auf diesem Wege wurde durch besondere Verordnung des Reichswirtschaftsministers im Oktober 1934 die »Braunkohlebearbeitungs A. G. ›BRABAG‹« und im September 1935 – ohne besondere Verordnung, aber »mit etwas Druck« – die »Ruhr-Benzin A. G.« zur Erzeugung synthetischen Treibstoffes geschaffen[504]. geschaffen[110]. Gewöhnlich konnte die Regierung auch auf diesem Gebiet ihre Ziele durch die Mitarbeit der Industrie und durch die Profitmotivationen der Unternehmer erreichen, indem sie bei bevorzugten Betrieben das Risiko übernahm und feste Gewinne versprach. Dies war z. B. der Inhalt eines Abkommens, das Feder als Staatssekretär im Wirtschaftsministerium mit den I. G. Farben A. G. im Dezember 1933 zur Erzeugung synthetischen Benzins schloß. Der Staat garantierte die Verluste und verpflichtete sich, etwaige Überschüsse zu festem Preis aufzukaufen[505]. Die geschaffenen Kontrollmechanismen wurden bis Ende 1935 kaum angewandt, aber intakt erhalten und ab etwa 1936 als durchaus effektive Mittel der »güterwirtschaftlichen Steuerung der Investitionen« aktiviert[506].

Die gleiche Erscheinung tritt besonders deutlich auf dem Gebiet der Kapitalbildung und auf dem Kapitalmarkt zutage, wo alle staatlichen Maßnahmen darauf ausgerichtet waren, die Verwendung liquider Reserven zu privaten Investitionszwecken und der Erweiterung des privaten Verbrauchs zu verhindern. Auch hier verstärkte sich praktisch der staatliche Eingriff erst gegen Ende 1935, nachdem die Ersparnissumme infolge der verstärkten Beschäftigung und Wirtschaftstätigkeit angestiegen war. Die bewußt angewandte Kapitalmarktpolitik bewirkte eine

---

* Lurie kommt in seiner Studie über die Privatinvestitionen im Dritten Reich zu ähnlichem Ergebnis, nach dem »Krisenfestigkeit«, d. h. »der Dauerzustand der Vollbeschäftigung«, eines der Ziele dieser Maßnahmen war: »Die zyklischen Fluktuationen privatwirtschaftlich motivierter Investition sollten durch kompensierende öffentliche Investitionen und die gleichzeitige Regulierung des Sparens und der Investition eliminiert werden« (Lurie, a. a. O., S. 3. Übers. d. Verf.).

sichtliche Strukturänderung der Sparsumme zugunsten des unfreiwillig-institutionellen Sparens und der Firmenersparnisse, die, in Reichsanleihen angelegt, den Zwecken der Aufrüstung zugeführt wurden*.
Lohnstopp und beschränkte Devisenauszahlungen verhinderten neben der durchgeführten Steuerpolitik ein schnelles Ansteigen der disponiblen Einkommen und damit auch der Ersparnis der privaten Haushalte. Nach Erbes Berechnungen war diese Ersparnis bis 1934 sogar negativ und erreichte erst 1936 die Höhe von 4 Milliarden RM und damit 6 v. H. der privaten Einkommen vor Steuerabzug[507].
Selbst wenn Erbes Berechnungen etwas zu niedrig sind, steht fest, daß die private Ersparnis bei der gesamtwirtschaftlichen Kapitalbildung kaum ins Gewicht fiel, die hauptsächlich durch die Firmenersparnisse durch unverteilte Gewinne und das »Zwangssparen« der obligatorischen Sozial- und Lebensversicherung genährt wurde**. Die in diesen Kategorien und in den persönlichen Sparkasseneinlagen angesammelte Ersparnis wurde ohne Schwierigkeiten in »geräuschlosem Verfahren« dem Staat zur Verfügung gestellt. Praktisch bedeutete dies die Anlage der privaten Ersparnisse in Reichsanleihen, ohne Erlaubnis der Besitzer, wodurch der Großteil der Bevölkerung »wahrscheinlich«, ohne es zu ahnen, zum mittelbaren Gläubiger des Staates« wurde[508]. Wahrscheinlich hätten unter den gegebenen Umständen auch Propaganda und andere »Überzeugungs«-Maßnahmen das gleiche Ergebnis hervorgebracht.Tatsache ist jedoch, daß man es nicht für nötig hielt, die Eigentümer auch nur zu fragen, und es vorzog, die Sparkassen- und Versicherungsgelder automatisch in Reichsanleihen anzulegen[509], was man synonym auch das »rollende Verfahren« nannte. Da sämtliche Spar- und Versicherungskassen der Reichsgruppe und der Deutschen Girozentrale angeschlossen waren, war dies eine einfache und kostensparende Methode. Obligationen wurden in diesem »stücklosen Verfahren« nicht ausgegeben und die Anleihen nicht an der Börse gehandelt. Auf diese Weise waren in verhältnismäßig kurzer Zeit »bis auf einen kleinen Rest sämtliche Spareinlagen durch Reichstitel gedeckt«[510].
Die Erfassung der privaten Spareinlagen war dabei nur eines der Mittel, durch die der Großteil der volkswirtschaftlichen Ersparnis in die Staatskasse gelenkt wurde. Nicht weniger bedeutungsvoll waren jene Maßnahmen, die die unverteilten Gewinne der Gesellschaften betrafen. Das bereits erwähnte Anleihestockgesetz hatte u. a. auch den Zweck, größere Summen von Reichsanleihen bei den Gesellschaften unterzubringen, da jede Dividendenausschüttung, die die erlaubten 6 oder 8 v. H. übertraf, die gleichzeitige Vergrößerung des »Anleihestocks« in Reichspapieren erforderte. Durch das zusätzliche Gesetz vom Dezember 1934 wurde der Anleihestock der Verfügungsgewalt der Gesellschaften entzogen und mußte bei der Golddiskontbank hinterlegt werden, die ihn als »Vertreter der Gemeinschaft der Anteilseigner« verwaltete[511]. In dieser Hinsicht erwies sich jedoch das Gesetz zunächst als wenig effektiv. Bis April 1935 erstanden die durch das Gesetz betroffenen Gesellschaften nicht mehr als eine Million(!) neuer Reichsanleihen. Die Firmen zogen es offensichtlich vor, die unverteilten Gewinne anzusammeln und zur Schuldentilgung, verbesserter Liquidität und Selbstfinanzierung zu verwenden, anstatt erhöhte Dividenden zu zahlen und Reichsanleihen zu erstehen, deren Ertrag vergleichsweise geringer war[512].

* Der Einfluß dieser Politik auf das Bankgewerbe wird im nächsten Abschnitt behandelt. Siehe Tabelle 18 im statistischen Anhang.
** Siehe Tabelle 14 u. 18 im statistischen Anhang.

Dennoch verdient dieses Gesetz näher betrachtet zu werden, weil es deutlich die systemtypische Mischung ökonomischer und ideologischer Motive zum Ausdruck bringt. Rein ökonomisch hatte es neben den bereits beschriebenen Zielen der Beschränkungen des disponiblen Einkommens und der Förderung der Reichsanleihen das zusätzliche Ziel, ein Ansteigen der Aktienkurse zu verhindern. Die Wirtschaftsbelebung und steigende Rentabilität der Aktiengesellschaften machten sich auf dem Kapitalmarkt in der Tendenz steigender Aktienkurse bemerkbar, die durch das Emissionsverbot neuer Aktienzeichnungen noch bestärkt wurde. Da die Aktienkurse gewöhnlich in umgekehrtem Verhältnis zu den Kursen der Anleiheobligationen stehen, wirkte diese Tendenz in Richtung erhöhter Zinssätze, eine natürliche Begleiterscheinung jedes Wirtschaftsaufschwungs. Durch die Begrenzung der Dividendenausschüttung sollte dieser Tendenz entgegengewirkt werden, indem die Aktien weniger attraktiv gemacht und die Anleihekurse in die Höhe getrieben wurden. Das Anleihestockgesetz fügte sich damit in die auch mit anderen Mitteln bewerkstelligte Zinssenkungspolitik ein und war in dieser Hinsicht auch erfolgreich. Bereits Ende 1934 standen die früher stark abgefallenen Kurse der Reichs- und Kommunalanleihen fast pari, und obwohl bereits von einer Zwangskonversion dieser Papiere gesprochen wurde, machte sich auf dem Kapitalmarkt keine übertriebene Verkaufstendenz bemerkbar[513].

Daneben kam im Gesetz auch die grundsätzliche Einstellung der NSDAP gegen das »unpersönliche Aktienkapital« zum Ausdruck, da nur Aktiengesellschaften mit einem Kapital von über 100 000 RM davon betroffen waren. Einzelfirmen, Personalgesellschaften oder Kommanditgesellschaften waren davon befreit, und eine besondere Klausel betonte ausdrücklich, daß jede Aktiengesellschaft, die in eine dieser Gesellschaftsformen umgewandelt würde, automatisch den Einschränkungen des Anleihestockgesetzes entgehen könne. »Dies verstößt nicht gegen den Geist des Gesetzes und den Willen des Gesetzgebers«, schrieb dazu ein zuständiger Kommentator, »denn die allgemeine ... geförderte Tendenz geht ja auf Beseitigung der Anonymität und Rückkehr zu verantwortlicher Führung in den dazu geeigneten Wirtschaftsunternehmungen[514].«

Adolf Hitler hatte bereits in »Mein Kampf« gegen die Aktiengesellschaften gewettert, da sie »als schwere wirtschaftliche Verfallserscheinung« das »langsame Ausscheiden des persönlichen Besitzrechtes« bedeuteten und den »Triumph der Börse« einleiteten[515]. Entsprechend konnte nun das offizielle Organ der NS-Hago unter der Redaktion von Rentelns das Anleihestockgesetz unter Berufung auf den »Führer« begrüßen: »Mit diesen gesetzlichen Maßnahmen wird im Kampf gegen die Verfallserscheinungen in der deutschen Wirtschaft die Rückführung der deutschen Unternehmungen in den persönlichen Besitz eingeleitet. Man kürzt die Dividenden im Gemeininteresse, man schafft die steuerlich-finanzielle Voraussetzung für die Umwandlung von Kapital- in Personalgesellschaften und säubert den Bestand an den vorhandenen Gesellschaften der bisherigen Kapitalform[516].« Es fehlt uns an Unterlagen, um feststellen zu können, wie viele Gesellschaften tatsächlich von den Vorteilen des Gesetzes Gebrauch gemacht und ihre Rechtsform geändert haben, aber allem Anschein nach blieb die »Rückführung in den persönlichen Besitz« mehr frommer Wunsch als Wirklichkeit. Letzten Endes war dies auch nicht der ausschlaggebende Grund dieser Gesetzgebung. Dennoch ist die Argumentation kennzeichnend dafür, wieweit auch ideologische Motive oder Vorurteile damals die Wirtschaftspolitik beeinflußten.

Hingegen war es den entscheidenden Wirtschaftsinstanzen mit der auch durch dieses Gesetz geförderten Zinssenkung Ernst. Ab 1933 wurde mit allen der Regierung und der Reichsbank zur Verfügung stehenden Mitteln die Senkung der Zinssätze angestrebt und tatsächlich durchgeführt. Als Präzedenzfall der staatlichen Einflußnahme auf die Höhe des Zinsfußes konnte dabei schon die Notverordnung Brünings von 1931 gelten, durch die damals der auf dem Markt herrschende Zinssatz von 8 v.H. gesetzlich auf 6 v.H. – für die Landwirtschaft auch noch niedriger – herabgesetzt wurde. In den ersten Monaten der nationalsozialistischen Herrschaft wurde der Zinssatz für die Landwirtschaft wiederum auf 4,5 v.H. gesenkt. Der nächste Schritt war das Gemeindeumschuldungsgesetz vom 21. September 1933, durch das etwa 3 Milliarden kommunaler Anleihen in neue, nur 4 v.H. tragende Anleiheobligationen konvertiert wurden. Diese Konversion war zwar »freiwillig«, jedoch wurden bei den alten Obligationen Zins- und Kapitaleinlösungen auf fünf Jahre gestundet – ein ausreichend »negativer Anreiz« für die »freiwillige« Konversion des größten Teils der umlaufenden Kommunalanleihen[517]. Anfang 1935 wurden sämtliche öffentlichen Anleihen, die mit 6 v.H. verzinst waren, automatisch in neue Anleiheobligationen zu 4,5 v.H. konvertiert, sofern die Inhaber nicht ausdrücklich Einspruch erhoben. Der Konversion war ein steuerfreier einmaliger Bonus von 2 v.H. beigefügt. Bei Einspruch konnten die Inhaber die früheren Schuldscheine behalten, jedoch wurden diese bei der Börse nicht mehr gehandelt und auch von der Reichsbank nicht mehr diskontiert, d.h., sie waren praktisch bis zum Einlösungstermin eingefroren. Tatsächlich machten nur wenige von ihrem Einspruchsrecht Gebrauch, und nur ein Prozent der ausstehenden öffentlichen Anleihen entging der Konversion. 8 Milliarden an Reichs- und Kommunalobligationen und weitere 2 Milliarden anderer öffentlicher Anleihen wurden konvertiert, ohne daß die Zeit vor dem maßgeblichen Stichtag Anzeichen einer »Anleiheflucht« auf dem Kapitalmarkt aufwies. Damit wurden auf diesem auch die günstigsten Bedingungen für eine »klassische« Konversion der privatwirtschaftlichen Anleihen geschaffen, indem die Aussteller von ihrem Recht der vorzeitigen Einlösung zum Pari-Preis Gebrauch machten. Der Umfang dieser Konversion ist nicht bekannt, jedoch hat die Aktion insgesamt zweifellos eine allgemeine Senkung der Zinssätze bewirkt[518].
Die nazifizierten Sparkassen hatten ihre Zinssätze bereits früher herabgesetzt, und durch alle diese Aktionen war nun der Markt für die Aufnahme neuer Reichsanleihen in großem Umfang frei gemacht worden. Allerdings konnten auf dem privaten Hypothekenmarkt noch immer Zinssätze von 7–8 v.H. erhalten werden. Um diese Lücke zu schließen, wurde am 2. Juli 1936 das »Gesetz über die Hypothekenschulden« erlassen, das die Gläubiger verpflichtete, in Verhandlungen mit ihren Schuldnern neue, niedrigere Zinssätze zu vereinbaren. Wenn keine Einigung erreicht werden konnte, wurden die neuen Zinssätze vom Richter im Vergleichsverfahren festgelegt[519]. Die nationalsozialistische Presse feierte auch diese Verordnungen als den Sieg der »Brechung der Zinsknechtschaft«. So schrieb z.B. »Der Aufbau«, die Zinssenkung sei »ein Kernstück der nationalsozialistischen Wirtschaftsauffassung... Bedauerlicherweise haben sich die Verhältnisse auf dem Privat-Hypothekenmarkt jedoch so entwickelt, daß fühlbare Herabsetzungen für private Hypothekenzinsen nicht zu spüren waren... Die Entwicklung aus diesen Verordnungen (wird) ... die Entscheidung darüber bringen, ob sich die betreffenden Gläubiger in die Volksgemeinschaft einordnen oder aber ... die

159

großen Grundsätze des nationalsozialistischen Aufbaues immer noch nicht begriffen haben[520].«

Offiziell wurden diese Maßnahmen damit erklärt, die Konsolidierung der Reichsschuld und die Abschöpfung überschüssiger Liquidität der Bevölkerung seien angesichts der sich nähernden Vollbeschäftigung eine notwendige, antiinflationäre Maßnahme[521]. An sich hätte der fortschreitende Wirtschaftsboom der Reichsbank vorschreiben müssen, eine Politik der »Geldverteuerung«, d. h. Erhöhung der Zinssätze durchzuführen, um die Investitionen und den Zahlungsmittelumlauf einzudämmen. Bei näherer Betrachtung erweist sich jedoch auch dieses ökonomische »Paradoxon« sinkender Zinssätze, je näher die Wirtschaft sich der Vollbeschäftigung näherte, im Kontext der bestehenden wirtschaftlichen und politischen Umstände als durchaus konsequente Politik. Der Wirtschaftsumlauf wurde von den politischen Zielen der Regierung, also vor allem durch die »Wehrhaftmachung«, vorgeschrieben, und ein Einfluß des »billigen Geldes« auf die Privatinvestition war nicht zu befürchten, da diese mit administrativen Mitteln in Grenzen gehalten wurde. Andererseits verringerten die niedrigen Zinssätze die Kapitaldienstleistungskosten der Regierung und die Einkommen der Reichsanleihebesitzer. Daneben können zweifellos auch die ideologischen Beweggründe keineswegs übersehen werden. Vor der Machtergreifung waren die »Brechung der Zinsknechtschaft« und der »Kampf gegen die Hochfinanz« zentrale wirtschaftliche Programmpunkte der NSDAP. Die weitverbreitete Ansicht, nach der diese programmatischen Verpflichtungen nach 1933 spurlos verschwanden, erweist sich besonders auf dem hier behandelten Gebiet keineswegs als zutreffend. Ökonomen und Ministerialbürokratie kehrten immer wieder zu diesen Postulaten zurück, um die durchgeführte Politik zu erläutern und zu rechtfertigen. Stucken sprach von der »Forderung der ›Brechung der Zinsknechtschaft‹, die jedenfalls das Postulat enthält, die Zinsbelastung der Schuldner mit ihren Einnahmen in ein erträgliches Verhältnis zu bringen«[522]. Ähnlich erklärte auch Staatssekretär Posse: »Der Nationalsozialismus wandte aus dogmatischen und praktischen Gründen der Zinsfrage gesteigerte Aufmerksamkeit zu. Seine Machtergreifung wurde mit der Rückkehr des Vertrauens in die Festigkeit des Regierungskurses zunehmend von einer Verringerung des Zinsfußes begleitet ... Gestützt wurde diese Bewegung durch ... weitere Maßnahmen der Regierung[523].«

Hinsichtlich der Zinssenkungen konnte die Regierung tatsächlich den vollen Erfolg ihrer Maßnahmen verzeichnen. Die Diskontsätze der Privatbanken fielen von einem Jahresdurchschnitt von 4,95 v.H. des Jahres 1932 auf 2,91 v.H. im Durchschnitt für 1937, die Zinssätze für »Tagesgeld« sogar noch auffallender von 6,23 v.H. für 1932 auf 2,93 v.H. für 1937[524]. Angesichts der gesamtwirtschaftlichen Entwicklung kann dies einzig und allein den Maßnahmen der Regierung zugeschrieben werden, die neben anderen Beweggründen auch ideologisch mitbestimmt waren. Diese »anderen Beweggründe« waren vor allem die »Wehrhaftmachung«, die ab 1935 auch offen für die Plazierung der Reichsanleihen propagandistisch ausgeschlachtet wurde. In seiner berühmten »Königsberger Rede« vom August 1935 betonte Hjalmar Schacht »Wehrhaftmachung« und »Arbeitsbeschaffung« in einem Atemzuge zum Appell, Ersparnisse und liquide Mittel nicht in privaten Investitionen, sondern in Reichsanleihen anzulegen: »Von Zeit zu Zeit taucht bei gewissen Leuten immer wieder einmal die sogenannte Sachwertpsychose auf, d. h. der Versuch, sich durch Kauf von Sachwerten, Aktien oder sonstigen

Sachwertanteilen einer vermeintlichen Entwertungsgefahr zu entziehen ... Wir sitzen alle in einem Boot, und es wird niemandem Gelegenheit gegeben, auszusteigen ... Jeder einzelne muß deshalb in seinem eigenen Interesse dazu beitragen, daß das gigantische Aufbauwerk des Führers fortgesetzt und vollendet werden kann, indem er seine Ersparnisse ... in den Dienst dieser vordringlichen, für jeden einzelnen lebenswichtigen Aufgaben stellt[525].« Diese Art von »Überzeugung« und, mehr noch, die fühlbaren Maßnahmen der Regierung verfehlten ihren Eindruck nicht. Zwischen 1935 und 1938 wurden nicht weniger als 15 Milliarden RM Reichsanleihen untergebracht. Der größte Teil allerdings erst nach 1936, als sich in der Industrie und den Banken erhebliche liquide Reserven ansammelten, die unter den von der Regierung geplant geschaffenen Bedingungen keine andere Anlagemöglichkeit fanden[526].

Die Banken: Geschäftsrückgang im Wirtschaftsboom

Bis heute gibt es merkwürdigerweise keine eingehende Detailstudie des Bankwesens im Dritten Reich, was angesichts der ökonomischen Bedeutung und der zentralen Stelle dieses Sektors im nationalsozialistischen Programm eine merkliche Forschungslücke ist*. Dabei stellen sich schon bei einer flüchtigen Betrachtung äußerst interessante Probleme, die bei dem heutigen bedauerlichen Forschungsstand hier nur andeutungsweise berührt werden können.
Die deutschen Banken waren von der Wirtschaftskrise besonders hart getroffen worden. Die Krise hatte aber auch dazu beigetragen, die Ansätze des wirtschaftspolitischen Instrumentariums zu schaffen, das das nationalsozialistische Regime später vervollkommnete, um die staatliche Aufsicht über das Bankwesen und die Position der Reichsbank gegenüber den privaten Großbanken zu verstärken. Bereits im September 1931 wurde durch Notverordnung ein »Reichskommissar für das Bankwesen« ernannt und die Banken einer straffen Kontrolle unterstellt. Um die Banken vor dem völligen Zusammenbruch zu retten, übernahm das Reich einen beträchtlichen Teil ihres Aktienkapitals und schloß ein Stillhalteabkommen mit einem Teil der ausländischen Gläubiger ab, nachdem bereits an 5 Milliarden RM ausländischer Deposite abgezogen worden waren. Die Krise der Industrie traf die Banken, die in ihr mit großen Investitionen beteiligt waren – seit den »Gründerjahren« ein spezifisches Charakteristikum des deutschen Bankwesens –, besonders empfindlich durch den Kursverfall der industriellen Aktienpakete in ihren Portefeuilles. Die »strategische Stellung« der Reichsbank, die zum Hauptaktienbesitzer einer Reihe der größten Banken wurde, verstärkte sich dank dieser Entwicklungen sehr beträchtlich[527].
Sofort nach der Machtübernahme wurden im nationalsozialistischen Lager Stimmen laut, die die Erfüllung der im Programm angekündigten Verstaatlichung der Banken und sofortige Zinssenkungen forderten. Schacht gelang es, nachdem er wieder Reichsbankpräsident geworden war, diese Stimmen vorläufig durch die Verkündung einer umfassenden »Banken-Enquête« zu beruhigen, da Hitler

---

* Zum Teil mag dies daran liegen, daß diese Aufgabe neben geschichtsanalytischer auch eingehende banktechnische Sachkenntnis verlangt. Auch unter dieser Voraussetzung wäre sie nicht leicht zu bewältigen, da der Großteil der dokumentarischen Quellen in den Privatarchiven der Banken vergraben und nur schwer zugänglich ist.

ausdrücklich jede Aktion gegen die Banken bis zum Abschluß dieser Enquête verbot[528]. Der hierfür eingesetzte Ausschuß trat erstmalig im September 1933 zusammen und unterzog im Laufe eines ganzen Jahres das Bankengewerbe einer eingehenden Prüfung. Er erhielt 26 umfangreiche Sachverständigenarbeiten und verhörte, meist in geschlossenen Sitzungen, über 120 vorgeladene Personen. Das Material der Enquête wurde später in zwei umfangreichen Bänden von der Reichsbank veröffentlicht[529]. Als hauptsächliches Ergebnis dieses beträchtlichen Aufwandes erschien im September ein neues Bankengesetz[530], das aus heutiger Sicht nichts Aufsehenerregendes enthielt, unter den damaligen Umständen jedoch eine bedeutend gestrafftere Kontrolle der Banken, selbst im Vergleich zu den früheren Notverordnungen, darstellte. Die staatliche Kontrollinstanz bei der Reichsbank erhielt weitgehende Vollmachten für die Bestätigung neuer Banken oder Bankfilialen und auch für die Schließung derselben bei gegebenen Bedingungen. Den Banken wurde Anmeldepflicht auferlegt für jede Änderung ihres Vorstandes, der Kapitalzusammensetzung oder für geplante Zusammenlegungen, gleicherweise für jede Anleihegewährung an einzelne Schuldner, die die Summe von 1 Million RM überschritt, wobei Tochtergesellschaften oder Konzerne als Einzelschuldner galten. Für solche Großanleihen wurden, ebenso wie für die Kreditgewährung an Vorstands- oder Aufsichtsratsmitglieder der Banken, besonders scharfe Bedingungen gestellt. Außerdem wurden für 1935 verhältnismäßig hohe Liquiditätsreserven angesetzt: 10 v. H. Primärreserve in Kassa oder Reichsbankdepositen und zusätzliche 30 v. H. Sekundärreserve in kurzfristigen Handelswechseln und/oder öffentlichen Anleiheobligationen. Daneben war die Reichsbank ermächtigt, in jedem Falle, in dem sie »es als notwendig betrachtete«, einzugreifen. Kontrollen dieser Art übertreffen kaum, was heute in den meisten Ländern üblich ist, und die Bedeutung dieser Gesetzgebung für die tatsächlichen Entwicklungen im Bankgewerbe sollte nicht übertrieben bewertet werden. Für sie waren Entwicklungen außerhalb des Bankgewerbes und die bewußt durchgeführte Politik des Regimes weitaus maßgeblicher. Auch im Rahmen dieses Gesetzes und der angeordneten Beschränkung der Handlungsfreiheit der Banken hätten diese mit dem allgemeinen Wirtschaftsaufschwung blühen und gedeihen können, wie dies später tatsächlich der Fall war[531].

In der Öffentlichkeit wurde damals die Arbeit des Banken-Enquêten-Ausschusses und auch das neue Gesetz als Ereignis von grundsätzlicher Bedeutung gewertet. Die öffentlichen Verlautbarungen des Ausschusses und auch, soweit dies möglich war, die Richtungskämpfe innerhalb desselben wurden von der Presse kommentiert und hervorgehoben. Das begann bereits mit der Ernennung des Ausschusses und seiner Zusammensetzung. Von den 15 Mitgliedern waren einige zwar schon früher mit der NSDAP und deren wirtschaftspolitischer Abteilung in Verbindung, wie z. B. Otto Christian Fischer von der Reichskreditanstalt oder Professor Jens Jessen, der anstelle des zuerst vorgesehenen Werner Sombarts ernannt wurde[532], aber sie fungierten im Ausschuß als Vertreter des Bankgewerbes, der Wissenschaft oder, wie Herbert Backe, des zuständigen Ministeriums. Ausgesprochene Vertreter der Partei waren nur Gottfried Feder und Wilhelm Keppler, und entsprechend wurde deren Auftreten im Ausschuß mit besonderer Aufmerksamkeit verfolgt. Wie sich bald herausstellte, gelang es Schacht als Vorsitzendem des Ausschusses, »diese weltanschaulichen Dinge zurückzustellen«[533] und die Parteivertreter in den Hintergrund zu spielen. Feder wurde nach einiger Zeit gänzlich

ausgeschlossen, weil er angeblich die internen Verhandlungen an die Presse weitergegeben hatte[534]. In Parteikreisen riefen diese Vorgänge erhebliche Unruhe hervor. So wandte sich z. B. der Magdeburger Gauleiter Loeper an Rudolf Heß und die Reichskanzlei und beklagte sich vergeblich, daß die Parteivertreter im Banken-Enquêten-Ausschuß systematisch zurückgedrängt würden[535].
Grundsätzliche Auseinandersetzungen betrafen im Ausschuß hauptsächlich drei Problemkreise: die Verstaatlichung des Bankwesens, Zinssenkungen und den Aufgabenkreis der öffentlichen und kooperativen Sparkassen. Diese fielen den Nationalsozialisten bereits Anfang 1933 in die Hände, als Werner Daitz zum Vorsitzenden des »Verbands der öffentlich-rechtlichen Kreditinstitute« ernannt wurde. Im Juni 1933 beschloß der Verband freiwillig eine Herabsetzung der Zinssätze, und Daitz teilte dies Hitler in einem Brief in der Hoffnung mit, »daß nunmehr auch die Privatbanken, insbesondere die Großbanken, sich unverzüglich unserem Vorgehen anschließen werden«[536]. Diese Aktion der Sparkassen erklärt sich einerseits aus der stark nationalsozialistischen Vertretung in ihren leitenden Gremien, in denen schon vor der Machtergreifung die mittelständischen Interessen vorherrschten, andererseits aber auch durch die weitaus günstigere wirtschaftliche Situation der Sparkassen. Während der Krisenjahre waren viele Deposite aus den Privatbanken in die öffentlichen Sparinstitute überführt worden, da die Inhaber dort größere Sicherheit vermuteten. Die Sparkassen konnten daher die Krise verhältnismäßig leicht überwinden und 1,1 Milliarden RM staatlicher Stützungsgelder bereits Ende 1933 abzahlen. Infolgedessen wurden im März 1934 die Liquiditätsraten der Sparkassen herabgesetzt, und die Kassen demonstrierten ihre Verbundenheit mit der neuen Herrschaft neben der erwähnten freiwilligen Zinssenkung auch durch größere Kreditgewährungen an die Regierung und an die Partei. Im Enquêten-Ausschuß stellte sich auch Herbert Backe als Vertreter Darrés auf die Seite der Sparkassen, um die bevorzugte und selbständige Stellung der kooperativen landwirtschaftlichen Kreditkassen zu wahren[537].
Die Privatbanken, die im »Centralverband des deutschen Bankiergewerbes« vereinigt waren und im Ausschuß durch dessen Vorsitzenden O. Chr. Fischer vertreten waren, mußten gegenüber solcher Kräftekonzentration vorsichtig manövrieren. Sie begriffen wohl, daß es unter den gegebenen Umständen geraten sei, den Kopf möglichst tief zu halten, weil – wie Fischer in einer geschlossenen Sitzung im RDI erklärte – »eine ganz große Reihe von weltanschaulichen Betrachtungen ... eine ganz gewaltige Rolle spielten« und »von vornherein das Wort der ›Brechung der Zinsknechtschaft‹ als politischer Programmpunkt« eine sachliche Auseinandersetzung erschwere. Die Banken seien auch in der Öffentlichkeit nicht populär, die sie infolge der starken Vertretung der Banken in den Aufsichtsräten der Industrie als die eigentlichen Beherrscher der Wirtschaft und als einen »Staat im Staate« betrachte. Unter diesen Umständen hätten es die Vertreter der Privat- und Großbanken im Enquêten-Ausschuß nicht leicht: »Es saß nun einmal ein Bankett entthronter Bankkönige da, und die hatten es sehr schwer, sich zu verteidigen[538].« In ihrem Kampf gegen die Sparkassen konnten sich die Vertreter des Centralverbands nicht durchsetzen, und ihre Forderung, den Kassen das kurzfristige Kreditgeschäft zu entziehen, um es ausschließlich den kommerziellen Privatbanken zu überlassen, wurde abgelehnt[539]. Sie mußten sich damit begnügen, daß das neue Bankengesetz den Sparkassen die gleichen Kontroll- und Anmeldepflichten auferlegte.

Für die Privatbanken war das Ergebnis der Enquête trotzdem ein gewisser Erfolg, zumal die Verstaatlichungspläne ausdrücklich und endgültig begraben wurden. Es ist jedoch übertrieben, das Endergebnis als einen überzeugenden Sieg des »Big Business« über die intransigenten Nationalsozialisten zu betrachten, und auch die Verbindung mit den Ereignissen des 30. Juni 1934 läßt sich dokumentarisch kaum beweisen[540]. Die Nationalsozialisten, die die Arbeit des Ausschusses während der ganzen Zeit mit Mißtrauen verfolgt und als einen Kampf gegen »die geschlossene Phalanx der Banken« dargestellt hatten[541], konnten auch ihrerseits keinen grundsätzlichen Sieg verzeichnen, da ihre extremsten Forderungen, vor allem die Verstaatlichung, abgewiesen worden waren. Daneben zeigte sich jedoch das Bankgewerbe sehr besorgt um die verschärften Aufsichts- und Anmeldeverpflichtungen im neuen Gesetz und beanstandete die vorgesehene Veröffentlichung ihrer Bilanzen, »weil (in der Öffentlichkeit) nicht das richtige Verständnis für die Größenordnungen vorhanden sei«[542]. Auch die im Schlußbericht der Enquête nur allgemein angemeldete Zinssenkungstendenz und die Erhöhung der Liquiditätssätze rief Beunruhigung hervor, da die damit verbundene Krediteinschränkung die Rentabilität der Banken gefährden müßte[543].

In seinem Schlußbericht ließ Schacht keinen Zweifel darüber offen, daß »die Herstellung eines den Aufgaben des nationalsozialistischen Staates entsprechenden Geld- und Kapitalmarktes ... das Kernstück einer jeden Neuordnung« sei. »Deutscher Sozialismus bedeutet, daß die Entwicklung des nationalwirtschaftlichen Lebens nicht sich selbst überlassen bleibt, sondern daß der Staat als Ausdruck des Volkes sich um die Durchführung der wirtschaftlichen Aufgaben kümmert, zum Teil sie auch selbst übernimmt. Der neue Staat braucht deshalb in weit stärkerem Umfang als der verflossene einsatzfähige Geldmittel.« Das besagte deutlich nichts anderes, als daß die Banken von nun ab die Aufgabe hätten, dem Staat zu dienen und den Kapitalmarkt für die Verwirklichung seiner politischen Ziele zu mobilisieren. Der eigentliche »Sieger« der Banken-Enquête war somit der Staat und im besonderen die Reichsbank, die durch die neuen Vollmachten befähigt war, das Bankwesen mit genügender Elastizität und entsprechend den jeweiligen Staatsdirektiven zu lenken. Angesichts der vorherrschenden bankenfeindlichen Atmosphäre konnten die Privatbanken vor allem wegen der verhinderten Verstaatlichung zufrieden sein, aber dies war keineswegs im Widerspruch zur nationalsozialistischen Wirtschaftsauffassung, wie sie sich zu dieser Zeit – im Gegensatz zu früheren programmatischen Verkündungen – herausgebildet hatte. Das nationalsozialistische »Jahrbuch« konnte daher in diesem Zusammenhang darauf hinweisen, das Ziel des nationalsozialistischen Staates sei, »die Wirtschaft zu führen, aber nicht selbst zu wirtschaften«[544].

Um jedoch feststellen zu können, wer tatsächlich der »Sieger« war, genügt es keineswegs, nur die Enquêten-Berichte oder das Bankgesetz zu studieren. Vielmehr müßten die wirtschaftsrealen Entwicklungen des Bankwesens und auch der Sparkassen in den nachfolgenden Jahren einer eingehenden Untersuchung unterzogen werden, um zu verfolgen, wie die durch die Enquête und das Gesetz geschaffenen Instrumente tatsächlich angewandt wurden und sich auswirkten. Obwohl eine derartige Detailstudie noch aussteht, beweist schon ein flüchtiger Blick auf das vorhandene statistische Material und die zeitgenössischen Veröffentlichungen, daß die Entwicklung alles andere als eindeutig verlief. Von einem »Sieg des Finanzkapitals« kann, wie Timothy W. Mason richtig bemerkte, schon darum nicht gesprochen werden, weil diese besonders in der orthodox-marxistischen Literatur vertretene These nicht zwischen Besitzverhältnissen, wirtschaftlichem Einfluß und »wirtschaftspolitischer Macht« unterscheidet[545]. Daneben zeugen die vorhandenen Angaben über Geschäftsumfang und Profit der deutschen Banken, zumindest bis 1936 und eigentlich bis zum Kriegsausbruch, schwerlich von einem derartigen »Sieg«.

In der Krise hatten besonders die Großbanken unter dem Abzug der Auslandseinlagen gelitten. Die zusammengefaßte Bilanzsumme der Groß- und Regionalbanken war zwischen 1929 und 1932 um fast 40 v.H., von 16,7 Milliarden RM auf 10,7 Milliarden, gefallen. Das Überraschende ist, das sich diese Tendenz auch nach 1933 noch fortsetzte und die Bilanzsumme im Dezember 1935 ein Tief von 9,6 Milliarden erreichte. Erst Ende 1936 machte sich eine leichte Aufwärtsbewegung bemerkbar, die in den folgenden Jahren anhielt. Noch bemerkenswerter war der Rückgang der privaten Wirtschaftskredite. Wenn man die meist kurzfristigen Wechselanlagen hinzurechnet, ergibt sich ein Rückgang von 12 Milliarden RM für 1929 auf 7,6 Milliarden im Jahre 1932 und nur 6,4 Milliarden Ende 1935. Der leichte Anstieg 1936 entfiel auf die Wechselanlagen, während die langfristigen Wirtschaftskredite weiter sanken und erst 1938 unbeträchtlich zunahmen. Erstaunlicherweise litten somit die Banken in einer Zeit allgemeinen Wirtschaftsaufschwunges unter fortgesetztem Rückgang ihres Geschäftsumfangs und unter verringerter Kreditgewährung, die ihre Gewinne und ihr Eigenkapital fühlbar beeinträchtigten!*

Zeitgenössische deutsche Ökonomen, denen diese Erscheinung nicht entging, versuchten sie zum Teil damit zu erklären, daß die Wirtschaft und insbesondere die Industrie ohne die Bankkredite auskommen konnten, da sie erstens kaum investierten und zweitens einen Überschuß an liquiden Mitteln zur Selbstfinanzierung besaßen, die sie nicht als Dividenden verteilen durften. Sie konnten daher nicht nur auf erweiterte Kreditaufnahme verzichten, sondern auch einen Teil der früheren Schulden tilgen, womit sich die Gesamtkreditsumme der Banken verringerte. In der gleichen Richtung wirkten sich auch der schnelle Lagerabbau und der beschleunigte Zahlungsumlauf aus, während die Devisenknappheit größere Rohstofflagerungen verhinderte[546]. Dies waren zweifellos wichtige objektive Gegebenheiten, deren spezifischer Einfluß noch näher untersucht werden müßte. Daneben waren sie jedoch gleichzeitig auch das Ergebnis einer bewußt durchgeführten Politik, die darauf hinzielte, den Bankenkredit möglichst einzuschränken[547]. Der Hauptgrund dafür dürfte in der allgemeinen Tendenz des Regimes liegen, die liquiden Mittel der Wirtschaft für die eigenen Zwecke der Arbeitsbeschaffung und der Aufrüstung abzuschöpfen, wobei auch die durch die beschriebene Entwicklung vergrößerte Liquidität der Banken ins Gewicht fiel. Im Bankwesen ist jedoch vergrößerte Liquidität eine durchaus unerwünschte Erscheinung, da brachliegende Reserven keine – oder in Reichsanleihen angelegt nur geringe – Früchte tragen. Verständlicherweise waren die Banken daher über diese Entwicklung keineswegs glücklich und »empfanden ... diese Liquidität als ein Danaergeschenk, da sie stets auf Kosten der Rentabilität ging und da sie die Folge einer Ausschaltung aus wichtigen Geschäften war«[548].

---

* Siehe Tabelle 19 im statistischen Anhang.

Es wäre vielleicht übertrieben, diese Politik der Regierung, die Schacht auch in seinem Schlußbericht der Bankenenquête zum Ausdruck brachte, als ausgesprochen »bankenfeindlich« zu bezeichnen, sie war jedoch keineswegs eine unbedingt notwendige Folge der allgemeinen Wirtschaftsentwicklung und Wirtschaftspolitik. Wäre das Regime um das Schicksal der Banken auch nur annähernd so besorgt gewesen wie um die Landwirtschaft und auch die Industrie, hätte eine Politik der Kreditausweitung durchaus auch unter Einbeziehung des privaten Bankgewerbes durchgeführt werden können. Selbst die Tendenz der Zinssenkungen hätte sich nicht unbedingt gegen die Banken auswirken müssen, die für die herabgesetzten Zinssätze durch die Ausweitung des Einlage- und Kreditvolumens entschädigt worden wären. Tatsächlich wurden jedoch die Banken beim allgemeinen Prozeß der »Geldschöpfung« übergangen. Das Regime zog es vor, die öffentlichen Mittel seines »deficit spendings« der Industrie direkt zuzuleiten. Die »Sonder«-, »Mefo«- oder »Oeffa«-Wechsel wurden zum großen Teil nicht einmal bei den Banken diskontiert, sondern zirkulierten als unmittelbare Zahlungsmittel oder wurden als liquide Reserve gehalten. Diese Form direkter Finanzierung war keineswegs die einzig mögliche. Im Gegenteil haben schon damals bekannte Geldtheoretiker darauf hingewiesen, daß die neuen Anordnungen des Bankengesetzes es grundsätzlich ermöglichten, die Banken an der Geldschöpfung zu beteiligen. Paragraph 16 des Gesetzes ermächtigte die Reichsbank ausdrücklich, eine Politik gleitender Diskont- und Liquiditätssätze durchzuführen: »Das Instrumentarium zur Beherrschung der Geldschöpfung der Kreditbanken war ... zweifellos in hervorragender Weise ergänzt worden. Aber der Rahmen hätte nun durch entsprechende Durchführungsbestimmungen ausgefüllt werden müssen; das ist ... nie geschehen[549].«
Die Vermutung, daß dies »nie geschehen« ist, weil u. a. auch ideologische Gesichtspunkte die Bankenpolitik des nationalsozialistischen Regimes bestimmte, drängte sich bereits früheren Autoren auf. So gibt z. B. Stucken, dessen »Deutsche Geld- und Kreditpolitik« erstmalig 1937 erschien, zu bedenken, »daß angesichts der Einstellung des Nationalsozialismus zum Zinsproblem ... die Anwendung der Diskontpolitik ebenso wie die Offen-Markt-Politik gelegentlich denkbar unbequem sein konnte«[550]. Ebenso bemerkte Lurie in seiner bereits erwähnten Studie, die Übergehung der Banken bei der Finanzierung und bei der Mobilisierung des Kapitalmarkts stände angesichts der traditionellen Investitionstätigkeit der deutschen Banken und ihrer überschüssigen Reserven »in direktem Kontrast zu den technischen Bedingungen des deutschen Bankwesens... In bezug auf den Kapitalmarkt und auf den Bankenkredit erscheint die Vernachlässigung der ›außenseitigen‹ Finanzierungsquellen eher die Folge einer bewußt durchgeführten Politik als eine durch die Situation vorgeschriebene Notwendigkeit gewesen zu sein[551].« Das Ergebnis dieser Politik war wiederum ein wirtschaftliches »Paradoxon«: Ein Wirtschaftsboom, in welchem Kreditvolumen und Zinssätze nicht anstiegen, sondern zurückgingen, bis sie bei den Produktionskosten der Industrie kaum noch ins Gewicht fielen!
Selbst wenn die ideologischen Beweggründe für diese Politik nicht an erster Stelle ausschlaggebend waren – und das muß von der Forschung noch eingehender beleuchtet werden –, steht fest, daß die bankenfeindliche Stimmung in der Bevölkerung propagandistisch für sie ausgewertet wurde. Die veränderte Stellung der Banken wurde in fachkundigen Kreisen teils mit Besorgnis vermerkt, gab jedoch auch Anlaß zur Kritik an den Banken selbst, die ihre Aufgaben für die

Wiederbelebung der Wirtschaft nicht erfüllten. Willy Prion schrieb 1938, daß die führende Stellung der Banken ein für allemal vorbei sei, da sie sich nicht genügend an der Arbeitsbeschaffung beteiligt hätten und auch kaum Reichsanleihen erwarben, sondern ihr Geld zumeist in »Sonderwechseln« angelegt hätten. Prion bestätigte zwar eine Behauptung O. Chr. Fischers, daß die Rentabilität der Banken zurückgegangen sei, zollte ihnen jedoch kein Wort des »Beileides« und vertröstete sie auch auf keine bessere Zukunft: »Es ist noch nicht allzu lange her, daß das stolze Wort gesprochen wurde: Die Banken sind die Lenker der Produktion ... Wohl auf keinem anderen Gebiete der gewerblichen Wirtschaft ist so deutlich erwiesen, daß der Staat die Lenkung ergriffen hat wie im Bereiche des Bankwesens ... Es ist nicht möglich, noch von einer Kreditaktivität der Banken zu sprechen ... Der nationalsozialistische Staat wird die Lenkung oder Steuerung der Wirtschaft nicht wieder aus den Händen geben[552].« Prion war ein angesehener Professor der Volkswirtschaft an der Berliner Universität und Technischen Hochschule, und das Jahr war 1938: Gottfried Feder war längst von der Bildfläche verschwunden, und man sollte meinen – und meint es tatsächlich vielfach heute noch –, daß mit ihm auch die ideologischen Tiraden gegen die »Hochfinanz« längst zum alten Eisen geworfen worden waren. Das war offensichtlich nicht der Fall.

Jedenfalls zeigten die Veröffentlichungen des Bankengewerbes offen Besorgnis über die Lage und bemühten sich in einer kleinlauten Apologetik. Den Rückgang der Einlagen und des Kredits versuchte man als vorübergehende Begleiterscheinung der »Staatskonjunktur« zu erklären, und wartete sehnsüchtig auf eine erneute »Privatkonjunktur«: »Mit der Zunahme der Privatinitiative wird der Bedarf der Wirtschaft an Geldmitteln steigen ... (sie wird) die dem Staat geliehenen Mittel ... selbst benötigen[553].« Inzwischen versuchte man die eigene Regierungstreue hervorzuheben, die u. a. auch die Banken veranlaßt hätte, große Mengen von Sonderwechseln aufzunehmen, obwohl das Zinsverluste und verringerte Rentabilität einbrächte: »Es geht daraus hervor, daß die bankgeschäftliche Tätigkeit in ihrem vollen Umfange auf die Zwecke von Staat und Wirtschaft und auf die Ziele der Arbeitsbeschaffung zugeschnitten ist[554].« Rudolf Stucken sah sich noch 1938 veranlaßt, die Banken gegen Versuche weiterer Einengungen in Schutz zu nehmen, indem er auf deren historische Verdienste beim Aufbau der deutschen Industrie hinwies: »Schon diese Leistungen ... sollten davon abhalten, allzu schnell und grundsätzlich gegen diesen Geschäftszweig der Banken ... Stellung zu nehmen[555].«

Mit aller beim heutigen Forschungsstand gebotenen Vorsicht läßt sich demnach konstatieren, daß die hier behandelte Periode für die deutschen Banken keine glückliche Zeit war und daß sie von der allgemeinen Wirtschaftsblüte nur wenig und verspätet profitierten. Dabei erwiesen sich zum Teil frühere Befürchtungen, vor allem der Verstaatlichung, als grundlos. Der nationalsozialistische Staat betrieb sogar eine »Reprivatisierung« des Bankwesens, durch den Verkauf der in der Sanierungsaktion in den Besitz der Reichsbank übergegangenen Aktienpakete. Ende 1937 fand diese Aktion mit dem Verkauf der Aktien der »Dresdner Bank« einen eindrucksvollen Abschluß. Aktien im Werte von 120 Millionen RM wurden in nicht mehr als 11 Tagen aufgekauft, bezeichnenderweise nicht durch die Banken selbst oder ein Bankenkonsortium, sondern hauptsächlich in kleinen Mengen durch die breitere Öffentlichkeit. Trotz der prekären Situation der

Banken scheinen die in Aussicht gestellten 5-v. H.-Dividenden unter den gegebenen Umständen ein ausreichender Anreiz gewesen zu sein[556]. Aber wenn die Banken auch nicht verstaatlicht wurden, so weist doch vieles darauf hin, daß sie, zumindest vorübergehend, einen großen Teil ihrer wirtschaftlichen Kraft und politischen Einfluß einbüßten. Die nationalsozialistische Herrschaft schrieb ihnen ihre Tätigkeit zu eigenen Bedingungen vor und spannte sie, auch zum Preis wirtschaftlicher Verluste, für die Verwirklichung ihrer politischen Ziele ein. Dies geschah sowohl unter Schacht als Reichsbankpräsident wie nach seinem Rücktritt 1939. Die zeitgenössische Literatur und Presse haben diesen Vorgang aufmerksam verfolgt und ihm die Bedeutung eines »historischen Wendepunktes« zugemessen. So z. B. die »Deutsche Allgemeine Zeitung« im August 1938: »Die Krise gebar die Revolution des Bankwesens, der Nationalsozialismus hat sie vollzogen. Die Wandlung ist wirtschaftsgeschichtlich von größter Tragweite und Tiefenwirkung, man erkennt an ihr besonders klar den Abstand zur Vergangenheit. Früher vertrat der Bankier im Volksbewußtsein das Geld, heute der Staat. Er hat mit der Knappschen Theorie des Geldes Ernst gemacht. Er schafft nicht nur die Geldzeichen und verwaltet die Währung, sondern er schöpft den Kredit, lenkt seinen Strom und spannt die Banken als Schleusen, Sammler und Unterverteiler in ihn ein ... Die Privatbanken (haben) weitgehend den Charakter von öffentlichen Banken angenommen, ohne verstaatlicht zu sein ... (sie) sind disziplinierte Helfer der Reichsbank[557].«

Abschließend muß betont werden, daß die hier skizzierte Entwicklung auf die Zeit bis Ende 1936 begrenzt ist. Was nachher geschah, verbesserte die wirtschaftliche Position der Banken entschieden – muß jedoch nicht unbedingt im Widerspruch zu den hier geschilderten grundsätzlichen Entwicklungen stehen. Die langsam ansteigende Bilanzsumme der Banken ab 1937 äußerte sich hauptsächlich im raschen Anwachsen der Reichsanleihen in ihren Portefeuilles. Einen wahren Aufschwung und steil ansteigende Profite konnten die Banken erst nach Kriegsausbruch, infolge ihrer Beteiligung an der Ausplünderung der besetzten Länder verzeichnen[558]. Daraus ist verständlich, daß die Thesen Bettelheims und anderer Autoren vom »Sieg des Finanzkapitals« fast ausschließlich auf statistischen Daten dieser späteren Jahre basieren. Die Tatsache, daß die Banken bis kurz vor Kriegsausbruch im Dritten Reich ein deutlich benachteiligter Wirtschaftssektor waren, bleibt dabei entweder unerwähnt oder wenigstens unerklärt.

»Kriegswirtschaft im Frieden?«

Von 27,5 Milliarden RM zusätzlicher Mittel, die die nationalsozialistische Regierung in den Jahren 1933–1936 in die Wirtschaft pumpte, dienten fast 21 Milliarden direkt der Aufrüstung. Zieht man in Betracht, daß auch die für öffentliche Großarbeiten ausgegebenen 5,5 Milliarden RM strategisch wichtige Objekte, wie die Autobahnen, enthielten, so ergibt sich, daß knapp 90 v. H. der zusätzlichen öffentlichen Ausgaben, die der eigentliche Hebel des damaligen »deutschen Wirtschaftswunders« waren, direkt oder indirekt der Kriegsvorbereitung dienten*. Auf dieser oder ähnlicher Berechnung basiert die weitverbreitete

---

* Siehe Tabelle 3 im statistischen Anhang.

Auffassung, nach der die deutsche Wirtschaft zumindest ab 1934 eine »Kriegswirtschaft im Frieden« war[559]. Das Wachstum des Sozialproduktes und die Beseitigung der Arbeitslosigkeit erscheinen demnach als willkommene und propagandistisch wohlausgewertete Sekundärwirkungen des »Aufrüstungsbooms«, der den nationalsozialistischen Eroberungskrieg schon wenige Monate nach der Machtübernahme vorzubereiten begann[560].

Daß Hitler vom ersten Tage seiner Herrschaft an den kommenden Krieg vorbereitete und in ihm die grundlegende Voraussetzung für die Verwirklichung seiner politischen und ideologischen Ziele sah, steht heute ohne jeden Zweifel fest. Nur drei Tage nach seiner Ernennung zum Reichskanzler, am 3. Februar 1933, entwickelte er seine Pläne in einer geheimen Rede vor den deutschen Generalen:

»3. Wirtschaft! Der Bauer muß gerettet werden! Siedlungspolitik! ... Im Siedeln liegt einzige Möglichkeit, Arbeitslosenheer z. T. wieder einzuspannen. Aber braucht Zeit und radikale Änderung nicht zu erwarten, da Lebensraum für deutsches Volk zu klein.«

»4. Aufbau der Wehrmacht wichtigste Voraussetzung für Erreichung des Zieles: Wiedergewinnung der politischen Macht. Allgemeine Wehrpflicht muß wiederkommen... Wie soll politische Macht, wenn sie gewonnen ist, gebraucht werden? Jetzt noch nicht zu sagen. Vielleicht Erkämpfung neuer Exportmöglichkeiten, vielleicht und wohl besser – Eroberung neuen Lebensraumes im Osten und dessen rücksichtslose Germanisierung. Sicher, daß erst mit politischer Macht und Kampf jetzige wirtschaftliche Zustände geändert werden können[561].«

Diese Notizen eines der Sitzungsteilnehmer werden durch die belegten und bereits erwähnten Äußerungen Hitlers in Regierungsbesprechungen über die Beschäftigungspolitik voll bestätigt.

Das statistische Material widerlegt auch die, zumeist apologetische These, die zwischen einer Phase ziviler »Arbeitsbeschaffung« bis ungefähr Anfang 1935 und der späteren Aufrüstung unterscheiden will[562]. Aufrüstung und Kriegsvorbereitung waren zweifellos von Anfang an das politische Ziel der nationalsozialistischen Herrschaft, das sie im Rahmen des technisch Möglichen sofort nach der Machtübernahme zu verwirklichen suchte. Daraus ergibt sich jedoch keineswegs von selbst, daß die deutsche Wirtschaft ab 1933 oder 1934 auch wirtschaftstheoretisch als »Kriegswirtschaft« definiert werden kann, wie es konsequent z. B. von René Erbe vertreten wird. Ein Jahr nach Erscheinen der Studie Erbes hat Burton H. Klein die genau entgegengesetzte These aufgestellt, von einer totalen Mobilisierung der deutschen Wirtschaft für den Krieg könne keine Rede sein[563]*. Die Forschung ist sich heute weitgehend darin einig, daß Kleins Berechnungen die Aufrüstungsausgaben unterschätzten, muß jedoch zugeben, daß die die deutsche Wirtschaft viel weniger einer »totalen Kriegsvorbereitung« unterworfen wurde, als es seinerzeit außerhalb und auch innerhalb der Grenzen Deutschlands den Anschein erweckte[564].

---

* A. J. P. Taylor hat auf Kleins Berechnungen die stark kontroverse These errichtet, Hitler hätte überhaupt keinen Krieg gewollt. Das »Copyright« für diese erstaunliche Behauptung gebührt jedoch voll und ganz Taylor. Klein selbst erklärt seine Befunde damit, daß Hitler an einen kurzen Blitzkrieg geglaubt hätte, der keine lang währende Wirtschaftsmobilisierung benötigte, und mit der Inflationsangst »allzu orthodoxer« Wirtschaftspolitik (A. J. P. Taylor, The Origins of the Second World War, London [Penguin] 1964, S. 17 ff; Klein, a. a. O., S. 21 ff.).

Eine Wirtschaft kann jedoch »Kriegswirtschaft« sein, auch ohne »total« für die Aufrüstung eingesetzt zu werden. Jede Erörterung dieses Problems bleibt zwangsläufig an der Oberfläche, solange man sich nicht auf die Maßstäbe einigt, durch die eine Wirtschaft zur Kriegswirtschaft wird. Meines Erachtens sind hierfür zweierlei verschiedene Maßstäbe charakteristisch:
1. Quantitative Parameter des Verhältnisses von Rüstungs- und Sicherheitsausgaben zum Sozialprodukt und zu den Staatsausgaben;
2. Das Vorhandensein und die praktische Anwendung von institutionellen Kontroll- und Lenkungsmechanismen, durch die die wirtschaftlichen Reserven den Zwecken der Aufrüstung zugeführt werden.
Zuverlässige quantitative Daten für das Verhältnis der Sicherheitsausgaben zu obigen Aggregaten lassen sich für die deutsche Wirtschaft unserer Forschungsperiode nur schwer einwandfrei feststellen, jedoch nicht, weil über die Größenordnung der Aufrüstung noch wesentliche Meinungsverschiedenheiten herrschen. Im Gegenteil ist sich die Forschung heute hierin weitgehend einig und setzt sie für 1933–1939 auf zirka 60 Milliarden RM an. Hingegen weichen die verschiedenen Schätzungen des Bruttosozialprodukts, der Bruttoinvestition und der Staatsausgaben – und damit die entsprechenden Größenverhältnisse – noch erheblich voneinander ab. »Minimalisten« wie Klein und Alan Milward gelangen zu 3 v. H. des Sozialprodukts und 9 v. H. der Staatsausgaben für 1934 und zu 18 v. H. bzw. 42 v. H. für 1938. Die »maximalistischen« Berechnungen Stuebels, die als annähernd genau gelten dürfen, gelangen zu 8 bzw. 40 v. H. und zu 21 bzw. 60 v. H. für die gleichen Jahre*.
Berenice S. Carroll versucht quantitative Kriterien für den Zustand der »Kriegswirtschaft« zu bestimmen und kommt zu dem Ergebnis, daß es zwischen einer »totalen Kriegswirtschaft«, in der über 50 v. H. des Bruttosozialprodukts Sicherheitsausgaben sind, und der »Friedenswirtschaft« (bis zu 3 v. H. des Bruttosozialprodukts) einen ziemlich weiten Spielraum gibt. Zwischen diesen beiden Polen läge nach Carroll irgendwo die Grenze, wo die Wirtschaft zur Kriegswirtschaft, aber noch nicht zur »totalen« Kriegswirtschaft wird. Darüber, wo diese Grenze zu ziehen ist, können verschiedene und auch stark voneinander abweichende Anschauungen herrschen. Übernimmt man die Ansicht von Carroll, die sie bei 15 v. H. des Bruttosozialprodukts ansetzt, so ergibt sich nach den maximalen Berechnungen Stuebels und W. G. Hoffmanns 1936 als Übergangsjahr, nach Klein und Milward erst 1938**.
Als zusätzlicher Maßstab kann auch das Verhältnis der Sicherheitsausgaben zu den gesamten öffentlichen Ausgaben für Waren und Dienstleistungen herangezogen werden, wobei meines Erachtens die Grenze bei 50 v. H. zu ziehen wäre. Wiederum weichen die Berechnungen hier weit voneinander ab, weil die »öffentlichen Ausgaben« unterschiedlich definiert werden. Allgemein ergibt sich auch nach dieser Methode 1936 als Übergangsjahr nach Stuebel und Hoffmann und ein späterer Zeitpunkt nach den niedrigeren Schätzungen. Man wird nach alldem nicht weit von der Wahrheit entfernt sein, wenn man annimmt, daß die deutsche Wirtschaft Ende 1936 in eine Phase beschleunigter Kriegsvorbereitung eintrat.

---

* Siehe Tabellen 20 u. 22 im statistischen Anhang. Für den Versuch des Verfassers, die Ziffern Stuebels mit den gesamten öffentlichen Ausgaben für Waren und Dienstleistungen zu vergleichen, Tabelle 24 ebd.
** Mandelbaum kommt aufgrund des Beschäftigungsindexes zu einem ähnlichen Ergebnis, daß erst Ende 1937 eine »der Kriegswirtschaft inhärente Überbeschäftigung« eintrat (Mandelbaum, a. a. O., S. 182).

Der Vierjahresplan und Hitlers bekannte Denkschrift zu ihm[565] können, neben den statistischen Daten, als dokumentare Markierung dieses Überganges gelten. Auch Berenice Carroll kommt zu einem ähnlichen Ergebnis: »1933 war die Wirtschaft des Dritten Reichs noch ... friedensorientiert. Ab 1934 begann sie sich in die Richtung der Kriegswirtschaft zu bewegen, war jedoch in diesem und dem folgenden Jahr noch ziemlich weit von diesem Ziele entfernt. Ab 1936 war Deutschlands Wirtschaft in gewissen Schlüsselpositionen ... von der Aufrüstung ›beherrscht‹, sollte jedoch nicht als Kriegswirtschaft bezeichnet werden. Von 1938 an kann immerhin diese Bezeichnung mit Recht angewandt werden[566].« Mit der Einschränkung, daß nach den oben angegebenen Kriterien, die auf Carrolls eigenen Definitionen beruhen, das Datum auf Ende 1936 vorzuverlegen ist, wird diese Darstellung dem graduellen, dynamischen Entwicklungsgang weitgehend gerecht.

Nach institutionellen Kriterien ist der genaue Zeitpunkt des Überganges in die Kriegswirtschaft fast noch schwieriger zu bestimmen. Wie wir sahen, entstanden legislative und administrative Lenkungs- und Kontrollmechanismen bereits sehr früh nach der Machtergreifung, wurden jedoch – mit der deutlichen Ausnahme des Außenhandels – zumeist nur teilweise und sporadisch eingesetzt. 1936 kann mit Einschränkungen auch in dieser Beziehung als Wendepunkt gelten. Mit erreichter Vollbeschäftigung wurden gegen Ende dieses Jahres die Zügel der staatlichen Kontrolle der Preise und des Arbeitsmarktes straffer angezogen und die direkte Wirtschaftsbetätigung des Staates im Rahmen des Vierjahresplans erweitert. Der Vierjahresplan kann demnach auch in institutioneller Beziehung als Markierung des Überganges zur Kriegswirtschaft gelten, obwohl sich heute die Forschung ziemlich einig ist, daß auch nach seiner Proklamierung und bis in den Krieg hinein keine alle Wirtschaftssektoren umfassende, zentrale Planungsinstanz vorhanden war[567].

Es mögen nach allen Erwägungen immer noch Meinungsverschiedenheiten darüber bestehenbleiben, wann genau die deutsche Wirtschaft das Stadium der Kriegswirtschaft erreichte. Es kann jedoch mit ziemlicher Sicherheit festgelegt werden, daß dies sowohl nach quantitativen als auch institutionellen Maßstäben nicht vor 1936 geschah.

Die Diskussion um die Bestimmung des Charakters der deutschen Wirtschaft vor 1936 ist wichtig – nicht weil die Aufrüstung als gewichtigster Faktor der Krisenüberwindung eine wirtschaftstheoretisch falsche, sondern weil sie eine unzureichende Erklärung ist. Aufrüstung und Krieg waren politische Ziele der nationalsozialistischen Herrschaft, die diese u. a. auch mit wirtschaftlichen Methoden zu erreichen suchte, die an sich nicht in begrenztem Sinne als rein kriegswirtschaftliche zu bezeichnen sind. Die Aufrüstung war kein unbedingt immanenter Bestandteil der Wirtschaftsmethode, sondern wurde durch die politischen Ziele vorgeschrieben. Der wirtschaftliche Effekt dieser Methode war in erster Linie das Ergebnis der Finanzierung durch »deficit spending« und nicht der spezifischen Verwendung der zusätzlichen Mittel, die durch die Politik bestimmt war. Theoretisch konnte der gleiche Effekt erreicht werden, wenn diese Mittel nicht hauptsächlich für die Aufrüstung, sondern für zivile Zwecke des öffentlichen und privaten Verbrauchs ausgegeben worden wären. Daß dies nicht geschah, entsprang den politischen Zielen des Regimes und nicht der wirtschaftlichen Zwangslage. Mit anderen Worten: Die Nationalsozialisten gaben der Aufrüstung den

Vorrang, weil sie einen Eroberungskrieg vorbereiten wollten und nicht weil die wirtschaftliche Situation und/oder die angewandte Wirtschaftsmethode keine andere Möglichkeit offenließ*.

In den vorangehenden Kapiteln wurde versucht nachzuweisen, daß die Nationalsozialisten sich das neue wirtschaftspolitische Instrumentarium nicht bloß zufällig und pragmatisch aneigneten und für ihre Zwecke benutzt hätten, sondern daß sie, mehr und früher als andere Parteien und Richtungen, durch ihre ideologische Staats- und Wirtschaftsauffassung dafür aufnahmebereit gewesen wären. Der Krieg war im Kontext dieser Ideologie von zweifacher Bedeutung: Er war im sozial-darwinistischen Geschichtsbild Hitlers und seiner Partei sowohl naturbestimmter Selbstzweck als auch das Mittel zur Erfüllung der Zukunftsvision einer neuen, »krisenfesten Volkswirtschaft«, deren Bedingung die politische und rassische »Neuordnung« Europas war. Damit war die endgültige Verwirklichung der neuen Wirtschaftsordnung in die fernere Zukunft nach dem siegreich beendeten Krieg entrückt. Dies hinderte die Nationalsozialisten jedoch nicht an dem Versuch, gewisse Elemente und Mechanismen dieser Wirtschaftsordnung so weit wie möglich schon früh in das bestehende Wirtschaftssystem einzubauen. Dies um so mehr, als ideologische Postulate wie Primat der Politik und nationale Macht als vornehmlichstes Ziel wirtschaftlicher Betätigung, vorzüglich zur Rechtfertigung staatsdirigistischer Wirtschaftseingriffe dienen konnten. Bis 1936 verlangte das »Primat der Politik«, die Beseitigung der Arbeitslosigkeit und den Anlauf der Aufrüstung als unmittelbare Nahziele voranzustellen. Nach erreichter Vollbeschäftigung war die forcierte Kriegsvorbereitung das nächste Ziel, vor dem andere ideologisch bestimmte Ziele, wie z. B. die Siedlung und »Reagrarisierung«, vorerst zurücktraten, ohne dabei endgültig aufgegeben zu werden.

Diktatorischer Staatsdirigismus und eingeschränkte wirtschaftliche Initiative und Freizügigkeit, ohne die kapitalistischen Besitzverhältnisse und Profitanreize anzutasten, waren integrale Bestandteile der vorgesehenen künftigen Wirtschaftsordnung, aber auch des gegenwärtigen nationalsozialistischen Wirtschaftssystems. Wenn dieses System nach den angeführten Maßstäben bis 1936 noch keine Kriegswirtschaft war, so war es gleichzeitig doch schon mehr als dies: der stark ideologisch bestimmte Versuch, eine neue und krisenfeste Wirtschaftsordnung einzuleiten, die jedem reinrassigen »Volksgenossen« im nationalsozialistischen »Tausendjährigen Reich« das »Recht auf Arbeit« sichern sollte. Für die endgültige Verwirklichung dieses Zieles sollte allerdings erst der vorgeplante Krieg die grundlegenden Bedingungen schaffen.

Daß zumindest ein maßgeblicher Teil der nationalsozialistischen Führerschaft, aber auch nüchterne Wirtschaftler vom Fach, die Dinge in diesem Sinne auffaßten, ließe sich ohne Schwierigkeiten ausführlich belegen. Nach allem, was bereits in den vorangehenden Kapiteln ausgeführt wurde, sollten jedoch hier drei etwas längere Zitate genügen. Das erste ist ein Auszug aus einer Sportpalast-Rede von

---

* Die Frage, wie weit der deutsche Wirtschaftsaufschwung einzig und allein durch die Aufrüstung ermöglicht wurde und ohne diese nicht angehalten hätte, beschäftigte die wirtschaftstheoretische Fachliteratur noch vor und kurz nach dem Kriege. Haberler war der Ansicht, die deutsche Wirtschaft wäre ohne die Aufrüstung zum Stillstand verurteilt gewesen (Prosperity and Depression, N. Y. 1946, S. 507, zit. bei: Erbe, a. a. O., S. 192). Dagegen meinte Guillebaud (a. a. O., S. 260), die Wirtschaftsbelebung sei nicht notgedrungen mit der Aufrüstung verknüpft, »in dem Sinne, daß das Ende der Aufrüstung den Zusammenbruch der Prosperität bedeutet hätte«.

Goebbels im Rahmen der »Kampfwoche ›Jugend für deutschen Sozialismus‹« vom Januar 1934:
> »Wenn wir Nationalsozialisten die Arbeitslosigkeit beseitigt haben werden, so ist damit die Wirtschaft noch nicht nationalsozialistisch ... Die Wirtschaft muß nationalsozialistisch gestaltet werden, weil dies nämlich die einzige Garantie dafür bietet, daß wir in Zukunft vor ähnlichen Wirtschaftskatastrophen bewahrt bleiben, wie wir sie unter dem Liberalismus und Marxismus erlebt haben ... Voll ausleben und auswirken kann sich eine Idee erst durch Formen und Normen, die sie sich schafft, um sich durch sie zu verwirklichen. Der Aufbau der Wirtschaft wird ... nur von Bestand sein, wenn auch ein Umbau der Wirtschaft vorgenommen wird, d. h., wenn eine nationalsozialistische Wirtschaftsgestaltung Platz greift ... Wenn die nationalsozialistische Idee in der Wirtschaft keine feste Gestalt durch bestimmte Formen und Normen annimmt, dann bleibt eine Bresche in der Schutzmauer des deutschen Volkes. Wir Nationalsozialisten werden aber auch diese Lücke schließen und damit den Totalitätsanspruch unserer Weltanschauung zur Wirklichkeit werden lassen[568].«

Das war reine Ideologie und Propaganda, deren Einfluß auch nicht unterschätzt werden sollte. Aber was die akademisch geschulten Fachökonomen zu sagen hatten, trug unverkennbar ähnliche Züge. Zur Illustration können die Veröffentlichungen des »Reichskuratoriums für Wirtschaftlichkeit« (RKW) – eine halboffizielle, vom Reichswirtschaftsministerium unterhaltene Institution – dienen:

> »Die Vielfältigkeit aller Wirtschaftsaufgaben der gegenwärtigen Zeit, und selbst die von dem Gewicht der Beseitigung der Arbeitslosigkeit, sind letztlich Teil- und Unterfragen dieses wichtigsten aller Wirtschaftsprobleme, nämlich dem der Stabilisierung einer unverbrüchlichen klaren ständischen Wirtschaftsordnung. Denn das ganze Arbeitslosenproblem ... ist erst dann wirklich gelöst, wenn es durch Schaffung einer dem Korrespondenz- und Totalitätsprinzip genügenden ständischen Wirtschaftsordnung gelingt, die Wiederholung künftiger Krisenerscheinungen solcher und ähnlicher Art grundsätzlich unmöglich zu machen ... Immer hat die Lösung dieser entscheidenden Wirtschaftsfragen von seiten der Wirtschaftsordnung her zu erfolgen, da nur eine solche Lösung zugleich die Gewähr für ihre Dauer verspricht[569].«

Äußerungen dieser Art gehörten nicht nur in die erste Zeit der nationalsozialistischen Herrschaft, sondern erschienen in verschiedenen Variationen immer wieder in der Literatur und Presse, auch nachdem die Ständeterminologie aus der Mode gekommen war. Die Kontinuität dieser Auffassungen beweist ein Aufsatz des Wirtschaftsredakteurs der »Deutschen Allgemeinen Zeitung« aus dem Jahre 1940:

> »Auf die Dauer ist nicht die Höchstleistungswirtschaft völkisch gesund, sondern die Wirtschaft der optimalen Leistung, hinter der eine ausgewogene Lebensordnung der wirtschaftenden und arbeitenden Menschen steht.« Eine derartige Wirtschaftsordnung könne allerdings nicht auf einen Schlag und ohne Schwierigkeiten erstehen, sondern erst, »... wenn die Politik den Durchbruch zu nationaler Macht und Größe und europäischer Neuordnung im Sinne einer Pax Germanica endgültig ausgeweitet und nach außen konsolidiert hat«[570].

Schluß

Was war der Nationalsozialismus? Eine der Erscheinungsformen universaler oder alleuropäischer Bewegungen oder eine spezifische Entwicklung der deutschen Geschichte? Das Terrorregime kriegsentwurzelter Landsknechte, durch das verhängnisvolle politische Genie ihres »Führers« und die Manipulationen kurzsichtiger Politiker in einer einmaligen Krisensituation an die Macht gebracht – oder die fast unvermeidliche »staatsmonopolistische« Etappe des Kapitalismus in der Periode seiner »allgemeinen Krise«? Auf diese Frage, die eine umfangreiche Literatur seit fast fünfzig Jahren historisch oder phänomenologisch zu klären sucht, gibt es immer noch keine allgemein akzeptierte Antwort. Es ist auch fraglich, ob sich die Forschung, von ihrem jeweiligen Gesichtswinkel aus, jemals auf eine solche wird einigen können. Aber kein ernsthafter Versuch, dieses dunkle Kapitel der deutschen Geschichte zu erklären, kann heute die Bedeutung der nationalsozialistischen Ideologie und ihrer für Millionen Menschen verhängnisvollen Folgen ausklammern.
Diese Ideologie hatte fraglos Parallelen in anderen Ländern. Die Abkehr von Demokratie und Parlamentarismus – und mehr noch die Angst vor dem Bolschewismus waren keine spezifisch deutschen Erscheinungen. Nichtsdestoweniger übergehen verallgemeinernde Konzepte, wie »Totalitarismus« oder »Faschismus«, wesentliche Inhalte. Die nationalsozialistische Ideologie und Propaganda übten ihre Massenwirkung auf Millionen Deutsche aus, die in einer bestimmten, durch die spezifische geschichtliche Entwicklung geschaffenen, gesellschaftlichen und geistigen Atmosphäre aufgewachsen waren. Ihre Vorstellungen und Normen hatten Generationen von Denkern und Erziehern formativ beeinflußt. Darum verlieh gerade die oft hervorgehobene fehlende Originalität der nationalsozialistischen Ideologie ihre wesentliche Anziehungskraft. Hitler und seine Ideologen waren, um einem Gedanken Friedrich Meineckes zu folgen, die »terribles simplificateurs«, die die stereotypen Klischees früherer völkischer Pamphletisten, aber auch die obrigkeitsstaatlichen Normen traditionell-konservativer Eliten eklektisch zusammenfügten und daraus die wirkungsvolle ideologische Plattform für eine politische Massenbewegung schufen. Nach den Maßstäben humanistischer Ideale oder geistiger Leistung war die so entstandene »Weltanschauung« weder mit dem ursprünglichen christlichen Konservativismus noch mit dem Liberalismus oder dem Marxismus, denen hier der Kampf angesagt wurde, auch nur annähernd vergleichbar. Dennoch haben Millionen Deutsche sich mit ihr gläubig, ja zum Teil fanatisch identifiziert.
Anfänglich sprach die nationalsozialistische »Weltanschauung« vornehmlich mittelständische Gesellschaftsschichten an, die in ihr das ideologische Mittel fanden, mit dem sie sich von den proletarischen Massen distanzieren konnten. Darüber

hinaus bot sie ihnen aber auch die Möglichkeit, sich in extrem vulgarisierter Form die Anschauungen einer traditionellen Oberschicht zu eigen zu machen, zu der sie immer als zu einer gesellschaftlichen und geistigen Führungselite bewundernd aufgeschaut hatten. Aber die nationalsozialistische Ideologie war mehr als nur ausgesprochene Mittelstandsideologie. Ihr Rahmen war weit genug, damit fast jeder Deutsche etwas – wenn auch nicht alles – in ihr finden konnte, was seinen innersten Erwartungen entsprach. Dies trat deutlich nach der Machtergreifung hervor, als der wirtschaftliche und außenpolitische Erfolg und das wirkungsvoll eingesetzte Propagandamonopol der nationalsozialistischen Herrschaft einen weitgehenden Konsens der Bevölkerung sicherte.

Umschreiben obige Bemerkungen andeutungsweise den Ursprung und Effekt der nationalsozialistischen Ideologie im allgemeinen, so wurde im Laufe dieser Arbeit versucht, ähnliche Zusammenhänge auf dem Gebiet der nationalsozialistischen Wirtschaftsauffassung und Wirtschaftspolitik zu untersuchen. Dabei ergab sich, daß unter den Bedingungen einer verspäteten Industrialisierung und spezifischer gesellschaftlicher und politischer Entwicklungen sich in Deutschland eine nationalistisch-etatistische Tradition des Wirtschaftsdenkens herausgebildet hatte – nicht nur als akademische Lehrmeinung, sondern auch als maßgebliche Direktive für die Wirtschaftspolitik der traditionellen Ministerialbürokratie, die von führenden Unternehmerinteressen unterstützt wurde. Es braucht nach allem bereits Gesagten kaum noch einmal betont zu werden, daß hiermit keineswegs einer ideengeschichtlichen Monokausalität das Wort geredet werden soll. Im Zuge einer friedlicheren, zyklisch stabileren Wirtschaftsentwicklung wäre die nationalistisch-etatistische Tradition wahrscheinlich langsam in Vergessenheit geraten oder hätte allenfalls noch in den akademischen Textbüchern der vergleichenden Wirtschaftstheorie eine Rolle gespielt. Nicht der theoretischen Überzeugungskraft oder Beständigkeit dieser Richtung, sondern den wirtschaftlichen und gesellschaftlichen Umwälzungen der Kriegs- und Nachkriegsjahre ist es zuzuschreiben, daß sie in den zwanziger und dreißiger Jahren eine erneute Renaissance erlebte, an die sowohl die politische Rechte als auch theoretisierenden Wirtschaftsreformer erfolgreich anknüpfen konnten. Aber in der gegebenen wirtschaftlichen und politischen Situation hat diese Tradition eine unverkennbare, nicht zu unterschätzende Rolle gespielt: Vor der nationalsozialistischen Machtergreifung ermöglichte sie die Integration der nationalsozialistischen Wirtschaftsauffassung und wirtschaftstheoretisch moderner Reformvorschläge in einem propagandistisch wirkungsvollen Wirtschaftsprogramm. Nachher erleichterte sie in Deutschland die verhältnismäßig frühe Applikation unorthodoxer Maßnahmen einer staatlichen Konjunkturpolitik ohne bemerkenswerten Widerstand, bald sogar mit ausdrücklicher Zustimmung der akademischen Wirtschaftswissenschaft und organisierter Unternehmerinteressen.

Es läßt sich rückschauend kaum ermessen, was geschehen wäre, wenn die demokratischen und sozialistischen Parteien der Weimarer Republik weniger konservativ an den überkommenen orthodoxen Wirtschaftskonzepten gehangen und sich für die modernen wirtschaftstheoretischen Erkenntnisse empfänglicher gezeigt hätten. Gewiß ist nur, daß dies nicht geschah und damit die NSDAP und die ihr nahestehenden Kreise als einziger politischer Faktor mit einem erfolgversprechenden Wirtschaftsprogramm auftreten konnten. Dies ist jedoch keineswegs nur der wirtschaftstheoretischen Unzulänglichkeit ihrer Gegner zuzuschreiben, sondern war vielmehr der wirtschaftspolitische Aspekt der hoffnungslosen politischen Situation in der Endphase der Weimarer Republik. Es ist äußerst zweifelhaft, ob irgendeine demokratische Regierung damals den Widerstand der in politischen Pressure-groups organisierten ökonomischen Interessen hätte überwinden können, um eine gleichartig unorthodoxe Wirtschaftspolitik durchzuführen, selbst wenn sie sich theoretisch zu diesen Erkenntnissen durchgerungen hätte. Die nationalsozialistische Machtergreifung war das Ergebnis eines Kampfes zwischen gesellschaftlichen und politischen Kräften, in dem sich die demokratischen Parteien als der schwächere Gegner erwiesen – nicht nur und auch nicht in erster Linie auf wirtschaftstheoretischem Gebiet.

Die schnelle Konsolidierung der nationalsozialistischen Herrschaft ermöglichte den neuen Machthabern, die bereits vorher angelaufenen Arbeitsbeschaffungspläne wirkungsvoll und in großem Umfang durchzuführen. Bezeichnend ist dabei, daß die gleichen wirtschaftlichen Interessenverbände, die noch kurz zuvor die defizitär finanzierten Arbeitsbeschaffungsversuche der Regierungen Papen und besonders Schleicher bekämpft hatten, sich in überraschend kurzer Zeit auf die neue Politik umstellten und damit den Nationalsozialisten ermöglichten, zu ernten, was andere vor ihnen gesät hatten. Neben den diktatorischen Machtbefugnissen des Regimes war diese Mitarbeit die Voraussetzung für die Verwirklichung einer umfassenden Wirtschaftspolitik, in der die Arbeitsbeschaffung nur das erste, durch die akuten Notwendigkeiten vorgeschriebene Ziel war. Im Gesamtkomplex dieser Wirtschaftspolitik spielten neben- und nacheinander kurzfristige Notstandsmaßnahmen und langfristige, ideologisch und politisch bestimmte Zielsetzungen eine wechselnde, nach Zeit und Wirtschaftssektor unterschiedliche Rolle. Im Grunde wies die nationalsozialistische Wirtschaftspolitik die gleiche Kombination taktisch-pragmatischer Wendigkeit und ideologisch fixierter Konsistenz auf, die Hitlers gesamte Politik charakterisiert. Es erscheint daher berechtigt, trotz aller erwiesenen Inkonsequenzen und der Aufschiebung proklamierter Endziele von einem »Wirtschaftssystem des Nationalsozialismus« zu sprechen.

Die konstanten Grundlinien dieses Systems waren 1. die im Lebensraumkonzept enthaltenen wirtschaftlichen Postulate autarker Selbstversorgung unter Vorrang der Landwirtschaft und 2. der staatliche Dirigismus von Produktion, Einkommensverteilung und Verbrauch. Vom methodologischen Standpunkt des wirtschaftlichen »Ordnungsprinzips« sollte dies vorzugsweise ohne zentrale staatliche Wirtschaftsplanung unter Beibehaltung privater Profitmotivationen erreicht werden. In rein ökonomischen Begriffen mußte ein derartiges System Ineffizienz der Produktionsfaktoren und ökonomische Verluste bewirken – jedoch waren von vornherein die quantitative Maximalisierung des Sozialprodukts und der ökonomischen Effizienz nicht als die erstrangigen Ziele des Systems postuliert, sondern nationale Macht und zyklische Stabilität. Trotz aller »antikapitalistischen« Terminologie und des propagierten »deutschen Sozialismus« war es ein kapitalistisches System: Kapitalistische Besitzverhältnisse blieben unangefochten, und die einzelnen Firmen operierten weiterhin nach dem Prinzip der Profitmaximalisierung. Dies jedoch in den engen Grenzen eingeschränkter Entscheidungsbefugnisse in bezug auf Investition, Rohstoffverwendung, Produktenauswahl und Profitausschüttung. Die kapitalistischen Unternehmer waren in diesem System ebensowenig frei wie der Markt, auf dem sie operierten, sahen sich jedoch offensichtlich für den Verlust dieser Freiheiten durch die prosperierende Geschäftslage und die späteren Profite der Aufrüstung und des Eroberungskrieges ausreichend entschädigt. Auf die Frage, wie lange ein solches System wirkungsvoll funktionieren und einen stabilen, vollbeschäftigten Wirtschaftsablauf hätte garantieren können, ergibt sich aus dieser Studie keine wirtschaftstheoretisch befriedigende Antwort. Empirisch erwies sich, daß es trotz aller Reibungen erstaunlich gut funktionierte, solange brachliegende Reserven von Produktionsfaktoren noch vorhanden waren. Nachher wurden durch die Kollision wirtschaftlicher Interessen und politischer Präferenzen zunehmend Zwangsmaßnahmen und direkte administrative Kontrollen notwendig, die bereits den Übergang zur Kriegswirtschaft charakterisieren und außerhalb der hier behandelten Forschungsperiode liegen. Somit erscheint zumindest der Schluß berechtigt, daß das System nur um den Preis einer dauernden und verschärften Diktatur im Inneren und imperialistischer Raubexpansion nach außen auf die Dauer zu erhalten gewesen wäre. Aber wie wir sahen, waren die Diktatur dem System a priori immanent, Krieg und Lebensraumimperialismus als vorrangige Ziele wirtschaftlicher Betätigung postuliert worden. Erst in zweiter Linie fungierten daneben – wenn überhaupt – materielle und soziale Wohlfahrtspostulate, streng auf die reinrassigen Volksgenossen des »neugeordneten« Europas beschränkt. Dagegen war die Auffassung von der persönlichen Freiheit des einzelnen auf wirtschaftlichem wie auf jedem anderen Gebiet dem Wirtschaftssystem des Nationalsozialismus diametral entgegengesetzt. Diese Erkenntnis sollte auch die vergleichende und experimentierende Wirtschaftstheorie unserer und kommender Zeiten nicht aus den Augen verlieren.

Statistischer Anhang

Tabelle 1
Indikatoren der deutschen Wirtschaftentwicklung 1932–1936

	1932	1936	Zuwachs in v.H. (aufgerundet)	Durchschnittl. Jahreswachstumsrate in v.H.
1. Bruttosozialprodukt in laufenden Preisen (Mrd. RM, aufgerundet)	58	83	43	9,5
2. Bruttosozialprodukt in festen Preisen von 1928 (Mrd. RM)	71,9	101,2	41	9,0
3. Nettosozialprodukt in laufenden Marktpreisen (Mrd. RM)	50,8	78,9	55	11,6
4. Volkseinkommen pro Kopf der Bevölkerung (RM, laufende Preise)	633	922	46	9,8
5. Produktionsindex von Industrie und Handwerk (1913 = 100)	72,8	137,1	88	17,2
6. Beschäftigte insgesamt (J. D.) Mio.	12,6	17,1	36	8,0
7. Arbeitslose insgesamt (J. D.) Mio.	5,6	1,6		
8. Nettoinvestition i. lauf. Preisen (Mrd. RM)	–2,1	9,0		
9. Privatkonsum i. lauf. Preisen (Mrd. RM)	44,9	51,9	16	3,6
10. Öffentliche Ausgaben f. Waren u. Dienstleistungen (Reich, Länder u. Gemeinden) i. lauf. Preisen (Mrd. RM)	9,5	21,9	130	18,7
11. Index d. Großhandelspreise (1925/27 = 100), letztes Jahresviertel	67,8	75,8		
12. Index der Lebenshaltungskosten (1925/27 = 100) letztes Jahresviertel	82,3	86,4		

J. D. = Jahresdurchschnitt

Quellen: 1. Carroll, S. 184 (fast gleiche Berechnung bei Erbe, S. 100); 2. Klein, S. 10; 3. G. W. Hoffmann, Das Wachstum der deutschen Wirtschaft seit der Mitte des 19. Jahrhunderts, Berlin 1965, S. 826; 4. G. W. Hoffmann u. H. Müller, Das deutsche Volkseinkommen 1871–1957, Tübingen 1959, S. 56; 5., 8. u. 9.: Hoffmann, S. 393, 260, 701; 6. u. 7: Guillebaud, S. 277; 10. berechnet nach Hoffmann, S. 721 u. Erbe S. 25; 11. u. 12: Ellis, Exchange Control etc., S. 378

Tabelle 2
Die öffentlichen Ausgaben für Waren und Dienstleistungen
1932–1936
(laufende Preise, Mio. RM)

	1932	1933	1934	1935	1936
1. Öffentl. Verbrauch insgesamt	7 508	8 850	10 927	13 928	17 689
2. davon: Rüstungsausgaben (Haushalt u. Mefo-Wechsel)	520	1 900	4 000	6 700	10 300
3. Öffentliche Investitionen (Reich, Länder u. Gemeinden) ohne Rüstung	1 970	2 430	3 460	3 890	4 220
Insges. f. Waren u. Dienstleistungen (1+3):	9 478	11 280	14 387	17 818	21 909

Quellen: 1. u. 2.: Hoffmann, S. 720 f; 3: Erbe, S. 25

Tabelle 3
Die zusätzlichen öffentlichen Ausgaben und deren Finanzierung
1933–1936
(Mrd. RM)

Gesamtsumme d. zusätzlichen Ausgaben*		Zusätzliche Einnahmen	
1. Rüstungsausgaben	20,8	4. Zusätzliche Steuereingänge	6,7
2. Zivile öffentl. Investitionen	6,1	5. »Spenden« u. Exportabgabe	2,2
3. Andere Ausgaben	0,6	6. Anleihen bei Finanzinstituten u. Publikum	3,3
		7. »Ersparnisse« an Arbeitslosenunterstützung	4,0
		8. Finanzierung durch die Reichsbank	11,3
Insgesamt	27,5	Insgesamt	27,5

* Errechnet durch Subtraktion des betreffenden Ausgabepostens 1932 von den Ausgaben jedes der einzelnen Jahre 1933–1936 und Summierung der Ergebnisse.

Quellen: 1–3: Tab. 2; 4–7: Reichskreditgesellschaft A. G., zit. bei H. Priester, Das deutsche Wirtschaftswunder, Amsterdam 1936, S. 217 ff.; 8.: Als Restbetrag errechnet. Das Ergebnis findet sich durch die Berechnungen H. Stuebels bestätigt. (H. Stuebel, Die Finanzierung der Aufrüstung im Dritten Reich, in: Europa-Archiv, 1951, S. 4129)

Tabelle 4
Zivile Arbeitsbeschaffungsausgaben der öffentlichen Hand 1933–1934
(Mio. RM)

Verwendungszweck	Bis Ende 1933	Insges. bis Ende 1934
1. Öffentlicher Bau (Wasserstraßen, Straßen- und Tiefbauten, öffentliche Gebäude, Brücken etc.)	855,6	1 002,4
2. Wohnungsbau	723,3	1 280,0
3. Verkehrsunternehmungen	950,8	1 683,9
(davon: Reichsautobahnen)	(50,0)	(350,0)
4. Landwirtschaft und Fischerei (Meliorationen, landwirtschaftliche Siedlungen etc.)	337,4	389,2
5. Konsumförderung	70,0	70,0
6. Andere Zwecke	164,0	568,0
Insgesamt	3 101,1	4 994,0
7. Zum Vergleich: Rüstungsausgaben	1 900,0	5 900,0

Quellen: 1–6: K. Schiller, S. 158 f.; 7.: Tab. 2

Tabelle 5
Einnahmen, Ausgaben und Reinerlöse der deutschen Landwirtschaft 1928–1938
(Mrd. RM, laufende Preise)

Jahr	Einnahmen insges.	Ausgaben insges.	Reinerlös
1928/29	10,2	8,6	1,6
1930/31	8,6	7,4	1,2
1932/33	6,4	5,9	0,5
1933/34	7,4	5,9	1,5
1934/35	8,3	6,0	2,3
1935/36	8,8	6,3	2,5
1936/37	8,9	6,4	2,5
1937/38	9,5	6,9	2,6

Quelle: Farqhuarson, S. 540

Tabelle 6
Der jährliche Einkommenszuwachs der Landwirtschaft im Vergleich zu den übrigen Wirtschaftssektoren 1933–1938
(in v.H. gegenüber d. Vorjahr)

Wirtschaftssektor	1933/34	1934/35	1935/36	1936/37	1937/38
Landwirtschaft	17,1	16,9	1,0	3,8	2,8
Alle übrigen Sektoren zusammen	6,8	12,2	12,3	9,6	6,4

Quelle: Farqhuarson, S. 540

Tabelle 7
Die deutsche Lebensmitteleinfuhr 1929–1939

	1929	1933	1934	1935	1936	1937	1938	1939
1. Insges. Mrd. RM (feste Preise v. 1928)	5,5	3,6	3,7	3,3	3,1	4,1	5,0	4,4
2. In Prozenten d. Gesamteinfuhr	40,0	38,8	34,7	–	35,5	37,5	38,8	–

Quelle: Farqhuarson, S. 542

Tabelle 8
Die deutsche Selbstversorgung mit Lebensmitteln 1927/28–1938/39
(in v.H. des Eigenverbrauchs, aufgerundet)

Produkt	1927/28	1933/34	1938/39
Sämtliche Lebensmittel	68	80	83
Brotgetreide	79	99	115
Kartoffeln	84	90	91
Fleisch	91	98	97
Fette	44	53	57

Quelle: Farqhuarson, S. 541

Tabelle 9
Der deutsche Außenhandel 1929–1936
(Mio. RM, laufende Preise)

	1929	1932	1933	1934	1935	1936
1. Wareneinfuhr insges.	13 449	4 667	4 204	4 451	4 159	4 218
2. Warenausfuhr insges.	13 483	5 739	4 871	4 167	4 270	4 768
3. Lebensmittel in v.H. d. Gesamteinfuhr	40,0	45,7	38,8	34,7	34,5	35,5
4. Rohstoffe in v.H. d. Gesamteinfuhr	29,2	27,3	32,5	34,6	37,7	37,3
5. Fertigwaren in v.H. d. Gesamteinfuhr	13,1	11,9	12,0	12,9	9,8	9,4
6. Überschuß (+) oder Defizit (−) der Handelsbilanz	+36	+1 072	+667	−284	+111	+550
7. Defizit (−) der Zahlungsbilanz	−165	−256	−447	−424	−30	−
8. Gold- und Devisenreserven (jeweils Ende Dezember d. J.)	2 660	918	400	83	89	72

Quellen: 1.–6. Ellis, Echxange Control etc., S. 380 ff., 7.: Fischer, S. 103; 8.: Ellis, ebda., S. 373 ff.

Tabelle 10
Die Umlagerung des deutschen Außenhandels
1929–1938

	Anteil an der Gesamtausfuhr in v.H.				Anteil an der Gesamteinfuhr in v.H.			
	1929	1932	1935	1938	1929	1932	1935	1938
Südosteuropa	4,3	3,5	5,9	10,3	3,8	5,0	7,7	9,8
Ägypten, Türkei und Vorderasien	1,4	1,3	3,4	5,4	1,4	2,5	3,8	3,8
Lateinamerika	7,3	4,1	9,1	11,7	11,7	9,6	13,1	14,9
Nordeuropa	10,2	9,4	11,4	12,9	7,3	6,4	9,9	11,4
Total	23,2	18,3	29,8	40,3	23,9	23,5	34,5	39,9
Westeuropa	26,2	31,9	26,1	20,8	15,7	15,1	14,1	11,9
Großbritannien	9,7	7,8	8,8	6,7	6,4	5,5	6,2	5,2
USA	7,4	4,9	4,0	2,8	13,3	12,7	5,8	7,4
Übrige	33,5	37,1	31,3	29,4	40,7	43,2	39,4	35,6
Total	76,8	81,7	70,2	59,7	76,1	76,5	65,5	60,1

Quelle: Vierteljahreshefte zur Konjunkturforschung des Instituts für Konjunkturforschung, 14. Jg., 1939/40, Heft 1, NF, S. 75 ff. Abgedruckt bei R. Erbe, Die nationalsozialistische Wirtschaftspolitik, S. 76

Tabelle 11
Reallohnindices beschäftigter Arbeiter
1933–1936
(1932 = 100)

Jahr	Realtariflöhne		Realwochenlöhne	
	Brutto	Netto*	Brutto	Netto*
1933	99	95	98	94
1934	97	93	100	96
1935	99	91	103	99
1936	94	89	107	102

* Nach Steuer- und Pflichtabzügen
Quelle: J. Kuczinsky, Die Geschichte der Lage der Arbeiter in Deutschland von 1789 bis in die Gegenwart, Berlin (Ost) 1953, Bd. II, 1. Teil, S. 132 ff.

Tabelle 12
Die Preisentwicklung in Deutschland 1931–1938
(Index: 1925/27 = 100; erstes Jahresviertel)

	1931	1932	1933	1934	1935	1936	1937	1938
1. Großhandelspreise	83,0	72,4	66,1	69,8	73,2	75,2	76,6	76,7
2. Lebenshaltungskosten	96,9	85,7	81,0	83,5	85,0	86,5	86,7	87,0

Quelle: Institut f. Konjunkturforschung, abgedr. bei Ellis, S. 378

Tabelle 13
Nettoinvestitionen in Deutschland 1932–1936 nach verschiedenen Berechnungen
(Mrd. RM, laufende Preise)

	1932	1933	1934	1935	1936
1. Erbe	−2,3	−1,1	1,2	1,3	4,6
2. Hoffmann	−2,1	1,9	4,7	7,5	9,0
3. Offiziell 1938	−1,6	−0,75	2,4	5,6	7,6

Quellen: 1. Erbe, S. 114; 2. Hoffmann, S. 826; 3. Reichskreditgesellschaft, Report 1937/38, zit. bei Guillebaud, S. 275

Tabelle 14
Die Verteilung des Volkseinkommens in Deutschland 1929–1938
(Mio. RM, laufende Preise)

Jahr	Volkseinkommen	Lohn u. Gehalt	v.H.	Unternehmereinkommen*	v.H.	Unverteilte Gewinne (Kapitalgesellschaften)	v.H.	Andere**	v.H.
1929	70 880	43 045	60,7	21 608	30,5	882	1,2	5 345	7,6
1932	41 086	25 711	61,9	12 973	31,1	− 450	−	2 852	7,0
1933	42 552	25 960	61,0	13 628	32,0	175	0,4	2 789	6,6
1934	48 953	29 183	59,6	15 782	32,2	735	1,5	3 253	6,7
1935	55 341	32 252	58,3	17 954	32,4	1 365	2,5	3 770	6,8
1936	62 098	35 260	56,8	20 404	32,9	2 330	3,6	4 104	6,7
1937	69 887	38 907	55,7	23 470	33,6	3 000	4,3	4 150	6,4
1938	78 268	42 958	54,9	26 710	34,1	3 900	5,0	4 700	6,0

* Vermögens- und Unternehmereinkommen der Haushalte
** Einkommen öffentlicher Gesellschaften, Pensionen, Arbeitgeberbeiträge zur Sozialversicherung und Zinsen auf öffentliche Schulden
Quelle: Hoffmann u. Müller, S. 43, 47, 56

Tabelle 15
Die Vermögens- und Unternehmereinkommen der Haushalte 1929–1938
(Mio. RM, laufende Preise)

Jahr	Insgesamt	Handel, Gewerbe, freie Berufe, Vermietung u. Verpachtung	v.H. d. Volkseinkommens	Land- u. Forstwirtschaft	v.H. d. Volkseinkommens	Kapitalvermögen	v.H. d. Volkseinkommens
1929	21 608	12 857	18,1	5 487	7,8	3 264	4,6
1932	12 973	6 980	17,0	3 695	9,0	2 298	5,6
1933	13 628	7 360	17,3	3 865	9,1	2 403	5,6
1934	15 782	8 238	16,8	4 975	10,2	2 659	5,2
1935	17 954	9 560	17,2	5 750	10,4	2 644	4,8
1936	20 404	11 840	19,1	5 840	9,4	2 724	4,4
1937	23 470	14 580	20,9	6 110	8,7	2 780	4,0
1938	26 710	17 330	22,1	6 400	8,2	2 980	3,8

Quelle: Hoffmann u. Müller, S. 47

Tabelle 16
Die funktionale Einteilung des öffentlichen Verbrauchs 1932–1935
(Reich, Länder und Gemeinden, in v.H.)

Verwendungszweck	1932	1933	1934	1935
1. Allgemeine Dienstleistungen	13,3	12,7	11,5	10,5
2. Sicherheitsausgaben	3,3	4,8	16,1	20,7
3. Wirtschaftl. Dienstleistungen	8,0	13,1	11,9	10,7
4. Soziale Dienstleistungen	55,6	49,8	41,9	38,4
5. Andere	19,8	19,6	18,6	19,7

Quelle: Ries, Anhang Ta. VI

Tabelle 17
Der öffentliche Verbrauch nach Verwaltungssektoren 1932–1936
(in v.H.)

Jahr	Reich	Länder	Gemeinden
1932	49,0	20,1	30,9
1933	51,3	19,5	29,2
1934	59,6	16,7	23,7
1935	63,6	14,0	22,4
1936	67,1	12,3	20,6

Quelle: S. Andic u. J. Veverka, The Growth of Government Expenditure since the Unification, in: Finanzarchiv, N. F., Bd. 23, Tübingen 1963/64, S. 246

Tabelle 18
**Die Zusammensetzung der privaten Ersparnis in Deutschland
1924/29 und 1933/38**

Form der Ersparnis	1924–1929		1933–1938	
	Mrd. RM	v.H.	Mrd. RM	v.H.
1. Spareinlagen	12,3	44,5	8,4	43,5
2. Investitionen privater Sparer	11,6	41,9	4,7	24,2
3. Lebensversicherungen	1,6	5,8	2,7	13,9
4. Öffentl. Sozialversicherungen	2,2	7,8	3,6	18,4
Insgesamt i. jeweils 5 Jahren:	27,7	100,0	29,4	100,0

Quelle: Lurie, S. 82

Tabelle 19
**Bilanzangaben der allgemeinen Kreditbanken
(Groß- und Regionalbanken)
1929–1938**
(Mio. RM)

	1929 Dez.	1932 Dez.	1933 Dez.	1934 Dez.	1935 Dez.	1936 Dez.	1937 Nov.	1938 Nov.
Bilanzsumme*	16 673	10 679	9 773	9 667	9 631	9 726	10 350	11 649
Wirtschaftskredite	9 020	6 108	5 370	4 929	4 496	4 157	4 178	4 406
Wechselanlagen	3 015	1 429	1 425	1 767	1 873	2 460	3 241	2 860
Schatzwechsel u. Reichsanleihen	496	1 072	1 066	923	1 199	1 078	978	2 278
Einlagen insgesamt	14 459	8 804	7 937	7 807	7 787	8 027	8 597	9 725
Eigenkapital	1 350	851	823	809	789	794	806	813

* Nach Abzug von Anleihen und Hypotheken

Quelle: G. Keiser, Strukturwandel der Bankbilanzen, in: Bankarchiv, 1939, S. 237

Tabelle 20
Rüstungsausgaben 1932–1939*
(Mio. RM)

	1932	1933	1934	1935	1936	1937	1938	1939	Ins.**
RWM/RKM bzw. OKW	–	–	3	5	128	346	452	258	1 192
Heer	457	478	1 010	1 392	3 020	3 990	9 137	5 611	24 160
Marine	173	192	297	389	448	679	1 632	2 095	5 491
Luftwaffe	–	76	642	1 036	2 225	3 258	6 026	3 942	17 128
Insgesamt	630	746	1 952	2 772	5 821	8 273	17 247	11 906	49 971
Mefowechsel	–	–	2 145	2 715	4 452	2 688	–	–	12 000
Insg. einschl. Mefo-W.	630	746	4 197	5 487	10 273	10 961	17 247	11 906	59 971

RWM = Reichswehrministerium, ab 1935 RKM = Reichskriegsministerium
OKW = Oberkommando der Wehrmacht
* Haushaltsjahre, v. 1. 4.–31. 3. d. nächsten Jahres. Die Abweichungen von Tab. 2–4 erklären sich z. T. aus den dortigen Kalenderjahrberechnungen und der Diskrepanz zwischen Ablieferungs- und Zahlungsterminen.
** V. 1. 4. 1932–31. 8. 1939

Quelle: Stuebel, S. 4129

Tabelle 21
Verschiedene Schätzungen der Rüstungsausgaben im Vergleich zum Sozialprodukt und den öffentlichen Ausgaben 1933–1938

a) Der Anteil der Rüstung am Sozialprodukt (in v.H.)

Autor	Im Vergleich zu:	1933	1934	1935	1936	1937	1938
1. Klein	Bruttosozialprodukt	3,2	2,9	5,4	7,0	8,8	17,7
2. Stuebel	Volkseinkommen	1,5	7,8	9,3	15,7	15,0	21,0
3. Milward	Bruttosozialprodukt	3,2	3,4	5,5	7,6	9,6	18,1
4. Erbe	Bruttosozialprodukt	1,2	5,0	7,0	11,1	11,9	15,2
5. Hoffmann	Nettosozialprodukt	3,3	6,2	9,3	13,0	12,4	17,5
6. Carroll	Bruttosozialprodukt (abgerundet)	3,0	6,0	8,0	13,0	13,0	17,0

b) Der Anteil der Rüstung an den öffentlichen Ausgaben (in v.H.)

Autor		1933	1934	1935	1936	1937	1938
7. Klein	Öffentl. Verbrauch + Transferzahlungen	12,4	10,9	21,2	25,2	30,0	46,7
8. Stuebel	Reichshaushalt + Mefo-Wechsel	11,1	39,8	48,0	58,2	55,0	60,0
9. Milward	Öffentl. Ausgaben für Waren u. Dienstleistungen	8,7	8,8	15,8	22,6	28,2	42,7
10. Erbe	Öffentlicher Verbrauch (abgerundet)	5,0	26,0	24,0	49,0	47,0	50,0
11. Hoffmann	Öffentlicher Verbrauch	21,6	36,7	48,6	58,2	58,0	66,6
12. Carroll	Öffentl. Ausgaben für Waren u. Dienstleistungen (abgerundet)	21,0	33,0	43,0	62,0	55,0	52,0

Quellen: 1. Klein, S. 251–254; 2. Stuebel, S. 4129; 3. Milward, S. 16; 4. Erbe, S. 114; 5. Hoffmann, S. 721, 826; 6. Carroll, S. 184; 7.–11., ebd., 12. Carroll, S. 187.

Tabelle 22
Der Anteil der Rüstung an den öffentlichen Ausgaben für Waren und Dienstleistungen 1933–1938
(Mrd. RM, abgerundet)

	1933	1934	1935	1936	1937	1938
1. Der gesamte öffentl. Verbrauch ohne Rüstung	7,0	6,9	7,2	7,4	7,9	8,6
2. Öffentl. Investitionen ohne Rüstung	2,4	3,5	3,9	4,2	4,6	5,5
3. Rüstungsausgaben (Haushalt + Mefowechsel)	0,7	4,2	5,5	10,3	11,0	17,2
4. Gesamte öffentliche Ausgaben für Waren und Dienstleistungen (1+2+3)	10,1	14,6	16,6	21,9	23,5	31,3
5. Anteil d. Rüstung in v. H. (3:4)	6,9	28,8	33,1	47,0	46,8	55,0

Quellen: 1. Hoffmann, S. 721; 2. Erbe, S. 25; 3. Stuebel, S. 4125

Anmerkungen

1. W. Fischer, Deutsche Wirtschaftspolitik 1918–1945, Opladen 1968, S. 108
2. W. Treue u. G. Frede, Wirtschaft und Politik 1933–1945, Braunschweig 1953, S. 13; R. Erbe, Die nationalsozialistische Wirtschaftspolitik im Lichte der modernen Theorie, Zürich 1958, S. 177
3. G. Kroll, Von der Weltwirtschaftskrise zur Staatskonjunktur, Berlin 1958, S. 411 ff.; D. Petzina: »Hauptprobleme der deutschen Wirtschaftspolitik 1932/33«, in: Vierteljahreshefte für Zeitgeschichte (künftig: VfZ), Bd. XV (1967), S. 19–55; W. Grotkopp, Die große Krise, Lehren aus der Überwindung der Wirtschaftskrise 1929–1932, Düsseldorf 1954
4. F. Neumann, Behemoth, The Structure and Practice of National-Socialism, London 1942, S. 187 f.
5. O. Nathan, The Nazi's Economic System, Germany's Mobilization for war, Durham 1944, S. 5 f. (Übers. d. Verf.)
6. Ch. Bettelheim, L'Economie allemande sous le nacisme, un aspect de la décadence du capitalisme, Paris 1946
7. Ebd., S. 273 (Übers. d. Verf.)
8. W. Pieck, G. Dimitroff, P. Togliatti, Die Offensive des Faschismus, Referate auf dem VII. Kongreß der Kommunistischen Internationale (1935), Berlin (Ost) 1957, S. 87
9. So z. B. Fischer, a. a. O., S. 66
10. Siehe D. Petzina, Autarkiepolitik im Dritten Reich. Der nationalsozialistische Vierjahresplan, Stuttgart 1968
11. Fischer, a. a. O., S. 77
12. Siehe Anm. 2
13. B. H. Klein, Germany's Preparations for War, Cambridge (Mass.) 1959
14. Ebd., S. 16 ff.
15. Ebd., S. 21 (Übers. d. Verf.)
16. Siehe die Kritik Kleins von T. W. Mason, in: E. M. Robertson (ed.), The Origins of the Second World War, Historical Interpretations, London 1967, S. 120 ff.
17. A. S. Milward, The German Economy at War, London 1965
18. Ebd. S. 2 (Übers. d. Verf.)
19. B. A. Carroll, Design for Total War, Arms and Economics in the Third Reich, The Hague 1968
20. Ebd., S. 179 ff.
21. G. Meinck, Hitler und die deutsche Aufrüstung 1933–1937, Wiesbaden 1959, S. 86 ff.
22. Kroll, a. a. O., S. 474; W. Prion, Das deutsche Finanzwunder, Die Geldbeschaffung für den deutschen Wirtschaftsaufschwung, Berlin 1938, S. 9 f.; H. Schacht, Account Settled, London 1949, S. 362
23. G. Schulz, in: Bracher, Sauer und Schulz, Die nationalsozialistische Machtergreifung – Studien zur Errichtung des totalitären Herrschaftssystems in Deutschland 1933/34, Köln und Opladen 1960
24. E. Czichon: »Der Primat der Industrie im Kartell der nationalsozialistischen Macht«, in: Das Argument, Berlin, Jg. X, Nr. 47 (1968), S. 185
25. K. Gossweiler: »Über Wesen und Funktion des Faschismus«, in: Gossweiler, Kühnl und Opitz, Faschismus – Entstehung und Verhinderung, Frankfurt a. M. 1972, S. 33
26. Siehe z. B. G. W. Hallgarten, Hitler, Reichswehr und Industrie, Frankfurt a. M. 1955; H. A. Turner jr., Faschismus und Kapitalismus in Deutschland, Studien zum Verhältnis zwischen Nationalsozialismus und Wirtschaft, Göttingen 1972

27 E. Czichon, Wer verhalf Hitler zur Macht?, Köln 1967
28 J. Kuczynski, Klassen und Klassenkämpfe im imperialistischen Deutschland und in der BRD, Frankfurt a. M. 1972
29 K. Gossweiler, Die Rolle des Monopolkapitals bei der Herbeiführung der Röhm-Affäre, Dissert. Berlin 1963, S. 287, Zit. bei: H. A. Turner: »Das Verhältnis des Großunternehmertums zur NSDAP«, in: Industrielles System und politische Entwicklung in der Weimarer Republik, Verhandlungen des internationalen Symposiums in Bochum vom 12. bis 17. Juni 1973, Düsseldorf 1974, S. 923 f.
30 E. Czichon, Wer verhalf . . ., a. a. O., S. 18 ff.
31 K. Gossweiler, in: Gossweiler, Kühnl, Opitz, a. a. O., S. 13
32 Ebd., S. 17
33 So z. B. R. Kühnl, Formen bürgerlicher Herrschaft – Liberalismus und Faschismus, Hamburg 1971
34 Siehe A. Thalheimer: »Über den Faschismus«, in: W. Abendroth (Hrsg.), Faschismus und Kapitalismus, Frankfurt a. M. 1967, S. 19–38
35 Gossweiler, in: Gossweiler, Kühnl, Opitz, a. a. O., S. 12
36 T. W. Mason: »Der Primat der Politik«, in: Das Argument, Nr. 41 (Dez. 1966), S. 484; S. auch v. gleich. Verf. Das Argument, Nr. 47, S. 200
37 A. Schweitzer, Big Business in the Third Reich, London 1964, und »Organisierter Kapitalismus und Parteidiktatur 1933–1936«, in: Schmollers Jahrbuch, 79. Jg. (1959). Ders.: »Der organisierte Kapitalismus – Die Wirtschaftsordnung in der ersten Periode der nationalsozialistischen Herrschaft«, in: Hamburger Jahrbuch für Wirtschafts- und Gesellschaftspolitik, 7. Jg. (1962)
38 Ders.: »Organisierter Kapitalismus . . .«, Schmollers Jb., a. a. O., S. 73
39 Siehe dazu R. Kühnl: »Zur Programmatik der nationalsozialistischen Linken. Das Strasser-Programm von 1925/26«, in: VfZ, 14. Jg. (1966), Heft 3
40 Schweitzer, Big Business, a. a. O., S. 554 f. (Übers. d. Verf.)
41 Ebd., S. 504
42 D. Schoenbaum, Hitler's Social Revolution, Class and Status in Nazi Germany, London 1967, S. 122 f. (Übers. d. Verf.)
43 Siehe dazu: H. Genschel, Die Verdrängung der Juden aus der Wirtschaft im Dritten Reich, Göttingen 1966, S. 211 f.
44 S. Lurie, Private Investment in a Controlled Economy (Germany 1933–1939), Columbia, N. Y., 1947, S. 214
45 A. S. Milward, The New Order and the French Economy, Oxford 1970, S. V. (Übers. d. Verf.)
46 Ebd., S. 28
47 Ebd., S. 23 (Übers. d. Verf.)
48 Schoenbaum, a. a. O., S. 245 ff.
49 Vgl. dazu: H. A. Turner, jr.: »Hitlers Einstellung zu Wirtschaft und Gesellschaft«, in: Geschichte und Gesellschaft, Jg. 2 (1976) 1, S. 89–117, und A. Barkai, »Sozialdarwinismus und Antiliberalismus in Hitlers Wirtschaftskonzept«, in: Geschichte und Gesellschaft, Heft 3, 1977.
50 H. Rauschning, Gespräche mit Hitler, New York 1940, S. 26
51 K. D. Bracher, Die deutsche Diktatur, Köln/Berlin 1965, S. 270; E. Jäckel, Hitlers Weltanschauung, Tübingen 1969; A. Kuhn, Hitlers außenpolitisches Programm, Stuttgart 1970
52 Vgl. dazu: H. G. Zmarzlik: »Der Sozialdarwinismus in Deutschland als geschichtliches Problem«, in: VfZ, Jg. 12 (1963), S. 246–273
53 Entwurf eines Offenen Briefs an Reichskanzler von Papen als Antwort auf dessen Rede vor dem Bayerischen Industrielleverband in München, 12. 10. 1932 (Kanzlei Adolf Hitler, National Archivs USA [künftig: NAUSA], Microcopy T-81, Roll 1, fr. no. 11448)
54 H. A. Turner, jr.: »Hitlers Secret Pamphlet for Industrialists«, in: Journal of Modern History, vol. 40 (1968), S. 362
55 A. Hitler, Mein Kampf, S. 151 f. (Alle Seitenangaben nach der einheitlichen Volksausgabe von 1930. Verf. lag die 737.–741. Aufl. v. 1942 vor)
56 Ebd., S. 255

57 Vgl. dazu: A. S. Milward, The New Order etc., a. a. O., S. V, 25 ff. Ebenso schon früher: S. Lurie, a. a. O., S. 214 f.
58 G. L. Weinberg (Hrsg.), Hitlers zweites Buch, Stuttgart 1961, S. 163
59 Hitler, Mein Kampf, S. 209 f.
60 Ebd., S. 212
61 G. Feder, Das Manifest zur Brechung der Zinsknechtschaft des Geldes, München 1919, und Der deutsche Staat auf nationaler und sozialer Grundlage, München 1923
62 Ders., Kampf gegen die Hochfinanz, München 1934^5, S. 14. Zur Laufbahn Feders siehe neuerdings: K. H. Ludwig, Technik und Ingenieure im Dritten Reich, Düsseldorf 1974, S. 73 ff. u. passim
63 G. Stolper, Deutsche Wirtschaft 1870–1940, Stuttgart 1950, S. 144
64 G. Feder, Hochfinanz, a. a. O., S. 305
65 Ebd., S. 155
66 Ebd., S. 90; 44
67 Stolper, a. a. O., S. 149
68 Interrogation of Wilhelm Keppler by U.S. State Dptm. Special Interrogation Mission, September bis Oktober 1945 (Institut für Zeitgeschichte [künftig: IfZ], München, MA 1300/2
69 NAUSA, T-175, Roll 194, fr. no. 733734-40
70 Das Programm der NSDAP (hier wie auch vorher zitiert nach dem Anhang zu O. Wagener, Das Wirtschaftsprogramm der NSDAP, München [Eher] 1932, S. 101–103)
71 Vgl. dazu: A. Barkai, Sozialdarwinismus etc., a. a. O.
72 Rauschning, a. a. O., S. 176
73 E. Calic, Ohne Maske, Hitler – Breiting Geheimgespräche 1931, Frankfurt 1968, S. 37 f. (Obwohl die Authentizität dieser Gespräche angefochten wurde [Der Spiegel, 1972, Nr. 37, S. 62 ff.] ist m. E. der hier zitierte Passus durchaus glaubwürdig und durch andere Quellen unterstützt. Im übrigen kann die Diskussion um die Veröffentlichung Calics keineswegs als abgeschlossen gelten. Eine ausführliche, bisher unveröffentlichte Stellungnahme, die mir Prof. Friedrich Zipfel freundlicherweise zur Verfügung stellte, stellt den im »Spiegel« zitierten Aussagen nicht von der Hand zu weisende Gegenargumente entgegen)
74 G. Schulz in: Bracher, Sauer, Schulz, Die nationalsozialistische Machtergreifung, Köln/Opladen 1960, S. 362
75 Vgl. dazu: H. Lebovics, Social Conservatism and the Middle Class in Germany 1914–1933, Princeton 1969; K. v. Klemperer, Konservative Bewegungen zwischen Kaiserreich und Nationalsozialismus, München 1962; K. Sontheimer, Antidemokratisches Denken in der Weimarer Republik, München 1962
76 IfZ, Aufzeichnungen Wagener, ED 60; Ebd. Walter Darré, ED 110
77 Ebd., MA 1300/2; Darré ED 110
78 Darré, ebd.
79 Wagener, ebd., S. 1016–1034
80 Bundesarchiv Koblenz (künftig: BA), NS 22/11
81 IfZ, Wagener ED 60, Heft 4
82 Berlin Document Center (künftig: BDC), Akte REMA; BA, Nachlaß Silverberg, 232, S. 194/98
83 BA, NS 22/11
84 Ebd.
85 O. Wagener, Wirtschaftsprogramm, a. a. O.
86 BA, NS 22/11, Anordnung vom 27. 5. 1932
87 Archiv der Forschungsstelle für die Geschichte des Nationalsozialismus in Hamburg (künftig: HF), Wirtschaftspolitik 9116
88 O. Wagener, Wirtschaftsprogramm, a. a. O., S. 4
89 IfZ, Wagener ED 60, S. 1902/12
90 Ebd., S. 652-61, 1773 f.
91 Rauschning, a. a. O., S. 41
92 Deutsche Führerbriefe (künftig: DFb), 6. 2. 1931
93 Ebd., 24. 3. 1931

94 Zit. bei: D. Stegmann: »Zum Verhältnis von Großindustrie und Nationalsozialismus 1930–1933«, in: Archiv für Sozialgeschichte, Jg. 13 (1973), S. 416/17
95 BDC, 0.212 Wirtschaftspolitische Abteilung, S. 175–183. Ausführlicher zitiert in: A. Barkai: »Die Wirtschaftsauffassung der NSDAP«, in: Aus Politik und Zeitgeschichte, Beilage zu »Das Parlament«, B9/75, 1. 3. 1975. Der volle kommentierte Text dieses Dokuments wird demnächst im Jahrbuch des Instituts für deutsche Geschichte der Universität Tel Aviv erscheinen
96 Vgl. dazu: Stegmann, a. a. O., und H. A. Turner, jr.: »Großunternehmertum und Nationalsozialismus 1930–1933«, in: Historische Zeitschrift (künftig: HZ), Bd. 221 (1975), S. 49 f.
97 O. Lorenz, Die Beseitigung der Arbeitslosigkeit, Berlin 1932
98 BA, NS 22/11, S. 11
99 O. Wagener, Wirtschaftsprogramm, a. a. O., S. 92
100 Ebd.
101 G. Strasser, Arbeit und Brot, Reichstagsrede vom 10. Mai 1932, München 1932
102 Wirtschaftliches Sofortprogramm der NSDAP, ausgearbeitet von der Hauptabteilung IV (Wirtschaft) der Reichsorganisationsleitung der NSDAP, München 1932
103 BA, Nachlaß Silverberg, Dr. J. Herle an Silverberg vom 9. 9. 1932
104 Der Prozeß gegen die Hauptkriegsverbrecher vor dem internationalen Militärgerichtshof (IMT – deutsche Ausgabe), Bd. 5, S. 138, 151; Bd. 12, S. 535
105 Sofortprogramm, a. a. O., S. 8
106 Ebd., S. 14
107 Kroll, a. a. O., S. 434
108 Hauptarchiv Gutehoffnungshütte, Nr. 400101290/33a, abgedr. bei Stegmann, a. a. O., S. 465 f.
109 Vgl. dazu: Stegmann, a. a. O., S. 429/30, u. d. Kritik Turners in HZ, a. a. O., S. 45 ff.
110 DFb, 20. 5. 1932
111 Ebd., 26. 8. 1932
112 NAUSA, T-81, fr. no. 11336, W. v. Alvensleben an Hitler vom 21. 9. 1932
113 BA, Nachlaß Silverberg, No. 232. Auch abgedr. bei Stegmann, a. a. O., S. 452 ff.
114 Vgl. dazu: Stegmann, ebd., S. 426 ff., und Turner, HZ, a. a. O., S. 50 f.
115 Zit. bei: Kroll, a. a. O., S. 423
116 DFb, 4. 10. 1932
117 Das Wirtschaftliche Aufbauprogramm der NSDAP, abgedr. in: Feder, Hochfinanz, a. a. O., S. 371–82
118 NAUSA, T-81, Roll 1, fr. no. 11510. G. Feder: »Arbeitsbeschaffung«
119 Kroll, a. a. O., S. 435; 454/5
120 Ebd., S. 435
121 W. Grotkopp, Die große Krise, Düsseldorf 1954
122 Vgl. dazu: M. Schneider, Das Arbeitsbeschaffungsprogramm des ADGB. Zur gewerkschaftlichen Politik in der Endphase der Weimarer Republik, Bonn/Bad Godesberg 1975, S. 81–89; 231–36. Diese vorzüglich dokumentierte Arbeit konnte aus drucktechnischen Gründen nicht mehr eingehender ausgewertet werden
123 R. A. Gates: »Von der Sozialpolitik zur Wirtschaftspolitik? Das Dilemma der deutschen Sozialdemokratie in der Krise 1929–1933«, in: Industrielles System, Internationales Symposium in Bochum, a. a. O., S. 212; vgl. auch: W. Woytinsky, Stormy Passage, New York 1961, S. 464 ff.
124 Gates, ebd., S. 220 f.
125 M. Schneider: »Konjunkturpolitische Vorstellungen der Gewerkschaften in den letzten Jahren der Weimarer Republik«, in: Internationales Symposium in Bochum, a. a. O., S. 230 ff.
126 Gewerkschaftszeitung, Jg. 42, Nr. 8, 20. 2. 1932
127 Fritz Naphtali, Wirtschaftsdemokratie, ausgewählte Schriften (hebräisch), Tel Aviv o. D., S. 18
128 G. Ziemer, Inflation und Deflation zerstören die Demokratie, Stuttgart 1971, S. 146 f.; Grotkopp, a. a. O., S. 130; Schneider, Arbeitsbeschaffungsprogramm, a. a. O., S. 130
129 Woytinsky, a. a. O., S. 476

130 Hier zit. nach: Materialsammlung Dräger
131 Denkschrift des Landgemeindetages vom 5. 7. 1932, hier zit. nach: Schneider, Arbeitsbeschaffungsprogramm, a. a. O., S. 42; Ebenso: G. Gereke, Ich war königlich-preußischer Landrat, Berlin (Ost) 1970, S. 174
132 Die Tat, Jg. 1931/32, S. 1027, zit. nach: Schneider, Arbeitsbeschaffungsprogramm, a. a. O., S. 150
133 Vgl. dazu: G. Garvy: »Keynes and the Economic Activists of pre-Hitler Germany«, in: Journal of Political Economy, Bd. 83, Nr. 2 (April 1975), S. 398
134 Abgedr. im Anhang zu Grotkopp, a. a. O., S. 349–351
135 BA, R 43/I, 2045
136 Arbeitsbeschaffung. Eine Gemeinschaftsarbeit: Unter Mitwirkung zahlreicher Fachleute bearbeitet von Heinrich Dräger, Hans Lambrecht, Fritz Reute, Otto D. Schäfer, Werner T. Schaurte, Berlin 1933
137 H. Dräger, Arbeitsbeschaffung durch produktive Kreditschöpfung, München (NS-Bibliothek) 1934^3 (1. Aufl. Juni 1932), S. 3 f.
138 Ebd., S. 4
139 Ebd., S. 36
140 Ebd., S. 66
141 NAUSA, T-81, Roll 1, Feder, Arbeitsbeschaffung, a. a. O.
142 R. Friedländer-Prechtl, Chronische Arbeitskrise. Ihre Ursache und ihre Bekämpfung, Berlin 1926 (Materialsammlung Dräger)
143 Ders., Wirtschafts-Wende. – Die Ursachen der Arbeitslosen-Krise und deren Bekämpfung, Leipzig 1931, S. 65 f.
144 Ebd., S. 237
145 Ebd.
146 Materialsammlung Dräger
147 Wirtschafts-Wende, S. 177.
148 Ebd., S. 134
149 Wirtschaftswende (d. gleichnamige, v. R. Friedländer-Prechtl herausgegebene Zeitschrift, künftig: WW), Nr. 8, 2. 12. 1931, S. 275–277
150 Materialsammlung Dräger, Friedländer-Prechtl an Dräger vom 30. 6. 1932
151 Ebd., Friedländer-Prechtl an Dräger vom 1. 7. 1932
152 Ebd., Friedländer-Prechtl an Dräger, vom 25. 1. 1937
153 E. Wagemann, Geld- und Kreditreform, Berlin 1932, S. 37 f.
154 Der deutsche Volkswirt (künftig: DVW), Jg. 6, Nr. 19, 5. 2. 1932
155 Ebd., Jg. 7, Nr. 10, 9. 12. 1932
156 H. S. Ellis, German Monetary Theory 1905–1933, Cambridge (Mass.) 1937, S. 19 f.
157 R. Dalberg, Die Entthronung des Goldes, Stuttgart 1916, und Deutsche Währungs- und Kreditpolitik 1923–1926, Berlin 1926
158 Vgl. dazu: C. W. Guillebaud, The Economic Recovery of Germany, London 1939, S. 215 f.
159 W. Lautenbach, Zins, Kredit und Produktion, Tübingen 1952
160 Grotkopp, a. a. O., S. 233
161 J. M. Keynes, Vom Gelde, München/Leipzig 1932
162 Bank-Archiv vom 15. 7. 1932, zit. bei: Grotkopp, a. a. O., S. 236
163 Lautenbach, a. a. O., S. 156 f.
164 W. Lautenbach an den Herausgeber der Zeitschrift »Die Bank«, vom 26. 11. 1937, abgedr. in: Lautenbach, a. a. O., S. 194
165 So u. a.: »Wirtschaftliche Zukunftsversprechen«, in: Europäische Revue, Jg. 6, 2. Halbbd. 1930; im Wirtschaftsdienst (Hrsg. Carl Krämer), 15. 1. 1932; in: Die Arbeit (hrsg. von ADGB), Oktober 1932
166 Pers. Mitteilung Dr. Drägers; auch H. Dräger, Arbeitsbeschaffung . . ., Neuausgabe Düsseldorf 1956, S. 98
167 U. a.: A. R. Hermann, Verstaatlichung des Giralgeldes, München (NS-Bibliothek) 1932, S. 36 u. passim; Dräger, Arbeitsbeschaffung etc., München 1934, S. 12; F. Fried (F. Zimmermann), Das Ende des Kapitalismus, Jena 1931, S. 23 u. passim; W. Sombart, Deutscher Sozialismus, Berlin 1934, S. 319

168 IfZ, Wagener ED 60, S. 1650
169 Vgl. dazu: Grotkopp, a. a. O., S. 38 f. u. passim; K. Sontheimer, »Der Tat-Kreis«, in: VfZ, Nr. 7 (1959), S. 229–260
170 BDC, Personalakte Friedrich Zimmermann
171 J. M. Keynes, Allgemeine Theorie der Beschäftigung, des Zinses und des Geldes, Berlin 1936, S. 8 f.
172 T. S. Hamerow, Restoration, Revolution, Reaction – Economics and Politics in Germany 1815–1871, Princeton 1958, S. 207 f.; S. 221 f.
173 H. Mottek, Studien zur Geschichte der industriellen Revolution in Deutschland, Berlin(Ost) 1960, S. 50 ff.
174 A. Gerschenkron, Bread and Democracy in Germany, Berkeley/Los Angeles 1943, S. 42 ff.
175 W. O. Henderson, The State and the Industrial Revolution in Prussia, Liverpool 1958, S. XXI f.
176 G. Stolper, German Economy 1870–1940, N. Y. 1940, S. 75 ff.
177 Ebd., S. 84. Siehe dazu auch: J. H. Clapham, The Economic Development of France and Germany 1815–1914, Cambridge 1951, S. 309
178 Stolper, a. a. O., S. 92
179 J. G. Fichte, Der geschlossene Handelsstaat, Leipzig o. D. (1. Ausg. 1800)
180 W. Roscher: »Die romantische Schule der Nationalökonomie in Deutschland«, in: Zeitschrift für die gesamte Staatswissenschaft (künftig: ZgSt), Jg. 1870, S. 51–105
181 J. Baxa, Adam Müller und die deutsche Romantik, Einleitung zu: A. Müller, Ausgewählte Abhandlungen, Jena 1921, S. 130 f.
182 A. Müller, Elemente der Staatskunst, in: Vom Geiste der Gemeinschaft, Leipzig 1931, S. 159
183 Ebd., S. 26
184 Ebd., S. 246
185 Ebd., S. 196
186 Ebd., S. 255 f.
187 Ebd., S. 159
188 Ders.: »Von den Vorteilen, welche die Errichtung einer Nationalbank für die kaiserlich-österreichischen Staaten nach sich ziehen würde«, in: Ausgewählte Abhandlungen, a. a. O., S. 52
189 Ders.: »Agronomische Abhandlungen«, ebd., S. 73 ff.
190 Ders., Vom Geiste der Gemeinschaft, a. a. O., S. 164
191 F. List, Schriften, Reden, Briefe, Berlin 1932–1935, Bd. 2, S. 463
192 Ebd., Bd. 1, S. 207
193 Ders., Das nationale System der politischen Ökonomie, 5. Aufl. Jena 1928, S. 194 f.
194 Ders., Schriften, a. a. O., Bd. 2, S. 105
195 Ebd., Bd. 9, S. 176
196 Ebd., Bd. 3, S. 75
197 Ebd., S. 239
198 Siehe dazu: G. Weippert, Der späte List, Erlangen 1956
199 F. List, Schriften . . ., a. a. O., Bd. 1, S. 91
200 Ebd., S. 177 f.; Bd. 5, S. 424
201 Ders., Das nationale System . . ., a. a. O., S. 323
202 Ebd., S. 269
203 Ebd.
204 Ders., Schriften . . ., a. a. O., Bd. 5, S. 499 ff. Siehe dazu auch: Weippert, a. a. O., S. 39 ff.; H. C. Meyer, Mitteleuropa in German Thought and Action 1815–1945, The Hague 1955, S. 12–16
205 So z. B. Weippert, a. a. O., S. 17; A. Sommer: »Friedrich List und Adam Müller«, in: Weltwirtschaftliches Archiv, Bd. 25 (1927 I), S. 376
206 W. Roscher, Die Grundlagen der Nationalökonomie, Stuttgart 1857, S. 20
207 Ebd., S. 3
208 K. Knies, Die politische Ökonomie vom geschichtlichen Standpunkt, Braunschweig 1883, S. 329 ff.

209 Roscher, Grundlagen . . ., a. a. O., S. 70
210 Ders., Geschichte der Nationalökonomik in Deutschland, München 1874, S. 1014
211 Ebd., S. 767
212 Knies, a. a. O., S. 131
213 W. Vleugels: »Die Kritik am wirtschaftlichen Liberalismus in der Entwicklung der deutschen Volkswirtschaftslehre«, in: Schmollers Jahrbuch (künftig: Sch. Jb.), Jg. 59 (1935), S. 513
214 Ebd., S. 516
215 Ad. Wagner: »Finanzwissenschaft und Staatssozialismus«, in: ZgSt, Bd. 43 (1887), S. 679
216 F. Meinecke: »Drei Generationen Deutscher Gelehrtenpolitik«, in: Historische Zeitschrift (künftig: HZ), Bd. 125 (1922), S. 263
217 Vleugels, a. a. O., S. 517
218 Siehe dazu: D. Lindenlaub, Richtungskämpfe im Verein für Sozialpolitik, Vierteljahresschrift für Sozial- und Wirtschaftsgeschichte, Beihefte 52–53, Wiesbaden 1967, S. 157 ff.
219 Ad. Wagner, Grundlegung der politischen Ökonomie, 2. Teil, 1894; zit. bei: Lindenlaub, a. a. O., S. 89; 112
220 G. Schmoller: »Walther Rathenau und Hugo Preuß«, in: Sch. Jb. Jg. 41 (1917), S. 455 ff. Siehe dazu auch: ders., Umrisse und Untersuchungen zur Verfassungs-, Verwaltungs- und Wirtschaftsgeschichte, besonders des preußischen Staates, im 17. und 18. Jahrhundert, Leipzig 1898, S. 227 f.
221 Ch. Rist, History of Monetary and Credit Theory from John Law to the present Day, London 1940, S. 334 ff.
222 Siehe dazu: J. Schumpeter, History of Economic Analysis, N. Y. 1954, S. 811; Lindenlaub, a. a. O., S. 156; H. Lebovics, Social Conservatism and the Middle Classes in Germany 1914–1933, Princeton 1969, S. 170
223 Rist, a. a. O., S. 101; A. R. Herrmann, Verstaatlichung des Giralgeldes – Ein Beitrag zur Frage der Währungsreform nach den Grundsätzen G. Feders, München 1932, S. 41
224 L. Brentano: »Über die zukünftige Politik des deutschen Reiches«, in: Sch. Jb. Bd. XI (1885), S. 1–29, zit. bei Lindenlaub, a. a. O., S. 60
225 G. Schmoller: »Die Wandlungen in der Handelspolitik des 19. Jahrhunderts«, in: Sch. Jb. Bd. XXIV (1900), S. 373 ff.
226 Ders., Zwanzig Jahre deutscher Politik, München/Leipzig 1920, S. 17 f.
227 Siehe dazu: Ad. Wagner, Agrar- und Industriestaat, Berlin 1901; ders.: »Die Flottenverstärkung und unsere Finanzen«, in: G. Schmoller, M. Sering und Ad. Wagner (Hrsg.), Handels- und Machtpolitik, Berlin 1900, S. 126
228 F. Fischer, Germany's Aims in the First World War, London 1967, S. 8 f.
229 Meyer, a. a. O., S. 140
230 F. Fischer: »Weltmachtstreben, Weltpolitik und deutsche Kriegsziele«, in: HZ, Bd. 199 (1964), S. 322
231 P. de Lagarde, Deutsche Schriften, Gesamtausgabe (3. Aufl.), Göttingen 1892, zit. bei: Meyer, a. a. O., S. 31
232 Siehe dazu: Th. Kamenetzky: »Lebensraum«, Secret Nazi Plans for Eastern Europe, N. Y. 1961
233 Sch. Jb., Bd. XV (1891), zit. bei: Fischer; »Weltmachtstreben . . .«, in: HZ, a. a. O., S. 325 f.
234 Schmoller, Zwanzig Jahre . . ., a. a. O., S. 171 f.
235 H. Schacht, 76 Jahre meines Lebens, Bad Wörishofen 1953, S. 117, 101, 230
236 G. Hardach, Der erste Weltkrieg, München 1973, S. 64
237 W. v. Moellendorff, Deutsche Gemeinwirtschaft, Berlin 1916, S. 21
238 Ders., Von Einst zu Einst, Der alte Fritz, J. G. Fichte, Frh. v. Stein, Friedrich List, Fürst Bismarck, Paul Lagarde über deutsche Gemeinwirtschaft, Jena 1917, S. 26
239 Ders., Deutsche Gemeinwirtschaft, a. a. O., S. 39
240 W. Rathenau, Von kommenden Dingen, Ges. Schriften, Bd. 3, Berlin 1929, S. 96, 139, 97, 158, 159
241 Ders.: »Transatlantische Warnungssignale«, in: Die Zukunft, 30. Juli 1898, zit. bei: E. C. Kollmann, »Walther Rathenau and German Foreign Policy, Thoughts and Actions«, in: Journal of Modern History (künftig: JMH), Bd. XXVI (1954), S. 127 f.

242 Ders., Deutsche Gefahren, in: Ges. Schriften, a. a. O., S. 270; siehe auch: Meyer, a. a. O., S. 139 f.
243 Siehe dazu: W. Krause, Wirtschaftstheorie unter dem Hakenkreuz, Berlin (Ost) 1969, S. 190
244 F. Böhm, W. Eucken und H. Großmann-Dörth, Ordnung der Wirtschaft, Stuttgart u. Berlin 1937, S. VIII f.
245 Kroll, a. a. O., S. 132 ff.
246 Grotkopp, a. a. O., S. 245
247 Siehe dazu: Lebovics, a. a. O., S. 149 f.; K. Sontheimer, Antidemokratisches Denken in der Weimarer Republik. Die politischen Ideen des deutschen Nationalismus zwischen 1918 und 1933, München 1962, S. 182 f.; W. Hock, Deutscher Antikapitalismus, Der ideologische Kampf gegen die freie Wirtschaft im Zeichen der großen Krise, Frf. a. M. 1960; S. 33 f.; K. v. Klemperer, Germany's New Conservatism: its History and Dilemma in the 20th Century, Princeton 1968, S. 192 f.
248 W. Sombart, Die drei Nationalökonomien, Geschichte und System der Lehre von der Wirtschaft, München/Leipzig 1930, S. 65 ff.
249 Ders., Der deutsche Sozialismus, Berlin 1934, S. 318
250 »Die zünftigen Nationalökonomien«, in: Die Tat, Bd. XXIV (1932), S. 592 f.
251 W. Sombart, Die deutsche Volkswirtschaft im 19. und im Anfang des 20. Jahrhunderts, Darmstadt 1954 (1. Aufl. 1903), S. 455
252 Ders., Die drei Nationalökonomien, a. a. O., S. 331
253 Die Tat, Bd. XXIV (1932), S. 37 ff.
254 W. Sombart, Deutscher Sozialismus, a. a. O., S. 172
255 O. Spann, Gesellschaftslehre, 2. Aufl. Leipzig 1923, S. 507 f.; ders., Der wahre Staat, Vorlesungen über Abbruch und Neuaufbau der Gesellschaft, Jena 1931, S. 189; W. Heinrich, Das Ständewesen mit besonderer Berücksichtigung der Selbstverwaltung der Wirtschaft, Jena 1932, S. 31 f.
256 Sombart, Deutscher Sozialismus, a. a. O., S. 231
257 E. W. Eschmann: »Wirtschaften auf Befehl und Übereinkunft«, in: Die Tat, Bd. XXXIV (1932), S. 241 f.
258 Siehe dazu: Rathenau, Von kommenden Dingen, a. a. O., S. 96 f.; 158; Schmoller, Zur Literaturgeschichte der Staats- und Sozialwissenschaften, Leipzig 1888, S. 73; Ad. Wagner: »Finanzwissenschaft und Staatssozialismus«, a. a. O., S. 705 f.; O. Spengler, Preußentum und Sozialismus, München 1920, S. 77; F. Fried (Friedrich Zimmermann), Die Zukunft des Außenhandels, Jena 1934, S. 45; W. Sombart, Die Zukunft des Kapitalismus, Berlin 1932, S. 28
259 Siehe dazu: Schmoller, Umrisse und Untersuchungen etc., a. a. O., S. 227 f.; Rathenau, Von kommenden Dingen, a. a. O., S. 159; Spengler, a. a. O., S. 97; Eschmann, a. a. O., S. 452; Sombart, Deutscher Sozialismus, a. a. O., S. 300 ff.
260 Sombart, Deutscher Sozialismus, a. a. O., S. 324
261 W. Heinrich, Die soziale Frage, Jena 1934, zit. bei: M. Schneller, Zwischen Romantik und Faschismus, Stuttgart 1970, S. 66, 158, Sombart, Händler und Helden, Patriotische Besinnungen, München/Leipzig 1915, S. 101; ders., Deutscher Sozialismus, a. a. O., S. 292
262 Sombart, ebd., S. 269; 284 f.
263 R. Friedländer-Prechtl, Wirtschaftswende, a. a. O., S. 225; 132
264 F. Fried, Die Tat, Bd. XXIV (1932), S. 127; ders., Das Ende des Kapitalismus, Jena 1931, S. 255; ebd., S. 257; G. Wirsing: »Zwangsautarkie«, in: Die Tat, Bd. XXIII, S. 433; ders.: »Richtung Ost-Südost«, in: Die Tat, Bd. XXII, S. 628 ff.; ders., Zwischeneuropa und die deutsche Zukunft, Jena 1932; Fried, Ende des Kapitalismus, a. a. O., S. 256; Eschmann: »Nationale Planwirtschaft«, in: Die Tat, Bd. XXIV, S. 240 f.
265 Stolper, a. a. O., S. 233
266 K. S. Pinson, Modern Germany, Its History and Civilization, N. Y. 1954, S. 195 (Übers. d. Verf.)
267 Hock, a. a. O.
268 L. von Mises, Omnipotent Government, The Rise of the Total State and Total War, New Haven – Yale 1948
269 F. Bülow, Einleitungen zu A. Müller, Vom Geiste der Gemeinschaft, a. a. O., S. XV

270 Hans Buchner, a. a. O., S. 21, 16, 18, 37, 42, 22
271 A. R. Herrmann, a. a. O., S. 18 f., 40, 42
272 W. Heinrich, Das Ständewesen . . ., a. a. O., S. 287 f.
273 Eschmann: »Nationale Planwirtschaft«, a. a. O., S. 229
274 E. Wagemann, Geld- und Kreditreform, a. a. O., S. 85
275 Ders.: »Zum Thema Geld- und Kreditreform, Mißverständnisse und Irrtümer«, in: Wochenbericht des Instituts für Konjunkturforschung, Berlin 27. Januar 1932.; BA, Nachlaß Moellendorff, Dr. H. Bachem an W. v. Moellendorff vom 21. August 1932
276 Stolper, a. a. O., S. XI; 19 (Übers. d. Verf.)
277 M. Broszat, Der Staat Hitlers, München 1974, S. 83 ff.
278 Unveröffentlichtes Gespräch aus dem Nachlaß Breitings. Der Verf. ist Herrn Prof. Friedrich Zipfel für die Überlassung einer Abschrift zu Dank verpflichtet
279 VB, 4. Mai 1933
280 BDC, OPG-Akte Otto Wagener, Antrag vom 22. Januar 1934
281 Persönliche Information von Dr. H. Dräger; BA, R 13/I Nr. 71, Rundschreiben vom 14. Juli 1934
282 BDC, OPG Akte O. Wagener
283 Wie z. B. A. Schweitzer, Big Business . . ., a. a. O., S. 248 f.
284 Frankfurter Zeitung vom 1. September 1933
285 Ebd., vom 28. Oktober 1933
286 Ebd.
287 BA, R 2 Nr. 18620; 18630
288 Persönliche Information von Graf Schwerin von Kroigk, Juni 1974; Tagebücher K. V. Krogmann HF 11/K5, S. 8 f.
289 Persönliche Informationen von Graf Schwerin von Kroigk
290 IfZ, ED 110, S. 439–445
291 Ebd.; Krogmann, a. a. O.
292 BDC, PK, Personalakte Bernhard Köhler
293 B. Köhler: »Die Mitteilungen nur für Parteigenossen«, in: Mitteilungen der Kommission für Wirtschaftspolitik der NSDAP, München, Jg. 2 (1937), H. 1, S. 1 ff.
294 Mitteilungen, ebd., Jg. 1, H. 5, S. 12; ebd., S. 15
295 Europäisches Wirtschaftszentrum, Reden und Vorträge auf dem 6. Großen Lehrgang d. Kommiss. f. Wirtschaftspolitik der NSDAP, München 1939, S. 22
296 Ebd., S. 9
297 Wilhelm Treue und G. Frede, Wirtschaft und Politik 1933–1945, Braunschweig 1953, S. 10
298 H. Bräutigam, Wirtschaftssystem des Nationalsozialismus, 3. Aufl. Berlin 1936, S. IV
299 Mönckmeier (Hrsg.), Jahrbuch für nationalsozialistische Wirtschaft 1935, Stuttgart/Berlin 1935, S. 4 f.
300 »Überwindung des Kapitalismus«, in: Der Angriff, vom 20. Dezember 1935
301 Siehe dazu: H. A. Winkler, Mittelstand, Demokratie und NSDAP, Köln 1972
302 W. Heinrich, Das Ständewesen unter besonderer Berücksichtigung der Selbstverwaltung der Wirtschaft, Jena 1932, S. 280 f.; O. Spann, Der wahre Staat, 3. Aufl. Jena 1931, S. 298
303 M. Schneller, Zwischen Romantik und Faschismus, Stuttgart 1970, S. 165 f.; Der Hoheitsträger, März 1937, S. 17 ff.
304 BA, R 11, Nr. 10, Prof. Kanter an Eduard Hamm vom 21. September 1932; Die Neue Welt vom 8. März 1929, zit. bei: K. J. Siegfried, Universalismus und Faschismus, Dissert. Marburg 1973, S. 238 (Anm.); IfZ, ED 60, S. 1646 ff.
305 Siehe z. B. H. Lebovics, a. a. O., S. 133 ff.
306 H. A. Winkler, Mittelstand etc., a. a. O., S. 152 f.
307 G. Schulz, in: Bracher, Sauer, Schulz, a. a. O., S. 400
308 H. Buchner, a. a. O., S. 36
309 M. Frauendorfer, Der ständische Gedanke im Nationalsozialismus, München 1932, S. 26; ders. in: IfZ, ZS 1821
310 BDC, SS -O Akte Wilhelm Höttel
311 IfZ, Dc. 15. 15, SD-Akte Der Spannkreis, 1936

312 IfZ, ED 60; Siegfried, a. a. O., S. 263; F. Neumann, Behemoth, a. a. O., S. 191 f.; Schulz, a. a. O., S.643
313 IfZ, ZS 1821; BA, R 43/II Nr. 527 b
314 Siegfried, a. a. O., siehe S. 308 ff.; IfZ, Dc 15. 15, a. a. O.; BDC, PK, Personalakte Othmar Spann; M. Broszat, a. a. O., S. 226 f.
315 Zum Beispiel K. Petersen in: Braune Wirtschaftspost, Jg. 3 (1934–35), Nr. 2, S. 1057 f., zit. bei: Siegfried, a. a. O., S. 283
316 R. H. Rämisch, Die berufsständische Verfassung in Theorie und Praxis des Nationalsozialismus, Dissert., Berlin 1957, S. 83; G. Kroll, a. a. O., S. 540 f.; B. A. Carroll, a. a. O., S. 83
317 D. v. Lölhöffel, Die Umwandlung der Gewerkschaften in eine nationalsozialistische Zwangsorganisation, in: I. Esenwein-Rothe, Die Wirtschaftsverbände von 1933 bis 1945, Berlin 1965, S. 152 ff.; S. 156 f.
318 Hitler, Mein Kampf, a. a. O., S. 677; vgl. hierzu auch: H. A. Turner, jr.: »Hitlers Einstellung zu Wirtschaft und Gesellschaft«, in: Geschichte und Gesellschaft, 2. Jg., (1976) Nr. 1, S. 105–111
319 Rede Gregor Strassers vom 15. November 1931, zit. bei: Lölhöffel, a. a. O., S. 148
320 H. G. Schumann, Nationalsozialismus und Gewerkschaftsbewegung, Hannover 1958, S. 285 f.; Broszat, a. a. O., S. 184
321 Siegfried, a. a. O., S. 291 f.; Broszat, ebd.; Rämisch, a. a. O., S. 85
322 Gesetz zur Ordnung d. nationalen Arbeit (AOG), vom 20. Januar 1934, RGBl. I, S. 45
323 Arbeitertum vom 15. Mai 1933
324 Gesetz über Treuhänder der Arbeit vom 19. Mai 1933, RGBl. I, S. 285
325 Wolffs Telegrafisches Büro (WTB), 15. Juni 1933, in: BA, R 43/II, 532
326 BA, ebd.
327 F. Thyssen, I Paid Hitler, London und N. Y. 1941, S. 155
328 BA, R 43/II, 532
329 BA, R 2, 18590. Auch bestätigt durch persönliche Mitteilung Schwerin von Krosigks im Gespräch mit dem Verfasser, Juni 1974
330 Kroll, a. a. O., S. 582
331 Deutsche Führerbriefe vom 23. Juni 1933
332 Neumann, a. a. O., S. 192; Broszat, a. a. O., S. 223; Schweitzer: »Organisierter Kapitalismus und Parteidiktatur«, Sch. Jb., a. a. O., S. 43 ff.
333 F. Wolf, Umschwung – Die deutsche Wirtschaft 1933, Frankfurt a. M. 1934, S. 21 ff.; A. B. Krause, Organisation von Arbeit und Wirtschaft, Berlin o. D. (1935?), S. 43; Schweitzer, Big Business . . ., a. a. O., S. 249 f.
334 Mönckmeier (Hrsg.), Jahrbuch 1935, a. a. O., S. 119; F. Bülow, Der deutsche Ständestaat, Leipzig 1934, S. 54; Esenwein-Rothe, a. a. O., S. 39; Broszat, a. a. O., S. 210 f.
335 Schulz, a. a. O., S. 651; Esenwein-Rothe, a. a. O., S. 45; F. Wolf, Staatskonjunktur, die deutsche Wirtschaft 1934, Frankfurt a. M. 1935; Schweitzer, Big Business . . ., a. a. O., S. 250; ders.: »Organisierter Kapitalismus . . .«, in: Sch. Jb., a. a. O., S. 42 ff.
336 1. Verordnung zum Gesetz zur Vorbereitung des organischen Aufbaus der Wirtschaft vom 27. November 1934, RGBl. I, S. 1194; Neumann, a. a. O., S. 200
337 H. E. Posse, Die deutsche Wirtschaft, in: Grundlagen, Aufbau und Wirtschaftsordnung des nationalsozialistischen Staates, Bd. 3, Berlin, o. D. (1936?), S. 41
338 H. Kehrl, Krisenmanager im Dritten Reich, Düsseldorf 1973, S. 40 f.
339 Wie z. B. Schweitzer, Big Business, a. a. O., S. 146
340 Ebd., S. 142; Broszat, a. a. O., S. 217
341 Winkler, Mittelstand . . ., a. a. O., S. 181
342 Gesetz zum Schutze des Einzelhandels vom 23. Juli 1934, RGBl. I, S. 262
343 H. Uhlig, Die Warenhäuser im Dritten Reich, Köln/Opladen 1956, S. 152; 224; Winkler, a. a. O., S. 185
344 Garland, Kirchheimer und Neumann, The Fate of Small Business in Nazi Germany, Senate Committee Printing Nr. 14, Washington 1943, S. 114 f.
345 J. Herle: »Unternehmerverbände im neuen Deutschland«, in: Der deutsche Volkswirt, 7. Jg., Nr. 48 (1. September 1933), S. 1377 f.
346 Lölhöffel, a. a. O., S. 176 f.

347 Krause, a. a. O., S. 84
348 Gesetz über die Errichtung von Zwangskartellen, RGBl. I, S. 488
349 Posse, a. a. O., S. 42
350 Broszat, a. a. O., S. 228
351 Schweitzer, Organisierter Kapitalismus, Sch. Jb., a. a. O., S. 46; ders.: »Der organisierte Kapitalismus« . . ., in: Hamburger Jahrbuch 1962, a. a. O., S. 37
352 A. Müller-Armack, Staatsidee und Wirtschaftsordnung im neuen Reich, Berlin 1933, S. 149 f.
353 F. Nonnenbruch, Die dynamische Wirtschaft, 4. Aufl. München 1939, S. 42
354 Vgl. dazu: D. Schoenbaum, a. a. O., S. 161 f. 50; J. E. Farqhuarson, The NSDAP and agriculture in Germany 1928–1938, Dissert. University of Kent, Canterbury 1972, S. 163
355 W. Darré, Einleitung zu F. Bülow, Gustav Ruhland – ein deutscher Bauerndenker im Kampf gegen Liberalismus und Marxismus, Berlin 1936, S. 6
356 Schoenbaum, a. a. O., S. 185; R. Honigberger, Die wirtschaftspolitische Zielsetzung des Nationalsozialismus und deren Einfluß auf die deutsche Wirtschaftsordnung, Dissert. Freiburg i. Br. 1949, S. 98
357 Farqhuarson, a. a. O., S. 282, 470
358 Ebd., S. 62 ff., 68
359 Ebd., S. 500; Broszat, a. a. O., S. 61
360 Broszat, ebd., S. 230 f.; 236
361 Petzina, a. a. O., S. 49 ff.
362 Ebd., S. 52 f.; Wolf, Umschwung, a. a. O., S. 23 f.
363 Wolf, ebd., Petzina, ebd., S. 53; Farqhuarson, a. a. O., S. 155 f.
364 1. Gesetz über die Zuständigkeit des Reiches für die Regelung des ständischen Aufbaus der Landwirtschaft vom 15. Juli 1933, RGBl. I, S. 495
2. Gesetz über den vorläufigen Aufbau des Reichsnährstandes und Maßnahmen zur Markt- u. Preisregelung f. landw. Erzeugnisse vom 13. September 1933, RGBl. I, S. 626
365 R. Grunberger, A Social History of the Third Reich, London 1971, S. 155; Farqhuarson, a. a. O., S. 165 f.
366 H. Reischle: »Die Entwicklung der Marktordnung des Reichsnährstandes in den Jahren 1935/36«, in: Mönckmeier (Hrsg.), Jahrbuch 1937, a. a. O., S. 216 f.
367 W. Darré, Neuadel aus Blut und Boden, München 1930, S. 114
368 Farqhuarson, a. a. O., S. 165 f.; Esenwein-Rothe, a. a. O., S. 21
369 Esenwein-Rothe, ebd., S. 24
370 Broszat, a. a. O., S. 237
371 Hitler, Mein Kampf, München 1933, S. 151
372 Reichserbhofgesetz vom 29. September 1933, RGBl. I, S. 685
373 H. Backe: »Agrarpolitik und Vierjahresplan«, in: Mönckmeier (Hrsg.), Jahrbuch 1937, S. 208; Farqhuarson, a. a. O., S. 357
374 Broszat, a. a. O., S. 236 f.
375 Farqhuarson, a. a. O., S. 173; 407
376 Ebd., S. 252 f., 269; Grunberger, a. a. O., S. 156
377 Honigberger, a. a. O., S. 76, 81; Farqhuarson, a. a. O., S. 272 f.
378 H. E. Priester, Das deutsche Wirtschaftswunder, Amsterdam 1936, S. 93
379 Ebd., S. 94; Farqhuarson, a. a. O., S. 212 f.; C. W. Guillebaud, The Economic Recovery of Germany, London 1939, S. 96 f.
380 Farqhuarson, a. a. O., S. 295, 500; Broszat, a. a. O., S. 238
381 P. Hüttenberger, Die Gauleiter, Studie zum Wandel des Machtgefüges in der NSDAP, Stuttgart 1969, S. 108 f.
382 Ebd., S. 109, 136
383 Farqhuarson, a. a. O., S. 308
384 Ebd., S. 315
385 BDC, PK, Personalakte Friedrich Zimmermann
386 Hüttenberger, a. a. O., S. 109
387 Schweitzer, Big Business, a. a. O., S. 167
388 Tagebücher K. V. Krogmann, HF 11/K5, S. 38; 141

389 Farqhuarson, a. a. O., S. 221 ff.; Broszat, a. a. O., S. 238
390 BA, R 43/II, Nr. 317/18
391 Broszat, a. a. O., S. 238, 146
392 Schweitzer, Big Business, a. a. O., S. 200
393 Esenwein-Rothe, a. a. O., S. 51
394 Broszat, a. a. O., S. 241
395 W. Fischer, Deutsche Wirtschaftspolitik 1914–1945³, Opladen 1968, S. 108
396 BA, R 43/II, 536, Ministerbesprechung vom 8. Februar 1933
397 Ebd., Sitzung des Ausschusses der Reichsregierung für Arbeitsbeschaffung vom 9. Februar 1933
398 H. Rauschning, Gespräche mit Hitler, New York 1940, S. 27
399 K. Schiller, Arbeitsbeschaffung und Finanzordnung in Deutschland, Berlin 1936, S. 48, 52
400 Verordnung des Reichspräsidenten zur Belebung der Wirtschaft, vom 4. September 1932, RGBl. I, S. 425
401 D. Petzina, »Hauptprobleme der deutschen Wirtschaftspolitik 1932/33«, in: VfZ, Jg. 15 (1967), S. 23
402 Persönliche Mitteilung von Graf Schwerin v. Kroigk, Juni 1974
403 E. Czichon, a. a. O., S. 31 f.
404 Persönliche Mitteilung und Materialsammlung Dr. Drägers
405 Petzina, a. a. O., S. 26
406 B. Köhler: »Wir wollen das Recht auf Arbeit«, in: Arbeitertum von 15. Januar 1933
407 K. Schiller, a. a. O., S. 57
408 Gesetz zur Verminderung der Arbeitslosigkeit von 21. September 1933, RGBl. I., S. 651; Gesetz zur Änderung des Kraftfahrzeugsteuergesetzes von 10. April 1933, RGBl. I., S. 192; Gesetz zur Verminderung der Arbeitslosigkeit von 1. Juni 1933, Abschn. II, Steuerfreiheit für Ersatzbeschaffungen, RGBl. I., S. 323; K. Schiller, a. a. O., S. 155
409 Fischer, a. a. O., S. 68, 102
410 HF, Krogmann 11/K4, S. 19 f.
411 B. Klein, a. a. O., S. 8 f.
412 H. Schacht, Account Settled, London 1946; L. Graf Schwerin von Kroigk, Es geschah in Deutschland, Tübingen u. Stuttgart 1952, S. 191; R. Erbe, a. a. O., S. 54
413 Materialsammlung Dr. Dräger
414 BA, R 13/I, 106, S. 34 ff.
415 B. Köhler, in: Unser Wille und Weg, Jg. 2 (1932), S. 132, 302
416 O. Dietrich, Das Wirtschaftsdenken im Dritten Reich, München 1934, S. 14
417 A. Holtz, in: Der Aufbau, Jg. 1936, H. 17
418 Einleitung zu K. Schiller, a. a. O., und ebd., S. 1
419 Gesetz zur Regelung des Arbeitseinsatzes vom 15. Mai 1934, RGBl. I, S. 381
420 Vgl. dazu: R. Honigberger, Die wirtschaftspolitische Zielsetzung des Nationalsozialismus und deren Einfluß auf die deutsche Wirtschaftsordnung, Dissert. Freiburg i. Br. 1949, S. 40 f.
421 F. Reinhardt, Generalplan gegen die Arbeitslosigkeit, Oldenburg 1933, S. 34 ff.
422 Mönckmeier (Hrsg.), Jahrbuch . . . 1937, a. a. O., S. 38
423 Vgl. z. B. C. W. Guillebaud, The Social Policy of Nazi Germany, Cambridge 1941, S. 65 ff.
424 Honigberger, a. a. O., S. 41
425 Gesetz über Änderung . . ., vom 10. April 1933, a. a. O.
426 BA, Wi I, F 5/370, abgedr. bei B. Ries, Die Finanzpolitik im Deutschen Reich 1933–1935, Dissert. Freiburg i. Br. 1964, S. 35
427 H. S. Ellis, Exchange Control in Central Europe, Westport 1971, S. 381
428 Fischer, a. a. O., S. 74
429 Ellis, a. a. O., S. 382
430 Erbe, a. a. O., S. 76
431 Ebd., S. 69 f.
432 Zitiert bei: H. J. Schröder, Deutschland und die Vereinigten Staaten 1933–1939, Wiesbaden 1970, S. 39
433 BA, R 43/II, 308a

434 E. Klöss (Hrsg.), Reden des Führers, Politik und Propaganda Adolf Hitlers 1922–1945, München 1967, S. 101 f.
435 Viele Hinweise dafür in HF, Krogmann 11/K5
436 Ellis, a. a. O., S. 380
437 R. Stucken, Deutsche Geld- und Kreditpolitik, Tübingen 1953^2, S. 131
438 Ellis, a. a. O., S. 374; Posse, a. a. O., S. 27; Erbe, a. a. O., S. 71
439 H. Schacht, 76 Jahre . . ., a. a. O., S. 403; Wolf, Staatskonjunktur, a. a. O., S. 19
440 Schacht, ebd., S. 399; Kroll, a. a. O., S. 477
441 BA, R 13 I, 238, S. 27
442 Ellis, a. a. O., S. 211 f.
443 Wirtschaftliches Sofortprogramm, a. a. O., S. 9, 17
444 Ebd., S. 19
445 Schacht, 76 Jahre . . ., a. a. O., S. 403 f.
446 Ch. P. Kindleberger, Die Weltwirtschaftskrise, München 1973, S. 290 ff.
447 J. M. Keynes: »National Self Sufficiency«, in: Yale Review, Nr. 22 (1933), zitiert bei Kindleberger, ebd., S. 271 f.
448 So G. Meinck, Hitler und die deutsche Aufrüstung 1933–1937, Wiesbaden 1959, S. 159
449 Wolf, Staatskonjunktur, a. a. O., S. 20
450 G. Ziemer, a. a. O., S. 78
451 K. Mandelbaum: »An Experiment in Full Employment«, in: The Economics of Full Employment, Oxford 1945, S. 188
452 Schweitzer, Big Business . . ., a. a. O., S. 308, 433
453 Posse, a. a. O., S. 30
454 Erbe, a. a. O., S. 81
455 F. Fried, Die Zukunft des Außenhandels, Jena 1934, S. 10
456 Fischer, a. a. O., S. 75
457 Wirtschaftliches Sofortprogramm . . ., a. a. O., S. 13 f.
458 Gesetz über Steuererleichterungen vom 15. Juli 1933, RGBl. I, S. 491
459 Zit. bei Ries, a. a. O., S. 38
460 W. Sauer, in: Bracher, Sauer, Schulz, a. a. O., S. 800
461 Ries, a. a. O., S. 87
462 Ebd., S. 88 f.
463 Mönckmeier (Hrsg.), Jahrbuch . . ., 1937, a. a. O., S. 152
464 Ebd., S. 160
465 So z. B. Kroll, a. a. O.
466 Guillebaud, Economic Recovery etc., a. a. O., S. 186 ff.; Kroll, a. a. O., S. 583
467 J. Kuczynsky, Die Geschichte der Lage der Arbeiter in Deutschland von 1789 bis in die Gegenwart, Bd. 2, 1. Teil, Berlin (Ost) 1953 (3), S. 184
468 BA, R 43/II, 318
469 Westdeutscher Beobachter vom 4. September 1936
470 Schweitzer, Big Business . . ., a. a. O., S. 272
471 Mandelbaum, a. a. O., S. 191
472 Guillebaud, Economic Recovery etc., a. a. O., S. 166; Kroll, a. a. O., S. 538
473 BA, R 13/I, 625, Sitzung vom 11. November 1933
474 NAUSA, T-71, Roll 139, fr. 653359 f.
475 Deutsche Führerbriefe vom 2. November 1934
476 BA, R 43/II, 317/18
477 Frankfurter Zeitung vom 7. November 1934
478 Berliner Börsen Zeitung vom 7. Februar 1935
479 Chemische Industrie vom 16. März 1935
480 Ebd., vom 12. Januar 1935
481 BA, R 13/I, 238, S. 50 ff.
482 BA, Nachlaß Gördeler, 25
483 BA, R 43/II, 315 a, Darré an Lammers vom 6. Juli 1935
484 Ebd., Bormann an Lammers vom 9. Juli 1935
485 Ebd., Schacht an Lammers vom 15. Juli 1935

486 Ebd., Gördeler an Lammers vom 27. Juli 1935
487 Schweitzer, Big Business . . ., a. a. O., S. 186; H. Stuebel: »Die Finanzierung der Aufrüstung im Dritten Reich«, in: Europa-Archiv, Jg. 6, H. 12, S. 4134; Mandelbaum, a. a. O., S. 189
488 Mandelbaum, ebd., S. 191 (Übers. d. Verf.)
489 F. Bülow, Ständestaat . . ., a. a. O., S. 51
490 D. Klagges: »Soziale Gerechtigkeit durch Organisation und Berechnung«, in: Nationalsozialistische Briefe, 5. Jg. (1929/30), S. 29 f.
491 VB vom 14. Juni 1936
492 Kapitalanlagegesetz vom 29. März 1934, RGBl. I, S. 295. Anleihestockgesetz vom 4. Dezember 1934, RGBl. I, S. 1222
493 Errechnet nach G. W. Hoffmann, Das Wachstum der deutschen Volkswirtschaft seit Mitte des 19. Jahrhunderts, Berlin 1965, S. 701, und ders., Das deutsche Volkseinkommen 1851–1957, Tübingen 1959, S. 56
494 Vgl. dazu: S. Andic u. J. Veverka: »The Growth of Government Expenditure in Germany since the Unification«, in: Finanz-Archiv, N. F., Bd. 23 (1963/64), S. 169–278
495 Erbe, a. a. O., S. 114; Kroll, a. a. O., S. 634 f.
496 Gesetz über wirtschaftliche Maßnahmen vom 3. Juli 1934, RGBl. I. S. 565
497 Kroll, a. a. O., S. 548
498 Mönckmeier (Hrsg.), Jahrbuch . . . 1935, S. 133
499 Lurie, a. a. O., S. 201 f.
500 W. Prion, Das deutsche Finanzwunder, Berlin 1938, S. 32 f.
501 Kroll, a. a. O., S. 549
502 Mönckmeier (Hrsg.), Jahrbuch . . . 1935, S. 334 f.
503 Gesetz über wirtschaftliche Pflichtgemeinschaften vom 28. September 1934, RGBl. I, S. 863; Lurie, a. a. O., S. 185
504 Lurie, ebd., S. 188
505 Sauer, in: Bracher, Sauer und Schulz, a. a. O., S. 820
506 Mönckmeier (Hrsg.), Jahrbuch . . . 1937, S. 347
507 Erbe, a. a. O., S. 105
508 Stuebel, a. a. O., S. 4132
509 M. Moeller, »Schacht als Geld- und Finanzpolitiker«, in: Finanz-Archiv, N. F., Bd. 11 (1949) S. 735
510 W. Dieben: »Die innere Reichsschuld seit 1933«, in: Finanz-Archiv, N. F., Bd. 11 (1949), S. 687
511 v. Falkenhausen: »Das Anleihestockgesetz und seine Durchführung«, in: Bank-Archiv, 34. Jg. (1935), S. 283 f.
512 Ebd., S. 284
513 Kroll, a. a. O., S. 593, 600; Stucken, a. a. O., S. 141
514 v. Falkenhausen, a. a. O., S. 285
515 Hitler, Mein Kampf, a. a. O., S. 256 f.
516 Der Aufbau, 1934, H. 30, S. 10 f.
517 Stucken, a. a. O., S. 137; Kroll, a. a. O., S. 598
518 Stucken, ebd., S. 145
519 Ebd., S. 146
520 Der Aufbau, 1936, H. 14, S. 15 f.
521 Prion, a. a. O., S. 83
522 Stucken, a. a. O., S. 144
523 Posse, a. a. O., S. 34
524 Prion, a. a. O., S. 61
525 Zit. bei Krause, a. a. O., S. 77 f.
526 Erbe, a. a. O., S. 67; A. Friedrichs: »Die Finanzierung der Staatskonjunktur«, in: Bank-Archiv, 37. Jg. (1938), S. 145
527 Kroll, a. a. O., S. 596; Lurie, a. a. O., S. 92 f.; K. Poole, German Financial Policies 1932–1939, Cambridge (Mass.), 1939, S. 27 f.
528 BA, R 13/I, 106, Hauptvorstand des Fachgruppenausschusses der Eisenschaffenden Industrie vom 13. Dezember 1933

529 Untersuchung des Bankwesens 1933/34, Berlin (Reichsbank) 1933/34
530 Reichsgesetz über das Kreditwesen vom 5. Dezember 1934, RGBl. I, S. 1203
531 Lurie, a. a. O., S. 113
532 BA, R 43/II, S. 243
533 O. C. Fischer in BA, R 13/I, S. 106
534 BA, R 43/II, S. 243
535 Ebd., Loeper an Stellvertreter d. Führers vom 13. März 1934
536 Schweitzer, Big Business . . ., a. a. O., S. 130 f.; BA, R 2, 13643, S. 54
537 Schweitzer, ebd.; BA, 43/II, Darré an Hitler vom 27. April 1934
538 Fischer, in: BA R 13/I a. a. O.
539 Deutsche Allgemeine Zeitung vom 30. November 1934
540 Schweitzer, Big Business . . ., a. a. O., S. 134; Bettelheim, a. a. O., S. 101
541 F. Fried (Zimmermann) in: Nationalsozialistische Landespost vom 9. Dezember 1933
542 Vossische Zeitung vom 30. November 1934
543 Deutsche Allgemeine Zeitung vom 30. November 1934; Deutsche Führerbriefe vom 13. November 1934
544 Mönckmeier (Hrsg.), Jahrbuch . . . 1935, a. a. O., S. 172
545 T. W. Mason, »Zur politischen Relevanz historischer Theorien«, in: Aus Politik und Zeitgeschichte, Beilage zur Wochenzeitung Das Parlament, B 20/72, Mai 1972, S. 37
546 Prion, a. a. O., S. 52; Friederichs, »Die Finanzierung der Arbeitsbeschaffung«, in: Bank-Archiv, 33^3. Jg. (1934), S. 146; F. Reinhart: »Die volkswirtschaftliche Verwendung der Bankeinlagen«, in: Bank-Archiv 35. Jg. (1935/36), S. 59; G. Keiser: »Strukturwandel der Bankbilanzen«, in: Bank-Archiv 1939, S. 239
547 Lurie, a. a. O., S. 96, Anm.
548 Grotkopp, a. a. O., S. 297
549 Stucken, a. a. O., S. 110 f.
550 Ebd.
551 Lurie, a. a. O., S. 216 f.
552 Prion, a. a. O., S. 54 ff.
553 Friedrichs: »Finanzierung der Staatskonjunktur«, a. a. O., S. 147
554 Reinhart, a. a. O., S. 60
555 R. Stucken: »Hände weg vom industriellen Anlagekredit«, in: Bank-Archiv 1938, S. 378
556 Deutsche Allgemeine Zeitung von 5. Oktober 1937
557 Ebd. vom 8. Mai 1938
558 Lurie, a. a. O., S. 98
559 Erbe, a. a. O., S. 163
560 Fischer, a. a. O., S. 62 f.; Schulz, in: Bracher, Sauer, Schulz, a. a. O., S. 672; Schweitzer, Big Business, a. a. O., S. 341 f.
561 Aufzeichnungen von Generalleutnant Liebmann, abgedruckt in: T. Vogelsang: »Dokumentation zur Geschichte der Reichswehr«, in: VfZ, 2. Jg. (1954), S. 434 f.
562 Schacht, 76 Jahre, a. a. O.; Stucken, Geldpolitik, a. a. O., S. 123 f.; Kroll, a. a. O., S. 460 f.
563 Klein, a. a. O., S. 17 f.
564 Vgl. hierzu Milward, a. a. O.; Carroll, a. a. O.; Speer, a. a. O.
565 W. Treue: »Hitlers Denkschrift zum Vierjahresplan« in: VfZ, 3. Jg. (1955), S. 184 ff.
566 Carroll, a. a. O., S. 189 (Übers. d. Verf.)
567 Ebd., S. 248 f.
568 Der Aufbau vom 15. Januar 1934, S. 5 f.
569 Reichskuratorium für Wirtschaftlichkeit (RKW), Publikation Nr. 99 (1934?), S. 65
570 J. Winschuh, Gerüstete Wirtschaft, Berlin 1940, S. 30

Literaturverzeichnis

Archivmaterial und unveröffentlichte Quellen

BA Bundesarchiv Koblenz: Akten der Reichskanzlei (R 43/I, R 43/II), Reichsfinanzministerium (R 2), Reichswirtschaftsministerium (R 7), Verein Deutscher Eisen- und Stahlindustrieller/ Wirtschaftsgruppe Eisenschaffende Industrie (R 13/I), Reichsarbeitsministerium (R 41), Deutscher Industrie- und Handelstag (DIHT) (R 11), Beauftragter für den Vierjahresplan (R 26), Reichsleitung der NSDAP (NS 22), Nachlässe: W. v. Moellendorff, Gustav Stolper, Silverberg, Karl Goerdeler, Varia
HF Forschungsstelle für die Geschichte des Nationalsozialismus in Hamburg: Tagebücher K. V. Krogmann, Nachlaß Albert Krebs, Varia
IfZ Institut für Zeitgeschichte, München: Aufzeichnungen Otto Wagener (ED 60), Walter Darré (ED 110), Zeugenschrifttum Schwerin v. Krosigk (ZS/A–20), Unveröffentlichte Dokumente der Nürnberger Prozesse, diverse Dokumente auf Mikrofilm
BDC Berlin Document Center, Personalakten in NSDAP-Zentralkartei, Parteikorrespondenz, Oberstes Parteigericht, Wirtschaftspolitische Abteilung u. Varia
Dräger-Materialsammlung: Unveröffentlichte Briefe von R. Friedländer-Prechtl, Varia
Breiting – Hugenberg, unveröffentlichtes Interview vom Mai 1933 (freundlicherweise von Herrn Prof. Dr. Friedrich Zipfel zur Verfügung gestellt)

Veröffentlichte Quellen und Bücher

Abendroth, W. (Hrsg.), Faschismus und Kapitalismus, Frankfurt a. M. 1967
Bettelheim, Ch., L'économie allemande sous le Nazisme. Un aspect de la décadence du capitalisme, Paris 1946
Böhm, F., Die Ordnung der Wirtschaft als geschichtliche Aufgabe und rechtschöpferische Leistung, Stuttgart–Berlin 1937
Bracher, K. D., Sauer, W., Schulz, G., Die nationalsozialistische Machtergreifung, Studien zur Errichtung des totalitären Herrschaftssystems in Deutschland 1933/34, Köln/Opladen 1960
Bracher, K. D., Die deutsche Diktatur, Köln–Berlin 1965
Braeutigam, H., Wirtschaftssystem des Nationalsozialismus, Probleme neuzeitlicher Wirtschaftsgestaltung, Berlin 1936³
Broszat, M., Der Staat Hitlers, München 1974
Buchner, H., Grundrisse einer nationalsozialistischen Wirtschaftstheorie, München 1930
Bülow, F., Der deutsche Ständestaat, Nationalsozialistische Gemeinschaftspolitik durch Wirtschaftsorganisation, Leipzig 1934
Calic, E., Ohne Maske, Hitler – Breiting Geheimgespräche 1931, Frankfurt a. M. 1968
Carroll, B. A., Design for total War, Arms and Economy in the Third Reich, The Hague 1968
Clapham, J. H., The Economic Development of France and Germany 1815–1914, Cambridge 1951
Czichon, E., Wer verhalf Hitler zur Macht? Zum Anteil der deutschen Industrie an der Zerstörung der Weimarer Republik, Köln 1967
Dietrich, O., Das Wirtschaftsdenken im Dritten Reich, München 1936

Domarus, M., Hitler-Reden und Proklamationen, Würzburg 1962/63
Dräger, H., Arbeitsbeschaffung durch produktive Kreditschöpfung – Ein Beitrag zur Frage der Wirtschaftsbelebung durch das sogenannte »Federgeld«, München 1932 (Neuauflage: Düsseldorf 1953)
Dräger, H., u. a., Arbeitsbeschaffung. Eine Gemeinschaftsarbeit, Berlin 1933
Ellis, H. S., German Monetary Theory 1905–1933, Cambridge (Mass.) 1937
ders., Exchange Control in Central Europe, Westport (Conn.) 1972
Erbe, R., Die nationalsozialistische Wirtschaftspolitik 1933–1939 im Lichte der modernen Theorie, Zürich 1958
Esenwein-Rothe, I., Die Wirtschaftsverbände von 1933–1945, Berlin 1965
Feder, G., Das Manifest zur Brechung der Zinsknechtschaft, München 1919
ders., Der deutsche Staat auf nationaler und sozialer Grundlage, München 1923
ders., Kampf gegen die Hochfinanz, München 1934[5]
ders., Wirtschaftslenkung im Dritten Reich, München 1934
Fichte, J. G., Der geschlossene Handelsstaat, Leipzig o. D. (1. Aufl. 1800)
Fischer, F., Germany's aims in the First World War, London 1967
Fischer, W., Deutsche Wirtschaftspolitik 1918–1945, Opladen 1968[3]
Frauendorfer, M., Der ständische Gedanke im Nationalsozialismus, München 1932
Frei, R., Die theoretischen Grundlagen der deutschen Währungspolitik während des Nationalsozialismus, Bern 1947
Fried, F. (Friedr. Zimmermann), Das Ende des Kapitalismus, Jena 1931
ders., Die Zukunft des Außenhandels. Durch innere Marktordnung zur Außenhandelsfreiheit, Jena 1934
Friedländer-Prechtl, R., Wirtschafts-Wende – Die Ursachen der Arbeitslosen-Krise und deren Bekämpfung, Leipzig 1931
Garland, Kirchheimer and Neumann, The Fate of Small Business in Nazi Germany, Senate Committee print no. 14, Washington 1943
Gereke, G., Ich war königlich-preußischer Landrat, Berlin (Ost) 1970
Gerschenkron, A., Bread and Democracy in Germany, Berkeley and Los Angeles 1943
Gossweiler, Kühnl, Opitz, Faschismus – Entstehung und Verhinderung, Antifaschistische Arbeitshefte Nr. 4, Frankfurt a. M. 1972
Grotkopp, W., Die große Krise, Lehren aus der Überwindung der Wirtschaftskrise 1929/32, Düsseldorf 1954
Grunberger, R., A Social History of the Third Reich, London 1971
Guillebaud, C. W., The Economic Recovery of Germany, London 1939
ders., The Social Policy of Nazi Germany, Cambridge 1941
Hahn, L. A., Volkswirtschaftliche Theorie des Bankkredits, Tübingen 1920
Hallgarten, G. W., Hitler, Reichswehr und Industrie, Frankfurt a. M. 1955
Hamerow, T. S., Restoration, Revolution, Reaction, Economics and Politics in Germany 1815–1871, Princeton 1958
Hardach, G., Der Erste Weltkrieg, München 1973
Heinrich, W., Das Ständewesen mit besonderer Berücksichtigung der Selbstverwaltung der Wirtschaft, Jena 1932
Henderson, W. O., The State and the Industrial Revolution in Prussia, Liverpool 1958
Herrmann, A. R., Verstaatlichung des Giralgeldes. Ein Beitrag zur Frage der Währungsreform nach den Grundsätzen G. Feders, München 1932
Hock, W., Deutscher Antikapitalismus. Der ideologische Kampf gegen die freie Wirtschaft im Zeichen der großen Krise, Frankfurt a. M. 1960
Hoffmann, W. G., Das Wachstum der deutschen Wirtschaft seit der Mitte des 19. Jahrhunderts, Berlin 1965
ders., u. Müller, H., Das deutsche Volkseinkommen 1851–1957, Tübingen 1959
Hüttenberger, P., Die Gauleiter, Studie zum Wandel des Machtgefüges in der NSDAP, Stuttgart 1969
Jäckel, E., Hitlers Weltanschauung, Tübingen 1969
Kamenetsky, T., »Lebensraum«, Secret Nazi Plans for Eastern Europe, New York 1961
Kehrl, H., Krisenmanager im Dritten Reich, Düsseldorf 1973

Kindleberger, Ch. P., Die Weltwirtschaftskrise, München 1973
Klagges, D., Reichtum und soziale Gerechtigkeit, Leipzig 1933²
ders., Idee und System, Vorträge an der Deutschen Hochschule für Politik über Grundfragen nationalsozialistischer Weltanschauung, Leipzig 1934
Klein, B. H., Germany's Preparations for War, Cambridge (Mass.) 1959
Klemperer, K. von, Germany's New Conservatism: Its History and Dillemma in the 20th Century, Princeton 1968
Knapp, G. F., Staatliche Theorie des Geldes, München/Leipzig 1918 (1. Aufl. 1905)
Knies, K., Die politische Ökonomie vom geschichtlichen Standpunkte, Braunschweig 1883
Köhler, B., Das Dritte Reich und der Kapitalismus, München 1933
Krause, A. B., Organisation von Arbeit und Wirtschaft, Berlin o. D. (zirka 1936)
Krause, W., Wirtschaftstheorie unter dem Hakenkreuz, Berlin (Ost) 1969
Krebs, A., Tendenzen und Gestalten der NSDAP, Erinnerungen an die Frühzeit der Partei, Stuttgart 1959
Kroll, G., Von der Weltwirtschaftskrise zur Staatskonjunktur, Berlin 1958
Kuczynsky, J., Die Geschichte der Lage der Arbeiter in Deutschland von 1789 bis in die Gegenwart, Berlin (Ost) 1953
ders., Klassen und Klassenkämpfe im imperialistischen Deutschland und in der BRD, Frankfurt a. M. 1972
Kühnl, R., Formen bürgerlicher Herrschaft, Liberalismus und Faschismus, Hamburg 1971
Lautenbach, W. (W. Stützel, Hrsg.), Zins, Kredit und Produktion, Tübingen 1952
Lebovics, H., Social Conservatism and the Middle Classes in Germany 1914–1933, Princeton 1969
Lindenlaub, D., Richtungskämpfe im Verein für Socialpolitik, Wissenschaft und Sozialpolitik im Kaiserreich, vornehmlich vom Beginn des »Neuen Kurses« bis zum Ausbruch des Ersten Weltkrieges (1890–1914), Vierteljahresschrift für Sozial- und Wirtschaftsgeschichte, Beihefte 52–53, Wiesbaden 1967
List, Fr., Das nationale System der politischen Ökonomie, 5. Aufl. Jena 1928 (1. Aufl. 1841)
ders., Schriften, Reden, Briefe (10 Bde.), Berlin 1932/35
Ludwig, K. H., Technik und Ingenieure im Dritten Reich, Düsseldorf 1974
Lurie, S., Private Investment in a Controlled Economy (Germany 1933–1939), Columbia, N. Y., 1947
Mandelbaum, K., An Experiment in Full Employment, Controls in the German Economy 1933–1938 (in: Economies of Full Employment, Oxford 1945)
Meinck, G., Hitler und die deutsche Aufrüstung 1933–1937, Wiesbaden 1959
Meyer, C. M., Mitteleuropa in German Thought and Action 1815–1945, The Hague 1955
Milward, A. S., The German Economy at War, London 1965
ders., The New Order and the French Economy, Oxford 1970
Mises, L. von, Omnipotent Government, The Rise of the Total State, and Total War, New Haven–Yale 1948
Moellendorff, W. von, Deutsche Gemeinwirtschaft, Berlin 1916
ders., Von Einst zu Einst, Jena 1917
Mönckmeier, O. (Hrsg.), Jahrbuch der nationalsozialistischen Wirtschaft, Berlin
Mommsen, H., Petzina, D., Weisbrod, B. (Hrsg.), Industrielles System und politische Entwicklung in der Weimarer Republik, Verhandlungen des Internationalen Symposiums in Bochum vom 12. bis 17. Juni 1973, Düsseldorf 1974
Müller, Ad., Vom Geiste der Gemeinschaft, Leipzig 1931 (1. Aufl. 1810)
ders., Ausgewählte Abhandlungen (J. Baxa, Hrsg.), Jena 1921
Müller-Armack, A., Staatsidee und Wirtschaftsordnung im neuen Reich, Berlin 1933
Nathan, O., The Nazi Economic System, Germany's Mobilization for War, Durham 1944
Naumann, Fr., Neudeutsche Wirtschaftspolitik, Berlin 1906
Neumann, F., Behemoth, The Structure and Practice of National Socialism, London 1943
Nonnenbruch, F., Die dynamische Wirtschaft, München 1939
Petzina, D., Autarkiepolitik im Dritten Reich – Der nationalsozialistische Vierjahresplan, Stuttgart 1968
Pinson, K. S., Modern Germany, its History and Civilization, New York 1954

Posse, H., Die deutsche Wirtschaft, o. D. (zirka 1937), Bd. 3 von: Lammers & Pfundtner (Hrsg.), Grundlagen, Aufbau und Wirtschaftsordnung des nationalsozialistischen Staates
Prager, L., Nationalsozialismus gegen Liberalismus, München 1933
Prion, W., Das deutsche Finanzwunder. Die Geldbeschaffung für den deutschen Wirtschaftsaufschwung, Berlin 1938
Priester, E., Das deutsche Wirtschaftswunder, Amsterdam 1936
Rathenau, W., Gesammelte Schriften, Berlin 1929
Rauschning, H., Gespräche mit Hitler, 1932–1934, New York 1940
Reichskuratorium für Wirtschaftlichkeit (RKW), Veröffentlichungen 1933
Reinhardt, Fritz, Generalplan gegen die Arbeitslosigkeit, Oldenburg 1933
Reupke, H., Der Nationalsozialismus und die Wirtschaft, Erläuterung der wirtschaftlichen Programmpunkte und Ideenlehre der nationalsozialistischen Bewegung, Berlin 1931
Rist, Ch., History of Monetary and Credit Theory from John Law to the present Day, London 1940
Robertson, E. M. (Hrsg.), The Origins of the Second World War, Historical Interpretations, London 1967
Roscher, W., Grundriß zu Vorlesungen über die Staatswirtschaft nach geschichtlicher Methode, Göttingen 1843
ders., Die Grundlagen der Nationalökonomie, Stuttgart 1857
ders., Geschichte der Nationalökonomik in Deutschland, München 1874
Roll, E., A History of Economic Thought, London 1966
Schacht, H., Grundsätze deutscher Wirtschaftspolitik, Oldenburg i. O. 1932
ders., Account Settled, London 1949
ders., 76 Jahre meines Lebens, Bad Wörishofen 1953
Schiller, K., Arbeitsbeschaffung und Finanzordnung in Deutschland, Berlin 1936
Schmoller, G., Umrisse und Untersuchungen zur Verfassungs-, Verwaltungs- und Wirtschaftsgeschichte, besonders des preußischen Staates, Leipzig 1898
ders., Zur Literaturgeschichte der Staats- und Sozialwissenschaften, Leipzig 1888
ders., Walther Rathenau und Hugo Preuß, Die Staatsmänner des neuen Deutschlands, München/Leipzig 1922
ders., Zwanzig Jahre deutscher Politik, München/Leipzig 1920
ders., Sering, M., Wagner, A., Handels- und Machtpolitik, Berlin 1900
Schneider, M., Das Arbeitsbeschaffungsprogramm des ADGB. Zur gewerkschaftlichen Politik in der Endphase der Weimarer Republik, Bonn-Bad Godesberg 1975
Schneller, M., Zwischen Romantik und Faschismus, Stuttgart 1970
Schoenbaum, D., Hitlers' Social Revolution, Class and Status in Nazi Germany 1933–1939, London 1967
Schröder, H. J., Deutschland und die Vereinigten Staaten 1933–1939, Wirtschaft und Politik in der Entwicklung des Deutsch-Amerikanischen Gegensatzes, Wiesbaden 1970
Schumann, H. G., Nationalsozialismus und Gewerkschaftsbewegung, Hannover 1958
Schumpeter, J. A., History of Economic Analysis, N. Y. 1954
Schweitzer, A., Big Business in the Third Reich, Bloomington 1964
Schwerin v. Krosigk, L. v., Nationalsozialistische Finanzpolitik, Jena 1936
ders., Es geschah in Deutschland, Menschenbilder unseres Jahrhunderts, Tübingen/Stuttgart 1952
Sombart, W., Die deutsche Volkswirtschaft im 19. Jahrhundert und im Anfange des 20. Jahrhunderts, Darmstadt 1954 (1. Aufl. 1903)
ders., Händler und Helden, Patriotische Besinnungen, München/Leipzig 1915
ders., Die drei Nationalökonomien, Geschichte und System der Lehre von der Wirtschaft, München/Leipzig 1930
ders., Deutscher Sozialismus, Berlin 1934
Sontheimer, K., Antidemokratisches Denken in der Weimarer Republik, Die politischen Ideen des deutschen Nationalismus zwischen 1918 und 1933, München 1962
Spann, O., Der wahre Staat, Vorlesungen über Abbruch und Neubau der Gesellschaft, Leipzig 1921
ders., Gesellschaftslehre, Leipzig 1923^2
Speer, A., Inside the Third Reich, London 1971

Spengler, O., Preußentum und Sozialismus, München 1920
Stolper, G., German Economy 1870–1940, Issues and Trends, N. Y. 1940
Stucken, R., Deutsche Geld- und Kreditpolitik, Tübingen 1953² (1. Aufl. 1937)
Treue, W., u. Frede, G., Wirtschaft und Politik 1933–1945, Dokumente mit verbindendem Text, Braunschweig 1953
Turner, H. A., Faschismus und Kapitalismus in Deutschland, Studien zum Verhältnis zwischen Nationalsozialismus und Wirtschaft, Göttingen 1972
Uhlig, H., Die Warenhäuser im Dritten Reich, Köln/Opladen 1956
Wagemann, E., Geld- und Kreditreform, Staatswissenschaftliche Zeitfragen Nr. 1, Berlin 1932
ders., Zwischenbilanz der Krisenpolitik, Berlin 1935
ders., Wo kommt das viele Geld her?, Berlin 1940
Wagener, O., Das Wirtschaftsprogramm der NSDAP, München 1932
ders., Nationalsozialistische Wirtschaftsauffassung und berufsständischer Aufbau, Berlin 1933
Wagner, A., Agrar- und Industriestaat, Berlin 1901
Weinberg, G. L. (ed.), Hitlers Zweites Buch. Ein Dokument aus dem Jahre 1928, Stuttgart 1961
Weippert, G., Der späte List. Ein Beitrag zur Grundlegung der Wissenschaft von der Politik und zur politischen Ökonomie als Gestaltungslehre der Wirtschaft, Erlangen 1956
Winkler, H. A., Mittelstand, Demokratie und Nationalsozialismus. – Die politische Entwicklung von Handwerk und Kleinhandel in der Weimarer Republik, Köln 1972
Winschuh, J., Gerüstete Wirtschaft, Berlin 1940
Wirsing, G., Zwischeneuropa und die deutsche Zukunft, Jena 1932
Wirtschaftliches Sofortprogramm der NSDAP, München 1932
Wolf, Fr., Umschwung, Jahresbericht 1933, Frankfurt a. M. 1934
ders., Staatskonjunktur, Jahresbericht 1934, Frankfurt a. M. 1935
Ziemer, G., Inflation und Deflation zerstören die Demokratie, Stuttgart 1971

Dissertationen

Farqhuarson, J. E., The NSDAP and Agriculture in Germany 1928–1938, University of Kent, Canterbury 1972
Gossweiler, K., Die Rolle des Monopolkapitals bei der Herbeiführung der Röhm-Affäre, Berlin (Ost) 1963
Honigberger, R., Die wirtschaftspolitische Zielsetzung des Nationalsozialismus und deren Einfluß auf die deutsche Wirtschaftsordnung, dargestellt und kritisch untersucht am Beispiel des deutschen Arbeitsmarktes von 1933 bis 1939, Albert Ludwig Universität Freiburg i. Br. 1949
Rämisch, R. H., Die berufsständische Verfassung in Theorie und Praxis des Nationalsozialismus, Freie Universität Berlin 1957
Ries, B., Die Finanzpolitik im Deutschen Reich von 1933 bis 1935, Freiburg i. Br. 1964
Siegfried, K. J., Universalismus und Faschismus. Zur historischen Wirksamkeit und politischen Funktion der universalistischen Gesellschaftslehre und Ständekonzeption Othmar Spanns, Philipps-Universität Marburg 1973

Zeitschriften

Blaich, F.: »Wirtschaftspolitik und Wirtschaftsverfassung im Dritten Reich«, aus: politik und zeitgeschichte, Beilage zur Wochenzeitschrift Das Parlament, Nr. B 8/71, 20. Februar 1971
Borchardt, K.: »Ein neues Urteil über die deutsche Währungs- und Handelspolitik von 1931 bis 1938«, Vierteljahrsschrift für Sozial- und Wirtschaftsgeschichte, Bd. 46 (1959), S. 526–540
Curth, H.: »Das erste Scheitern des deutschen Sozialismus«, Die Tat, Bd. 24 (1932), S. 593–606
Czichon, E.: »Der Primat der Politik im Kartell der nationalsozialistischen Macht«, Das Argument, Berlin (West), Jg. 10 (1968), Nr. 47
Dieben, W.: »Die innere Reichsschuld seit 1933«, Finanz-Archiv, N. F., Bd. 11 (1949), S. 656–701
Eschmann, E. W.: »Wirtschaften auf Befehl und Übereinkunft«, Die Tat, Bd. 24 (1932)

Eschmann, E. W.: »Nationale Planwirtschaft: Grundzüge«, Die Tat, Bd. 24, S. 225–243
Falkenhausen, Frh. von: »Das Anleihestockgesetz und seine Durchführung«, Bank-Archiv, Jg. 34 (1935), S. 283–290, 365 ff.
Fischer, F.: »Weltpolitik, Weltmachtstreben und deutsche Kriegsziele«, Historische Zeitschrift, Bd. 199 (1964), S. 265–346
Focks, P.: »Die zünftigen Nationalökonomen«, Die Tat, Bd. 24
Friedrichs, A.: »Die Finanzierung der Staatskonjunktur«, Bank-Archiv, Jg. 37 (1938), S. 142–147
ders.: »Die Finanzierung der Arbeitsbeschaffung«, Bank-Archiv, Jg. 33 (1933/34)
Gossweiler, K.: »Der Übergang von der Weltwirtschaftskrise zur Rüstungskonjunktur in Deutschland 1933–1934«, Jahrbuch für Wirtschaftsgeschichte, Berlin (Ost) 1968, Teil 2, S. 55–116
Guillebaud, C. W.: »Hitler's New Economic Order for Europe«, The Economic Journal, Bd. 50 (1940), S. 449–460
Herle, J.: »Unternehmerverbände im neuen Deutschland«, Der deutsche Volkswirt, Bd. 7. (1933), Nr. 48
Klagges, D.: »Soziale Gerechtigkeit durch Organisation und Berechnung«, Nationalsozialistische Briefe, Bd. 5 (1929/30)
Kollmann, E. C.: »Walther Rathenau and German Foreign Policy, Thoughts and Actions«, Journal of Modern History, vol. 24 (1954), S. 127–142
Mason, T. W.: »Der Primat der Politik«, Das Argument, Nr. 41 (1966)
ders.: »Zur politischen Relevanz historischer Theorien. Die Imperialismus-Diskussion im Schatten des kalten Krieges«, aus politik und zeitgeschichte, Beilage zu Das Parlament, B 20/72 (Mai 1972)
Meinecke, F.: »Drei Generationen deutscher Gelehrtenpolitik«, Historische Zeitschrift, Bd. 125 (1922)
Petzina, D.: »Hauptprobleme deutscher Wirtschaftspolitik 1932/33«, Vierteljahreshefte für Zeitgeschichte, Bd. 15 (1967), S. 19–55
Reinhart, Friedrich: »Die volkswirtschaftliche Verwendung der Bankeinlagen«, Bank-Archiv, Jg. 35 (1935/36), S. 56–60
Schmoller, G.: »Die Wandlungen in der Handelspolitik des 19. Jahrhunderts«, Schmollers Jahrbuch, Bd. 24 (1900)
Schweitzer, A.: »Foreign Exchange Crisis of 1936«, Zeitschrift für die gesamte Staatswissenschaft«, Bd. 118 (1962), S. 243–277
ders.: »Organisierter Kapitalismus und Parteidiktatur 1933–1936«, Schmollers Jahrbuch, Jg. 79 (1959), S. 37–80
ders.: »Der organisierte Kapitalismus, die Wirtschaftsordnung in der ersten Periode der nationalsozialistischen Herrschaft«, Hamburger Jahrbuch für Wirtschafts- und Gesellschaftspolitik, Jg. 7 (1962), S. 36–47
Sommer, A.: »Friedrich List und Adam Müller«, Weltwirtschaftliches Archiv, Bd. 25 (1927), S. 345–376
Sontheimer, K.: »Der Tat-Kreis«, Vierteljahreshefte für Zeitgeschichte, Nr. 7 (1959)
Stucken, R.: »Hände weg vom industriellen Anlagekredit!«, Bank-Archiv, Jg. 37/38, S. 378–380
Stuebel, H.: »Die Finanzierung der Aufrüstung im Dritten Reich«, Europa-Archiv, Jg. 6 (1951), S. 4128–4136
Turner, H. A., jr.: »Hitlers Secret Pamphlet for Industrialists, 1927«, Journal of Modern History, Bd. 40 (1968), S. 348–374
ders.: »Big Business and the Rise of Hitler«, American Historical Review, Bd. 75 (1969/70), S. 56–70
Vleugels, W.: »Die Kritik am wirtschaftlichen Liberalismus in der Entwicklung der deutschen Volkswirtschaftslehre«, Schmollers Jahrbuch, Jg. 59 (1935), S. 513–553
Wagemann, E.: »Zum Thema Geld- und Kreditreform, Mißverständnisse und Irrtümer«, Wochenbericht des Instituts für Konjunkturforschung, 27. Januar 1932
Wagner, A.: »Finanzwissenschaft und Staatssozialismus«, Zeitschrift für die gesamte Staatswissenschaft, Bd. 43 (1887), S. 37–122; 675–746
Wirsing, G.: »Zwangsautarkie«, Die Tat, Bd. 23 (1931)
ders.: »Richtung Ost-Südost«, Die Tat, Bd. 22 (1930/31)

Tages- und Wochenzeitungen

Der Angriff
Arbeitertum, Blätter für Theorie und Praxis der NSBO
Der Aufbau, amtliches Organ N. S. HAGO
Berliner Börsen Courier
Deutsche Allgemeine Zeitung
Deutsche Führerbriefe, politisch-wirtschaftliche Privatkorrespondenz
Der deutsche Volkswirt
Frankfurter Zeitung
Der Hoheitsträger, dienstliches Informationsorgan des Reichsleiters d. NSDAP
Nationalsozialistische Landespost
Mitteilungen der Kommission f. Wirtschaftspolitik d. NSDAP (ab 1938: Wirtschaftspolitische Parole)
Die Tat
Völkischer Beobachter
Vossische Zeitung
Wirtschaftlicher Beobachter
Die Wirtschafts-Wende

Sach- und Personenregister

Da der Anmerkungsteil fast ausschließlich nur Quellennachweise enthält, sind im Register nur solche der dort aufgeführten Namen berücksichtigt, die nicht im Literaturverzeichnis erscheinen. Die in Klammern erscheinenden Seitenzahlen beziehen sich auf die Fußnoten im Text.

Agrarpolitischer Apparat (NSDAP) 31, 39, 110 ff.
Allgemeiner Deutscher Gewerkschaftsbund (ADGB) 45 ff., 97 f.
Anleihekonversion 158 ff.
Anleihestockgesetz 154, 157 ff.
Antiliberalismus 15, 21, 29 f., 43, 60 ff., 67, 69 ff., 81, 94, 147, 152
Antisemitismus 25, 27, 57, 70, 82 f., 96, 105
Arbeitsbeschaffung 15, 32, 36 ff., 39 f., 43 f., 48, 51, 84, 89 ff., 101, 125–134, 144, 146, 156, 160, 165, 167, 169, 177
Arbeitsdienst 36, 44, 51, 118, 134
Artamanenbund 111
Aufrüstung 10, 12 ff., 124 ff., 129 ff., 144 ff., 154, 160, 165, 168–173, 177
Außenhandel 14, 39, 41, 72, 81, 91, 135–143, 152 f., 171
Autarkie 35, 39, 50, 61, 63 f., 66, 71 f., 81, 111, 116, 137, 141, 143, 177
Autobahnen 44, 51, 129, 131, 168

Baade, Fritz 45
Backe, Herbert 121 f., 146, 149, 162 f.
Ballin, Albert 77
Bankenenquête 90, 161 ff., 166
Bankenpolitik 39, 42, (87), 161–168
Barkai, Chaim 8
Bettelheim, Charles 11 f., 168
Bismarck, Otto von 69, 75, 82, 85
Bloch, Charles 8
Blomberg, Werner von 126, 134
»Blut und Boden« 109 f., 124
BRABAG (Braunkohlebearbeitungs A.G.) 156
Braun, von, Landwirtschaftsminister 113
»Brechung der Zinsknechtschaft« 25 ff., 42, 91, 159 f., 163
Breiting, Richard 88
Brentano, Lujo 72
Brinkmann, Carl 133
Broszat, Martin 124

Brüning, Heinrich 45, 56, 112 f., 127, 136, 145, 147, 159
Buchner, Hans 59, 85, 94
Buecher, Hermann 142
Bülow, Friedrich 84, 153
Bürckel, Josef 121

Calwer, Hans 120 f.
Carroll, Berenice A. 14, 170 f.
Cordemann (WPA) 32
Czichon, Eberhard 17

DAF (Deutsche Arbeitsfront) 96 ff., 103, 107, 119 f.
Daitz, Werner 31 f., 39, 48 ff., 163
Dalberg, Rudolf 47, (48), 53
Darré, Walter 31 f., 39, (57), 90, 101, 109–123, 149, 151, 163
DDR-Faschismusforschung 16 ff.
Diedrichs, Eugen 51
Dietrich, Otto 33, 132 f.
DIHT (Deutscher Industrie- und Handelstag) (47), 97, 102 f., 136 f.
Dimitroff, Georgi 12
»Deutsche Führerbriefe« 34, 40 f., 100 f., (107), 148
Deutsche Girozentrale 157
Devalvation (s. auch: Markabwertung) 39
Devisenbewirtschaftung 39, 136, 138 ff.
Dräger, Heinrich 8, (39), 46 ff., 52, 128

Eisner, Kurt 27
Ellis, Howard S. (141)
Eltz-Rübenach, Paul von 126
Erbe, René 13 f., 157, 169, (172)
Erbhofgesetz 110 ff., 115 f.
Ermächtigungsgesetz 131 f.
Ersatzstoffe 102, 106, 143 f., 156
Erzeugungsschlacht 118 f.
Etzdorf, von, Offizier 128
Eulenburg, Fürst von 110
Exportabgabe 139, 150 f.

Feder, Gottfried 10, 25 ff., 31 f., 34, (39), 41 f., 48 f., 52 f., 59, 65, 71, 84 f., 88, 93, 101, 128, 156, 162 f., 167
Fichte, Johann Gottlieb 61 ff., 75, 79, 81, 85, 143
Fischer, Fritz 73
Fischer, Otto Christian 41, 162 f., 167
Fischer, Wolfram 12, 143
Flick, Friedrich 17
Flottenverein 72 f.
Fränkel, Ernst (19)
Frauendorfer, Max 94 f., 96
Friedländer-Prechtl, Robert 43 f., 47 f., 49 ff., 55, 81, 128
Frick, Wilhelm 149
»Führer der Wirtschaft« 102
Funk, Walter 31, (39), 41, 90

Gauleiter 32, (87), 91, 99 f., 103, 149 f., 153, 163
Gauwirtschaftsberater 32, 90 ff., 103, 105
Geldschöpfung (s. auch Kreditschöpfung) 28 f., 71, 85, 150 f., 166
Gemeindeumschuldungsgesetz 159
Gemeinwirtschaft 70, 75 f., 85
Generalrat der Wirtschaft 130
Genschel, Helmuth 190
Gereke, Günter 46 f., 88, 126, 128, 131
Gesell, Silvio 27
Gesetz
– über die Errichtung von Zwangskartellen 107 f., 147, 155
– über die Hypothekenschulden 159
– über das Kreditwesen 39, 162 f.
– über Steuererleichterungen 144
– über wirtschaftliche Pflichtgemeinschaften 156
– zur Ordnung der nationalen Arbeit (AOG) 33, 98
– zur Regelung des Arbeitseinsatzes 134
– zum Schutze des Einzelhandels 105
– zur Vorbereitung des organischen Aufbaus der Wirtschaft 101
Goebbels, Josef 97, 132, 173
Goltz, Rüdiger Graf von der (102)
Gördeler, Karl 121, 147–153
Göring, Hermann 88 f., 119, 122, 126
Gossweiler, Kurt 17 f.
Großraumwirtschaft 21, 51, 62, 65 f., 71 ff., 81, 124, 142 f.
Grotkopp, Wilhelm 44, 47 f., 54, 59
Grüne Front (112)
Guillebaud, C.W. (172)

Haberler, G. (172)
»HAFRABA« Gesellschaft 131

Hansa-Bund 137
Haushofer, Karl 73
Heinrich, Walter 85, 94
Herle, Jacob 41 f., 88, 106
Hermes, Andreas 112
Herpel, Ludwig 128
Herrmann, Arthur R. (53), 85
Hertz, Paul 45
Heß, Rudolf 100, 120, 163
Hierl, Konstantin 31 f., 35, 88
Hildebrand, Bruno 67 f.
Hilferding, Rudolf 45
Himmler, Heinrich 22, 32, (57), 90, 109 ff., 111, 120, 124
Historische Schule 57, 59, 67 ff., 85
Hock, Wolfgang 82
Hof, Willy 131
Hoffmann, G. W. 170
Hoppe, Treuhänder 99
Hugenberg, Alfred 87 f., 89, 101, 105, 112 f., 115 f.
Hunke, Heinrich (39), 49
Hutmacher, Mitarbeiter d. Treuhänders Klein 99 f.

I. G. Farben A. G., 32, 156
Imperialismus 12, 16 f., 65 f., 72 ff., 178
Institut für Ständewesen (84), 95 f., 99

Jäckh, Ernst 74
Jessen, Jens 32, 47, 162
Jochmann, Werner 8, (70)

Kampfbund für den gewerblichen Mittelstand 95, 102
Kalckreuth, Graf 112 f.
Kapitalanlagegesetz 154
Kapitalmarkt 156–161
Karpenstein, Gauleiter 120
Karrenbrock, Paul 95 f.
Kartelle 39, 102, 107 f., 148 f., 152
Kastl, Geheimrat von 101
Kathedersozialisten 68 ff., 76 f., 80
Kehrl, Hans 105
Kenstler, Georg 111
Keppler, Wilhelm 31 f., 89 ff., 96, 148, 162
Kerrl, Hans 116
Keßler, Philipp 102
Keynes, J. M. (13), 47, 53 ff., 57, 86, 141, 156
Kirdorff, Emil 16
Klagges, Dietrich 31 ff., 153
Klein, Burton H. 13 f., 130, 169 f.
Klein, Josef 95 f., 99 f.
Knapp, Georg Friedrich 53, 68 ff., 85 f., 168
Knies, Karl 67 f.

212

Koch, Erich 119f.
Köhler, Bernhard 33, 89ff., 105, 128, 132, 148
Kommission für Wirtschaftspolitik (NSDAP) 89ff., 148, 150
»Kraft durch Freude« 98
Krämer, Carl (54)
Krebs, Albert 34, (57)
Kreditschöpfung (s. auch Geldschöpfung) 37f., 43, 48f., 128ff., 144
Kroll, Gerhard 39, 43, (50), 155
Krone, Staatssekretär 146
Krupp von Bohlen, Gustav 17, 88, 101
Kuczynski, Jürgen 16f.
Kühnl, Reinhard 17

Lagarde, Paul de 73, 75
Landflucht 110, 115ff., 120, 124, 134
Landwirtschaftskammern 111f.
Landwirtschaftsrat 111f., 137
Lassalle, Ferdinand (79)
Lautenbach, Wilhelm 54, 143
Lebensraum 21, 25f., 30, 35, 72ff., 81, 91, 109, 124, 132, 140, 143, 169, 177ff.
Leipziger Abkommen 107
Ley, Robert 96ff., 107, 120, 151
List, Friedrich 59, 62, 64ff., 67, 71f., (74), 75, 78, 82, 84, 86
Loeper, Friedrich Wilhelm 163
Lohnpolitik 100f., 106, 144, 146f., 152
Lorenz, Ottokar 32, 36
Lucke, Dr. von 32
Lüer, Treuhänder 99
Lüninck, Hermann von 112
Lurie, Samuel 21, (156), 166
Luther, Hans 128

Mandelbaum, K. 142, 152, (170)
Markabwertung (s. auch Devaluation) 39, 138f., 142f.
Mason, Timothy W. 18f., 164f.
Mefo-Wechsel 13, 128ff., 166
Meinberg, Wilhelm 112ff., 120
Meinecke, Friedrich 69, 175
Mengenkonjunktur 152
Menger, Carl 77
Merkantilismus 66, (74)
Meyer, Henry C. 73
Miller, Susanne 8
Milward, Alan S. 14, 21, 170
Mises, Ludwig von (72), 83
Mitteleuropa 72ff., 81
Mittelstandspolitik 93f., 105f.
Mittelstandssozialismus 19, (79)
Moellendorff, Wichard von 73ff., 85f.
Moellers, Alfred 88

Moeller van den Bruck 77, 82
Muchow, Reinhold 97
Müller, Adam Heinrich 62ff., 67f., 70, 78, 84f., 86
Mussolini, Benito 118, 137
Mutschmann, Martin 99

Nagel, Treuhänder 99
Naphtali, Fritz 45f.
Nathan, O. 11, 14
Nationalistischer Etatismus 15, 59ff., 83, 176
Naumann, Friedrich 73ff.
»Neue Ordnung« (auch: Neuordnung Europas) 21, 23, 81, 172, 178
Neuer Plan 39, 74, 136, 139f.
Neumann, Franz (19)
Nonnenbruch, Fritz 153
NSBO (Nationalsozialistische Betriebszellenorganisation) 97f., 128
NS-Frauenschaft 120
NS-Hago (Nationalsozialistische Handwerks-, Handels- und Gewerbeorganisation) 158
Nürnberger Prozesse 13, 37

»Oeffa« (Gesellschaft für öffentliche Arbeiten A.G.) 127f., 131, 166
Organisationsabteilung II (NSDAP) 31, 35
Osthilfe 113

Papen, Franz von 47, 88, 127, 144, 177
Parteiprogramm der NSDAP (1920) 27ff., 33, 92, 111, 161
Pfeffer, Franz von 31
Pinson, Kopel S. 82
Planck, Staatssekretär 47f.
Planwirtschaft 11f., 79, 81, 102, 171, 177
Poensgen, Ernst 132
Posse, Hans 101, 142, 160
Preiskonjunktur 152
Preiskontrolle 33, 35, 39, 42, 70, 80, (87), 106f., 147–153
»Primat der Politik« 12, 15, 18, 25f., 56, 91, 115, 133, 172
Prion, Willy (49), 167

Rathenau, Walter 70, 74ff., 82, (85)
Rau, Karl Heinrich 69
Rauschning, Hermann 127
Ratzel, Friedrich 73
»Recht auf Arbeit« 30, 41f., 91, 132ff., 172
Reichsanleihen 157–161
Reichsgruppen 101, 103, 106, 109, 156
Reichskuratorium für Wirtschaftlichkeit (RKW) 173
Reichslandbund 111f., 123

213

Reichsnährstand (RNS) 39, 101, 106f., 108f., 123, 147ff., 151
Reichsorganisationsleiter (NSDAP) 37
Reichsstände 101f., 106
Reichsverband der deutschen Industrie (RDI) 41, 88, 97, 101, 103, 106, 163
Reichswehr 126
Reichswirtschaftskammer 103
Reichswirtschaftsrat 103
Reinhardt, Fritz 31, 37, 129, 134, 144
Reinhart, Friedrich 47, 88
Reischle, Hermann 114
Renteln, Adrian von 32f., 37, 41, 102f., 158
Reusch, Paul 32, 39, (54)
Rohr, von, Staatssekretär 115
Rohrbach, Paul 74
Romantische Schule 59, 62, 66f., 85
Röpke, Wilhelm (143)
Roscher, Wilhelm 59, 62, 67f.
Rosenberg, Alfred 59
Ruhland, Gustav 110, 114
Ruhr-Benzin A.G. 156

Saage, Richard (10)
Schacht, Hjalmar 9f., 13, 29, 37ff., 41, (59), 74, 90f., 101, 105, 107f., 119ff., 128ff., 136, 138ff., 151f., 160ff., 166, 168
Sauckel, Fritz 99
Schaeffle, Albert 70, 73
Schiller, Karl 133
Schleicher, Kurt von 17, 46ff., 88, 113, 126ff., 177
Schlieffen, General 74
Schmitt, Kurt 88, 90, 101f., 139, 148
Schmoller, Gustav 59, 68ff., 76, 80, 82, (85)
Schoenbaum, David 20, 22, 98
Schweitzer, Arthur 18ff., 123
Schwerin von Krosigk 13, 88, 100, 113f., 128, 130
Schumpeter, Josef 64, 70
Schultheiß, Franklin 8
Seldte, Franz 88, 99, 126
Siedlung 36, 38, 81, 110, 127, 169, 172
Siemens, Werner von 32
Smith, Adam 62
Sombart, Werner 47, 59, 77ff., (85), 128, 162
Spann, Othmar 62, 77ff., 84, 93ff., 99f., 106
Sparkassen 159f., 163f.
Spengler, Oswald 70, 77, 80, 82
Sperrmark 136, 138ff., 142
Staatskonjunktur 125, 146, 167
Staatsmonopolkapitalismus 12, 16, 175
Staatssozialismus 68ff., 77, 80, 85
Ständeideologie 78ff., 93ff., 106f.
Ständischer Aufbau 33, 35, 79f., 92ff., 101, 107, 173

Stauss, Direktor von 32
Steuergutscheine 127f., 144f.
Steuerpolitik 41f., 70, 144ff., 157
Stillhalteabkommen 136, 161
Stoecker, Adolf 70
Stolper, Gustav 28f., 61, (75), 82, 86
Strasser, Gregor 19, 31f., 34, 37ff., 49, (57), (85), 97, 128
Strasser, Otto 19, (44), (57), (85)
Stresemann, Gustav 56, 77
Stucken, Rudolf 143, 160, 166f.
Studiengesellschaft für Geld- und Kreditwirtschaft 46ff., 52f., 55, 59, 79, 125, 131
Stuebel, Heinrich 170
Syrup, Friedrich 134

Tarnow, Fritz 45
»Tat, Die«, »Tat-Kreis« 46, 51f., 56f., 78ff., 85
Taylor, A. J. P. (169)
Thalheimer, A. 18
Thomas, General G. 14
Thyssen, Fritz 16, 95f., 99
Tirpitz-Plan 72
Treue, Wilhelm 91
Treuhänder der Arbeit 33, 95, 98ff., 103, 126f., 146, 149

Universalismus 62, 78, 85, 93ff., 100

Verein Hamburger Exporteure 137
Verstaatlichung 39, 42, 70, 80, 111, 161f., 164, 167
Vierjahresplan 12, 119, 122, 171
»Völkischer Beobachter« 32f., 34, 59, 109, 153
Vollbeschäftigung 9, 22, 118f., 125, 131ff., 144, 146, 153, (156), 160, 171f., 178

Wagemann, Ernst (43), 47, 52f., 59, 86
Wagener, Otto 10, 31ff., 41, 55, 88f., 93f.,95
Wagner, Adolf, Gauleiter 34
Wagner, Adolph, Ökonom 59, 68ff., 82, 85f.
Wagner, Josef 121, 147, 153
Warenhäuser 88, 105f.
Warmbold, Wirtschaftsminister 113
Wehrmacht 102
Willikens, Werner 111f., 116
Winschuh, Josef (11)
Wirsing, Giselher 81
»Wirtschaftlicher Beobachter« 37
Wirtschaftliches Aufbauprogramm (NSDAP) (39), 41ff., 49
Wirtschaftliches Sofortprogramm (NSDAP) 37ff., 48f., 132, 140f., 144

Wirtschaftsgruppen 101, 103, 139
Wirtschaftskammern 102f.
Wirtschaftspolitische Abteilung (WPA) 31 ff., 44, 48, 95, 162
Wirtschaftspolitisches Amt (NSDAP) (31), (88), 89
»Wirtschaftspolitischer Pressedienst« 32, 95
Wirtschaftsrat der Reichsleitung der NSDAP 31
Wirtschaftswissenschaftliche Abteilung (NSDAP) 33

»Wirtschaftswende« (Buch und gleichnamige Zeitschrift) 47, 48, 50, 128
Wissel, Rudolf 75
Wolf, Julius 72
Woytinsky, Wladimir 45, (48)
WTB-Plan 45 ff.

Zimmermann, Friedrich (Pseud. »Ferdinand Fried«) 46, 57, 81, 120f., 143
Zinssenkungen 158ff., 161, 163f.
Zipfel, Friedrich 191, 205

Bibliothek Wissenschaft und Politik

Politologie

Verwaltete Außenpolitik
Sicherheits-
und entspannungspolitische
Entscheidungsprozesse in Bonn
Herausgegeben von
Helga Haftendorn, Wolf-Dieter Karl,
Joachim Krause, Lothar Wilker

Heinrich End
Zweimal deutsche Außenpolitik
Internationale Dimensionen
des innerdeutschen Konflikts
1949–1972

Carl Christoph Schweitzer
Chaos oder Ordnung?
Einführung in die Probleme
der Internationalen Politik

Christian Hacke
**Die Ost- und Deutschlandpolitik
der CDU/CSU**
Wege und Irrwege
der Opposition seit 1969

Jürgen Radde
**Die außenpolitische Führungselite
der DDR**
Veränderungen der sozialen
Struktur außenpolitischer
Führungsgruppen

Rudolf Schwarzenbach
**Die Kaderpolitik der SED
in der Staatsverwaltung**
Ein Beitrag zur Entwicklung
des Verhältnisses von Partei
und Staat in der DDR
1945–1975

Soziologie

Emil Schmickl
**Soziologie und Sozialismustheorie
in der DDR**

Gisela Helwig
Zwischen Familie und Beruf
Die Stellung der Frau
in beiden deutschen Staaten

Recht

Ottfried Hennig
Die Bundespräsenz in West-Berlin
Entwicklung und Rechtscharakter

Probleme des DDR-Rechts
Herausgegeben von
Richard Lange,
Boris Meissner,
Klemens Pleyer

Wirtschaft

Günter Lauterbach
**Zur Theorie der sozialistischen
Wirtschaftsführung der DDR**
Funktionen und Aufgaben

Annelotte Piper
**Japans Weg
von der Feudalgesellschaft
zum Industriestaat**
Wandlungsimpulse und
wirtschaftliche Entwicklungs-
prozesse in ihrer politischen,
geistigen und gesellschaftlichen
Verankerung

Avraham Barkai
**Das Wirtschaftssystem
des Nationalsozialismus**
Der historische und ideologische
Hintergrund 1933–1936

Geschichte Zeitgeschichte

Die deutsche Nation
Aussagen von
Bismarck bis Honecker
Dokumentation,
herausgegeben und
eingeleitet
von Carl Christoph Schweitzer

Manfred Steinkühler
**Eurokommunismus
im Widerspruch**
Analyse und Dokumentation

Wissenschaftstheorie

Wissenschaft in der DDR
Beiträge zur Wissenschaftspolitik
und Wissenschaftsentwicklung
nach dem VIII. Parteitag

Manfred Zuber
**Wissenschaftswissenschaft
in der DDR**
Ein Experiment

Verlag Wissenschaft und Politik
Berend von Nottbeck
Salierring 14–16
5000 Köln 1